INTERVENÇÃO SOBRE O DOMÍNIO ECONÔMICO
A CONTRIBUIÇÃO E SEU PERFIL CONSTITUCIONAL

RODRIGO CÉSAR DE OLIVEIRA MARINHO

Paulo de Barros Carvalho
Prefácio

INTERVENÇÃO SOBRE O DOMÍNIO ECONÔMICO

A CONTRIBUIÇÃO E SEU PERFIL CONSTITUCIONAL

Belo Horizonte

2011

© 2011 Editora Fórum Ltda.

É proibida a reprodução total ou parcial desta obra, por qualquer meio eletrônico, inclusive por processos xerográficos, sem autorização expressa do Editor.

Conselho Editorial

Adilson Abreu Dallari
André Ramos Tavares
Carlos Ayres Britto
Carlos Mário da Silva Velloso
Carlos Pinto Coelho Motta (*in memoriam*)
Cármen Lúcia Antunes Rocha
Cesar Augusto Guimarães Pereira
Clovis Beznos
Cristiana Fortini
Dinorá Adelaide Musetti Grotti
Diogo de Figueiredo Moreira Neto
Egon Bockmann Moreira
Emerson Gabardo
Fabrício Motta
Fernando Rossi
Flávio Henrique Unes Pereira
Floriano de Azevedo Marques Neto

Gustavo Justino de Oliveira
Inês Virgínia Prado Soares
Jorge Ulisses Jacoby Fernandes
José Nilo de Castro
Juarez Freitas
Lúcia Valle Figueiredo (*in memoriam*)
Luciano Ferraz
Lúcio Delfino
Marcia Carla Pereira Ribeiro
Márcio Cammarosano
Maria Sylvia Zanella Di Pietro
Ney José de Freitas
Oswaldo Othon de Pontes Saraiva Filho
Paulo Modesto
Romeu Felipe Bacellar Filho
Sérgio Guerra

Luís Cláudio Rodrigues Ferreira
Presidente e Editor

Coordenação editorial: Olga M. A. Sousa
Revisão: Cida Ribeiro
Bibliotecária: Izabel Antonina A. Miranda – CRB 2904 – 6ª Região
Capa, projeto gráfico: Walter Santos
Diagramação: Karine Rocha

Av. Afonso Pena, 2770 – 15º/16º andares – Funcionários – CEP 30130-007
Belo Horizonte – Minas Gerais – Tel.: (31) 2121.4900 / 2121.4949
www.editoraforum.com.br – editoraforum@editoraforum.com.br

M338i   Marinho, Rodrigo César de Oliveira

Intervenção sobre o domínio econômico: a contribuição e seu perfil constitucional / Rodrigo César de Oliveira Marinho; prefácio de Paulo de Barros Carvalho. Belo Horizonte: Fórum, 2011.

370 p.
ISBN 978-85-7700-519-2

1. Direito Tributário. 2. Direito constitucional. 3. Direito Administrativo. I. Carvalho, Paulo de Barros. II. Título.

CDD: 343.04
CDU: 34:336

Informação bibliográfica deste livro, conforme a NBR 6023:2002 da Associação Brasileira de Normas Técnicas (ABNT):

MARINHO, Rodrigo César de Oliveira. *Intervenção sobre o domínio econômico*: a contribuição e seu perfil constitucional. Belo Horizonte: Fórum, 2011. 370 p. ISBN 978-85-7700-519-2.

Pelo apoio incondicional e ininterrupto, este trabalho é dedicado aos meus pais, Alexandre e Márcia; pelo companheirismo, aos meus irmãos, Guilherme e Alessandra; pela sua alegria de viver, a minha afilhada, Júlia; pelos incontáveis momentos alegres, a minha esposa, Paula; e à memória dos meus avôs, Luiz e Hélio.

AGRADECIMENTOS

Há seis anos, completados em julho de 2009, decidi deixar meus pais na bela e saudosa Natal, para aventurar-me no maior centro econômico, cultural e educacional do país, a capital paulista. Tinha um sonho: estar perto e aprender com os professores que escreveram os livros, cuja leitura me fascinou durante a graduação. Consegui! Estou aprendendo na fonte com a melhor doutrina especializada e colhendo os frutos da academia.

Mais um ciclo se fechou, o que muito me orgulha e satisfaz. Sempre que isso acontece, olhamos para trás e percebemos que não fizemos tudo sozinhos. É chegada a hora de agradecer àqueles que, em menor ou maior grau, participaram e apoiaram a conclusão deste trabalho.

Primeiramente, aos meus pais, Alexandre e Márcia. Sem eles não estaria no *mundo dos fenômenos*. Eles, mesmo receosos com a ideia da partida do primogênito, apoiaram em todos os sentidos a minha decisão. Agradeço-lhes simplesmente por existirem e serem as pessoas mais importantes e mais amadas da minha vida. Meu pai, homem trabalhador que proporcionou a base para o desenvolvimento da família. Minha mãe, mulher guerreira, que de tudo faz (*e mais um muito*) pelo equilíbrio da família e em defesa de suas crias. A eles, vai o meu maior agradecimento.

Aos meus irmãos, companheiros para todas as horas. Pessoas às quais se pode confiar os maiores segredos e esperar o apoio em todos os momentos da vida. Obrigado Guilherme e Alessandra (e, agora, meu cunhado e amigo, Romero), por estarem sempre do meu lado. O que falar, então, das pequenas Júlia e Clarinha? Novas integrantes da família. A primeira, minha afilhada, que nasceu com um propósito de vida: trazer a felicidade inquestionável da maternidade para minha irmã.

Às minhas avós, Lucinete e Déa, mulheres fortes, cujo maior objetivo de vida é o de buscar a união das famílias. Ao meu avô Luiz, *in memoriam*, pelas lições de vida, e ao meu avô Hélio, *in memoriam*, fã número 1 do Clube Náutico Capibaribe, por transformar a alegria de torcer pelo futebol, para a alegria de torcer pelo sucesso do seu primeiro neto. Ao meu tio Marcelo, hoje compadre, que, mesmo estando longe, sempre manteve o forte laço de amizade que nos une, e em nome de quem agradeço a toda a família: tios, primos, padrinhos e agregados. Obrigado à família *Oliveira Marinho*.

Agradeço ainda ao que posso chamar de "nova família", na figura do colega advogado, amigo e companheiro Aristóteles Falcão (e sua esposa Tereza), pela torcida, votos de sucesso e pela acolhida. Aproveito para, em seu nome, deixar gravados agradecimentos a Eládio de Barros Carvalho Filho, *in memoriam*.

Não dá para esquecer os meus irmãos adotivos que, durante um bom tempo dessa jornada, estiveram juntos comigo no Cafofo da Capote e, ao lado dos quais pude superar os maiores obstáculos que a ausência da família ofereceu: Frederico Seabra, Thiago Fonseca e Esaú Magalhães, amigos, irmãos, camaradas para todo o sempre. Registro, aqui, o meu muito obrigado.

Ao professor Paulo de Barros Carvalho, por quem tenho enorme gratidão pelos ensinamentos dentro e fora da sala de aula, e pelo fato de ter acenado positivamente à orientação para o desenvolvimento deste trabalho. É um privilégio e me enche de satisfação dizer que sou um filho da PUC, adotado por tão ilustre professor.

Agradeço também aos grandes amigos Marcos Feitosa, piauiense, e Diego Bomfim (Bahia m.p.), baiano de nascença e cearense de criação, pelas discussões acadêmicas e profissionais (e as não tão acadêmicas, nem tão profissionais); pela participação direta no processo de enunciação deste trabalho; e, sobretudo, pelas sucessivas demonstrações de amizade.

Pela amizade incondicional desde a infância, ao amigo Leonardo Barbosa, bem como pela torcida, apoio, companheirismo e por comprovar a real existência de uma amizade duradoura.

Aos professores das cadeiras que cursei durante o mestrado da PUC, Tercio Sampaio Ferraz Jr., Roque Antonio Carrazza, José Artur Lima Gonçalves, Luiz Alberto David Araújo e Celso Fernandes Campilongo, o meu muito obrigado pela oportunidade de aproveitar os ensinamentos nesse notável mar de saber jurídico.

Ao professor, conterrâneo e amigo Robson Maia Lins, pelas ricas discussões em sala de aula, pelo apoio necessário para a conclusão deste trabalho e, igualmente, pela sugestão do tema. À Tácio Lacerda Gama, também pela rica *conversação acadêmica* e pela inspiração que sua obra despertou. À professora Maria Rita Ferragut que, mesmo antes do meu ingresso no curso de mestrado, já havia aberto as portas do conhecimento, permitindo a minha condição de ouvinte nas aulas da cadeira *Direito Tributário I*. À professora Fabiana Del Padre Tomé, pelas aulas e debates ministrados durante o curso.

Aos amigos da academia e da advocacia, frutos dessa jornada paulista, por propiciarem momentos felizes e por estenderem a mão nos momentos difíceis. Aqui vai o meu agradecimento a Bruno Auada, Fernando Lopes, Carlos Biasi, Ellen Nakayama, Daniela Campanelli e Diego Diniz.

Um agradecimento especial aos amigos paulistas Maurício Barros e Carlos Eduardo Costa Toro, exemplos de profissionalismo e companheirismo, com quem tive oportunidade de trabalhar e aprender.

Aos amigos pernambucanos, Ednara Avelar, Rafaela Porto, Raquel, Patrícia e Gabriel Falcão, Douglas Santos e Jaime Beltrão; aos baianos, Luciano Ramos, Geraldo Vilaça e Joana Batista; aos potiguares Gean Guarniere (pretenso prefeito parelhense) e Tatiana Aguiar; e aos casais potiguares, Guilherme Pinto e Flávia Dantas e Gustavo Simonetti e Sheila Cardoso.

Aos também potiguares, Juliano Barbosa (JotaB) e Ítalo Mitre ("bora Mecão"), que ofereceram sua sincera amizade e sempre torceram pela conclusão deste trabalho — "você num vai?!".

À Renata Elaine Silva, por abrir as portas para a docência, atividade que me engrandece e satisfaz. E, da mesma forma, aqui vai o meu sincero agradecimento à Patrícia Fudo, German Alejandro, Argos Simões (obrigado pela confiança, pelo apoio e pelas portas abertas), e aos demais colegas professores e alunos da Escola Paulista de Direito.

Pela torcida, aos meus atuais e ex-colegas de trabalho.

A toda a família do Porto Advogados, a quem agradeço na figura de seus sócios, Benedicto Porto Neto, Pedro Paulo Porto Filho, Valéria Sampaio, Marcos Fontes e, especialmente, a Rodrigo Chohfi, pela confiança e importante apoio na reta final para a conclusão deste trabalho.

Também agradeço aos demais colegas de profissão que ficaram em Natal, o que faço na figura de Pedro Siqueira, com quem tive a oportunidade de aprender os primeiros passos da advocacia.

E não poderia deixar de agradecer a uma pessoa especialíssima, Paula Uchoa Falcão, agora Marinho. Está sempre comigo nos momentos difíceis, sendo responsável por incontáveis momentos alegres. Ela é a prova viva de amor, compreensão, cumplicidade, companheirismo, carinho e fidelidade. Apareceu em minha vida de forma despretensiosa e hoje dá sinais de que não mais sairá dela. Aqui, fica registrado o meu agradecimento não só pelo apoio na conclusão deste curso, mas pela sua existência.

Agradeço também ao Complexo Educacional Henrique Castriciano, escola responsável pelos meus primeiros passos educacionais e à memória de Noilde Ramalho, exemplo de perseverança e dedicação à educação potiguar, e por que não dizer, nacional.

À Universidade Potiguar, pelos primeiros estudos de direito. Ao Instituto Brasileiro de Estudos Tributários (IBET), por ter proporcionado o aperfeiçoamento das minhas ideias, previamente ao ingresso no curso de mestrado. À Coordenação de Aperfeiçoamento de Pessoal de Nível Superior (CAPES), pelo patrocínio desta pesquisa.

Meus agradecimentos também à Pontifícia Universidade Católica de São Paulo, pela oportunidade de aprendizagem na tradicionalíssima *Escola Brasileira de Direito Tributário*.

E, finalmente, à Editora Fórum.

São muitas as pessoas que passam em nossas vidas, cada uma marcando-a de diferentes maneiras. A todas essas pessoas, registro o meu agradecimento.

"Quem comer o conteúdo da noz deve antes partir a noz"
(Plauto 250-184 a.C. *In*: MEDEIROS, Pe. José Mário de. *Bem-aventuranças*. Natal: 2007. p. 127)

SUMÁRIO

PREFÁCIO
Paulo de Barros Carvalho 19

APRESENTAÇÃO
Robson Maia Lins 21

INTRODUÇÃO 25

CAPÍTULO 1
O SISTEMA DO DIREITO 35
1.1   Conceito de sistema 35
1.2   Ciência do Direito e direito positivo 39
1.3   Elementos do sistema do direito: norma jurídica 40
1.4   Direito positivo: um subsistema do sistema social e suas relações 42
1.5   Conhecimento 47
1.6   Direito como linguagem 48
1.7   "Conversa" intersistêmica: primeiros passos para a instituição das contribuições interventivas 52

CAPÍTULO 2
INFLUÊNCIAS DA COMUNICAÇÃO INTERSISTÊMICA E AS FONTES DO DIREITO 55
2.1   Influência do sistema econômico sobre o legislador 55
2.2   Sistema do direito: um sistema autorreferencial 58
2.3   Influência do sistema do direito sobre o sujeito da atividade econômica 61
2.4   Nascimento da norma tributária instituidora das contribuições interventivas 65
2.5   Efetividade da norma jurídica tributária interventiva ... 66
2.5.1 Efetividade, a eficácia social do direito 66
2.5.2 Pragmática como método de estudo da eficácia das normas ... 67
2.6   Norma jurídica: juízo hipotético condicional 70
2.6.1 Norma jurídica: componentes sintáticos (antecedente e consequente) 74
2.7   Validade da norma jurídica: relação de pertinência 76
2.8   Avaliação da coerência da norma jurídica perante o sistema 80

CAPÍTULO 3
DOMÍNIO ECONÔMICO, ORDEM ECONÔMICA E INTERVENÇÃO ESTATAL 83
3.1   Liberalismo econômico brasileiro e a intervenção estatal 83

3.2 Atividade econômica e domínio econômico 84
3.2.1 Domínio econômico: "hábitat natural" dos agentes privados.... 86
3.3 Intervenção estatal 88
3.3.1 O direito não intervém no domínio econômico 89
3.3.2 Excepcionalidade da intervenção 91
3.3.3 Formas de intervenção 92
3.3.3.1 Intervenção direta 93
3.3.3.1.1 Prestação de serviços públicos 95
3.3.3.2 Intervenção indireta 97
3.3.3.2.1 Intervenção por direção 99
3.3.3.2.2 Intervenção por indução 100
3.4 Ordem econômica brasileira 101
3.4.1 A ordem econômica na Constituição de 1934 103
3.4.2 A ordem econômica na Constituição de 1937 105
3.4.3 A ordem econômica na Constituição de 1946 106
3.4.4 A ordem econômica na Constituição de 1967 108
3.4.5 Constituição Federal de 1967 (EC nº 69): "Da Ordem Econômica e Social" 109
3.4.6 A Constituição de 1988 110
3.4.6.1 Princípios norteadores da ordem econômica brasileira........... 111

CAPÍTULO 4
SUBSUNÇÃO DA CONTRIBUIÇÃO DE INTERVENÇÃO
SOBRE O DOMÍNIO ECONÔMICO AO CONCEITO
DE TRIBUTO 115
4.1 Busca pela natureza jurídica do objeto do conhecimento 115
4.1.1 Tributo enquanto conceito fundamental 116
4.1.2 Notas que determinam a inclusão de um objeto na classe dos tributos 118
4.1.3 As contribuições e o conceito de tributo 123
4.2 Especificidades que singularizam as contribuições interventivas 127
4.2.1 Ato de classificar 127
4.2.2 Propostas de classificações 131
4.2.2.1 Classificação intranormativa 131
4.2.3 Inutilidade ou falsidade da classificação intranormativa 135
4.2.4 Critérios jurídicos para classificação dos tributos 137
4.2.5 Classificação internormativa 138
4.2.5.1 O falso problema da irrelevância da destinação legal para definição da natureza do tributo 145

CAPÍTULO 5
COMPETÊNCIA PARA TRIBUTAR E COMPETÊNCIA PARA
INTERVIR SOBRE O DOMÍNIO ECONÔMICO 149
5.1 Princípio federativo e outorga de competências 149

5.2	Competência legislativa como suporte para manutenção da autonomia dos entes federados	152
5.3	Competência tributária	154
5.3.1	Características da competência tributária	157
5.4	Repartição da competência tributária	160
5.5	Exercício da competência tributária para intervir sobre o domínio econômico	162
5.5.1	Competência interventiva atribuída pelo artigo 174 do texto constitucional	164
5.5.1.1	Intervenção para fiscalização	164
5.5.1.2	Intervenção para planejamento	165
5.5.1.3	Intervenção para incentivo	166
5.5.1.3.1	Contribuição interventiva e os estímulos negativos indutores	167
5.5.2	Competência interventiva e extrafiscalidade	170
5.5.3	Contribuição interventiva como: (i) ferramenta direta para intervenção; ou (ii) meio para custear a intervenção	176
5.6	Conformação da competência tributária pelas normas de imunidade	178
5.6.1	Normas de imunidade tributária e a falsa impressão da sua aplicação exclusiva aos impostos	180
5.6.2	Imunidade, isenção e não incidência	182
5.6.3	Imunidades tributárias relativas às contribuições interventivas	183
5.6.3.1	Imunidade tributária das receitas de exportação	185
5.6.3.2	Imunidade sobre as operações financeiras vinculadas ao ouro	187
5.6.3.3	Inconstitucionalidade do FUST, FUNTTEL e da CIDE criada pela Lei nº 9.991/2000 (desenvolvimento energético e eficiência energética) – Imunidade do art. 155, §3º, da Constituição Federal	188

CAPÍTULO 6
PRINCÍPIOS CONSTITUCIONAIS CONFORMADORES DA
COMPETÊNCIA PARA INSTITUIÇÃO DAS CONTRIBUIÇÕES
INTERVENTIVAS 193

6.1	Conceito de princípio	193
6.1.1	Princípios: valores e limites objetivos	194
6.2	Aplicação dos princípios às contribuições de intervenção sobre o domínio econômico	197
6.2.1	Princípios jurídicos tributários	198
6.3	Princípios diretamente aplicados às contribuições de intervenção sobre o domínio econômico	199
6.3.1	Princípio da legalidade	199
6.3.1.1	Submissão das contribuições de intervenção sobre o domínio econômico ao princípio da estrita legalidade	202

6.3.1.2	É imprescindível lei complementar para instituição das contribuições interventivas?...	203
6.3.1.3	CIDE-Combustíveis e a relativização do princípio da estrita legalidade..	207
6.3.2	Princípio da anterioridade..	210
6.3.2.1	Anterioridade geral, mínima e nonagesimal......................	211
6.3.2.2	Ainda sobre a CIDE-Combustíveis: exceção ao princípio da anterioridade (Emenda Constitucional nº 33/2001)?.....	212
6.3.3	Princípio da referibilidade..	214
6.3.4	Princípio da proporcionalidade..	216
6.3.4.1	Critérios para aferição da proporcionalidade....................	218
6.3.4.2	Aplicação dos critérios que aferem a proporcionalidade às contribuições interventivas..	220
6.3.4.3	Proporcionalidade nas contribuições interventivas desestimuladoras: a CIDE como ferramenta direta para intervenção...	223
6.3.4.4	Proporcionalidade nas contribuições interventivas estimuladoras: a CIDE como meio para custear a intervenção...	226

CAPÍTULO 7
REGRA-MATRIZ DE INCIDÊNCIA TRIBUTÁRIA
CONSTITUCIONAL DAS CONTRIBUIÇÕES
INTERVENTIVAS... 227

7.1	A norma jurídica tributária: regra-matriz de incidência tributária...	227
7.2	Antecedente da regra-matriz de incidência tributária........	229
7.2.1	Critério material das contribuições interventivas: dois requisitos para escolha da ação tributável........................	231
7.2.1.1	Relação entre a ação escolhida e o setor econômico afetado pela intervenção...	231
7.2.1.2	Critério material constitucionalmente possível................	233
7.2.2	Critério espacial e o princípio da uniformidade da tributação...	239
7.3	Critério temporal...	240
7.4	O consequente da regra-matriz de incidência tributária....	241
7.4.1	Sujeito ativo das contribuições interventivas....................	242
7.4.1.1	Delegação de capacidade ativa às agências reguladoras....	243
7.4.2	Sujeito passivo das contribuições interventivas: a referibilidade como delineador do grupo afetado pela intervenção tributária...	246
7.4.3	Base de cálculo: referência direta ao critério material da regra-matriz de incidência das contribuições interventivas.....	249
7.4.4	Alíquota possível das contribuições interventivas.............	252
7.5	A regra-matriz e a previsão de destinação das contribuições interventivas em vigor..	253

7.5.1	CIDE-Combustíveis	253
7.5.2	CIDE-Royalties	255
7.5.3	CIDE para a universalização dos serviços de telecomunicações	257
7.5.4	CIDE para o desenvolvimento tecnológico das telecomunicações	258
7.5.5	CIDE para o desenvolvimento do setor elétrico	259
7.5.6	CIDE para a expansão e melhoramento das áreas aeroportuárias – ATAERO	262
7.5.7	CONDECINE	265
7.5.8	Adicional para o SEBRAE	267
7.5.9	Adicional do Frete para Renovação da Marinha Mercante (AFRMM)	268

CAPÍTULO 8
CRITÉRIOS DE AVALIAÇÃO DA CONTRIBUIÇÃO DE INTERVENÇÃO SOBRE O DOMÍNIO ECONÔMICO 271

8.1	Requisitos para instituição das contribuições de intervenção sobre o domínio econômico	271
8.2	Critérios formais de avaliação da constitucionalidade das contribuições interventivas	272
8.2.1	Sujeito competente	272
8.2.2	Veículo introdutor	274
8.2.3	Procedimento de produção normativa	274
8.3	Critérios materiais de avaliação da constitucionalidade das contribuições interventivas	276
8.3.1	Necessidade justificada de intervenção	277
8.3.1.1	Princípio da motivação e a necessidade justificada da intervenção	283
8.3.2	Provisoriedade da intervenção	289
8.3.3	Vinculação prévia do produto da arrecadação	294
8.3.3.1	"CIDE-Combustíveis": descompasso entre a finalidade pretendida e a destinação do produto da arrecadação	297
8.3.4	Relação entre o sujeito passivo e a área econômica afetada	299
8.3.4.1	Delimitação do setor do domínio econômico afetado pela intervenção	302
8.3.4.2	Adicional das contribuições para as entidades de que trata o artigo 1º do Decreto-Lei nº 2.318/86: ausência de referibilidade	304
8.3.4.3	"CIDE-Royalties": impossibilidade de incidência sobre toda a coletividade	307
8.3.4.3.1	"CIDE-Royalties": incidência sobre as remessas decorrentes de contratos de rateios de custos (*"cost sharing agreements"*)	311
8.3.4.3.1.1	(In)dedutibilidade para fins de IRPJ e CSLL: argumentos contraditórios àqueles que justificam a incidência da CIDE-Royalties	316

8.3.4.4 "CIDE-Royalties": incidência sobre as remessas decorrentes de aquisições de licenças de uso de programas de computador (*softwares*).. 318
8.3.5 Destinação necessária do produto da arrecadação..................... 322
8.3.5.1 Efetiva destinação nas contribuições interventivas usadas como meio para arrecadar e custear a intervenção................ 326
8.3.5.2 Efetiva destinação nas contribuições interventivas usadas como ferramentas diretas para intervenção............................. 327
8.3.5.3 Normas de planejamento orçamentário: Plano Plurianual, Lei de Diretrizes Orçamentárias e Lei Orçamentária Anual..... 329
8.3.5.4 Há autonomia entre o Direito Tributário e o Direito Financeiro?.. 332
8.3.5.5 Competência para arrecadar e obrigatoriedade para destinar.. 335
8.3.5.6 Desvinculação do produto da arrecadação das contribuições interventivas.. 337
8.3.5.6.1 Desvinculação no plano normativo constitucional: "desvinculação das receitas da União (DRU)"...................... 338
8.3.5.6.2 Desvinculação no plano normativo legal................................. 341
8.3.5.6.3 Desvinculação no plano fático.. 345
8.3.5.7 Inconstitucionalidade de lei orçamentária – Precedente do Supremo Tribunal Federal.. 346
8.3.5.7.1 Análise do mérito da ADIn nº 2.925/DF.................................. 349

CAPÍTULO 9
CONCLUSÕES.. 353
9.1 O sistema do direito (Capítulo 1)... 353
9.2 Influências da comunicação intersistêmica e as fontes do direito (Capítulo 2).. 354
9.3 Domínio econômico, ordem econômica e intervenção estatal (Capítulo 3)... 355
9.4 Subsunção da contribuição de intervenção sobre o domínio econômico ao conceito de tributo (Capítulo 4)...................... 356
9.5 Competência para tributar e competência para intervir sobre o domínio econômico (Capítulo 5).. 357
9.6 Princípios constitucionais conformadores da competência para instituição das contribuições interventivas (Capítulo 6)... 359
9.7 Regra-matriz de incidência tributária constitucional das contribuições interventivas (Capítulo 7)................................ 360
9.8 Critérios de avaliação da contribuição de intervenção sobre o domínio econômico (Capítulo 8).. 361

REFERÊNCIAS... 363

PREFÁCIO

As contribuições de intervenção sobre o domínio econômico (CIDES) representam, em termos históricos, a grande descoberta da União para a estabilidade de suas receitas e satisfação de seus anseios impositivos. Atenuaram-se os ímpetos emulativos, não sendo mais preciso disputar, palmo a palmo, com Estados e Municípios, a preciosa potencialidade dos sujeitos passivos de contribuírem com o erário. Para a instituição do gravame, a competência do poder público federal foi estabelecida de modo exclusivo, afastando-se qualquer comentário a propósito de eventual participação das demais pessoas políticas. Tal lembrança, certamente, explica o carinho especial com que as autoridades federais cercam de cuidados essas prerrogativas competenciais, rejeitando sistematicamente as investidas de Estados, Municípios e Distrito Federal, quando desejam condividir, ainda que em proporções diminutas, o montante relativo a essa quase inesgotável fonte de recursos arrecadatórios.

O livro de Rodrigo Marinho chega em momento oportuno para discorrer a respeito do regime jurídico aplicável às contribuições de intervenção sobre o domínio econômico, priorizando circunscrever o delicado tema de sua constitucionalidade. Dito de outro modo, o autor propõe-se a examinar o exercício da competência privativa da União, consoante o feixe de valores constitucionais estabelecidos na Carta Suprema, oferecendo critérios mais consistentes do que os atuais para a verificação objetiva do respeito aos mandamentos superiores da Constituição.

O eixo expositivo tem suporte na discussão de premissas bem determinadas, circunscritas na Teoria Geral, mas desdobradas em reflexões da Filosofia do Direito. Isso lhe dá consistência, seriedade e ampla potencialidade de articulação retórica. Utiliza a Teoria dos Sistemas, de inspiração luhmanniana, para discutir as relações do subsistema jurídico com o subsistema econômico, focalizando o caráter premente de estabelecer-se a conversação intersistêmica, com a qual as informações econômicas possam ser adequadamente transmitidas ao legislador que, sensibilizado com a necessidade de introduzir modificações no "domínio econômico", venha a fazê-lo por intermédio de seu instrumento peculiar: a norma jurídica. Aliás, é ao meditar sobre o campo do chamado "domínio econômico" que consegue entrever, com hialina clareza, o tom excepcional e o aspecto temporário do gravame, assinalando, desde logo, a provisoriedade da intervenção como critério avaliativo da constitucionalidade da CIDE. Trata a figura como se tributo fosse, o que me parece bem, e, firmado nesse patamar, vai buscar, no âmbito da configuração institucional, os dados fundamentais que hão de estar presentes ali onde couber exigência de tal porte. Desse modo, constrói a regra-matriz de incidência da contribuição de intervenção sobre o domínio econômico, devassando-a na sua compostura lógico-sintática e apurando-a nas projeções semântico-pragmáticas, após o que passa a estabelecer critérios para a avaliação da constitucionalidade desse tributo. Nessa trajetória, chega a relacionar requisitos formais e materiais atuantes sobre a atividade legislativa, decorrentes da própria norma de competência tributária. Salienta, entre os requisitos materiais: (i) necessidade de intervenção justificada sobre domínio econômico; (ii) provisoriedade da intervenção; (iii) vinculação prévia do produto da arrecadação; (iv) relação entre o sujeito passivo e a área econômica afetada; e (v) destinação necessária do produto da arrecadação.

É preciso dizer que o texto de Rodrigo Marinho é de excelente qualidade. Denso no conteúdo, bem conectado na sua estrutura e cuidadosamente apurado nos valores semânticos de que se serve. O espírito analítico se manifesta a cada instante. Atento às minúsculas oscilações propiciadas pelo pensamento, sai marcando-as, classificando-as, catalogando-as, para reuni-las mais adiante na forma superior de categorias. Tudo presidido por estilo forte e harmonioso, instigante, atraente, sugestivo da continuidade da leitura, para a qual incita o leitor interessado. Eis o livro que Rodrigo Marinho faz editar, depois de cumprir rigorosamente seus compromissos com as disciplinas do curso de mestrado em Direito da Pontifícia Universidade Católica de São Paulo, submetido que foi às sempre difíceis arguições da banca examinadora.

Por tudo isso, e pela admiração que tenho pelo talento e espírito arguto do autor, foi um prazer prefaciar esta obra.

São Paulo, 10 de março de 2011.

Paulo de Barros Carvalho
Emérito e Titular da PUC e da USP. Membro Titular da Academia Brasileira de Filosofia.

APRESENTAÇÃO

Luís da Câmara Cascudo, um dos maiores pensadores brasileiros de que se tem notícia, passou a maior parte de sua vida exilado, por opção, em Natal, Rio Grande do Norte, a despeito do assédio constante de universidades mundo afora. Em permanente estado de vigília diante do comezinho, do cotidiano, de onde pinçava um adágio aqui, uma locução acolá, isto é, a matéria-prima de suas obras, jamais deixou de conferir importância ao peculiar, ao evêntico, como elemento fundamental de compreensão das relações humanas — relações estas que extrapolam o campo do ideal, como aquele preconizado pelo ordenamento jurídico.

Das lições do autor é depreendido que a dinâmica social apresenta-se, inevitavelmente, muito mais complexa do que pode prever qualquer sistema normativo, embora o Direito anseie pela completude. As relações desenhadas nos códigos e nas leis são apenas rabiscos, se comparadas às interações humanas acontecidas no suor das ruas, debaixo do sol forte. Um saboroso caso nos é apresentado pelo próprio Cascudo, quando narra no monumental *Civilização e cultura* o episódio ocorrido na esquina de sua rua, antiga Junqueira Aires, hoje avenida que ostenta o nome do Mestre potiguar. Ao que consta, descendo a ladeira, um soldado e um marinheiro teriam trocado bofetadas, por causa de Marlene, a namorada em comum dos dois. Foram vinte minutos de peleja, com direito à assistência da rua toda.

Até aí nada mais banal: uma desordem que terminou na delegacia. No entanto, a "dificuldade total", conforme aponta Cascudo, foi a de reconstituir o conflito, de modo a discernir ao menos a ordem dos acontecimentos, qual ação teria levado à outra, desembocando na saraivada de tapas. Ninguém sabia dizer. As numerosas e espontâneas testemunhas teriam prestado, perante a autoridade policial e depois perante o juiz, depoimentos absolutamente contraditórios e, frise-se, todos haviam presenciado o ruge-ruge. Esse desajuste dos elementos formadores da própria sequência lógica do episódio não reflete outra coisa senão a impossibilidade da linguagem abarcar a *lógica da sensação* de que fala Deleuze. Cada espectador narrou uma versão peculiar dos fatos porque, efetivamente, presenciou acontecimento diverso do seu vizinho ou, em outras palavras, foi outra a experiência sensorial que experimentou diante das mesmas ações protagonizadas pelos rivais. Modos de percepção, índole, posicionamento, valores, capacidade de expressão, tudo isso amalgamado, dentre outros fatores, produziu naquele caso e produz em todos os demais, *versões críveis*. Isso porque a consciência humana é influenciada pela somatória de dados aos quais é submetida a todo instante. A interferência mútua entre indivíduos é perene e, por extensão, pode-se afirmar o mesmo a respeito das diversas esferas da coletividade, os chamados "subsistemas sociais". De que maneira é possível mensurar com exatidão os pontos de intersecção entre uma e outra esfera de relações humanas? Quanto de um sistema não sofre, concretamente, influência de outro?

Tocado profundamente pela *Teoria dos Sistemas*, Rodrigo César de Oliveira Marinho, conterrâneo do Grande Cascudo, empreendeu estudo acurado sobre as normas que condicionam a instituição das contribuições interventivas sobre o domínio econômico. O autor inicia sua exposição defendendo, corajosamente, que, embora o direito positivo seja um sistema autorreferencial, ou seja, um sistema que regula inteiramente a forma como seus elementos são criados, não está livre da influência de outros subsistemas. A matéria é das mais complexas e, para tanto, contribui o exíguo tratamento devotado pelo Texto Constitucional a esta espécie tributária.

O mote do trabalho é a ideia segundo a qual os agentes legiferantes, responsáveis pela criação e instituição de novas normas jurídicas, são influenciados diuturnamente por dados de outros subsistemas sociais, como o econômico e o cultural. Uma vez postas no ordenamento, as normas inseridas passam não só a reger a ordem social, numa acepção estritamente normativa, mas também a estimular ou desestimular a prática de determinadas condutas. Com suporte nestas premissas, o autor leciona, de maneira clara e objetiva, que a instituição das contribuições de intervenção no domínio econômico tem por finalidade a indução positiva (ou negativa) de certas atividades de cunho econômico.

Todo o trabalho é tecido de maneira habilidosa e voltado para delimitar quais são os critérios formais/materiais capazes de conduzir o exegeta à ilação sobre a legitimidade ou não de certa figura tributária instituída. Tal arremate, defende o autor, somente seria alcançado pela precípua análise de elementos como: sujeito competente, veículo introdutor, procedimento de produção normativa, necessidade justificada de intervenção sobre o domínio econômico, provisoriedade da intervenção, vinculação prévia do produto da arrecadação, relação entre o sujeito passivo e a área econômica afetada, e destinação necessária do produto da arrecadação.

Em suma, são muitos os possíveis pontos de interferência entre o sistema do direito positivo tributário e outras esferas de relações humanas, especialmente quanto ao árduo tema das contribuições, razão pela qual são sempre bem-vindos trabalhos tangidos pela perspicácia e pela acuidade de espírito como este que apresento ao leitor. Nos dizeres do Mestre de todos nós, Câmara Cascudo, "junto de cada explicação-doutrina-escola há um nome resplandecente ou vários nomes" — não tenho dúvida de que o tempo reserva a Rodrigo César de Oliveira Marinho a resplandecência própria a que faz jus, em função de sua absoluta dedicação.

Robson Maia Lins
Doutor e Mestre pela PUC.

INTRODUÇÃO

Tratar de uma ferramenta posta à disposição do Estado para promover a intervenção sobre o domínio econômico é a proposta deste trabalho. A ferramenta da qual se fala é aquela cuja competência foi atribuída pela Constituição Federal, precisamente, pelo seu artigo 149. Está se falando da contribuição de intervenção sobre o domínio econômico, este entendido como o conjunto das relações sociais praticadas pelos agentes da atividade econômica.

Antes de tratar diretamente do assunto e as nuances que o cercam, cabe analisar o contexto histórico relativo ao caminho trilhado pela sociedade para o aparecimento de um Estado preocupado em intervir para corrigir os rumos das relações econômicas.

Até as primeiras décadas do século XX não se conhecia um modelo estatal que tivesse como premissa a intromissão nas relações sociais e econômicas, como forma de controle para embasar as políticas do Estado no sentido da promoção do bem comum.[1] Até então, o modelo de estatal conhecido era aquele denominado "Estado Liberal", considerado o primeiro Estado jurídico.[2]

---

[1] "O Estado Liberal que emergiu da Revolução Francesa, e que predominou durante o século XIX, operou uma dissociação bem nítida entre a atividade econômica e a atividade política. (...) é evidente que a posição que o Estado assumiu durante esse período caracterizou-se sobremaneira pela sua ausência do domínio econômico" (VENANCIO FILHO, Alberto. *A intervenção do estado no domínio econômico*: o direito público econômico no Brasil. Ed. facsim. 1968. Rio de Janeiro: Renovar, 1998. p. 3-4).

[2] "Da oposição histórica e secular, na Idade Moderna, entre a liberdade do indivíduo e o absolutismo do monarca – que nasceu a primeira noção de Estado de Direito, mediante um ciclo de evolução teórica e decantação conceitual, que se contempla com a filosofia política de Kant. (...) Em suma, o primeiro Estado jurídico, guardião das liberdades individuais, alcançou sua experimentação história na Revolução Francesa. E tanto ele como a

Em oposição ao absolutismo e ao socialismo, o liberalismo econômico nasceu em meados do século XVIII como uma nova visão global do mundo, o qual aprendia a caminhar pelas trilhas do capitalismo. O chamado Estado Liberal tinha como premissa fundamental a ausência de intervenção sobre as atividades econômicas e, nesse tempo, atribuía aos particulares liberdade plena para o desenvolvimento destas atividades.

Os ideais deste liberalismo econômico indicavam que os deveres do Estado Liberal deveriam se voltar para o gerenciamento de suas finanças e de seu próprio patrimônio, o controle e atenção à segurança em face de ameaças externas e a manutenção de obras e serviços que garantissem o mínimo de estrutura física e burocrática para a guarda dos direitos individuais.[3]

O Estado, portanto, deveria atuar para alcance, numa visão macro, desses fins, e o que se percebe, de pronto, é a ausência de uma finalidade específica para a criação de normas que dissessem como as atividades econômicas deveriam se estabelecer para que caminhem ao lado dos fins que o Estado pretendia buscar. Verifica-se, assim, que o Estado estava afastado das atividades econômicas, oferecendo total liberdade à iniciativa privada para condução de seus atos negociais econômicos.

O Estado Liberal não continha uma ordem que determinasse a intromissão estatal nas relações econômicas.[4] Tais relações eram praticadas de maneira livre e regiam-se pelas leis naturais de mercado. Pouquíssima, ou quase nula, era a atuação estatal para regulamentação, controle e estabelecimento de equilíbrio sobre estas relações.[5]

---

sociedade, qual a idearam os teóricos desse mesmo embate, entendendo-a como uma soma de átomos, correspondem, segundo alguns pensadores, entre os quais Schmitt, tão-somente à concepção burguesa da ordem política" (BONAVIDES, Paulo. *Do Estado liberal ao Estado social*. 8. ed. São Paulo: Malheiros, 2007. p. 41-42).

[3] "Segundo as regras do pensamento econômico liberal, o Estado deveria assumir os deveres de legislar, gerir o próprio patrimônio, prover as suas despesas, proteger a sociedade da invasão e violência externa, proteger um membro da sociedade da opressão do outro, garantir o rigor na administração da justiça, erigir e manter certas obras e serviços que necessários sob o ponto de vista da sociedade, jamais conseguiriam, em razão da sua natureza, compensar economicamente os esforços empreendidos por um partícula ou grupo de particulares. Como conseqüência dessa visão, a organização estatal se manteve afastada do universo dos indivíduos, de sua plena liberdade econômica" (SCOTT, Paulo Henrique Rocha. *Direito econômico*: estado e normatização da economia. Porto Alegre: Sergio Antonio Fabris, 2000. p. 41).

[4] "o liberalismo econômico dos fisiocratas e de Adam Smith, segundo o qual a intervenção da coletividade não deveria falsear o jogo das leis econômicas, benfazejas por si, pois que esta coletividade era imprópria para exercer funções de ordem econômica" (SMITH *apud* VENANCIO FILHO. *A intervenção do Estado...*, p. 5-6).

[5] Paulo Henrique Rocha Scott anota que estas características faziam parte do cenário político do século XIX. Segundo o autor, "De um lado, exercendo seu poder dentro de um espaço

O equilíbrio era buscado nas leis naturais de mercado e com base nos princípios econômicos derivados da livre concorrência, que, por sua vez, era essencial para determinar os vencedores da disputa pelo mercado. Os agentes econômicos, para permanecerem atuando, tinham de encontrar soluções para a imposição de sua vontade e interesses, a fim de desbancar seus iguais competidores.[6] Analisando as relações econômicas ocorridas durante o período em que os ideais liberais permaneceram patentes, o que se percebeu, com o passar dos anos, foi o estabelecimento de um domínio quase que absoluto por parte de pouquíssimos agentes econômicos. Isso causou, gradativamente, a eliminação da concorrência e a formação de monopólios de exploração de atividades econômicas.[7] O liberalismo econômico, cuja finalidade era a de estabelecer a livre concorrência mediante a aplicação dos mandamentos propostos pelas leis de mercado, não mais funcionava.

A liberdade econômica passou a causar efeitos contrários aos pretendidos. O mercado começou a ser afetado pela monopolização de determinadas atividades por parte de alguns agentes econômicos.[8] Essa situação derivou da prática de atos abusivos dos agentes econômicos monopolizadores, que afetaram diretamente as próprias atividades

---

de competição que lhes era particular, estavam os agentes econômicos privados e, de outro, o Estado abstendo-se do exercício de qualquer poder econômico, deixando aqueles livres para se autodeterminarem e intervindo somente quando solicitado para garantir a observância das regras nele não originadas: as ditas regras naturais do mercado" (SCOTT, *op. cit.*, p. 42).

[6] "naquele século a liberdade econômica foi quase absoluta, tendo a livre concorrência o critério mais significativo de organização e definição dos vencedores da disputa econômica" (SCOTT, *op. cit.*, p. 42).

[7] A condição monopolística "é aquela em que uma empresa controla em tal grau a produção, distribuição, prestação ou venda de determinado bem ou serviço que passa a exercer influência preponderante sobre os respectivos preços" (VENANCIO FILHO. *A intervenção do Estado...*, p. 339). Ainda sobre o assunto, João Bosco Leopoldino da Fonseca, tratando da concentração econômica e da necessidade de mudança de atuação do Estado em relação aos problemas econômicos surgidos durante o Estado Liberal, demonstrou que: "a *concentração econômica* é o fenômeno pelo qual as empresas tendem a aumentar a sua dimensão, quer pela ampliação de sua extensão setorial e geográfica, quer também pela eliminação da concorrência. (...) o fenômeno da concentração empresarial foi, segundo Farjat, o elemento decisivo para o surgimento do Direito Econômico, pois que, a partir de então, surgiu a necessidade de o Estado intervir (através de normas) no mercado, não para impedir a concentração de empresas, como falsamente se entende, mas para garantir efetivamente a liberdade de mercado, com a proteção das classes que poderiam vir a ser desfavorecidas com a nova feição das empresas" (FONSECA, João Bosco Leopoldino da. *Direito econômico*. 5. ed. Rio de Janeiro: Forense, 2004. p. 258).

[8] "Todo liberalismo individualista inspira-se no princípio cardeal de erigir obstáculos à tendência monopolizadora do poder, tendência que caracterizaria a ação estatal" (BONAVIDES. *Do Estado...*, p. 45, nota de rodapé 2).

produtivas, inviabilizando o desenvolvimento econômico e destruindo os ideais do liberalismo econômico.

O desenvolvimento desenfreado da livre iniciativa causou uma restrição no mercado, o que pôde ser comprovado empiricamente pela exclusão dos agentes que não podiam mais suportar a concorrência arrasadora dos monopólios. Estes agentes, superados pelo agente monopolizador, não conseguiam concorrer em um mesmo nível e foram se extinguindo com o passar do tempo. Além disso, a chegada de novos agentes para uma disputa concorrencial equânime era anulada pelos intransponíveis obstáculos impostos pelo mercado.

A liberdade econômica baseada nas regras naturais de concorrência de mercado, da forma como pregava o pensamento político-econômico típico do Estado Liberal, já não podia mais ser encarada como ideal. Era preciso o estabelecimento de regras e limites para evitar um colapso da economia de mercado. Já influenciado pelos ideais sociais, o Estado viu-se na obrigação de criar mecanismos intervencionistas para evitar que as atividades econômicas fossem conduzidas de maneira a degradar a própria sociedade. Têm-se, portanto, as primeiras preocupações do Estado relativas ao bem-estar social da sociedade como um todo. A busca dos interesses coletivos passou a ser uma realidade, dando início a uma mudança gradativa de paradigmas da atuação estatal.[9]

Num primeiro momento, o Estado foi obrigado a legislar de maneira a identificar como proibidas algumas condutas que até então eram consideradas normais de acordo com as leis de mercado. Percebeu-se que o princípio da livre iniciativa não poderia ser utilizado como pretexto para uma atuação predatória por parte de uma minoria, sob pena de inverter o seu papel. Ficou nítida a necessidade de atuação por parte do Estado para a imposição de limitações ao princípio da livre iniciativa, de maneira a permitir que ele fosse observado em favor da manutenção do equilíbrio das atividades econômicas. Dá-se início, portanto, a uma atividade estatal intervencionista eventual e motivada.[10]

---

[9] "A ideologia, que reinou até o início do último século, segundo a qual o Estado atuaria como mero vigilante de uma economia que se auto-regulava, viu-se superada com o modelo a partir do qual o Estado passava a desempenhar um papel ativo e permanente nas realizações inseridas no campo econômico, assumindo responsabilidades para a condução e funcionamento das próprias forças econômicas" (SCHOUERI, Luís Eduardo. *Normas tributárias indutoras e intervenção econômica*. Rio de Janeiro: Forense, 2005. p. 1).

[10] "As pretensões de crescimento e desenvolvimento econômico, assumidas por vários países ocidentais como ideais a serem concretizados dentro do regime econômico liberal, determinou ao Estado contemporâneo a assunção de papéis que o aproximaram do campo das relações econômicas, não propenso, dentro dos padrões clássicos, às influências das decisões de ordem política. Nesse novo contexto, o Direito passou a organizar amplamente os

Ao final da Primeira Guerra Mundial, a necessidade de intervenção estatal sobre as atividades econômicas foi acentuada, em virtude dos graves problemas econômicos que se estabeleceram devido a esse conflito. Desta vez, a intervenção era necessária não só para a correção de eventuais desequilíbrios concorrenciais, mas para direcionar a atividade dos agentes econômicos no sentido de atender aos objetivos sociais de um Estado que nasce com ideais de proteção dos interesses coletivos da sociedade — o Estado dito Social.

A total liberdade econômica, pautada na observância única das regras de mercado não mais vigorava. As atividades econômicas passaram a ser regidas, também, pela ordem jurídica que, juntamente com as leis mercadológicas, direcionava a iniciativa econômica no sentido de contemplar os ideais sociais e promover a evolução da sociedade.

Começa a nascer, portanto, um ordenamento inerente às atividades econômicas que insere princípios outros, além do já propagado princípio da livre concorrência. A Constituição mexicana de 1917 e a Constituição de Weimar de 1919 foram as precursoras ao inserir na ordem jurídica mandamentos legais que transpareceram a preocupação com os interesses coletivos, formando uma nova ideia para a condução das atividades econômicas.[11]

O intervencionismo estatal passou a ser uma realidade a partir da criação deste Estado Social. A atuação estatal passa a servir como meio para que o próprio Estado conseguisse atingir os seus objetivos. Este ideal social passa a fundamentar as ações estatais sobre as relações econômicas.

Nesta transição de modelos de Estado, verifica-se a passagem da fase na qual o resultado das relações econômicas era ignorado pelo Estado, para uma fase em que o Estado passa a exigir que tal resultado seja determinante para que os seus próprios objetivos consigam ser alcançados. Assim, a administração estatal de um Estado dito Social

---

processos econômicos e a legitimar a opção estatal pelo intervencionismo, instrumentando a realização de determinadas finalidades econômicas e sociais e proporcionando a superação do modelo liberal oitocentista que sustentou a normalidade da separação entre a atividade política do Estado e a atividade econômica praticada sob a intensa liberdade no âmbito da sociedade" (SCOTT, op. cit., p. 19-22).

[11] "Esse fenômeno encontra, no plano constitucional, uma primeira manifestação no México, em 1917 e, logo em seguida, na Alemanha, com o texto de Weimar. Viu-se paulatinamente estendido a outros textos constitucionais, alcançando o Brasil, em 1934 e a partir daí deitando raízes mais profundas nos textos constitucionais subseqüentes" (SCHOUERI. Normas tributárias indutoras..., p. 1).

trabalha, sempre, para que as relações sociais e econômicas caminhem de acordo com os interesses primordiais da sociedade.

É bom que se diga que este modelo intervencionista não quer significar que há uma gerência constante e totalitária por parte do Estado, nem muito menos que a livre concorrência e a liberdade econômica foram extintas. Não! A intervenção do Estado sobre o domínio econômico é algo que deve ser tomado como excepcional e utilizada para: i) corrigir distorções; ii) manter o equilíbrio; iii) direcionar de forma induzida; e iv) regular com o objetivo de controlar as relações em determinados setores.

A liberdade econômica permanece segundo as leis de mercado, mas ao Estado foram oferecidos mecanismos para eventuais intervenções e controle, considerando intervenção estatal como um mecanismo excepcional para correção de distorções naturais no domínio econômico que possam prejudicar a promoção das diretrizes finalísticas que a sociedade almeja ver atendidas e o controle das atividades como ferramenta permanente para mantê-las em sintonia com os princípios que formam a ordem econômica, entre eles, o princípio da livre iniciativa e concorrência.

No Brasil, no início do século passado, o café era tido como o principal produto da economia. Devido a sua importância, o Estado brasileiro demonstrou os sinais intervencionistas em 1906, quando da assinatura do Convênio de Taubaté. Esse é considerado por muitos como o ponto de partida para o processo de intervenção sobre o setor da economia cafeeira.[12]

É nesse contexto que se insere a competência tributária interventiva atribuída ao Estado brasileiro para, por meio da criação de uma contribuição, intervir nas relações econômicas, como forma de alcançar o bem-estar social.

O exercício da competência tributária, em conjunto com o exercício da competência interventiva, não é algo novo. Ainda sob a necessidade de intervir na economia cafeeira, foi criado, por meio da Lei nº 1.779, de 22 de dezembro de 1952, o Instituto Brasileiro do Café, órgão responsável pela política econômica do café.[13] Para o custeio dos serviços

---

[12] Cf. VENANCIO FILHO. *A intervenção do Estado...*, p. 92.
[13] "Art. 1º O Instituto Brasileiro do Café (I. B. C.), entidade autárquica, com personalidade jurídica e patrimônio próprio, sede e fôro no Distrito Federal e jurisdição em todo o território nacional, destina-se a realizar, através das diretrizes constantes desta lei, a política econômica do café brasileiro no país e no estrangeiro" (Lei nº 1.779/1952).

dessa atividade, foi instituída uma taxa de Cr$ 10 (dez cruzeiros) por saca de 60 (sessenta) quilos de café.[14] [15]

Mas foi nos últimos dez anos que a figura da intervenção sobre domínio econômico, mediante instituição de contribuições, ganhou força. No ano 2000, quando todos esperavam o chamado "*bug* do milênio", o que se viu foi a criação de uma avalanche de contribuições interventivas. Entre elas, é possível destacar as contribuições para: (i) o Fundo de Universalização dos Serviços de Telecomunicações (FUST) (instituído pela Lei nº 9.998/2000); (ii) o Fundo para o Desenvolvimento Tecnológico das Telecomunicações (FUNTTEL) (instituído pela Lei nº 10.052/2000); (iii) o Fundo de Pesquisa e Desenvolvimento do Setor Elétrico e para Programas de Eficiência Energética no Uso Final (instituído pela Lei nº 9.991/2000); (iv) o financiamento do programa de estímulo à interação universidade-empresa (instituído pela Lei nº 10.168/2000); e (v) o setor de comercialização e importação de petróleo e seus derivados (instituído pela Lei nº 10.336/2001, com base na Emenda Constitucional nº 33/2001).

Marciano Seabra de Godoi explica que a criação dessas contribuições decorreu do fato de a Administração Pública brasileira ter se dado contar de que o "potencial arrecadatórios das contribuições de seguridade social/CIDE é muito maior do que o dos impostos federais". Além disso, a União, ente competente para criação das contribuições, inclusive as interventivas, também percebeu que a receita arrecadada por esses instrumentos tributários não precisa ser distribuída entre os Estados e Municípios, o que aumentou a sua fome arrecadatória.[16]

---

[14] "Art. 24. Para custeio dos serviços a seu cargo e atribuições que lhe competem, inclusive despesas de propaganda e outros encargos que venham a ser criados, o I. B. C. contará, além da renda do seu patrimônio, com o produto de uma taxa de Cr$10,00 (dez cruzeiros) por saca de 60 (sessenta) quilos de café, que é criada por esta Lei e será arrecadada na conformidade das instruções que baixará a sua Diretoria" (Lei nº 1.779/1952).

[15] A história conta que essa não foi a única contribuição criada para custear as atividades interventivas praticadas pelo Instituto Brasileiro do Café. A última aparição se deu por intermédio do Decreto-Lei nº 2.295, de 21 de novembro de 1986. Ressalta-se, no entanto, essa norma tributária interventiva não foi recepcionada pela atual Constituição Federal, pela aplicação do artigo 34, §5º, do Ato das Disposições Constitucionais Transitórias ("§5º – Vigente o novo sistema tributário nacional, fica assegurada a aplicação da legislação anterior, no que não seja incompatível com ele e com a legislação referida nos §3º e §4º"). Assim o Supremo Tribunal Federal decidiu, quando do julgamento do Recurso Extraordinário nº 191.044, cuja relatoria foi do Ministro Carlos Velloso.

[16] Isso também foi observado por José Artur Lima Gonçalves: "O que se tem observado, no entanto, é que a União decidiu utilizar esta espécie tributária como substitutivo da espécie imposto. A intenção parece ser, como explicaremos adiante, a de tentar evitar as determinações constitucionais atinentes à repartição do produto da arrecadação tributária. Para tanto, a União tem-se utilizado da contribuição de intervenção com base em descompromissadas

Nesse contexto, o trabalho pretendeu dar uma abordagem geral sobre os aspectos que norteiam a competência intervencionista do Estado brasileiro, sempre partindo do estudo do sistema do direito positivo brasileiro atual, para esmiuçar as normas que fazem parte do regime jurídico das contribuições de intervenção sobre o domínio econômico.

A importância do estudo está centrada na necessidade de determinação dos requisitos e limites à atuação do legislador tributário para instituição dessas contribuições, com o objetivo de criar um conjunto de meios para se aferir a constitucionalidade da respectiva norma tributária instituidora.

O Estado, sob o pretexto de intervir sobre o domínio econômico, não pode se aproveitar de ferramentas arrecadatórias (frise-se que a contribuição interventiva também tem o caráter de arrecadação, embora esta característica esteja vinculada às finalidades interventivas) para, na realidade, promover o aumento do volume de recursos arrecadados.

Por esse motivo, faz-se necessária a análise dos critérios de constitucionalidade, da regra-matriz de incidência e dos princípios constitucionais que moldam a competência para instituição das contribuições interventivas.

O esforço para identificação das normas que compõem o regime jurídico dessas contribuições iniciará pela análise das relações intersistêmicas entre o sistema econômico e o sistema do direito positivo, demonstrando a influência pragmática que um exerce sobre o outro.

Ficará demonstrado que as relações econômicas não se prestam para criação do direito, mas influenciam pragmaticamente os criadores de normas jurídicas no momento em que estes, devidamente investidos na atividade legislativa, aceitam os dados econômicos para justificar a criação de um instrumento interventivo. E, aqui, tratar-se-á das fontes do direito e bem assim da norma que prevê a competência para instituição das contribuições interventivas. Depois disso, a preocupação recai sobre a classificação dos tributos para identificação do regime jurídico específico das contribuições.

Além disso, o trabalho também abordará conceitos essenciais a qualquer ensaio que pretenda estudar as figuras interventivas tributárias: norma jurídica, norma jurídica tributária, competência tributária e competência interventiva, tributo, intervenção estatal, validade e princípios constitucionais.

---

afirmações de 'intenção de intervir. Não é o que nosso ordenamento prevê. A efetiva e válida intervenção é condição prévia desta espécie tributária" (GONÇALVES, José Artur Lima. Contribuições de intervenção. In: ROCHA, Valdir de Oliveira (Coord.). *Grandes questões atuais do direito tributário*. São Paulo: Dialética, 2003. v. 7, p. 292).

Por fim, o trabalho se debruçará sobre o estudo dos requisitos formais e materiais de avaliação da constitucionalidade das contribuições interventivas, enquanto instrumento de atuação da União sobre os setores do domínio econômico, quais sejam: *(i)* sujeito competente; *(ii)* veículo introdutor; *(iii)* procedimento de produção normativa; *(iv)* necessidade justificada de intervenção; *(v)* provisoriedade da intervenção; *(vi)* vinculação prévia do produto da arrecadação; *(vii)* relação entre o sujeito passivo e a área econômica afetada; e *(viii)* destinação necessária do produto da arrecadação.

Sem mais delongas, inicia-se aqui o estudo das contribuições de intervenções sobre o domínio econômico, como proposto.

CAPÍTULO 1

O SISTEMA DO DIREITO

1.1 Conceito de sistema

O trabalho que se inicia, como já apresentado no espaço reservado às notas introdutórias, tem a pretensão de desenvolver uma análise do direito positivo, especialmente dos enunciados prescritivos[17] voltados para a conformação das normas que regem a intervenção do Estado no domínio econômico, mediante a instituição das chamadas contribuições de intervenção sobre o domínio econômico.

Tratar de forma preliminar do conceito de sistema se mostra importante para situar o sistema do direito positivo como parte integrante de um macrossistema social. Este referencial toma importância fundamental, na medida em que as relações comunicacionais intersistêmicas influenciam indiretamente o agente competente para a inserção de novas normas no sistema jurídico, no momento em que esta competência é, por este agente, exercida.

---

[17] Toma-se, aqui, enunciado prescritivo como o conjunto composto pela união de palavras que formam frases e períodos logicamente construídos, com a função pragmática de prescrever condutas aos sujeitos de uma sociedade. No processo de interpretação, pode ser considerado como o produto da primeira análise que é realizada pelo intérprete, quando se depara com o texto de lei (suporte físico). Os enunciados prescritivos são tomados pelo intérprete para intelecção da norma jurídica. Nas palavras de Paulo de Barros Carvalho, "os enunciados prescritivos ingressam na estrutura sintática das normas, na condição de proposição-hipótese (antecedente) e de proposição-tese (conseqüente). E tudo isso se dá porque firmamos a norma jurídica com unidade mínima do deôntico" (CARVALHO, Paulo de Barros. *Direito tributário*: fundamentos jurídicos da incidência. 3. ed. São Paulo: Saraiva, 2004. p. 21).

Antes de entrar propriamente no âmbito das relações comunicacionais inerentes aos sistemas, é preciso explorar as definições relativas ao termo "sistema" e assim delimitar aquilo que será objeto da análise proposta pelo presente estudo. O vocábulo "sistema", como a maioria das palavras, pode aparecer relacionado a várias acepções semânticas distintas, possuindo, pois, significados[18] diversos. Norberto Bobbio ensina que "o termo 'sistema' é um daqueles termos de muitos significados, que cada um usa conforme suas próprias conveniências".[19] Em razão disso, importa definir a acepção semântica sobre a qual serão construídos os fundamentos do presente trabalho.

O professor Paulo de Barros Carvalho ressalta que "onde houver um conjunto de elementos relacionados entre si e aglutinados perante uma referência determinada, teremos a noção fundamental de sistema".[20] No mesmo sentido, o professor Tercio Sampaio Ferraz, quando se refere ao sistema do direito, chama este conjunto de elementos de repertório. Ensina que "o sistema é um complexo que se compõe de uma estrutura e um repertório". E, continua: "um ordenamento, como sistema, contém um repertório, contém também uma estrutura".[21] [22]

---

[18] Todo sistema comunicacional é composto por elementos essenciais para o seu funcionamento íntegro. O emissor, o receptor, a mensagem, o canal e o código são os elementos essenciais para que haja comunicação. A mensagem emitida deve ser produzida com base em códigos reconhecidos como competentes pelos utentes da comunicação. A língua portuguesa, no Brasil, é utilizada como código para elaboração das mensagens. Este código aparece conformado por um conjunto de signos linguísticos, os quais expressam significados e significações. O significado é a relação entre o signo linguístico e a realidade que ele representa. As palavras, nesse sentido, são consideradas metáforas e expressam significados que devem ser apreendidos na relação comunicacional. Paulo de Barros Carvalho ensina que "o suporte físico da linguagem idiomática é a palavra falada (ondas sonoras, que são matéria, provocadas pela movimentação de nossas cordas vocais no aparelho fonético) ou a palavra escrita (depósito de tinta no papel ou de giz na lousa). Esse dado, que integra a relação sígnica, como o próprio nome indica, tem natureza física material. Refere-se a algo do mundo exterior ou interior, da existência concreta ou imaginária, atual ou passada, que é seu significado; e suscita em nossa mente uma noção, ideia ou conceito que chamamos de significação" (CARVALHO, Paulo de Barros. *Direito tributário, linguagem e método*. São Paulo: Noeses, 2008. p. 33-34).

[19] BOBBIO, Norberto. *Teoria do ordenamento jurídico*. 10. ed. Brasília: UnB, 1999. Reimpr. 2006, p. 76.

[20] CARVALHO. *Direito tributário*: fundamentos jurídicos..., p. 43.

[21] FERRAZ JR., Tercio Sampaio. *Introdução ao estudo do direito*. 4. ed. São Paulo: Atlas, 2003. p. 176-177.

[22] Ser qualificado como sistema pressupõe uma ordem, um ordenamento. Assim, da mesma maneira que isto pôde ser verificado na tradução dos ensinamentos do professor Tercio Sampaio Ferraz Jr., Cristiano Carvalho explica que "sistema traz sempre a ideia de organização, de ordem. Não obstante, o ordenamento jurídico é frequentemente tratado como sinônimo de sistema jurídico. Necessário é um princípio, um atrator que traga ordem aos elementos, estabelecendo estruturas para que os mesmos se inter-relacionem. Assim ocorre

Sistema é, pois, um conjunto composto de elementos que se relacionam entre si, mediante relações de coordenação e subordinação, convergindo para um único ponto, um princípio fundamental norteador.[23] As relações entre os elementos do sistema podem variar da mais singela à mais sofisticada, mas devem ter o mínimo de racionalidade, proporcionando uma compreensão do todo e de cada parte em separado.[24] A partir desse conjunto de relações, divide-se, classifica-se e define-se o sistema.

Partindo da técnica utilizada por Marcelo Neves,[25] é possível classificar os sistemas em reais ou proposicionais. Na classe dos sistemas reais, encontraríamos elementos do mundo físico (real). Já a classe dos sistemas proposicionais seria composta por proposições linguísticas. Neste raciocínio, o critério classificador dos sistemas repousa na natureza dos elementos que os compõem.

Uma crítica é feita a essa classificação, e tem razão de ser, porquanto é necessário tomar a linguagem como instrumento essencial para a constituição da realidade.[26] Os elementos de um determinado sistema devem, necessariamente, ser captados através de linguagem. Portanto, não só os sistemas proposicionais, mas também os sistemas reais existem em linguagem.[27]

---

com os mais diversos tipos de sistema, sejam os reais, sejam os ideais" (CARVALHO, Cristiano. *Teoria do sistema jurídico*: direito, economia, tributação. São Paulo: Quartier Latin, 2005. p. 41).

[23] "Em suma, falamos de sistema onde se encontrem elementos e relações e uma forma dentro de cujo âmbito, elementos e relações se verifiquem. O conceito formal de todo (no sentido husserliano) corresponde ao sistema. Sistema implica ordem, isto é, uma ordenação das partes constituintes, relações entre as partes ou elementos. As relações não são elementos do sistema. Fixam, antes, sua forma de composição interior, sua modalidade de ser estrutura" (VILANOVA, Lourival. *As estruturas lógicas e o sistema do direito positivo*. 3. ed. São Paulo: Noeses, 2005. p. 162).

[24] Sobre o assunto, Cristiano Carvalho expõe que "as inter-relações entre os elementos se dão por intermédio da estrutura sistêmica. A estrutura é que determinará as manifestações interatuantes entre os elementos. Sendo assim, percebemos duas propriedades inerentes a todo sistema: elemento e estrutura. Haverá sistema onde houver elementos cuja inter-relação seja estabelecida por uma estrutura. Nos sistemas dinâmicos essa operação é uma circularidade: a estrutura estabelece a relação entre os elementos e os elementos definem a estrutura a ser seguida. Não se trata de paradoxo, mas sim do modo de ser próprio dos sistemas. (...) Destarte, sistema é todo conjunto de elementos que se relacionam entre si segundo sua própria estrutura. Nos sistemas complexos, essa estrutura é determinada pelo próprio sistema" (CARVALHO. *Teoria do sistema*..., p. 42-43).

[25] NEVES, Marcelo. *Teoria da inconstitucionalidade das leis*. São Paulo: Saraiva, 1998. p. 4.

[26] "É através da linguagem que o mundo se constitui enquanto um campo complexo e congruente de escolhas" (LUHMANN, Niklas. *Sociologia do direito I*. Rio de Janeiro: Tempo Brasileiro, 1983. p. 120-121).

[27] E, aqui, Vilém Flusser percebeu que o próprio Evangelho já dizia que "no começo era o Verbo". Essa frase foi utilizada por esse autor para fundamentar a sua argumentação no

Partindo da premissa de que não há conhecimento sem linguagem, deve-se admitir que todo o sistema é do tipo proposicional.[28] Resolvida essa questão, continuando a classificação proposta, observe-se que os sistemas proposicionais podem ser *nomológicos*, quando seus elementos constituírem fórmulas proposicionais, ou seja, entidades ideais, e *nomoempíricos*, quando formados por proposições prescritivas ou descritivas, com referência empírica.

Quando constituído por elementos considerados proposições prescritivas — aquelas que se dirigem à conduta social para regulá-la —, pode-se dizer que o sistema *nomoempírico* é prescritivo. Se constituído por elementos considerados proposições descritivas — aqueles enunciados científicos que descrevem[29] (falam sobre) determinado objeto —, pode-se dizer que o sistema *nomoempírico* é descritivo.

A definição de sistema é importante para a definição do objeto de estudo que será realizado. Definir o conceito de sistema e identificar os diferentes sistemas em razão da natureza dos elementos que os compõem permite eleger o conjunto que será analisado por este trabalho. Nesse sentido, dá-se início ao estudo do sistema do direito positivo, enquanto sistema *nomoempírico* prescritivo, identificando a sua moldura existencial, seus elementos, as relações estruturais internas entre seus elementos e, ainda, as relações externas, quais sejam, aquelas relações comunicacionais (intersistêmicas) entre os diversos sistemas do âmbito social.

---

sentido de que o conhecimento, a realidade e a verdade são aspectos da língua, como instrumento da linguagem (Cf. FLUSSER, Vilém. *Língua e realidade*. 3. ed. São Paulo: Annablume, 2007. p. 33-34).

[28] Paulo de Barros Carvalho proclama *"a autorreferibilidade da linguagem, como ente auto-sustentável, dispensando elementos exteriores ao discurso para legitimar-se. Essa premissa é fator impeditivo de conceber-se objetos reais que seriam simplesmente captados por nossa intuição sensível, sem passar pelo filtro intercalar da linguagem, o que significa dizer que suprimimos aquela categoria, passando a con*siderar que todos os sistemas são proposicionais, aproveitando-se as escalas remanescentes da indigitada classificação" (CARVALHO, Paulo de Barros. *Direito tributário*: fundamentos jurídicos da incidência. 3. ed. São Paulo: Saraiva, 2004. p. 47).

[29] Quanto se estuda a linguagem descritiva, é preciso ter como referência o fato de tratar-se de uma metalinguagem. Metalinguagem é a denominação que se atribui ao feixe de linguagem que se ocupa de falar (emitir proposições) sobre um objeto de conhecimento que se manifesta, invariavelmente, mediante a utilização de linguagem. Existem várias camadas de linguagem. A metalinguagem é uma linguagem que tem como objeto o estudo e análise de outra linguagem. Por isso, a qualidade de descritiva. Ser metalinguagem L1, por exemplo, significa dizer que existe uma posição sobreposta em relação a posição L0. Nesse ínterim, L2 é metalinguagem em relação a L1, que por sua vez, é metalinguagem com relação a L0.

Nesse ponto, cabe observar, principalmente, aquelas relações comunicacionais que unem o sistema do direito positivo ao sistema da economia, no qual se insere o domínio econômico, campo sobre o qual o Estado, mediante a edição de normas jurídicas, pretende dirigir influências. Enxerga-se, pois, o sistema do direito como um subsistema inserido em um sistema maior, o macrossistema social.[30] Da mesma forma, enxergam-se as relações intersistêmicas que ligam o sistema do direito positivo e o sistema econômico, o que, como será demonstrado, é matéria de extrema relevância para o estudo do conjunto de normas jurídicas que tratam da instituição da contribuição de intervenção sobre o domínio econômico.

1.2 Ciência do Direito e direito positivo

Até então, quando se mencionou "direito positivo", grafou-se esse vocábulo com a letra "d" em forma minúscula. Foi proposital e assim foi feito para diferenciar semanticamente o vocábulo "direito", enquanto conjunto de normas jurídicas, do vocábulo "Direito", representativo do conjunto de proposições descritivas que falam sobre o conjunto de normas jurídicas (o sistema do direito positivo).[31]

Foi visto que o vocábulo sistema é utilizado para indicar, ao mesmo tempo, um sistema nomoempírico descritivo e um sistema nomoempírico prescritivo que, respectivamente, representam, na seara jurídica, a Ciência do Direito e o direito positivo.

O direito positivo é composto por um conjunto de proposições, materializadas por uma camada de linguagem prescritiva, tendo em vista a sua função de regulação de condutas intersubjetivas. É, pois, um feixe de linguagem técnica, cujos critérios de valência são: válido ou inválido. A Ciência do Direito, por sua vez, é sistema formado por proposições do tipo descritivas, de maneira que a linguagem manifestada caracteriza-se pela sua natureza metalinguística, cuja função é falar sobre um determinado objeto, o direito positivo, manifestado

---

[30] No sentido que está posto, a sociedade é tida como um macrossistema dentro do qual se inserem outros sistemas, considerados como subsistemas em relação ao sistema social, dentre os quais, encontram-se o sistema do direito positivo e o sistema econômico.

[31] Com notável rigor científico, o que se reflete na escolha coerente dos termos que utiliza, o professor Paulo de Barros Carvalho ensina que o vocábulo representativo do sistema do direito prescritivo deveria ser "direito" e que o sistema jurídico das proposições descritivas deveria ser representado pelo vocábulo "Ciência do Direito" (Cf. CARVALHO, Paulo de Barros. *Curso de direito tributário*. 19. ed. São Paulo: Saraiva, 2007. p. 1 *et seq*.).

em linguagem prescritiva,[32] e os critérios de valência são: verdadeiro ou falso.

A Ciência do Direito, portanto, é constituída mediante linguagem descritiva, e sua razão de ser advém da qualificação que lhe permite descrever as normas jurídicas.[33] A linguagem da Ciência do Direito apenas descreve o direito positivo; nele não interfere. Isso autoriza denominá-la metalinguagem.[34]

Diante de tais indagações, resta claro que o objeto da Ciência do Direito é o próprio direito positivo, que por ela é descrito e, em sentido estrito, a própria norma jurídica.

Ao conhecer o direito positivo, o sujeito do conhecimento emite proposições para descrevê-lo. Essa é a tarefa deste trabalho. Construir proposições descritivas sobre o objeto de estudo — as normas que representam o âmbito da tributação mediante a instituição das contribuições de intervenção sobre o domínio econômico que, por sua vez, fazem parte do sistema do direito positivo.

1.3 Elementos do sistema do direito: norma jurídica

Estudar o direito significa conhecer seus elementos e suas relações intrassistêmicas. "O conjunto de normas forma o sistema jurídico."[35] As normas jurídicas, pois, são os elementos que fazem parte do sistema do direito,[36] motivo por que o seu estudo se torna essencial para o desenvolvimento de qualquer trabalho que pretenda, cientificamente,

---

[32] "São dois sistemas: um, cognoscitivo; outro, prescritivo. Separáveis por um corte abstrato no dado-da-experiência, o sistema da Ciência-do-Direito incorpora-se ou insere-se no próprio Direito, como fonte material sua". (...) "Um e outro apresentam essa nota comum: são constituídos de linguagem, ainda que descritiva, uma, prescritiva, outra. A descritividade ou a prescritividade manifestam-se nessa forma sintática que é a proposição" (VILANOVA. *As estruturas lógicas...*, p. 158-160).

[33] Enquanto linguagem descritiva, as valências contrapostas de suas proposições são: verdadeira e falsa.

[34] Leciona Eurico Marcos Diniz de Santi: "Também como linguagem se apresenta a Ciência do Direito que descreve o direito positivo e sobrepõe-se-lhe na posição de metalinguagem. O cientista não faz o direito: fala sobre ele, separa conceptualmente as normas jurídicas para, 'em seu discurso de cientista, emitir enunciados sobre o direito'. (...) Com efeito, fazer Ciência do Direito, descrever seu objeto-formal, requer o ingresso na linguagem dos enunciados que revestem o direito positivo" (SANTI, Eurico Marcos Diniz de. *Lançamento tributário*. 2. ed. São Paulo: Max Limonad, 2001. p. 30).

[35] ROBLES, Gregorio. *Direito como texto*: quatro estudos da teoria comunicacional do direito. Barueri: Manole, 2005. p. 1.

[36] O jusfilósofo austríaco Hans Kelsen, quando dedicado ao estudo do Direito, concluiu que "na afirmação evidente de que o objeto da ciência jurídica é o Direito, está contida a afirmação — menos evidente — de que são as normas jurídicas o objeto da ciência jurídica" (KELSEN, Hans. *Teoria pura do direito*. Tradução de João Batista Machado. 6. ed. São Paulo: Martins Fontes, 1998. p. 79).

analisar e descrever o direito, precisamente pela circunstância de serem elas o objeto do conhecimento da Ciência do Direito. É por meio das normas jurídicas, aqui entendidas como as normas válidas, ou seja, as que pertencem a um ordenamento jurídico[37] em determinado tempo e espaço, que a sociedade busca ver atendidos os seus valores. São elas que se prestam a regular as condutas humanas, atribuindo os valores que a sociedade almeja alcançar.

As normas jurídicas, diferentemente das regras da natureza, em que para cada acontecimento determinado haverá, sempre, uma ou mais consequências, também, previamente determinadas,[38] prescrevem como as condutas sociais devem ser, atendidos os valores ali prestigiados pelo legislador.[39]

Nesse ponto, os tributos são normas que traduzem a necessidade dos partícipes da sociedade de contribuírem com a entrega de parte de seu patrimônio para o Estado, como forma de repartição dos gastos públicos necessários para o custeio da administração pública em favor dos próprios administrados. Assim, os contribuintes devem agir como manda o direito: pagando os tributos de acordo com as normas que regulam a respectiva instituição e cobrança.

O direito, a doutrina é uníssona em afirmar, é objeto cultural, na medida em que é fruto da atividade do homem em sociedade.[40] [41] Essa

---
[37] O ordenamento jurídico é o conjunto de normas jurídicas (elementos) e relações (estrutura). É, portanto, sinônimo de sistema. Nesse sentido, cf. FERRAZ JR. *Introdução ao estudo do direito...*, p. 176.
[38] Como ensina José Souto Maior Borges "as ciências naturais regem-se pelo princípio da causalidade: dada uma certa causa, seguir-se-á necessariamente um efeito. Dada a elevação da temperatura a cem graus centígrados, ocorrerá, sob certas condições, a ebulição da água" (BORGES, José Souto Maior. *Obrigação tributária*: uma introdução metodológica. 2. ed. Malheiros, 1999. p. 20).
[39] "Tal-qualmente uma lei natural, também uma proposição jurídica lega entre si dois elementos. Porém, a ligação que se exprime na proposição jurídica tem um significado completamente diferente daquela que a lei natural descreve, ou seja, a da causalidade. (...) Na proposição jurídica não se diz, como na lei natural, que, quando A é, B é, mas que, quando A é, B deve ser, mesmo quando B, porventura, efetivamente não seja" (KELSEN. *Teoria pura do direito*, p. 87).
[40] "Os objetos culturais existem no tempo e no espaço. Estão na experiência sensível. O ato gnosiológico tendente a captá-los é a compreensão, podendo ser utilizado, predominantemente, o método indutivo, porém carregado de ponderável conotação dialética. (...) Quer positiva, que negativamente, o valor está na essência dos objetos culturais, de uma feita que eles não mais são do que um sentido que o homem agrega aos objetos naturais. (...) Os objetos culturais, por conseguinte, são o sentido que o homem agrega à natureza. (...) Nota-se, além disso, que a norma jurídica também é objeto cultural. Na verdade, ela é uma alteração que o homem traça à sua própria conduta, limitando, em níveis externos, a liberdade inerente à natureza humana. (...) O Direito, seja como norma, seja como ciência, seja, ainda, como relação, é objeto cultural, pois o sentido está presente em todas essas dimensões" (FALCÃO, Raimundo Bezerra. *Hermenêutica*. 3. tiragem. São Paulo: Malheiros, 2004. p. 16-17).

afirmação conduz ao pensamento de que o direito não pode prescrever como as condutas humanas serão, mas como essas condutas devem ser. Por isso se diz que o direito opera no campo do dever-ser, prescrevendo de que forma as condutas humanas devem acontecer, o que não quer dizer que, de fato, elas acontecerão. O destinatário de uma norma jurídica pode ou não atender à conduta que por ela foi prescrita. Regular condutas humanas, atribuindo valores que devem ser observados pelos destinatários das normas jurídicas, é o principal objetivo do direito. O atendimento ou não às prescrições jurídicas por seus destinatários não é aqui o objeto de estudo, até porque o compromisso, neste trabalho, é estudar o direito enquanto conjunto de normas jurídicas (aquelas normas jurídicas válidas do ordenamento jurídico brasileiro).

1.4 Direito positivo: um subsistema do sistema social e suas relações

O direito, enquanto objeto cultural, é parte de um sistema no qual se instauram as relações sociais, devidamente amparadas por estruturas comunicacionais. O sistema do direito compõe um sistema social, que por sua vez também é composto por outros sistemas.[42] Norberto Bobbio ensina que "em relação ao sistema social considerado em seu todo, em todas as articulações e inter-relações, o direito é um subsistema que se posiciona ao lado dos outros subsistemas, tais como o econômico, o cultural e o político, e em parte se sobrepõe e contrapõe a eles".[43] A comunicação se apresenta, assim, como elemento-chave desse sistema, do qual o direito faz parte como um dos subsistemas.

Nesse ponto, Celso Fernandes Campilongo leciona que "a sociedade é um grande sistema social que compreende, no seu interior, todas as formas de comunicação. A sociedade não é composta por homens ou relações individuais, mas sim por comunicações".[44] Da mesma forma,

---

[41] "O Direito é criação social, e não estatal. – Estatal ele o é em formas já adiantadas de cultura, por fato de evolução da própria sociedade, quando já se delimita, espacialmente, e mergulha em ambiência jurídica, concriada com ele, ou anterior, a comunidade político-jurídica do Estado" (PONTES DE MIRANDA. *Comentários à Constituição de 1946*. 2. ed. São Paulo: Max Limonad, 1953. v. 1, arts. 1º ao 14, p. 124).

[42] "Todo sistema de direito, todo Direito, supõe um círculo social a que pertença. O Direito de um círculo social é de tal círculo, e não de outro" (PONTES DE MIRANDA. *Comentários à Constituição de 1946*. 2. ed. São Paulo: Max Limonad, 1953. v. 1, arts. 1º ao 14, p. 31).

[43] BOBBIO, Norberto. *Da estrutura à função*: novos estudos de teoria do direito. Tradução de Daniela Beccaccia Versiani. Barueri: Manole, 2007. Prefácio, XIII.

[44] CAMPILONGO, Celso Fernandes. *Política, sistema jurídico e decisão judicial*. São Paulo: Max Limonad, 2002. p. 66.

sob o enfoque de um conjunto de regras comunicacionais, Simone Goyard-Fabre contribui para o assunto em questão, quando explica que "a integração social requer um fenômeno de comunicação, múltiplo, complexo, diversificado, que recorre à economia, à política, à ciência, à tecnologia, à arte, à religião e, é claro, ao direito",[45] confirmando a existência de um número plural de subsistemas e, principalmente, a existência de relações entre eles.

As estruturas comunicacionais, aqui referidas, têm o condão de amparar as relações comunicacionais intersistêmicas e intrassistêmicas.

Note-se que essas estruturas aparecem para reger as relações comunicacionais entre subsistemas (intersistêmicas), enquanto elementos de um sistema maior, no qual estão inseridos e, da mesma forma, para reger as relações comunicacionais entre os elementos que fazem parte de cada um destes subsistemas (intrassistêmicas).

Sobre o sistema do direito, as estruturas comunicacionais intrassistêmicas nada mais são do que o conjunto das relações existentes entre as normas jurídicas (elementos que compõem o sistema do direito) que prescreve como deverão ser as relações intersubjetivas inseridas no ambiente do sistema social.

Para não fugir ao tema central, o objeto deste estudo fica restrito às estruturas comunicacionais que amparam as relações comunicacionais entre o sistema do direito e o sistema econômico e, desta feita, fica configurado o conjunto das relações comunicacionais intersistêmicas que materializam a possibilidade de influência do sistema econômico no sistema do direito e, da mesma forma, do sistema do direito no sistema econômico, considerando que ambos estão lado a lado insertos no macrossistema social.

Os subsistemas sociais são, na realidade, elementos do sistema (macro) social. Por isso, também se relacionam entre si por meio dessas estruturas comunicacionais (intersistêmicas). Na individualidade, estes subsistemas, como sistema que são, compõem-se por seus próprios elementos e estruturam-se em função de suas estruturas comunicacionais peculiares, mas estão ligados por um conjunto de relações intersistêmicas, pelas quais se relacionam entre si.

Explicado que as relações comunicacionais são veículos para troca de influência entre os subsistemas sociais, é essencial afirmar que essa influência não pode pôr em risco a respectiva integridade de cada um dos subsistemas. Isso implica dizer que a forma de operacionalização

---

[45] GUYARD-FABRE, Simone. *Os fundamentos da ordem jurídica*. Tradução de Claudia Berliner. São Paulo: Martins Fontes, 2007. p. 220-221.

das relações comunicacionais intrassistêmicas deve permanecer em perfeito funcionamento, sempre de acordo com suas próprias estruturas comunicacionais de cada um dos sistemas. Por isso se diz que o sistema do direito é um sistema fechado do ponto de vista de coordenação. Isso significa que há a aplicação exclusiva de suas próprias estruturas comunicacionais em seu respectivo ambiente.[46] Além disso, se diz também que o sistema do direito, apesar de fechado estruturalmente,[47] é cognitivamente aberto no âmbito da possibilidade de interferência externa entre os subsistemas.[48]

Ora, se, por um lado, não é possível a aplicação das estruturas comunicacionais do subsistema econômico para amparar as relações comunicacionais que ocorrem no ambiente do subsistema do direito, por outro lado, tais interferências podem resultar e, pela evolução natural, de fato, resultam, numa alteração da própria estrutura comunicacional do sistema do direito, em razão da influência materializada pelas relações comunicacionais intersistêmicas.

Essas relações intersistêmicas permitem que os subsistemas se comuniquem, o que torna inevitável assumir a existência de interferência do subsistema econômico no subsistema do direito e, da mesma forma, do sistema do direito no sistema econômico. Tal interferência, frise-se, só influencia a fonte capaz de promover as alterações da estrutura comunicacional do subsistema afetado, nunca promovendo, por si só, essas alterações.

A influência decorrente das relações intersistêmicas. Quando levada a cabo para mudança das estruturas comunicacionais do subsistema do direito, por exemplo, ocasiona a mudança na forma de

---

[46] "O direito como sistema normativo produz e se reproduz através da normatividade. É normativamente fechado mas cognitivamente aberto" (REICH, Norbert. Intervenção do Estado na economia: reflexões sobre a pós-modernidade na teoria jurídica. Tradução de Fernando Herren Aguillar. *Revista de Direito Público*, São Paulo, v. 23, n. 94, abr./jun. 1990. p. 272).

[47] Sobre o fechamento operativo, Raffaele de Giorgi, ao estudar a obra de Niklas Luhmann, assevera que o "fechamento de um sistema que, ao estimular os distúrbios que provenham do ambiente, o sistema só reage entrando em contato consigo mesmo, ativando operações internas, acionadas a partir dos elementos que constituem o próprio sistema. Disto resulta a auto-referencia e a autopoiese do sistema: o sistema produz e reproduz os elementos dos quais é constituído, mediante os elementos que o constituem. (...) A autonomia dos sistemas sociais, então, significa que os sistemas auto-regulam as formas da própria dependência e da própria independência. Nisto os sistemas devem se autodeterminar e, portanto, auto-identificar" (GIORGI, Raffaele de. Luhmann e a teoria jurídica dos anos 70. Tradução de Luiz Fernando Mussolini Júnior. *In*: CAMPILONGO, Celso Fernandes. *O direito na sociedade complexa*. São Paulo: Max Limonad, 2000. p. 191).

[48] O assunto será debatido com mais propriedade no tópico que tratará dos sistemas autorreferenciais, aqueles sistemas internamente fechados, mas abertos para comunicação com o ambiente onde se insere.

operacionalização do próprio sistema do direito. Mas, aqui, é de fundamental importância que se atente para o fato de que esta mudança, muitas vezes necessária, só ocorrerá de maneira efetiva quando exercida pelo agente ao qual o próprio subsistema do direito atribuiu competência para assim agir, e em conformidade com as demais estruturas comunicacionais específicas do subsistema do direito.

Explica-se: dentre as estruturas comunicacionais existentes no subsistema do direito, algumas tratam especificamente da criação, extinção, suspensão ou modificação de outras estruturas comunicacionais dentro do próprio subsistema do direito.

Importa reforçar, e pede-se vênia pela insistência, que essa comunicação intersistêmica não pode significar a permissão para a utilização de estruturas comunicacionais de um subsistema na determinação de relações comunicacionais intrínsecas a outro subsistema social. Diferentemente, as relações comunicacionais entre um subsistema A e um subsistema B podem, eventualmente, influenciar a mudança das estruturas comunicacionais, por exemplo, de um ou dos dois subsistemas. Esta mudança das estruturas comunicacionais é permitida, pois se operacionaliza de acordo com as próprias estruturas comunicacionais que autorizam tal interferência no sistema afetado.

Isso será visto quando da apresentação do estudo sobre a intervenção no domínio econômico, oportunidade em que restará esclarecido que o direito não intervém no domínio econômico, mas procura, mediante a utilização de suas estruturas, influenciar numa mudança de comportamento por parte dos agentes que participam do citado domínio econômico.

Não se trata, portanto, de emprestar as estruturas comunicacionais do subsistema econômico ao subsistema do direito, mas de permitir que determinadas estruturas comunicacionais intrassistêmicas sejam alteradas. Celso Fernandes Campilongo, em seu esforço para interpretação dos ensinamentos de Niklas Luhmann, trata do assunto em questão. Referindo-se às relações comunicacionais entre os sistemas como "acoplamento estrutural", o professor afirma que:

> Cada sistema mantém sua integridade, sua clausura operacional, e continua a operar com base em seus mecanismos específicos ou autorreferenciais. Entretanto, os sistemas estruturalmente acoplados estão abertos a influências recíprocas, que permitem uma multiplicação das chances de aprendizagem na comunicação intersistêmica.[49]

---

[49] CAMPILONGO, Celso Fernandes. *Política, sistema jurídico e decisão judicial*. São Paulo: Max Limonad, 2002. p. 60.

O "acoplamento estrutural", ou seja, a influência recíproca entre os sistemas, é o meio pelo qual a sociedade se modifica continuamente, e tal fenômeno é o que permite sua evolução.[50] Os valores sociais são alterados e aperfeiçoados na medida em que a sociedade evolui. Isto é resultado da comunicação entre os subsistemas sociais. A constante mudança que ocorre no interior de cada um desses subsistemas constrói o caminho que deve ser seguido pela sociedade. Essa mudança é inevitável e faz parte da própria essência da vida humana em sociedade.

O acoplamento estrutural permite que os sistemas interajam com os demais sistemas do ambiente. Dessa interação, o sistema do direito positivo, por exemplo, seleciona as informações que a ele são relevantes para o trato de suas operações internas. No entanto, frise-se, essas informações coletadas do ambiente não propiciam a intervenção direta em sua estrutura. Quando muito, o influencia para que, mediante a utilização de sua própria estrutura, modifique o seu interior.

Sob outra perspectiva — da estrutura comunicacional de cada subsistema —, o direito não só pode, mas deve ser estudado como sistema fechado[51] e independente que é. Como afirmado linhas atrás, as estruturas comunicacionais intrassistêmicas devem ser aplicadas para determinação das relações comunicacionais que se encontram em seu respectivo ambiente. Estas estruturas não podem ser afastadas em razão da interferência dos demais subsistemas e, uma vez modificadas, ainda que por influência destes, devem seguir o que está previsto pelas estruturas comunicacionais internas prescritas para tal fim.

---

[50] Importante a observação de Clarice Von Oertzen de Araujo. Segundo a professora, "o direito, em parte absorve as informações de seu meio, a sociedade, e em parte de si mesmo, quando provoca o seu auto-exame (o que acontece o tempo todo). Ou seja, o Direito compara a todo tempo as suas estruturas iniciais com aquelas assimiladas no decorrer da vigência do sistema" (ARAUJO, Clarice von Oertzen. *Semiótica do direito*. São Paulo: Quartier Latin, 2005. p. 65).

[51] A qualidade de ser um sistema fechado se justifica pelo fato de que direito cria suas próprias realidades, em cumprimento de suas respectivas regras que definem a maneira pela qual essas realidades devem ser estabelecidas. Niklas Luhmann chama esta qualidade de "clausura operativa" e, tem razão de ser, quando se pensa que o direito opera conforme suas próprias regras estruturais, para evitar que regras estruturais de outros subsistemas sejam nele aplicadas. Segundo o autor, "el avance de teoría consiste en la afirmación de que para que el sistema construya su propia complejidad es necesaria la clausura operativa. (...) también la teoría de los sistemas operativamente clausurados es una teoría de la distinción entre sistema y entorno. El cierre no deberá entenderse causales entre el sistema y el entorno (aunque las afirma a su manera) y que las interdependencias causales sean estructuralmente necesarias para el sistema. (...) la teoría de la clausura operativa del sistema hace abstracción, en la definición de su objeto, de las relaciones causales entre sistema y entorno" (LUHMANN, Niklas. *El derecho de la sociedad*. Tradução de Javier Torres Nafarrate. Lomas de Santa Fe. México: Universidade Iberoamericana; Biblioteca Francisco Xavier Clavigero, 2002. p. 98-99).

Pontualmente, importa pensar que as estruturas comunicacionais do subsistema do direito são suscetíveis de mudança a todo tempo.

Ainda que o estudo do subsistema direito enquanto sistema fechado não permita elucubrações acerca das influências que levaram o agente competente a criar, extinguir ou modificar as próprias estruturas comunicacionais deste subsistema, não se pode deixar de enxergar estas influências, especialmente, quando o próprio sistema do direito as toma como determinantes para alterações das suas estruturas comunicacionais.

Isso ocorre na oportunidade em que o próprio subsistema do direito determina que a ocorrência de um conjunto de situações específicas, regradas por estruturas comunicacionais do subsistema econômico, deve ser tomado como fator motivador e justificador para a criação de novas estruturas comunicacionais com a função de regulamentação de determinadas condutas que o Estado entende necessitarem de regulação especial. Aqui se vê a atuação do Estado interventivo para modificar o comportamento social de acordo com a perspectiva que o legislador constituinte prescreveu.

1.5 Conhecimento

O estudo de qualquer objeto implica no trabalho do intérprete para, mediante uma forma previamente delimitada, com base em um determinado sistema de referência e seguindo rigorosamente os métodos escolhidos, conhecê-lo.

O conhecimento é forma de consciência humana.[52] É por meio do conhecimento que o homem atribui significado às coisas que, mediante seus órgãos sensoriais, apreende do mundo em que vive. Conhecer algo é ter consciência sobre este algo.[53]

O homem é, portanto, o sujeito do conhecimento. Ele capta do mundo dos fenômenos os dados brutos e os processa em seu intelecto, segundo seu sistema de referência próprio. Em seu intelecto, esses dados brutos são transformados em palavras, e a articulação e organização (de acordo com as regras estabelecidas pela língua) dessas palavras, formam as frases e os pensamentos.[54]

---

[52] Segundo Paulo de Barros Carvalho, a consciência requer, de maneira indispensável, uma das formas para se constituir. O conhecimento, nesse ponto, é uma delas. (CARVALHO, Paulo de Barros. *Direito tributário linguagem e método*. São Paulo: Noeses, 2009. p. 10).
[53] CARVALHO, Aurora Tomazini. *Curso de teoria geral do direito*. São Paulo: Noeses, 2009. p. 6.
[54] Vilém Flusser comparou a formação das frases e pensamentos a uma tecelagem. Segundo ele, "o intelecto sensu stricto é uma tecelagem que usa palavras como fios. O intelecto 'sensu

A realidade, nesse ponto, pode ser entendida como aquela parcela do conjunto de sensações ocorridas no mundo social que é recolhida pela linguagem. E, aqui, encontra-se a interligação entre a consciência (adquirida pela forma do conhecimento) e a linguagem.[55] O homem, enquanto típico sujeito cognoscente, é o elemento central da construção da realidade. Se isso é assim, diz-se que não há conhecimento sem linguagem. A linguagem, enfim, constitui a realidade apreendida pelo homem para formação da sua consciência.

O direito, assim como todo o objeto do conhecimento, também se manifesta em linguagem. Conhecer o direito significa saber emitir proposições sobre o próprio direito. E emitir proposições sobre o direito significa verter em linguagem descritiva aquilo apreendido pela consciência humana.[56]

O sujeito cognoscente que estuda e fala sobre o direito é o teórico da Ciência do Direito. Ele tem a tarefa de formar juízos lógicos, de acordo com determinados pressupostos de validade. Eis a construção da norma jurídica.

Para analisar a natureza jurídica de determinado instituto e, em seguida, inseri-lo em um contexto delimitado por um regime jurídico, faz-se necessário que o estudioso vista o manto do cientista.

É preciso, sob pena de produzir um discurso contraditório ou contingente, delimitar o objeto de estudo sem se esquecer do mundo que o cerca.

1.6 Direito como linguagem

A linguagem se revela, neste ponto, como meio para apreensão da realidade e, consequentemente, para a conformação do conhecimento.

---

lato' tem uma ante-sala na qual funciona uma fiação que transforma o algodão bruto (dados dos sentidos) em fios (palavras). A maioria da matéria-prima, porém, já vem em forma de fios" (FLUSSER, Vilém. *Língua e realidade*. 3. ed. São Paulo: Annablume, 2007. p. 40).

[55] Aurora Tomazini de Carvalho afirma que a "realidade não passa de uma interpretação, ou seja, de um sentido atribuído aos dados brutos que nos são sensorialmente perceptíveis. (...) O real é, assim, uma construção de sentido e como toda e qualquer construção de sentido dá-se num universo lingüístico" CARVALHO, Aurora Tomazini de. *Curso de teoria geral do direito*. São Paulo: Noeses, 2009. p. 16.

[56] A consciência é a "função pela qual o ser humano trava contato com suas vivências, estados psíquicos e condutas, bem como projeta sua atenção para o mundo exterior recolhendo os dados obtidos pela intuição sensível (olfato, visão, audição, tato, paladar), processando assim suas emoções sentimentos, sensações, lembranças, sonhos imaginação, pensamentos, esperanças e a gama imensa de suas manifestações volitivas" (CARVALHO, Paulo de Barros. *Direito tributário linguagem e método*. São Paulo: Noeses, 2009. p. 7).

É essencial para a análise de qualquer objeto do conhecimento. Não há que se falar em conhecimento sem linguagem. E, aqui, Vilém Flusser percebeu que o próprio Evangelho já dizia que "no começo era o Verbo". Essa frase foi utilizada por esse autor para fundamentar a sua argumentação no sentido de que o conhecimento, a realidade e a verdade são aspectos da língua, como instrumento da linguagem.[57] A realidade e o conhecimento são construções linguísticas. E a linguagem é a responsável pelo conhecimento da realidade. Isso, porém, não significa que a realidade em si (refletida por dados brutos) não existe sem linguagem. A realidade existe sim, mas dela só se conhecerá pela linguagem. Por isso Ludwig Wittgenstein proferiu a seguinte frase, inúmeras vezes repetida pelos estudiosos do direito: "the limits of my language mean the limits of my world".[58] Quer com isso demonstrar que a linguagem é a forma pela qual a realidade se constitui. É através dela que se compreende e se tem acesso às coisas reais do mundo real.

Como salienta o professor Paulo de Barros Carvalho, "conhecer é saber emitir proposições sobre determinadas situações, pessoas ou coisas".[59] E mais:

> A realidade e, dentro dela, a realidade social é constitui da pela linguagem, e, a linguagem prescritiva do direito positivo, jurisdiciza fatos e condutas, valoradas com o sinal positivo da licitude e negativo da ilicitude, desenhando, assim, o território da factividade jurídica.[60]

O direito, como dito, é um sistema social. Sua realidade é construída pela linguagem que esse próprio sistema julga competente. Ainda segundo os ensinamentos do professor Paulo de Barros Carvalho, é possível afirmar que "ali onde houver direito haverá sempre normas jurídicas e onde houver normas jurídicas haverá, certamente, uma linguagem que lhe sirva de veículo de expressão".[61]

Percebe-se, aqui, uma preocupação em eleger a linguagem como instrumento constitutivo de toda realidade e, da mesma forma,

---

[57] Cf. FLUSSER, Vilém. *Língua e realidade*. 3. ed. São Paulo: Annablume, 2007. p. 33-34.
[58] "Os limites de minha linhagem correspondem aos limites do meu mundo." WITTGENSTEIN, Ludwig. *Tractatus Lógico-Philosophicus*. Logisch-Philosophische Abhandlung. Df Pears and Bf mcguinness. Trans. by C.K. Ogden. New ed. Introduction by Bertrand Russell. London: Routledge & Kegan Paul, 1961.
[59] CARVALHO. *Direito tributário linguagem...*, p. 247.
[60] CARVALHO. *Direito tributário*: fundamentos jurídicos..., p. 13.
[61] *Ibidem*, p. 398.

constitutivo do direito. O direito utiliza-se, assim, da linguagem para constituir sua própria realidade.[62] Por isso Gregorio Robles afirmou que "o direito é o resultado de múltiplas decisões dos homens, que só podem se expressar mediante palavras (...) o direito só é possível mediante palavras. Suprimidas as palavras, suprime-se automaticamente o direito".[63]

Essa relação imprescindível entre o direito e a linguagem se verifica a partir do processo comunicacional, assim como afirmou João Bosco Leopoldino da Fonseca:

> Esta inter-relação entre direito e linguagem se esclarece e se vivifica a partir do estudo do domínio mais amplo da comunicação, que é fenômeno essencial de cultura, que não existe sem aquele instrumental. Através da comunicação, o emissor de uma mensagem escolhe no mundo de sua vivência as significações que interessam à mensagem que quer transmitir ao receptor. Os elementos dessa mensagem apresentam coerências quer sob o aspecto material quer sob o formal. O centro deste encontro é a palavra, que se pode definir como um encontro histórico.[64]

O direito funda-se em atos comunicacionais,[65] os quais são manifestados pela linguagem. Sem a linguagem e comunicação, o direito não se faz. Direito é, pois, um grande processo comunicacional. Onde houver direito haverá, necessariamente, linguagem, e onde houver criação, incidência e aplicação das normas jurídicas haverá sempre um processo comunicacional fundado em uma linguagem que o direito julga como competente.[66]

---

[62] Paulo de Barros Carvalho enuncia que "aquilo que nos chega pela via dos sentidos (intuição sensível), e que chamamos de 'realidade', é dado bruto, que se torna real apenas no contexto da língua, única responsável pelo seu aparecimento" (CARVALHO. *Direito tributário linguagem...*, p. 170).
[63] ROBLES. *Direito como texto*: quatro estudo..., p. 47.
[64] FONSECA. *Direito econômico, op. cit.*, p. 88.
[65] Em sentido contrário, Herbert L. A. Hart afirmou que "ordenar às pessoas que façam coisas é uma forma de comunicação e efectivamente implica que nos dirijamos a elas, isto é, que se atraia a atenção delas ou se tomem medidas para atrair, mas fazer leis para as pessoas não implica tal" (HART, Herbert L. A. *O conceito de direito*. Tradução de A. Ribeiro Mendes. Lisboa: Fundação Calouste Gulbenkian, 2007. p. 27).
[66] "Não é qualquer sujeito de direito, porém, que está habilitado a aplicar a norma jurídica. Este aparece, já foi dito, como um grande fato comunicacional, sendo a criação normativa confiada a órgãos credenciados pelo sistema. O sujeito produzirá normas apenas na medida em que participe, efetivamente, daquele processo, integrando o fato concreto da comunicação jurídica" (CARVALHO. *Direito tributário linguagem...*, p. 169).

A realidade que será conhecida pela linguagem corresponde às operações comunicacionais existentes em cada um dos sistemas sociais.[67] Aqui, a elucidação proposta por Cristiano Carvalho. Segundo o autor:

A comunicação pressupõe a linguagem e esta (linguagem) somente se desenvolve com a interação comunicacional. Portanto, podemos dizer que a linguagem e comunicação são duas dimensões de um mesmo fenômeno, qual seja, a capacidade humana de processar e conceitualizar abstratamente os dados advindos da realidade.[68]

Daí por que o conhecimento dessa realidade é essencial para a aplicação do direito. É necessário que haja uma descrição, em linguagem que o sistema do direito julga competente, para se verificar os fatos sociais ocorridos no mundo fenomênico.[69]

Uma vez que essa descrição se faça, as normas jurídicas poderão ser aplicadas, também por linguagem. Inicia-se, então, a incidência do direito positivo para a criação de relações jurídicas a partir da apreensão dos fatos apontados pelo direito como matéria-prima dessas relações.

Sendo a linguagem o meio pelo qual o direito se apresenta, é certo que o estudo dela é essencial para o estudo do direito. Para Gabriel Ivo, "essa lingüisticidade que o direito necessariamente apresenta possibilita a utilização de mecanismos da lingüística para a sua análise. Afinal de contas, se o direito apresenta-se por meio de uma linguagem, o seu estudo tem como objetivo penetrar na intimidade dessa linguagem".[70]

---

[67] "O direito como sistema de comunicação — cujas unidades são ações comunicacionais e, como tais e enquanto tais, devem ser observadas e exploradas — impõe que qualquer iniciativa para intensificar o estudo desses fenômenos leve em conta o conjunto, percorrendo o estudo do emitente, da mensagem, do canal e do receptor; devidamente integrados no processo dialético do acontecimento comunicacional" (CARVALHO. *Direito tributário linguagem...*, p. 164).

[68] CARVALHO. *Teoria do sistema...*, p. 29.

[69] Em sua tese de doutorado, recentemente apresentada à banca examinadora da Pontifícia Universidade Católica de São Paulo, o potiguar Robson Maia Lins, quando tratou da rede conceitual básica utilizada em seu estudo, confirmou que toda a operacionalidade do direito se manifesta pela linguagem. Segundo o professor, "o direito, as normas, os fatos jurídicos, as relações jurídicas, enfim, toda a rede conceitual básica necessária ao funcionamento do sistema jurídico é composta pela linguagem, tomada aqui na acepção que lhe empresta a filosofia da linguagem" (LINS, Robson Maia. *A mora no direito tributário*. Tese (Doutorado em Direito) –Pontifícia Universidade Católica de São Paulo, São Paulo, 2008. f. 39).

[70] IVO, Gabriel. *Norma jurídica*: produção e controle. São Paulo: Noeses, 2006. Introdução, p. XXXV-XXXVI.

1.7 "Conversa" intersistêmica: primeiros passos para a instituição das contribuições interventivas

No direito brasileiro, especificamente, no Direito Tributário, encontramos as estruturas comunicacionais[71] que regulam os procedimentos que, necessariamente, devem ser seguidos para a criação da contribuição de intervenção sobre o domínio econômico. A análise do tema proposto por este trabalho, de acordo com o próprio subsistema do Direito brasileiro, exige a verificação de uma gama de acontecimentos, regulados pelas estruturas comunicacionais do subsistema econômico. A autoridade competente do subsistema do direito positivo para a criação de novas estruturas comunicacionais deve estar convencida, mediante a absorção dos dados do subsistema econômico e, ainda que de maneira subjetiva, tomá-los como justificativa para, em outras palavras, a criação de uma norma tributária que tenha o condão de intervir sobre domínio econômico.

O sistema do direito, por vezes, autoriza e, da mesma forma, exige que acontecimentos e estruturas operativas de outros sistemas sociais sejam relevantemente tomados como influência para autorizar o agente competente à criação, extinção e modificação das regras estruturais do sistema do direito.

Este acoplamento estrutural, assim como os conceitos de sistema estruturalmente fechado e aberto utilizados para comunicação intersistêmica é relevante para o estudo das fontes do direito, notadamente, para o estudo das regras de competência que permitem a criação de normas, inclusive, as tributárias.

Em um primeiro momento, cabe assinalar que estudar o direito enquanto um subsistema do sistema social[72] é importante para identificar as relações que mantém com os demais subsistemas sociais e, por via de consequência, verificar como essas relações são determinantes para a criação, extinção ou modificação dos elementos que compõem esses subsistemas.

Neste passo, em antecipação, o primeiro requisito para instituição da contribuição de intervenção sobre o domínio econômico é aquele que diz respeito à necessidade de uma motivação econômica que dê

---

[71] Trata-se das normas de competência tributária. São estas normas que permitem a criação de novas normas jurídicas, indicando os critérios que devem ser observados para que elas possam se manter de forma harmônica neste mesmo sistema.

[72] Assim como também fazem parte os subsistemas econômico, político e moral, por exemplo.

fundamento ao exercício da competência tributária[73] para criação das contribuições interventivas, "já que a intervenção do Estado é autorizada com o escopo de assegurar operacionalidade, de forma harmoniosa e engrenada, aos elementos previstos na Ordem Jurídica".[74] Esta motivação econômica deve ser tomada como fato que autoriza a criação da contribuição de intervenção sobre o domínio econômico, sendo tratada pelo próprio sistema do direito positivo como essencial. Como afirmou Luís Eduardo Schoueri, "a correção das imperfeições do mercado motiva a intervenção sobre o Domínio Econômico (...) Em tais casos, surgem as normas tributárias indutoras como instrumento de que se vale o Poder Público para as correções necessárias".[75]

A Constituição Federal foi criada sob os ideais de um Estado Social, os quais exigem a apresentação de um Estado mais participativo e solidário, detentor de competências que devem ser usadas para promover o bem-estar social dos cidadãos. A chamada intervenção sobre o domínio econômico deve, pois, ter uma razão de ser.

O Estado deve atuar quando sentir que a sua intervenção, na medida certa, é essencial para influenciar as condutas humanas, ou delas participar, de maneira a contribuir para o bem-estar social. Do Estado se exige atenção para interpretar as atividades sociais e, trazendo o tema para a discussão de fundo deste trabalho, especificamente aquelas atividades do domínio econômico, para, em seguida, avaliar se o resultado dessas atividades está em sintonia com os ideais de um Estado Social, aquele determinado pela Carta Magna. Não havendo sintonia, essas atividades que se materializam por meio de relações sociais no campo do domínio econômico acabam por gerar uma determinada influência no sistema do direito, instrumentalizada pelas chamadas relações intersistêmicas, ou seja, pelas relações que unem os subsistemas que fazem parte do sistema social.

A influência provocada pelas relações intersistêmicas impulsiona o Estado, que, por meio das normas de competência e respectivos agentes investidos nessa competência, trabalha para a criação de normas que terão o condão de tentar retomar a sintonia dessas atividades humanas com os ideais constitucionais.

---

[73] Competência tributária é a norma constitucional que autoriza os entes políticos a instituírem tributos. O assunto será tratado em tópico mais adiante, pois se trata de um ponto fundamental para identificação dos critérios de avaliação da constitucionalidade das contribuições de intervenção no domínio econômico.
[74] SCHOUERI. *Normas tributárias indutoras...*, p. 69.
[75] *Ibidem*, p. 69.

A criação das chamadas contribuições de intervenção sobre o domínio econômico decorre, ou deve decorrer, das várias influências resultantes da conversa entre o subsistema do direito positivo e o subsistema da economia. Observe-se que o subsistema da economia exerce uma influência no agente estatal responsável pela criação de normas jurídicas (diga-se, elementos do direito positivo) que, impelido para manter o bem-estar social (da forma como está prescrito pela Constituição Federal), movimenta as estruturas do sistema do direito positivo para criação de uma norma jurídica, ou um conjunto de normas jurídicas, objetivando direcionar as condutas dos agentes sociais partícipes do domínio econômico.

CAPÍTULO 2

INFLUÊNCIAS DA COMUNICAÇÃO INTERSISTÊMICA E AS FONTES DO DIREITO

2.1 Influência do sistema econômico sobre o legislador

Fonte é o símbolo utilizado para representar linguisticamente o lugar de onde nasce alguma coisa. O conceito de fonte, nesse sentido, deve ser atrelado com o conceito de direito e, dessa união, deve-se buscar a definição que melhor atende ao objeto deste estudo. Não por outro motivo que o professor Tárek Moysés Moussallem escreveu que o "conceito de 'fontes' a ser estudado, encontra-se intrinsecamente ligado ao conceito de direito outrora estipulado como sendo o conjunto de normas jurídicas válidas em um dado tempo e espaço".[76] No contexto em questão, não é difícil perceber que quando se fala em fontes do direito, quer-se referir àquilo que faz brotar o elemento do sistema do direito, a norma jurídica. Portanto, falar em fontes do direito significa referir-se à produção normativa. Da mesma forma que interessou ao citado professor, também nos interessa "o formal do conceito de fontes do direito, os critérios, vistos pelo prisma dogmático, sobre os quais repousam a produção normativa".[77]

Fonte do direito é, pois, a situação que faz criar normas jurídicas. Descobrir a fonte do direito é identificar de onde o direito nasce. A situação que corresponde, por exemplo, ao nascimento da norma jurídica

---

[76] MOUSSALLEM, Tárek Moysés. *Fontes do direito tributário*. 2. ed. São Paulo: Noeses, 2006. p. 106.
[77] *Op. cit.*, p. 106.

instituidora da contribuição de intervenção sobre o domínio econômico é determinada pelo próprio sistema do direito e realizada pelos agentes que compõem o sistema jurídico na qualidade de entes competentes para criação do próprio direito.

As normas jurídicas que estabelecem como a contribuição de intervenção sobre o domínio econômico deve ser criada individualizam os agentes que podem, mediante a realização de determinados atos, inserir a norma instituidora desse tributo. Por isso Lourival Vilanova, estudando os ensinamentos de Hans Kelsen, expõe que "quando Kelsen observa que o sistema jurídico tem a particularidade de regular a sua própria criação, podemos traduzi-lo em termos de sintaxe: o sistema de proposições normativas contém, como parte integrante de si mesmo, as regras (proposições) de formação e de transformação de suas proposições".[78]

A fonte do direito é, portanto, o conjunto de atos praticados por esses agentes competentes, dos quais originar-se-á a norma jurídica. É de lá que o direito se origina.

As relações comunicacionais intersistêmicas não podem ser consideradas fontes do direito porque não é a partir delas que o direito nasce, mas dos atos praticados pelos agentes competentes escolhidos pelo próprio sistema do direito para produção normativa. A influência destas relações acontece em momento anterior à criação das normas jurídicas. Os agentes autorizados pelo sistema do direito para a criação de normas jurídicas sofrem influências as mais diversas possíveis, quando do exercício de sua competência para realizar os atos responsáveis pela produção normativa.

É por isso que o professor Tárek Moysés Moussallem anunciou que não "interessa a análise intersistêmica, mas, sim, a intrassistêmica do direito positivo".[79] Quer dizer que: a influência dos demais sistemas sociais não é relevante para a criação da norma jurídica, dentro de uma ideia de que somente pelas ferramentas que o próprio direito detém é possível criar norma jurídica. Essa afirmação pode ser entendida como um alerta para lembrar que, com a licença da redundância, não importa quão influentes são essas influências. Elas, por si sós, não criarão direito. Podem, quando mais, desencadear uma coação psicológica no agente competente para edição das normas jurídicas. Isso deve ser levado em conta, principalmente, para confirmação dos motivos que levaram o agente a, por exemplo, criar uma contribuição com caráter interventivo.

---

[78] VILANOVA. *As estruturas lógicas...*, p. 154.
[79] MOUSSALLEM. *Fontes do direito...*, p. 106.

Importante será identificar o "motivo constitucional"[80] da intervenção. Que influência aquele agente sofreu para criar normas interventivas. Será importante, ainda, para identificar a efetividade, a proporcionalidade e o cabimento da intervenção, tudo com base no conhecimento dessas influências.

Foi visto que o direito se presta a regular condutas humanas, para fazer valer os valores que a sociedade almeja. Os agentes competentes para a criação de normas absorvem os anseios sociais. Isso ocorre de maneira natural, justamente pelo simples fato de que esses mesmos agentes também estão inseridos no contexto social e participam diretamente das mais variadas relações sociais.

As relações intersistêmicas, dentro do processo social evolutivo, influenciam indiretamente agentes criadores de normas, seja em razão de suas próprias convicções, seja por força do que determinam as normas jurídicas que prescrevem a criação de outras normas.

Colher dados do mundo econômico, político ou cultural, por exemplo, é fundamental para que o direito siga o seu processo evolutivo de maneira satisfatória. Em outras palavras, a assimilação das influências intersistêmicas pelo direito e, em especial, pelos agentes competentes para a criação de normas, é importante para que as normas jurídicas regulem relações intersubjetivas, aplicando os valores pretendidos pela sociedade, dentro da atualidade das relações sociais.

O intérprete mais desatento, diante do que foi dito, poderia encarar essas relações comunicacionais como fontes do direito, devido à influência que exercem sobre o agente competente para a produção normativa. Apressadamente, anota-se que essa razão não pode prosperar. Apesar da influência aplicada ao processo de produção normativa, somente são consideradas fontes do direito aquele conjunto de eventos que o direito descreve como suficiente para a criação de normas jurídicas, por exemplo, a reunião dos parlamentares para votação de um projeto de lei.

Aqui, cabe trazer os ensinamentos de Marcelo Neves. Segundo o professor:

> O sistema jurídico pode assimilar, de acordo com os seus próprios critérios, os factores do ambiente, não sendo diretamente influenciado por esses fatores. A vigência jurídica das expectativas normativas não

---

[80] O "motivo constitucional" da intervenção será tratado adiante, quando da análise dos critérios de avaliação da constitucionalidade das contribuições interventivas.

é determinada imediatamente por interesses econômicos, critérios políticos, representações éticas, nem mesmo por proposições científicas, pois depene de processos seletivos de filtragem conceitual no interior do sistema jurídico.[81]

A influência dos demais sistemas sociais sobre o sistema do direito se materializa no momento em que o agente competente para a produção de normas jurídicas se convence de que é necessária a criação de alguma norma jurídica que ampare as necessidades impostas por situações que estão alheias ao sistema do direito. Situações, estas, que estão no âmbito político ou econômico, por exemplo.

Repita-se, não são essas influências que têm a capacidade de criar o direito, mas elas podem servir de objeto de convicção para que o agente competente, se atuar dentro dos limites traçados pela norma de competência, realize os atos necessários para a criação de normas jurídicas.

2.2 Sistema do direito: um sistema autorreferencial

O sistema do direito positivo, como sistema autorreferente que é, movimenta-se por entre suas estruturas, para produção de suas unidades.[82] A produção do direito não é algo que acontece em esfera alheia ao próprio sistema jurídico. É fruto de uma operação interna. Há sempre uma reprodução de elementos, em razão do funcionamento das estruturas existentes no próprio sistema do direito. Por isso, se diz que o direito se autorreproduz. Tal fenômeno é denominado de autopoiese.

A autopoiese é um fenômeno particular dos sistemas ditos autorreferenciais, ou seja, aqueles sistemas em que a produção de novos elementos só ocorre em função da movimentação de sua própria estrutura, independentemente das relações que estão a se desenrolar nos demais sistemas e, bem assim, no ambiente em que o sistema autorreferencial está inserido.[83]

---

[81] NEVES, Marcelo. *A constitucionalização simbólica*. São Paulo: Martins Fontes, 2007. p. 136-137.
[82] MOUSSALLEM. *Fontes do direito...*, p. 106.
[83] "Assim, é tido como avanço científico declarar que os subsistemas sociais tais como o direito, economia, estado ou cultura, devem ser entendidos como fechados *para dentro* e abertos para seu ambiente. Em sua estrutura interna eles seguem suas próprias leis, usando meios específicos para seus vários desempenhos seletivos" (REICH. Intervenção do Estado na economia..., p. 271).

O professor da Universidade de Bremen na Alemanha, Norbert Reich, ao estudar a tese da autorreferência dos subsistemas sociais defendida por Teubner, ensinou que tais sistemas são considerados autorreferenciais porque "seguem apenas suas próprias leis e constantemente as reproduzem".[84] O citado professor aduz ainda que as "influências ambientais são transmitidas apenas através das 'lentes' do processamento autorreferencial. Os outros subsistemas são vistos em cada caso, pelo sistema, como ambiente".[85]

Fabiana Del Padre Tomé enuncia as seguintes características em face da peculiaridade do sistema autopoiético:

> (i) autonomia: é capaz de subordinar toda a mudança de modo que permaneça sua auto-organização; (ii) identidade: mantém sua identidade em relação ao ambiente, diferenciando-se deste ao determinar o que é e o que não é próprio o sistema; (iii) não possui inputs e outputs: o ambiente não influi diretamente no sistema autopoiético; não é o ambiente que determina suas alterações, pois quaisquer mudanças decorrem da própria estrutura sistêmica que processa as informações vindas do ambiente.[86]

Orlando Villas Bôas Filho desenvolveu um estudo sobre a teoria dos sistemas proposta por Niklas Luhmann. Sobre a matéria, o referido autor destaca que os sistemas autorreferenciais, nos quais o fenômeno da autopoiese é realçado, não se movimentam para a produção de elementos por relação de causalidade, em virtude de alteração das relações que ocorrem fora do seu próprio ambiente. Os sistemas autorreferenciais, quando muito, produzem alteração de elementos ou criam novos elementos quando, por sua própria estrutura, verificam a necessidade de mudança, ainda que para adaptar-se ao ambiente onde estão inseridos.[87]

---

[84] REICH. Intervenção do Estado na economia..., p. 271.
[85] Ibidem, p. 271-272.
[86] TOMÉ, Fabiana Del Padre. A prova no direito tributário. São Paulo: Noeses, 2005. p. 43.
[87] "o motor exógeno da evolução está justamente no descompasso existente entre a complexidade sistêmica e a complexidade ambiental (complexidade do entorno), que é sempre maior. Um entorno complexo irrita mais o sistema que, para se adaptar, precisa alterar sua estrutura, não com uma consequência direta que funcione como resposta a uma causa externa, mas em termos de reações que se realizam a partir de sua própria rede de operações que é recursivamente fechada. Os sistemas auto-referenciais não são condicionados de forma causal pelo entorno; ao contrário, eles reagem aos 'ruídos' advindos do entorno/ambiente" (BÔAS FILHO, Orlando Villas. O direito na teoria dos sistemas de Niklas Luhmann. São Paulo: Max Limonad, 2006. p. 103). Quando se fala que os sistemas autorreferenciais reagem aos ruídos do ambiente, quer se afirmar que as alterações internas destes sistemas serão realizadas mediante a utilização de suas próprias estruturas que regulam a produção e alteração dos seus elementos.

Enquanto sistema autorreferencial, o direito não se movimenta para modificação de sua estrutura em razão das relações sociais ocorridas no âmbito do sistema econômico ou de outros sistemas que fazem parte do mesmo ambiente. Não há relação de causalidade entre a alteração deste ambiente e a modificação das estruturas do sistema do direito. Por outro lado, isso não significa que o direito deixará de promover mudanças internas em razão de determinadas relações sociais. O próprio sistema do direito exige que o Estado esteja atento a essas mudanças comportamentais da sociedade e, por isso, oferece meios — a contribuição de intervenção sobre o domínio econômico é um deles — para tentar influenciar as condutas, de maneira que elas aconteçam para prestigiar o bem comum. Este foi o objetivo do legislador constituinte.

Mas, repita-se, não será, por exemplo, a ocorrência de determinadas relações sociais externas que dará ensejo às alterações internas, por causalidade, de um sistema autorreferencial, como o sistema do direito.

Os sistemas autorreferenciais podem adaptar ou não a sua estrutura ao ambiente, mas, para isso, deverão movimentar suas próprias ferramentas, aquelas que são responsáveis pela criação ou alteração de normas jurídicas, e só o fará por necessidade própria de evolução. "O direito muda apenas em reação a seus próprios impulsos".[88]

Ainda tratando deste assunto, Orlando Villas Bôas Filho afirma que os sistemas autorreferenciais são caracterizados:

> Por sua clausura operativa e abertura cognitiva, razão pela qual sua adaptação à complexidade do entorno deverá ser feita por meio de mudanças em suas estruturas, mudanças essas que são a própria expressão do processo evolutivo, que se opera por meio de mecanismos de 'variação', 'seleção' e 'estabilização'.[89]

As relações comunicacionais que se estabelecem entre os sistemas sociais não são capazes de operar no sentido de atuar diretamente na produção de normas jurídicas. Os elementos que compõem outros sistemas sociais não são capazes de interferir na operacionalização do sistema do direito para a criação de normas jurídicas.

No estudo das contribuições de intervenção sobre o domínio econômico, as relações comunicacionais entre o sistema do direito e o sistema econômico são relevantes para a atuação do agente competente no exercício da atividade legiferante. Influenciado por distúrbios de comportamentos que geram consequências indesejadas, especialmente

---

[88] REICH. Intervenção do Estado na economia..., p. 272.
[89] Op. cit., p. 104.

de caráter econômico, para a sociedade, o Estado, enquanto guardião do bem-estar social, deverá movimentar as estruturas do direito para tentar modificar esses comportamentos ou para arrecadar recursos para utilização específica no financiamento de políticas que promovam o retorno do equilíbrio do domínio econômico e, assim, atenda ao bem-estar social.

A influência das relações ocorridas no âmbito do sistema econômico é fundamental para o exercício da competência quando da criação da referida contribuição. Entretanto, essa influência do sistema econômico não basta para a criação de norma jurídica. É necessária a atividade do agente competente para a produção dos atos que o próprio sistema do direito entende como legítimos, tendo em vista a reprodução de seus elementos.

Da mesma forma, é importante que seja dito que a contribuição de intervenção sobre o domínio econômico ou qualquer outro instrumento normativo intervencionista também não irá modificar diretamente o comportamento dos agentes econômicos. Melhor dizendo, o comportamento não mudará por imposição do Estado, mediante a edição de normas. É claro que a atuação estatal é forte e, muitas vezes, os agentes econômicos não veem outra alternativa senão seguir pelo caminho que o Estado deseja. Mas a norma de intervenção estatal, como toda norma jurídica, só será efetivada se os partícipes do sistema econômico, por vontade própria, modificarem seus comportamentos como o Estado desejou. No fim das contas, o direito também influencia o sistema econômico, mas nunca atua diretamente para a mudança das suas estruturas.

Note-se que a impossibilidade de utilização de elementos típicos de outros sistemas para a criação de normas jurídica não invalida a afirmação de que as relações intersistêmicas influenciam de maneira indireta o processo de reprodução do direito. É certo que a comunicação intersistêmica tem sua importância atrelada ao movimento da evolução social. A influência provocada por esta comunicação permite que o direito esteja sempre em evolução, acompanhando os anseios da sociedade.

2.3 Influência do sistema do direito sobre o sujeito da atividade econômica

A norma jurídica é um comando[90] inserido no ordenamento jurídico com o fim de regulação de condutas intersubjetivas dos partícipes de uma sociedade. Como oportunamente comentado, o sistema

---
[90] Hans Kelsen, discorrendo sobre os apontamentos de John Austin, indica que toda lei ou regra é um comando e, nesse sentido, ensina que "um comando é a expressão da vontade

do direito também influencia a conduta dos agentes dos demais sistemas sociais. O direito, em sentido amplo, sempre intervém nas situações sociais. Mas de que forma? Regulando situações, para que o resultado seja igual ao esperado pelo próprio sistema do direito que, em última análise, é aquele resultado pretendido pela sociedade.

Ainda que a norma jurídica, aqui referida, seja encarada como um comando, é importante frisar que nem todo comando é uma norma jurídica. Para ser norma jurídica, esse comando deve estar, necessariamente, inserido no sistema do direito, segundo os critérios de pertinencialidade prescritos pelo próprio sistema jurídico. Outra exigência é a de que esse comando deve ter uma natureza coativa.

O objetivo do direito é regular condutas intersubjetivas. Ao regular as condutas, o direito atribui à sociedade determinados valores que devem ser observados. A criação de uma contribuição interventiva, norma instituidora de tributo que obriga um conjunto de sujeitos de um determinado setor do domínio econômico a pagar um montante em função da realização de uma operação diferente daquela que o Estado gostaria que fosse realizada, tem sua razão de ser. Ora, segundo os anseios da sociedade, o Estado poderia entender que somente a verificação de uma específica operação seria suficiente para a manutenção de uma ordem econômica que se desenvolva para o bem comum da sociedade. Assim, poderia criar uma contribuição interventiva para desestimular as demais operações. Nesse ponto, perceba que o Estado está criando direito para que os partícipes da sociedade atuem da forma como o Estado quer. Isso não quer dizer que o Estado vai atingir a sua finalidade, pois essa atitude não passa de uma tentativa para a modificação de comportamento.

É uma clara maneira de influenciar os partícipes da sociedade a não realizarem as operações, ainda que lícitas, indesejadas. Nesse

---

ou desejo de um indivíduo, cujo objeto é a conduta de outro indivíduo". Em tempo, anota que "nem todo comando é uma norma válida. Um comando é uma norma apenas quando for obrigatório para o indivíduo ao qual é dirigido, apenas quando este indivíduo deve fazer o que o comando exige" (KELSEN, Hans. *Teoria geral do estado e do direito*. Tradução de Luís Carlos Borges. São Paulo: Martins Fontes, 2005. p. 43). Esses ensinamentos podem ser interpretados da seguinte forma: toda norma constitui um comando, mediante o qual o ente emissor intenciona que os receptores deste comando ajam conforme estipulado. Por outro lado, este comando só pode ser considerado norma jurídica se tiver sido inserido no ordenamento jurídico da forma como exigem as normas já postas neste ordenamento que permitem a criação de novas normas. Além disso, é ainda necessário que haja meios, dentro do próprio ordenamento onde se encontra inserido, para que este comando seja aplicado, quando descumprido pelo seu receptor. Kelsen explica, ainda, que as normas "não são apenas comandos, pois também são permissões e atribuições de poder ou competência" (KELSEN. *Teoria pura do direito*, p. 81).

ínterim, é de se perceber que a função do direito é a de motivar as condutas intersubjetivas, de forma que os seres humanos que estão sob determinada ordem jurídica se abstenham de realizar determinados atos que são condenados pela coletividade, da mesma forma que exerçam outros atos que são considerados úteis à sociedade. Tudo isso, de acordo com os valores que aquela determinada sociedade considera necessários.

No caso exemplificado, os agentes econômicos poderão deixar de praticar as operações indesejadas, pois, se o fizerem, deverão pagar mais um tributo ao Estado. Ainda que este tributo seja revertido em benefício das que participam do setor afetado, não há aquele que deseje pagar mais tributo.

Na mesma linha, ao estudar as normas de direito constitucional, Paulo Henrique Rocha Scott mencionou que:

> A abordagem se estabelece, assim, a partir do Direito constitucional positivo brasileiro — assumindo como verdadeira a ideia de que o Direito tem a virtude de transformar ou, até mais do que isso, de provocar a evolução das estruturas econômicas existentes em direção a uma maior satisfação das necessidades materiais da sociedade, não só quanto à normalidade a sua economia, mas também quanto ao seu desenvolvimento equilibrado.[91]

Aqui, cabe ainda ressaltar que a qualidade jurídica, atribuída às normas, está intimamente ligada ao seu poder de coerção. Não há de se falar em norma jurídica sem sanção. É através da sanção que o direito busca a sua eficácia, como elemento capaz de modificar as relações intersubjetivas.

Sobre isso e ainda com base no exemplo *supra*, aquele que praticar a operação indesejada deverá pagar a contribuição interventiva correspondente. Se não o fizer, o Estado deve dispor de meios para coagir o agente para que faça o respectivo desembolso.

Sobre a necessidade de uma norma sancionatória, identifica-se que a estrutura completa da norma jurídica é composta por uma norma primária e outra secundária, possuindo, pois, uma natureza dual. A norma primária prevê o nascimento de uma relação jurídica de direito material entre dois sujeitos de direito. Já a norma secundária prevê uma relação jurídica de natureza sancionatória. A hipótese da norma secundária é o descumprimento da relação jurídica prescrita

---

[91] SCOTT. *Direito constitucional econômico...*, p. 24.

pelo consequente da norma primária. Lourival Vilanova nos ensina que as normas primárias e secundárias compõem o que ele chamou de bimembridade da norma jurídica: "a primária sem a secundária desjuridiciza-se; a secundária sem a primária reduz-se a instrumento, meio sem fim material, a adjetivo sem o suporte do substantivo".[92]

Não havendo o pagamento da contribuição por parte daquele agente que não quis realizar a operação desejada, o agente competente para exigência do cumprimento das relações jurídicas poderá fazer incidir aquela norma que se chamou acima de secundária. De maneira que o descumprimento de uma consequência prevista pela norma instituidora da contribuição interventiva será a hipótese de uma norma que colocará o agente econômico numa relação triangular com o Estado (Poder Executivo) e com o Estado (Poder Judiciário).

Hans Kelsen sobre o assunto, também afirmou que as "sanções são estabelecidas pela ordem jurídica com o fim de ocasionar certa conduta humana que o legislador considera desejável. As sanções no Direito têm o caráter de atos coercitivos no sentido desenvolvido acima".[93]

Ao tentar preservar valores específicos, o direito prescreve condutas que devem ser observadas pelos legislados, para as situações de fato que determina. Percebe-se que, para levar a sociedade a conviver com os valores que o direito prescreve e, assim, alterar a realidade social, as normas devem ser construídas com o conteúdo coercitivo, como já demonstrado.

Os mecanismos de intervenção sobre domínio econômico são as ferramentas mais indicadas para analisar a finalidade de modificação da realidade social pelo direito. Mediante a criação de normas jurídicas, o Estado procura estimular ou desestimular determinadas condutas existentes no domínio econômico, para atender os objetivos e interesses da sociedade.

Será demonstrado adiante que a intervenção sobre o domínio econômico, por vezes, deve acontecer para corrigir determinados desequilíbrios que tenham a capacidade de prejudicar o atendimento dos interesses sociais. O Estado, ao legislar, intenta modificar o comportamento de determinadas atividades econômicas, para moldá-las no sentido de caminhar para a materialização dos objetivos sociais.

---

[92] VILANOVA, Lourival. *Causalidade e relação no direito*. 4. ed. São Paulo: Revista dos Tribunais, 2000. p. 190.
[93] KELSEN. *Teoria geral do estado e do direito*, p. 71.

2.4 Nascimento da norma tributária instituidora das contribuições interventivas

Os elementos do sistema do direito, as normas jurídicas, têm sua criação regulada por outros elementos deste mesmo sistema — outras normas jurídicas. Essa, aliás, é a característica de um sistema autorreferencial: existência de elementos que tratem do processo de criação, alteração e expulsão de outros elementos. A professora Fabiana Del Padre Tomé esclarece:

> A auto-referencialidade também se apresenta como pressuposto da autoprodução do sistema, pois, para que este possa autogerar-se, isto é, substituir sues componentes por outros, é necessário que haja elementos que tratem de elementos (...) em relação ao sistema jurídico, normas que prescrevem a produção de outras normas jurídicas.[94]

A chamada clausura operativa, que é própria dos subsistemas que fazem parte do sistema social, não permite que o direito busque ferramentas de outros sistemas, com os quais se relaciona, para operacionalizar a criação de normas jurídicas, por isso, deve buscá-las internamente.

As ferramentas que estão inseridas no próprio sistema jurídico, somente elas, podem ser utilizadas para operacionalizar a criação das normas jurídicas. Mas o que são essas ferramentas? São normas jurídicas cuja função é prescrever a forma como outras normas jurídicas devem ser criadas, o que inclui a prescrição da outorga de competência para um determinado agente, o legislador. São as chamadas normas jurídicas de estrutura ou de competência. São normas que dizem como outras normas devem ser criadas.

A contribuição de intervenção sobre o domínio econômico jamais será instituída por mecanismos utilizados pelo sistema econômico. É bem verdade, como já asseverado, que os dados do sistema econômico influenciam a construção da norma jurídica instituidora dessa contribuição, mas esta influência, diga-se psicológica, afeta aquele agente competente, que tem a faculdade de decidir pela conveniência de uma intervenção mediante a expropriação de bens do cidadão. O agente competente é quem pode ativar os procedimentos necessários para a criação das referidas contribuições, utilizando, para isso, as ferramentas propostas pelo sistema do direito.

---

[94] KELSEN. *Teoria geral do estado e do direito*, p. 43.

O artigo 149 da Constituição Federal permitiu a criação de uma norma tributária que tem por objetivo intervir no domínio econômico, atribuindo ao legislador vinculado à União a competência para movimentar as estruturas do sistema do direito com esse escopo. Eis a norma que permite a criação de outra norma, a norma interventiva tributária relativa à contribuição de intervenção sobre o domínio econômico.

2.5 Efetividade da norma jurídica tributária interventiva

2.5.1 Efetividade, a eficácia social do direito

Primeiramente, é bom que se diga que a efetividade da norma jurídica é sinônimo de eficácia social do direito. A efetividade na norma jurídica, e aqui se inclui a norma jurídica interventiva, está diretamente ligada à aceitação da referida norma pela sociedade. Segundo Hans Kelsen, a "eficácia do Direito significa que os homens realmente se conduzem como, segundo as normas jurídicas, devem se conduzir, significa que as normas são efetivamente aplicadas e obedecidas".[95]

Referida está, aqui, a chamada eficácia social da norma jurídica. Partindo desse conceito, o professor Paulo de Barros Carvalho definiu que eficácia social pode ser definida pelo:

> O padrão de acatamento com que a comunidade responde aos mandamentos de uma ordem jurídica historicamente dada ou, em outras palavras, diz com a produção das consequências desejadas pelo elaborador das normas, verificando-se toda vez que a conduta prefixada for cumprida pelo destinatário. Indicaremos, portanto, como eficaz aquela norma cuja disciplina foi concretamente seguida pelos destinatários, satisfazendo os anseios e as expectativas do legislador.[96]

A eficácia social, entendida como o efetivo atendimento aos anseios do Estado por parte da sociedade, é um elemento que está diretamente ligado à norma jurídica. Por isso, quando se afirma que o direito é eficaz, significa que as pessoas que estão subordinadas à ordem jurídica, de uma maneira geral, seguem as condutas da forma como o Estado quer que as condutas sejam realizadas.

Em seus estudos Lourival Vilanova afirmava que "a validez do direito está condicionada a um mínio de eficácia, a um quantum limite

---

[95] KELSEN. *Teoria geral do estado e do direito*, p. 55.
[96] CARVALHO. *Direito tributário linguagem...*, p. 414.

de eficiência".⁹⁷ Uma norma ineficaz (que não é seguida pela sociedade e nem aplicada pelos agentes competentes) é, nas palavras do professor, um fantasma inoperante.

A efetividade da norma jurídica intervencionista é essencial para que a intervenção pretendida seja alcançada. Se a sociedade não anda conforme quer o Estado na medida em que promove a intervenção, esta não se realiza. Se a intervenção não alcança o fim pretendido, inviabilizada estará.

2.5.2 Pragmática como método de estudo da eficácia das normas

É bem verdade, frise-se, que o conhecimento acerca da aceitação das normas pelos partícipes de uma sociedade não é matéria atrelada ao Direito. Não cabe, portanto, ao cientista do Direito averiguar esta situação social.⁹⁸ O estudo do direito deve estar voltado para a identificação das normas jurídicas e a respectiva validade. Essa é uma concepção positivista. O professor Paulo de Barros Carvalho, ainda ao ensinar sobre a efetividade das normas, afirma que a eficácia social "pertence aos domínios das indagações sociológicas, mais precisamente, da Sociologia Jurídica".⁹⁹

Neste instante, algumas dúvidas se instauram. Ora, se a eficácia social, por exemplo, é objeto de estudo da Sociologia Jurídica, cabe ao cientista do Direito averiguar a efetividade da intervenção? A ausência de efetividade da intervenção é levada em consideração pelo sistema do direito positivo?

A depender da resposta atribuída à segunda questão, a resposta à primeira será dada naturalmente. Se existe no sistema do direito uma norma intervencionista não efetiva, pode-se dizer que houve uma tentativa de intervenção mal sucedida. Se não se viu a efetividade de uma norma jurídica, não se deu a intervenção. "A efetividade da intervenção é, portanto, critério constitucional de condicionamento do exercício válido desta peculiar competência tributária impositiva."¹⁰⁰

---
⁹⁷ VILANOVA, Lourival. *Escritos jurídicos e filosóficos*. São Paulo: Axis Mundi, 2003. v. 1, p. 54-55.
⁹⁸ Aquele que estuda o direito positivo para, sobre ele, emitir proposições descritivas.
⁹⁹ *Ibidem*, p. 415.
¹⁰⁰ GONÇALVES. Contribuições de intervenção. *In*: ROCHA (Coord.). *Grandes questões atuais do direito tributário*, p. 293.

Tratado dessa forma, coerente afirmar que, de alguma maneira, o estudo sobre a efetividade da norma é relevante para o direito. Pergunta-se: quando isso aconteceria? Responde-se: no momento que for necessário averiguar o resultado da intervenção (de acordo com a própria estrutura do direito positivo), até mesmo para confirmar ou infirmar a possibilidade de sua continuidade.

Se o estudo da eficácia social das normas interventivas, sob esse ponto de vista, é relevante para o direito, não pode o jurista deixar de levá-lo em consideração, já que esse tipo de norma, por sua própria natureza, exige uma aceitação social para que o Estado logre êxito no seu dever de intervir.

Portanto, o cientista do Direito só deve recorrer aos dados sobre a efetividade das normas jurídicas, quando o próprio sistema do direito positivo determinar que isso é essencial para a verificação da pertinência de uma norma perante a estrutura desse sistema. É o que acontece com as normas que circundam a incidência das contribuições interventivas. De se ressaltar, porém, que os dados sobre a efetividade da norma nada produzirão senão a influência ao agente criador de normas jurídicas que, uma vez convencido, poderá retirar uma norma interventiva ineficiente do sistema.

Atento a esse quesito, Luís Eduardo Schoueri, ao estudar as normas tributárias indutoras, instrumentos para intervenção econômica, propôs um estudo pragmático para identificar a interação entre essa norma com o seu destinatário. Segundo o citado professor, a análise "pragmática é especialmente útil quando se tem em conta que o objeto do estudo, normas tributárias indutoras, pressupõe, como se verá, a busca de uma reação da parte de seu destinatário".[101]

Aceitar a interação dos destinatários normativos como ponto de partida para analisar a conveniência da intervenção estatal, instrumentalizada por uma norma tributária, não significa estudar a aceitação social dessa norma. Ao cientista do Direito não cabe estudar o direito sob a perspectiva do Sociólogo, do Financista ou do Economista, por exemplo, nem mesmo questionar os critérios utilizados para realização de um estudo elaborado pelos referidos cientistas. Entretanto, cabe, sim, ao cientista do Direito e, da mesma forma, aos agentes competentes para inclusão, alteração e exclusão de normas no sistema do direito, considerar os dados colhidos pelas outras ciências como fundamento para questionar a conveniência de uma atitude intervencionista, mormente, quando tal atitude implica em afetação ao patrimônio do agente social.

---

[101] SCHOUERI. *Normas tributárias indutoras*..., p. 4.

Frise-se, aqui, que a preocupação do professor Paulo de Barros Carvalho em afirmar que o estudo da eficácia social está sob o domínio da Sociologia é acertada. Quer com isso dizer que o cientista do Direito não pode estudar a norma sob o ponto de vista sociológico, econômico, financeiro, moral etc.

Logo, não se questiona a competência e os métodos do sociólogo para estudar a aceitação social de uma norma, nem do economista para identificar os impactos econômicos causados pela edição de uma norma. Afirma-se, de outro modo, que o dado trazido por outras ciências pode ser relevante para a análise do direito. De forma precisa, não se questionam, também, os motivos que levam os agentes sociais ao atendimento do apelo intervencionista.

Ora, o dado social, econômico ou financeiro será base para o estudo do direito. Serão aproveitados pelo jurista como dados fáticos, os quais devem ser valorados juridicamente. Assim entendeu Luís Eduardo Schoueri:

> O enfoque pragmático exigirá o conhecimento dos efeitos da norma tributária sobre o contribuinte. Por tal razão, propõe-se a presente pesquisa a não deixar de lado descobertas efetuadas por outras ciências, especialmente as da economia e das finanças públicas. Tendo este estudo o caráter jurídico, não se pretende discutir a metodologia ou o acerto dos trabalhos realizados naquelas áreas do conhecimento; seus resultados serão tomados, antes, como dados fáticos, os quais cabe ao jurista valorar juridicamente.[102]

Para exemplificar a oportunidade de o dado extrajurídico (*e.g.* social, econômico ou financeiro) ser utilizado como ponto de partida para uma análise jurídica, Luís Eduardo Schoueri apresenta a seguinte situação: "ao se estudar um incentivo fiscal, não se deixará de lado a descoberta, realizada pela ciência das finanças, de que esta ferramenta pode beneficiar contribuintes com maior capacidade contributiva".[103] Esse dado financeiro pode ser relevante para o direito, para averiguar, por exemplo, a realização do princípio da igualdade. Assim conclui, portanto, o citado professor: "a partir de tal constatação — agora jurídica — será investigar se o tratamento desigual assim provocado é tolerado pelo ordenamento jurídico".[104]

Partindo desses pressupostos, já se pode falar que a criação da contribuição de intervenção sobre o domínio econômico não gera uma

---

[102] SCHOUERI. *Normas tributárias indutoras...*, p. 4-5.
[103] Ibidem, p. 5
[104] Ibidem, p. 5

garantia de sucesso na intervenção, mas uma expectativa. Uma, porque, caso a medida intente evitar determinadas condutas pela respectiva oneração de certas operações econômicas, os partícipes daquele campo poderão continuar a praticá-las, ainda que estejam oneradas pela carga tributária. Duas, porque, ainda que o Estado, por meio da tributação de determinadas operações econômicas, consiga verificar a mudança de hábito desejada, não há garantias de que essa mudança de hábitos resulte no sucesso da intervenção.

Isso ocorre porque a norma jurídica prescreve a maneira como as condutas devem ser, e o Estado se utiliza desta técnica para induzir a sociedade à prática das condutas desejadas, em última análise, pela própria sociedade.

Em se tratando do estudo das normas interventivas, as quais só encontram fundamento para permanência no sistema se, de fato, estiverem se prestando a conformar a intervenção pretendida, o sujeito cognoscente não pode se esquivar da sua análise pragmática. Sem essa análise, qualquer norma interventiva permaneceria no sistema sem, contudo, ter sua existência questionada, pelo menos no que tange à efetividade da intervenção.

O sujeito cognoscente deve ainda utilizar o método pragmático para verificar a efetividade das normas jurídicas. Diante desta metodologia, "a intervenção deve ser encarada como uma interação. Daí, se segue, inicialmente, uma indagação sobre a situação comunicativa que dá margem à intervenção, bem como sobre os agentes desta interação".[105] Quer-se, com isso afirmar que o sujeito cognoscente deve considerar a resposta da sociedade à norma interventiva, para constatar seu grau de efetividade.

2.6 Norma jurídica: juízo hipotético condicional

A norma jurídica — comando normativo dotado de coatividade[106] — é construída pelo intérprete como resultado do processo interpretativo

---

[105] FERRAZ JR., Tercio Sampaio. Fundamento e limites constitucionais da intervenção do estado no domínio econômico. *Revista de Direito Público*, São Paulo, v. 47-48, p. 264, 1978.
[106] Nesse sentido, Herbert L. A. Hart explica que "devem existir, sempre que exista um sistema jurídico, algumas pessoas ou corpos de pessoas que emitem ordens gerais baseadas em ameaças, que são geralmente obedecidas, e deve acreditar-se em geral nessas ameaças provavelmente serão levadas a cabo, em caso de desobediência. Esta pessoa ou corpo devem ser internamente soberanos e externamente independentes. Se, na esteira de Austim, chamarmos a tal pessoa ou corpo de pessoas, supremos e independentes, o soberano, as leis de qualquer país serão as ordens gerais baseadas em ameaças que são emitidas, quer pelo soberano, quer por subordinados em obediência a este" (HART, Herbert L. A. *O conceito de direito*. Tradução de A. Ribeiro Mendes. Lisboa: Fundação Calouste Gulbenkian, 2007. p. 31).

que tem início na leitura dos textos de lei. Assimilando os comandos prescritivos, o intérprete cria um juízo de valor[107] hipotético-condicional para estabelecer uma relação implicacional entre uma determinada situação social e uma consequente relação jurídica.[108] Assim, nota-se que o direito disciplina como deve ser a respectiva consequência da ocorrência desta situação social.

Para alcançar esse juízo de valor, na maioria das vezes, é necessário que sejam formuladas proposições sobre vários enunciados prescritivos. O processo interpretativo deve levar em consideração a existência de relações entre os enunciados prescritivos, pertencentes a diversos ramos do direito.[109]

Por meio do processo interpretativo, o intérprete identificará a forma encontrada pelo direito para regular determinada situação social. Podemos dizer, assim, que entre uma determinada situação

---

[107] Hans Kelsen afirma serem as proposições jurídicas "juízos hipotéticos que enunciam ou traduzem que, de conformidade com o sentido de uma ordem jurídica — nacional ou internacional — dada ao conhecimento jurídico, sob certas condições ou pressupostos fixados por esse ordenamento, devem intervir certas conseqüências pelo mesmo ordenamento determinado" (KELSEN. *Teoria pura do direito*, p. 80).

[108] Ainda trabalhando com a teoria kelseniana, denomina-se de imputação o princípio ordenador aplicável ao fenômeno jurídico, da mesma forma como a causalidade é aplicável às leis naturais. Diferenciando a causalidade e a imputação, Kelsen expõe que "imputação designa uma relação normativa. É esta relação — e não qualquer outra — que é expressa na palavra 'dever-ser', sempre que esta é usada numa lei moral ou jurídica" (KELSEN. *Teoria pura do direito*, p. 101).

[109] Por exemplo, para formularmos um juízo de valor sobre a norma federal que instituiu a contribuição de intervenção sobre o domínio econômico incidente sobre a remessa para o exterior derivada da contraprestação contratual pela prestação de serviços administrativos e assemelhados (Lei nº 10.168/2000), devemos buscar nos demais ramos do Direito, em especial, no Direito Civil, o conceito de "serviços", da mesma forma que devemos buscar na Constituição Federal as normas de competência e os requisitos necessários para instituição da referida contribuição. Klaus Tipke e Joachin Lang, quando discorrem sobre a relação do Direito Tributário com os outros ramos do Direito, afirmam que "o Direito Tributário como parte do Ordenamento Jurídico é entrelaçado com muitos ramos do Direito mais ou menos estreitamente. Na esfera do Direito Tributário Internacional tem ele parcialmente o valor de Direito Internacional Público (Volkerrecht) (s. §2 AO) e Direito da Comunidade Econômica Européia (Europarecht) (s. em maior extensão o §2 Rz, 47 ff.). Os tipos legais do Direito Penal Tributário (Steuerordnungswidrigkeitenrechts) são caracterizados como os assim chamados preceitos em branco (blnkettvorschriften) em virtude de que eles, sem remissão ao Direito Tributário não podem ser aplicados. Estreitas conexões na solução das questões fundamentais persistem entre Direito Tributário e Direito Administrativo Econômico (Wirtschaftsverwaltungsrecht) no campo do Direito Constitucional Econômico (Wirtschaftsversassungsrecht), nomeadamente, da Proteção do Direito Fundamental das Empresas (Grundrechtsschutzes Von Unternehmen) da Direção da Economia (Wirtschaftslenkung) (sobre subvenções direitas/indiretas s. §19 Rz. 5) e da Proteção Jurídica (Rechtsschutzes) [p. ex. Ação de concorrente (kunkurrentenklage)]" (TIPKE, Klaus; LANG, Joachim. *Direito tributário*. 18. ed. alemã. Tradução de Luiz Doria Furquim. Porto Alegre: Sergio Antonio Fabris, 2008. p. 59-60. Título original: Steuerrecht).

social e a respectiva consequência prescrita pelo direito existe uma relação de implicação deôntica,[110] que será melhor esclarecida a partir da formalização da norma jurídica de maneira estrutural. A formalização da linguagem do direito é um caminho que nos ajuda a encontrar uma proposição que contém uma característica universal[111] — aquela comum a todas as normas jurídicas. Ao utilizar

---

[110] A relação de implicação deôntica é aquela na qual a verdade (verificação de sua ocorrência) de uma determinada situação social, prevista por uma norma jurídica, implica, consequentemente, a verdade (nascimento) de uma relação jurídica entre sujeitos de direitos. As relações de implicação deôntica são diferentes das relações de causalidade natural. Como já asseverado, o Direito opera no campo do dever-ser e não no campo do ser. Nesse ponto, Kelsen afirma que a conduta humana "é regulada positivamente por um ordenamento positivo, desde logo, quando a um indivíduo é prescrita a realização de uma omissão de um determinado ato. (quando é prescrita a omissão de um ato, esse ato é *proibido*). Ser a conduta de um indivíduo prescrita por uma norma objetivamente validade é equivalente a ser esse indivíduo *obrigado* a essa conduta. (...) A mesma hipótese de regulamentação positiva se verifica também quando uma determinada conduta, que é em geral proibida, é *permitida* a um indivíduo por uma norma que limita o domínio de validade da outra norma que proíbe essa conduta" (KELSEN. *Teoria pura do direito*, p. 16-17, grifo não consta no original). Mais adiante em seus estudos, Kelsen afirma que o deverser é "a cópula que na proposição jurídica liga pressuposto e conseqüência, abrange as três significações: a de um ser-prescrito, a de um ser-competente (ser-autorizado) e a de um ser-(positivamente)-permitido das conseqüências. Que isto dizer: com o dever-ser (Sollen) que a proposição jurídica afirma são designadas as três funções normatizadas" (KELSEN. *Teoria pura do direito*, p. 87). O professor Lourival Vilanova, baseado nos ensinamentos de Hans Kelsen, ao comentar acerca da imputação deôntica, afirma que "o dever-ser kelseniano tem vários usos. Um deles é o relacional R, cujos valores são o obrigatório (O), o proibido (P) e o permitido (P). (...) São estas as três 'funções normativas' a que alude (Kelsen, Théorie Purê Du Droit, pág. 107), correspondentes aos modais deônticos da variável relacional R. Bem certo, quando Kelsen contrapõe o dever-ser (imputabilidade) à causalidade está tomando o dever-ser como forma de síntese, o dever-ser em sua função epistemológica: uma forma gnosiológica de relacionar os dados da experiência. Tanto que esse dever-ser coloca-se no nível da proposição com que a Ciência-do-Direito descreve o dever-ser no nível da norma jurídica, cuja expressão lingüística é a proposição normativa, onde se preceituam o proibido, o obrigatório e o permitido" (VILANOVA. *As estruturas lógicas...*, p. 74-75).

[111] Os ensinamentos do professor Lourival Vilanova permitem afirmar que a formalização ou abstração lógica é a operação de separar, destacar, isolar um determinado objeto que se tenta estudar, analisar, observar com o intuito de proferir manifestações comunicacionais sobre ele. Aplicando o processo da abstração formal, ou seja, do isolamento temático na norma jurídica, encontraremos uma proposição que contém característica universal, na medida em que está apta para representar, numa linguagem formalizada, qualquer norma jurídica existente. Suas variáveis e constantes podem ser aplicadas a qualquer norma que se possa imaginar. Nas palavras do citado professor, "para chegar-se, pois, à proposição como tal, é preciso ir-se ao tema com o tipo de experiência que Husserl denominou abstração (lógica), ou reflexão lógica. Isola-se tematicamente a forma, faz-se a formalização. Meu ponto de partida será das proposições determinadas, isto é, envoltas numa linguagem, referindo-se, com suas significações determinadas a objeto especificado. (...) Formalizar não é conferir forma aos dados, inserindo os dados da linguagem num certo esquema de ordem. É destacar, considerar à parte, abstrair a forma lógica que está, como dado, revestida na linguagem natural, como linguagem de um sujeito emissor para um sujeito destinatário, com o fim de informar notícias sobre os objetos" (VILANOVA. *As estruturas lógicas...*, p. 45-46).

o método da formalização ou abstração lógica, verificamos que o juízo hipotético-condicional que caracteriza a norma jurídica pode ser formalizado por duas variáveis e uma constante,[112] da seguinte maneira: "H → C", onde "H" é a variável que representa a previsão de uma determinada situação de possível ocorrência no mundo dos fenômenos; "C" é a variável que representa a consequência, ou melhor, a relação jurídica que nascerá no momento em que se verificar a ocorrência da situação prevista em "H"; e, por último, o conectivo "→", que representa a constante que liga as duas variáveis, simbolizando a relação de implicação. Essa formalização pode ser lida como: dado o fato de ter se verificado a situação prevista em "H", deve ser a consequência do nascimento da relação jurídica prevista em "C".

Encontrada está a característica universal, a proposição normativa formalizada que serve de arcabouço para toda e qualquer regra jurídica e, por conseguinte, para as normas tributárias. "Antecedente" e "Consequente" são os nomes atribuídos às variáveis que compõem a norma jurídica — respectivamente, "H" e "C". A relação de implicação, representada em linguagem formalizada por "→", chamada de "dever-ser".[113]

Tomado um fato social como ponto de partida, pode-se afirmar que: dado um determinado fato social "F1", correspondente a uma situação social prevista na hipótese "H1" da norma "N1", *deve-ser* (conectivo lógico de implicação: "→") o nascimento de uma relação jurídica "R1" entre dois ou mais sujeitos de direito, correspondente a uma consequência jurídica em face do acontecimento da situação prevista pela consequente: "C1".

Essa fórmula lógica nada mais é do que a realidade do fenômeno normativo. Ela nos dá a precisa noção de que quando a hipótese (H) se verifica, *deve-ser* a ocorrência da consequência (C). O "deve ser" é o conectivo interproposicional, que une os dois locais sintáticos da norma

---

[112] Lourival Vilanova trata do assunto relativo às formas lógicas com propriedade. Afirma o autor que as variáveis e as constantes na forma lógica "nada dizem de específico, porque as formas lógicas são estruturas compostas de variáveis e de constantes, isto é, de símbolos substituíveis por quaisquer objetos de um domínio qualquer; e de símbolos que exerçam funções operatórias definidas, fixas, invariáveis" (VILANOVA. *As estruturas lógicas...*, p. 47).
[113] "Se A ocorrer, deve-ser B, ou se A, então deve-ser B. Diverso é o que se passa com as leis da natureza, guiadas pelo princípio da causalidade — se A for, B também será, ou se A, então B. O dever-ser que une a hipótese e a conseqüência, na arquitetura lógica da norma jurídica, recebe o nome de conectivo deôntico ou operador deôntico, ou ainda dever-ser interproposicional, porque vem entre a proposição hipótese e a proposição conseqüente" (CARVALHO. *Curso de direito tributário*, p. 375).

jurídica: hipótese e consequência. Define a estrutura sintática presente nas normas jurídicas, de forma que toda norma jurídica, qualquer que seja a sua natureza, sempre será composta por um antecedente e por um consequente.[114]

2.6.1 Norma jurídica: componentes sintáticos (antecedente e consequente)

O legislador, quando exerce a atividade de produção de normas jurídicas, deve descrever o conjunto das situações sociais qualificadas por atributos de tempo e espaço que pretende ver juridicizadas (antecedente). Deverá também descrever a relação jurídica que nascerá quando do relato em linguagem competente[115] da ocorrência daquela situação social (consequente).

Sempre que a situação social prevista pelo antecedente de uma norma for relatada em linguagem que o direito julga competente, nascerá para o mundo jurídico uma nova relação jurídica entre dois ou mais sujeitos de direito. Verificado esse relato, dá-se, automática e infalivelmente, o nascimento da relação jurídica tributária, como bem anota Paulo de Barros Carvalho, que, ao falar sobre o "dever-ser", previne sobre sua ação fulminante e inapelável. Segundo o professor, "realizando-se o fato previsto no suposto, instaura-se a conseqüência,

---

[114] "O legislador pode selecionar fatos para sobre eles incidir as hipóteses, pode optar por estes ou aqueles conteúdos sociais e valorativos, mas não pode construir a hipótese sem a estrutura sintática e sem a função que lhe pertence por ser estrutura de uma hipótese. Pode vincular livremente, em função de contextos sociais e de valorações positivas e de valores ideais, quaisquer conseqüências às hipóteses delineadas. Mas não pode deixar de sujeitar-se às relações meramente formais ou lógicas que determinam a relação-de-implicação entre hipóteses e conseqüências. Pode combinar uma só hipótese para uma só conseqüência, ou várias hipóteses, ou uma só hipótese para várias conseqüências, mas não pode arbitrariamente construir uma outra estrutura além dessas possíveis estruturas. Simbolizando por H e C, tem-se: a) H implica C; b) H', H'' e H''', implica C; c) H', H'' e H''', implica C', C'', C'''; d) H implica C',C'', C'''. Com essas possíveis estruturas formais, o legislador preenche o conteúdo social e valorativo" (VILANOVA. *As estruturas lógicas...*, p. 87).

[115] A linguagem reconhecida como competente é aquela linguagem que o Direito entende como necessária para fazer surgir o fato jurídico, sempre observada a forma e o produtor da linguagem. Quando se verifica algum evento social como, por exemplo, o nascimento de uma criança, podemos transformar esse evento em fato social, na medida em que os pais dessa criança divulgam para os familiares o acontecimento. Não se exige uma forma para o nascimento de um fato social. No entanto, o evento do nascimento dessa criança pode ser transformado em fato jurídico, quando os pais dessa criança se dirigem ao cartório de registro civil e procede ao registro civil da criança, dando-lhe uma certidão de nascimento. Agora, temos o fato jurídico que transformará essa criança em sujeito de direitos e obrigações. Nasce para o direito mais um cidadão.

de modo automático e infalível (Becker), mesmo que as pessoas cuja conduta foi regulada propositadamente não a observem, em flagrante desrespeito à ordem jurídica e sobre elas não atuem as sanções vigorantes".[116] [117]

Não se pode deixar de falar que o conjunto de situações sociais que estão descritas no antecedente da norma só pode contemplar fatos de possível ocorrência no mundo social. A hipótese é uma proposição descritiva que incide na realidade do mundo social, porém, não coincide com essa realidade. Já o consequente funciona como prescrição de condutas e oferece notas para identificar os elementos que compõem a relação jurídica. Com esse raciocínio, percebe-se que os elementos sintáticos da norma têm a característica de selecionar propriedades. O antecedente com a função de descrever quais as circunstâncias do mundo real que, uma vez verificados (ocorridos), ganharão contornos de juridicidade; e o consequente, com a função de prescrever os efeitos jurídicos que deve desencadear, quando da constituição das relações jurídicas.

O antecedente da norma seleciona algumas propriedades do mundo real, atribuindo-lhes caráter jurídico. A norma incide sobre a realidade, no momento em que escolhe situações possíveis do mundo real, e autoriza a incidência sobre eles, a fim de gerar relações jurídicas intersubjetivas, prescritas pelo consequente.

Sobre a hipótese, é importante mencionar que o legislador, ao selecionar as propriedades, deve fazê-lo de maneira tal que se digne a prescrever apenas eventos e situações sociais que estejam no campo do que é possível. A possibilidade basta. Somente uma conduta possível é capaz de ser juridicizada pelo direito, ou seja, pode ser modalizada como permitida, proibida ou obrigada.[118]

Sendo assim, a hipótese só pode descrever os fatos que possam ocorrer. Também não há como se pretender regular deonticamente situações impossíveis. Se é impossível que o homem voe sem o auxílio de qualquer equipamento, é totalmente inócua e vazia de sentido uma

---

[116] CARVALHO. *Curso de direito tributário*, p. 375.
[117] Sobre o assunto, Alfredo Augusto Becker anotou que "a incidência da regra jurídica é infalível, o que falha é o respeito aos efeitos jurídicos dela decorrentes. Não existe regra jurídica 'ordenando' a incidência das demais regras jurídicas; a regra jurídica incide porque ao incidir infalível (automático) é justamente uma especificidade do jurídico como instrumento praticável de ação social" (BECKER, Alfredo Augusto. *Teoria geral do direito tributário*. 3. ed. São Paulo: Lejus, 2002. p. 309).
[118] Como já tratado, toda relação jurídica é caracterizada pelo conteúdo deôntico. Ela pode ser modalizada como permissiva, obrigatória ou proibitiva. Não existe uma quarta hipótese.

norma que pretenda obrigar, proibir ou permitir esta conduta. A norma jamais terá a sua incidência verificada, pois o fato nunca se consumará.

Ter isso como premissa autoriza a afirmação de que o Estado, no anseio de intervir em determinado setor do domínio econômico pela criação da contribuição de intervenção sobre o domínio econômico, não deve escolher fatos sociais que estejam fora do âmbito das práticas comuns àquele determinado setor. Se assim procede, a intervenção será inócua, pois nunca atingirá o setor que dela necessita.

2.7 Validade da norma jurídica: relação de pertinência

Afirmar que uma norma é válida é o mesmo que dizer que é elemento integrante de um conjunto de normas organizado sob um princípio unificador. Isto é, atestar a validade de uma norma é tarefa que está relacionada diretamente com a verificação da pertinência desta norma perante o sistema jurídico.

A relação de pertinência entre a norma e o sistema é o ponto-chave para determinação da validade desta norma. Mediante a identificação desse liame relacional é possível averiguar as normas existentes e, portanto, válidas do sistema jurídico. Quando se afirma que a Norma N1 é válida, significa que tal norma pertence ao Sistema S1. Esta norma somente será considerada válida se atender aos critérios de pertinencialidade[119] exigidos pelo próprio sistema no qual está inserida.

A norma jurídica existirá e será considerada válida se, e somente se, pertencer ao sistema normativo. Ser uma norma pertencente ao sistema jurídico é ser norma válida. Validade é um conceito relacional que implica afirmar que, uma vez inserida no sistema jurídico, a norma é válida. Nesse ponto, cabe a lembrança de que os elementos que compõem o sistema jurídico são as normas jurídicas. Em consequência, não se pode conceber que num mesmo sistema jurídico existam normas qualificadas como válidas e outras como inválidas.[120]

---

[119] Sobre a necessidade de atendimento às normas próprias do sistema do Direito Positivo, Lourival Vilanova esclarece que "uma proposição normativa só pertence ao sistema se podemos reconduzi-la à proposição fundamental do sistema. Cada norma provém de outra norma e cada norma dá lugar, ao se aplicar à realidade, a outra norma. O método de construção de proposições normativas está estipulado por outras normas" (VILANOVA. *As estruturas lógicas...*, p. 154).

[120] Sobre o assunto leciona que "a validade de uma norma jurídica não pode ser questionada a pretexto de seu conteúdo ser incompatível com algum valor moral ou político. Uma norma é uma norma jurídica válida em virtude de ter sido criada segundo uma regra definida, e apenas em virtude disso" (KELSEN. *Teoria geral do Estado e do direito*, p. 166).

Validade não é qualidade da norma. Repita-se, validade é um conceito relacional.[121] Paulo de Barros Carvalho elucida que ser "norma válida quer significar que mantém relação de pertinencialidade com o sistema 'S', ou que nele foi posta por órgão legitimado a produzi-la, mediante procedimento estabelecido para esse fim".[122]

A relação de pertinencialidade é fixada entre um elemento e um conjunto. A existência de uma relação de pertinencialidade permite que determinado elemento seja inserido em um dado conjunto. A ausência desse liame relacional impede a existência do referido elemento naquele conjunto.

Nesta linha de raciocínio, a relação de pertinencialidade entre um determinado elemento (norma) e o sistema do Direito é instaurada na medida em que o processo de criação desta norma tenha observado os mínimos requisitos procedimentais prescritos pelo próprio sistema jurídico.

Estes mínimos requisitos procedimentais se resumem ao agente competente e ao processo legislativo. É necessário que um agente, cuja competência para a criação de normas lhe foi atribuída por normas previamente existentes no próprio sistema jurídico, se valha de um procedimento legislativo, também determinado por normas já existentes neste mesmo sistema, para a criação de uma norma jurídica.

Uma vez que o criador da norma é um agente que tenha competência legislativa e que o processo percorrido por ele é um processo próprio para a criação de normas dentro de um sistema jurídico, nota-se a obediência aos mínimos requisitos procedimentais para que uma

---

[121] Tárek Moysés Moussallem corroborando dos apontamentos de Daniel Mendonça, descreve que o vocábulo "validade" é comumente empregado em quatro acepções: i) validade como obrigatoriedade; ii) validade como aplicação; iii) validade como pertinência; e iv) validade como existência. Em seus estudos, trabalha com o conceito de validade como relação de pertinência. Dessa forma, esclarece que "dizer que 'A norma N é válida' quer exprimir que a norma N pertence a um determinado sistema de direito positivo S. A validade não é uma qualidade da norma, mas, sim, functor relacional entre a norma e o ordenamento jurídico". O citado jurista atesta ainda que este conceito se alinha aos pensamentos de Alchourrón e Bulygin "no sentido de que a validade, sendo um critério eleito pelo cientista do direito para identificar uma norma que pertença ao sistema do direito posto, necessariamente ganha caráter relacional" (MOUSSALLEM. *Fontes do direito...*, p. 170). Ainda sobre o assunto, Tárek Moysés Moussallem cita em outra obra os ensinamentos de Amedeo Conte, o qual definiu que "a validade é o específico modo de existir de uma norma; mas o específico modo de existir de uma norma é a existência específica em um ordenamento (é a existência em um ordenamento, é a pertinência a um ordenamento); é o existir por um ordenamento, onde a preposição 'por' significa seja 'em relação a', seja 'em virtude de'" (CONTE, Amedeo *apud* MOUSSALLEM, Tárek Moysés. *Revogação em matéria tributária*. São Paulo: Noeses, 2005. p. 136).

[122] CARVALHO, Paulo de Barros. *Direito tributário linguagem...*, p. 403-404.

norma seja criada e introduzida neste sistema. E, em face desta relação de pertinência, a norma será considerada válida.

Neste primeiro momento, está sob análise, tão somente, a relação de pertinência da norma perante o ordenamento. Para atestar a validade da norma, necessário verificar se o agente legislativo é sujeito competente para edição de normas e, cumulativamente, se os passos relativos a qualquer processo legislativo prescrito pelo sistema jurídico foi seguido de forma suficiente para que uma norma jurídica pudesse ter sido inserida neste sistema.

Em um segundo momento, depois de inserida no ordenamento e, portanto, considerada válida para todos os fins, a norma jurídica passa a relacionar-se com as demais normas presentes no sistema jurídico. Estas relações, denominadas internormativas, são alvos de avaliação por parte de outros agentes, aqueles aos quais é atribuída a competência para verificar se aquela norma relaciona coerentemente com as demais normas, de maneira que se possa atestar a sua existência pacífica.

Essa avaliação inicia-se pela coerência entre a norma, já existente no sistema, que deu fundamento de validade para criação da nova norma e esta própria norma inserida no sistema. Toda norma jurídica tem seu fundamento de validade em uma norma preexistente no sistema jurídico que define os aspectos materiais e formais para a respectiva criação de novas normas.

Antes de dar continuidade ao assunto, é necessário fazer uma pequena pausa, para, em poucas linhas, mencionar a doutrina kelseniana, no sentido de realçar o fundamento de validade das normas jurídicas, com a licença da redundância, aquelas presentes no sistema jurídico. Segundo esta doutrina, as normas jurídicas buscam sempre fundamento de validade em outras normas preexistentes no sistema jurídico.

Este contexto pode parecer incompleto, tendo em vista que se procurarmos o fundamento de validade de cada uma das normas jurídicas, chegará o momento em que não haverá mais normas no sistema para dar fundamento de validade para a norma que, em última análise, serviu de fundamento de validade para outras normas. Questiona-se, portanto, qual seria a norma que emprega fundamento de validade para esta última norma.

Hans Kelsen, prevendo este impasse, fez um corte metodológico para o estudo do Direito, de maneira a atribuir um ponto de partida. Criou, em sua teoria, um axioma, o qual permite afirmar que o fundamento último de validade do sistema jurídico é a norma hipotético-fundamental. Partindo da premissa de que uma norma jurídica deve, sempre, ter o seu fundamento de validade postado numa outra norma jurídica, a norma hipotético-fundamental é aquela cujo fundamento de validade não deriva de qualquer outra, considerando que ela mesma já se apresenta como norma que constrói o último fundamento de validade do sistema.[123] A norma hipotético-fundamental é norma pressuposta e, por isso, é pressuposto de fundamento de validade para todas as normas pertencentes ao sistema jurídico.[124]

Esclarecido esse tópico, retoma-se a discussão sobre a validade das normas jurídicas e, consequentemente, os requisitos de avaliação de sua coerência com o sistema no qual está inserida. Neste ponto, repete-se que não pode haver conflito na relação existente entre a norma criada e a norma que lhe oferece fundamento de validade. O agente avaliador deve levar em consideração os aspectos formais e materiais que determinaram a criação da nova norma inserida, para procurar por eventuais falhas ocorridas no procedimento de produção, seja por erro de agente competente, de processo legislativo ou de matéria legislada.

Uma vez encontrados equívocos que provocam o conflito de coerência entre a norma criada e a que lhe deu fundamento de validade, o agente avaliador, também mediante processo legislativo específico, cria uma nova norma que terá a função de expulsar aquela norma que se encontra em conflito relacional dentro do sistema jurídico. Uma vez expulsa do sistema, aquela norma jurídica perde a sua validade e, só então, poderá ser classificada como norma inválida.

---

[123] Discorrendo sobre a norma fundamental pressuposta, Hans Kelsen aponta que a pressuposição oferece o último fundamento de validade do sistema jurídico e afirma que esta norma pressuposta "é a norma fundamental de uma ordem jurídica estadual. Esta não é uma norma posta através de um ato jurídico positivo, mas — como o revela uma análise de nossos juízos jurídicos — uma norma pressuposta, pressuposta sempre que o ato em questão seja de entender como ato constituinte, como ato criador da Constituição, e que os atos postos com fundamento nesta Constituição como atos jurídicos. Constatar essa pressuposição é uma função essencial da ciência jurídica. Em tal pressuposição reside o último fundamento de validade da ordem jurídica, fundamento esse que, no entanto, pela sua mesma essência, é um fundamento tão somente condicional e, neste sentido, hipotético" (KELSEN. *Teoria pura do direito*, p. 51).

[124] Kelsen esclarece que a norma fundamental é "a norma cuja validade não pode ser derivada de uma norma superior. Todas as normas cuja validade podem ter sua origem remontada a uma mesma norma fundamental formam um sistema de normas, uma ordem. Esta norma básica, em sua condição de origem comum, constitui o vínculo entre todas as diferentes normas em que consiste uma ordem. Pode-se testar se uma norma pertence a certo sistema de normas, a certa ordem normativa, apenas verificando se ela deriva sua validade da norma fundamental que constitui a ordem". Adiante, menciona o caráter definitivo da norma fundamental, assim se referindo: "a norma fundamental de uma ordem jurídica é a regra postulada como definitiva; de acordo com a qual as normas dessa ordem são estabelecidas e anuladas, de acordo com a qual elas recebem e perdem sua validade" (KELSEN. *Teoria geral do Estado e do direito*, p. 163-166).

A norma válida pode até conter vícios de produção que impliquem a sua incoerência perante o sistema jurídico, mas enquanto não houver outra norma, também produzida segundo os ditames do próprio sistema jurídico, que expulse a norma incoerente, não há de se falar em norma inválida. Enquanto a norma pertencer ao sistema ela é considerada válida, mas sempre passível de expulsão.

2.8 Avaliação da coerência da norma jurídica perante o sistema

O processo de criação do direito é regulado pelas normas de competência que estão presentes dentro do próprio sistema do direito. Estas normas prescrevem como outras normas devem ser criadas, determinando o processo legislativo específico e a matéria que deve estar contida no antecedente e consequente da nova norma. São normas, por natureza, direcionadas imediatamente para o agente legislador e mediatamente aos particulares.

Estão direcionadas para o legislador, pelo fato de que ao identificá-lo com o agente competente para a criação de outras normas, a norma de competência estabelece o conjunto dos requisitos que o processo de produção deve seguir. Falar que as normas de competência estão direcionadas indiretamente aos particulares justifica-se pelo fato de que o produto deste processo de criação poderá ser outra norma que pretenda regular as condutas humanas.

Nesse ponto, a essência da norma de competência é a de estipular a forma pela qual as normas que dizem respeito imediatamente aos particulares (normas de conduta) deverão ser produzidas.[125] Trata-se de verdadeira condição sintática da elaboração de outras normas.

As normas de competência se apresentam como normas que dão fundamento de validade para outras normas do sistema. Toda norma jurídica busca fundamento de validade nas normas de competência que disciplinaram o processo de criação desta nova norma jurídica. Por isso, conhecer a norma de competência permite que o intérprete verifique possíveis inconsistências entre as notas que prescrevem a criação de novas normas e a forma pela qual esta nova norma foi criada. A

---

[125] As normas de conduta, por seu turno, estão voltadas diretamente para as condutas dos particulares, visando à regulação das relações entre eles. Seu fim derradeiro, portanto, é o de disciplinar imediatamente os vínculos jurídicos que se formam entre os homens, enquanto partícipes do mundo social.

existência de inconsistência indica que a nova norma está inserida no sistema de maneira incorreta, o que autoriza a sua expulsão.

Toda norma inserida no sistema jurídico tem o seu fundamento de validade assegurado pela respectiva norma de competência. Utilizando-se exemplos, uma vez entendido que a norma N1 teve seu processo de criação regulado pela norma N2, conclui-se que a norma N2 buscou fundamento de validade na norma N1. E, por meio do confronto entre o conjunto das prescrições da norma N2 e a maneira como a norma N1 foi criada, pode-se identificar a consistência ou inconsistência desta norma N1 perante o sistema do Direito.

Estudar a norma de competência é de suma importância para, primeiro, identificar os fatos sociais que podem dar ensejo ao nascimento do direito, ou seja, aquele conjunto de fatos que podem ser considerados fonte do direito.[126] Além disso, esse estudo permite avaliar a coerência das normas perante o sistema jurídico.

Importa destacar que a partir da análise de qualquer norma jurídica é possível enxergar as marcas do seu processo de criação. O intérprete, ao analisar a nova norma posta no sistema jurídico, identificará algumas marcas que o direcionam para a análise daqueles atos praticados pelos agentes competentes, quando da criação desta nova norma. A identificação destas marcas permite que o intérprete retome o processo de produção e o analise, para avaliar a regularidade deste processo.

A instituição da contribuição de intervenção sobre o domínio econômico, como tributo que é, deverá ser realizada por meio da edição de uma norma específica que contenha determinados critérios materiais e seja produzida por meio de um dado procedimento legislativo, como prescrevem as normas de competência que autorizam a União a legislar sobre esta matéria.

A criação da norma jurídica instituidora desta contribuição deve seguir o conjunto procedimental prescrito pela norma de competência, o que inclui aspectos de ordem material e aspectos de ordem formal. A contribuição de intervenção sobre o domínio econômico somente poderá permanecer no sistema jurídico em perfeita harmonia com as demais normas e, em especial, com a norma que lhe ofereceu fundamento de validade se, e somente se, o respectivo processo de criação tiver seguido rigorosamente todos os requisitos prescritos. A coerência ou incoerência

---

[126] As normas de competência estabelecem quais os atos praticados no mundo social, pelos agentes competentes para criação de normas, que podem desencadear o consequente nascimento do próprio Direito.

da norma será extraída quando o intérprete confrontar o conjunto de regras apresentadas pelas normas de competência e a própria norma instituidora deste tributo.

Portanto, para aferir a regularidade da criação da norma instituidora desta contribuição, é necessário confrontá-la com as normas de competência própria.

A prerrogativa de avaliação da coerência de uma norma é atribuída pelo próprio sistema jurídico e está relacionada diretamente com a análise das relações internormativas. Esta análise deve se preocupar com a avaliação do processo de produção normativa, para tentar identificar eventuais pontos de desobediência aos requisitos materiais e formais atrelados ao referido processo.

A instituição da contribuição de intervenção sobre o domínio econômico, assim como a criação de toda norma jurídica, deve seguir um determinado procedimento. Esse tópico deve ser observado com maior atenção na medida em que, mais adiante, será desvendado o conjunto dos critérios de avaliação material e formal dessa contribuição, com finalidade de formar o arcabouço tributário, de imprescindível utilização pelo agente legislador.

Nos capítulos subsequentes a preocupação será em apresentar o processo de criação de uma contribuição de intervenção sobre o domínio econômico, enquanto norma jurídica tributária. Todos os elementos de uma contribuição dessa natureza, eventualmente instituída, devem se encaixar perfeitamente na moldura que a ela foi destinada pelas normas de competência. Nesse sentido, é possível tratar como de viciada validade qualquer tributo que não tenha sido instituído conforme esses critérios de avaliação de coerência.

CAPÍTULO 3

DOMÍNIO ECONÔMICO, ORDEM ECONÔMICA E INTERVENÇÃO ESTATAL

3.1 Liberalismo econômico brasileiro e a intervenção estatal

Após a Primeira Guerra Mundial, seguindo o rumo dos demais países, o Brasil compreendeu que seria difícil manter uma política afastada do campo social e dos interesses coletivos.[127] Percebeu-se que o direcionamento das atividades econômicas deveria ser intensificado, para fundamentar o desenvolvimento das finalidades estatais em prol da coletividade.

Os interesses coletivos deveriam ser atendidos, e a intervenção estatal no domínio econômico, como forma de controlar e guiar as relações econômicas, era fundamental para que o Estado pudesse alcançar o seu fim. Começaram a nascer os primeiros ordenamentos jurídicos que contemplavam princípios norteadores das atividades econômicas, os quais davam juridicidade aos objetivos da economia e, como manifestação consequente, outorgavam competências a fim de que o Estado pudesse intervir no ambiente das relações econômicas para tentar guiá-las pelos caminhos que levassem a economia para o atendimento daqueles princípios. Nascem, portanto, as ordens econômicas.

---

[127] "A Constituição de 1934 já se enquadra nesse novo espírito das Constituições européias do pós-guerra refletindo o desenvolvimento de uma ordem econômica e social mais consentânea com as aspirações das classes trabalhadoras e com as novas atividades do Estado" (VENANCIO FILHO. *A intervenção do Estado*..., p. 34).

A ordem econômica brasileira será tratada adiante, mas já se pode adiantar que "ordem econômica" significa a referência ao conjunto de normas postadas no ordenamento jurídico que tomam de maneira macro as atividades econômicas como matéria-prima para o nascimento de relações jurídicas, as quais estão direcionadas para a regulação da economia segundo os valores que cada sociedade pretende preservar.

3.2 Atividade econômica e domínio econômico

Em linhas prévias, em razão da necessidade de discorrer sobre as relações comunicacionais intersistêmicas e a maneira pela qual estas relações interferem no próprio sistema jurídico, optou-se por destacar o sistema do direito positivo de um sistema maior, o sistema social. Igualmente, já foi dito que ao lado do sistema do direito e, também inserido no sistema social, existe o sistema econômico, o qual mantém relações comunicacionais relevantes com os demais sistemas sociais.[128]

Estudar a intervenção estatal, realizada por meio da instituição de contribuições, requer um esforço por parte do sujeito cognoscente em favor da análise coerente de dois pontos essenciais para a continuidade do presente estudo. O primeiro deles diz respeito à definição dos contornos do significado de "domínio econômico". O segundo ponto é destacar que a intervenção estatal, pela sua própria natureza, pressupõe a ingerência do Estado em atividades alheias à sua atuação natural, o que significa dizer que a intervenção sempre se dará em ou sobre alguma coisa. Não se pode querer estudar um mecanismo de intervenção estatal sem que antes seja feita uma delimitação do significado de domínio econômico. O interesse em definir o conceito de "domínio econômico", portanto, reside na necessidade de identificação dos limites do campo sobre o qual o Estado poderá atuar para conformar a dita intervenção.[129]

Em primeiro lugar, note-se que o "domínio econômico" é o conjunto das relações sociais que acontecem no ambiente do sistema econômico: são as relações que dizem respeito às atividades econômicas.

---

[128] "A economia é um conjunto de elementos (pessoais e materiais) e de processos e relações (produção, distribuição, etc.) interligados de modo a constituírem um todo, uma unidade, isto é, um sistema. O que faz da economia um sistema é precisamente o princípio de unidade, o princípio de ordem, insto é, a estrutura do conjunto dos elementos, relações e processos econômicos" (MOREIRA, Vital. *Economia e Constituição para o conceito de constituição econômica*. 2. ed. Coimbra: Limitada, 1979. p. 46-47).

[129] "Não se pode falar em intervenção estatal sem definir sobre o que o Estado intervirá. Definir o conceito de 'domínio econômico' é delimitar o campo das relações sociais no qual o Estado poderá atuar" (GAMA, Tácio Lacerda. Ordem econômica e tributação. *Revista de Direito Tributário*, São Paulo, v. 103, 2009).

Atividade econômica é o signo linguístico representativo das relações sociais próprias do sistema econômico. Estas relações, por estarem inseridas no sistema econômico, são aquelas que derivam dos atos e fatos praticados pelos agentes econômicos ou agentes da economia. Esses atos e fatos econômicos "enquadram-se no mesmo território das relações sociais e dos atos sociais, caracterizando a atividade econômica, composta de relações econômicas".[130]

De se notar que o conjunto dessas relações praticadas pelos agentes econômicos está para o sistema econômico da mesma forma que o conjunto das relações jurídicas praticadas pelos sujeitos de direito está para o sistema do direito positivo.

As atividades econômicas fazem parte do conjunto de elementos e estruturas comunicacionais do sistema econômico, em um dado espaço e tempo, assim como as normas jurídicas e as relações internormativas fazem parte do sistema jurídico também em um determinado espaço e tempo.

Segundo Paulo Henrique Rocha Scott, atividade econômica é:

> Determinada ação ou soma de ações que — tomadas a partir de uma decisão que leva em conta a escassez de recursos da natureza de maneira que se possa atender às necessidades e aos desejos humanos — processam-se num espaço limitado a fenômenos de natureza econômica, relacionado à produção, industrialização, transformação, comercialização e consumo de bens e riquezas.[131]

Numa acepção ampla e corroborando os ensinamentos de Fabio Konder Comparato, pode-se afirmar que atividade econômica é o conjunto de relações sociais diretamente relacionadas à "produção e distribuição de bens e prestação de serviços".[132] [133]

Estudando o assunto, Tácio Lacerda Gama propõe as seguintes características para definir "domínio econômico": "(i) estrato de linguagem descritiva; (ii) referida às relações sociais; (iii) naquilo que diz

---

[130] SOUZA, Washington Peluso Albino de. *Direito econômico*. São Paulo: Saraiva, 1980. p. 229.
[131] SCOTT. *Op. cit.*, p. 29-30.
[132] COMPARATO, Fabio Konder. Ordem econômica na Constituição brasileira de 1988. *Revista de Direito Público*, São Paulo, v. 23, n. 93, p. 263-264, jan./mar. 1990.
[133] "Y la economía, es decir, el conjunto de actividades relacionadas con la creación, circulación, distribución y consumo de la riqueza" (E a economia, é dizer, o conjunto de atividades relacionadas com a criação, circulação, distribuição e consumo da riqueza). (MUNERA ARANGO, Dario. *El derecho económico*: ensayo sobre la aparición de un nuevo dominio jurídico. Bogotá: Imprensa Nacional, 1963. p. 117)).

respeito à produção e circulação de bens, assim como na prestação de serviços".[134]

Assim, segundo a conceituação proposta pelo citado professor, a expressão "domínio econômico", por seu turno, tem seu significado relacionado ao conjunto de proposições produzidas para descrever as relações sociais que acontecem no âmbito do sistema econômico. O "domínio econômico" se apresenta como um extrato de linguagem descritiva das relações sociais encontradas no sistema econômico.[135]

Enquanto extrato de linguagem descritiva das relações sociais econômicas, o domínio econômico é o dado relativo à descrição das atividades que ocorrem e se verificam no sistema econômico. Diante disso, ainda de acordo com os ensinamentos do citado professor, conclui-se que: "sempre que um fato social preencher esses critérios, será considerado como parte integrante do 'domínio econômico'".[136]

A intervenção estatal da qual este trabalho se refere é a atuação no ou sobre o conjunto das atividades econômicas, ou seja, no ou sobre o domínio econômico. O direito atua para regular as relações sociais, nas quais estão inseridas as atividades econômicas.

3.2.1 Domínio econômico: "hábitat natural" dos agentes privados

Foi dito que o "domínio econômico" é o extrato de linguagem descritiva das relações sociais que acontecem no âmbito do sistema econômico — atividades econômicas —, sejam elas entre agentes privados, entre agentes públicos ou entre agentes privados e públicos. De se notar, entretanto, que a referência constitucional ao domínio econômico, enquanto área passível de sofrer a intervenção estatal, não engloba as atividades econômicas praticadas pelo próprio Estado.

Quando a Constituição se refere à intervenção do Estado no domínio econômico, está se referindo a uma atuação excepcional do Estado em campo em que não atua corriqueiramente.[137]

Tratando-se da intervenção estatal no domínio econômico, o sistema do direito leva em consideração apenas as atividades econômicas praticadas, normalmente, pelos agentes privados. "'domínio econômico'

---

[134] GAMA. Ordem econômica..., p. 107.
[135] Cf. GAMA. Contribuição de intervenção..., p. 230.
[136] Ibidem, p. 107.
[137] A excepcionalidade da intervenção será tratada adiante, quando do estudo da intervenção estatal.

é precisamente o campo da atividade econômica em sentido estrito, área alheia à esfera pública, de titularidade (domínio) do setor privado".[138]

O termo "domínio econômico", quando empregado para destacar o campo sobre o qual o Estado irá operar por intervenção, se refere ao conjunto das relações sociais econômicas formadas pelas atividades econômicas praticadas pelos agentes privados. É, portanto, campo alheio às atividades estatais. Portanto, o domínio econômico assim referido é o extrato de linguagem que descreve as atividades econômicas tipicamente privadas, sobre as quais o Estado tem a prerrogativa de interferir.

É bem verdade e, aqui, esclareça-se que o Estado está autorizado a participar das atividades econômicas, explorando-as diretamente e ao lado dos agentes privados. No entanto, esta atuação é, também, excepcional, de maneira que só será permitida quando necessária aos imperativos da segurança nacional ou a relevante interesse coletivo, conforme prescrito pelo artigo 173 da Constituição Federal.

Sendo assim, quando se fala em domínio econômico para se referir ao campo sobre o qual o Estado promoverá uma intervenção, não se pode considerar todas as relações sociais da atividade econômica, mas, tão somente, aquelas que estiverem fora do campo de atuação *habitual* do Estado, aquelas promovidas, caracteristicamente, pelos agentes privados. "O art. 173, caput, enuncia as hipóteses nas quais é permitida ao Estado a exploração direta de atividade econômica. Trata-se, aqui, de atuação do Estado — isto é, da União, do Estado-membro e do Município — como agente econômico, *em área da titularidade do setor privado*"[139] (grifos aditados).

Acertadamente, o professor da Faculdade de Direito da Universidade de São Paulo, Luís Eduardo Schoueri, ao tratar do assunto, afirma que o domínio econômico é um campo estranho ao Estado. Define-o como "aquela parcela da atividade econômica em que atuam agentes do setor privado".[140]

No mesmo sentido, Hamilton Dias Souza e Tercio Sampaio Ferraz Jr. consideram que a intervenção somente ocorrerá "em campo de atuação distinto daquele que cabe ao interventor. Portanto, a União só pode atuar no setor privado ou em campo que, embora originalmente reservado ao Estado, passe a pertencer à iniciativa privada por força de autorização, concessão ou permissão".[141]

---

[138] GRAU, Eros Roberto. *A ordem econômica na Constituição de 1988*. 12. ed. São Paulo: Malheiros, 2007. 146.
[139] GRAU. *A ordem econômica*..., p. 103.
[140] SCHOUERI. *Normas tributárias indutoras*..., p. 43.
[141] SOUZA, Hamilton Dias; FERRAZ JR., Tercio Sampaio. Contribuições de intervenção no domínio econômico e a federação. *In*: MARTINS, Ives Gandra da Silva (Coord.). *Contri-*

Não se afirme que o Estado também intervém no domínio econômico, mesmo quando ele faz parte do rol de agentes que praticam as atividades econômicas. Quando isso acontece, o Estado atua no domínio econômico como partícipe, em condições de igualdade, e não como agente intervencionista para promover a regulação do mercado.

É bem verdade que o Estado, quando atua no domínio econômico como agente participante das relações econômicas, não deixa de oferecer meios para mudança de comportamento dos demais participantes. No entanto, esta mudança ocorre em virtude de uma atuação direta do Estado como concorrente de mercado, atuando lado a lado das demais entidades privadas. Este meio de atuação estatal, ao contrário da intervenção proporcionada pelas contribuições interventivas, pode ser chamado de "intervenção direta" do Estado no domínio econômico.

Adiante, serão demonstradas as formas que o Estado dispõe para atuar no sentido de prescrever relações jurídicas derivadas da ocorrência das relações sociais econômicas, que, por sua vez, também servem de matéria-prima para a descrição do domínio econômico. O Estado funciona enquanto agente regulador que promove uma efetiva intervenção, ou como agente participante das relações econômicas, quando atua diretamente na produção e distribuição de bens e serviços.

3.3 Intervenção estatal

Agora que já se definiu o significado de "domínio econômico", enquanto conjunto composto pelas atividades econômicas, o ponto a ser estudado é a intervenção estatal. Aqui, deve-se responder à seguinte questão: em que consiste a intervenção do Estado?

A resposta a essa pergunta deve ser tomada como premissa principal para o desenvolvimento desse estudo, já que a Constituição Federal outorgou à União a competência para instituição de um tributo com características intervencionistas, a contribuição de intervenção sobre o domínio econômico.

Anote-se, ainda, que o exercício da competência da União para criação deste tributo está rigorosamente adstrito ao estabelecimento de uma efetiva intervenção sobre o domínio econômico.

Como ensina Washington Peluso Albino de Souza, intervenção é forma de ação. Em suas palavras, "ao se falar em 'intervenção',

---

buições de intervenção no domínio econômico. São Paulo: Revista dos Tribunais; Centro de Extensão Universitária, 2002. p. 69.

conserva-se o princípio ideológico 'liberal' da abstenção do Estado em termos de ação econômica direta, admitindo-se a 'exceção' de que possa 'atuar', portanto 'intervir, em determinadas circunstâncias".[142]

3.3.1 O direito não intervém *no* domínio econômico

Primeiramente, trataremos de reforçar que o direito não pode intervir no domínio econômico.

O domínio econômico é, como foi visto, extrato de linguagem descritiva, constituído segundo as regras do sistema social econômico. O direito não interferirá neste sistema econômico descritivo. Considerando as conversações sistêmicas, referidas no capítulo anterior, o direito não pode intervir na estrutura funcional do sistema econômico, da mesma forma que o sistema econômico não pode interferir na estrutura funcional do direito.

O direito e a economia são dois sistemas diferentes. Cada qual com seus próprios elementos e estruturas. Dizer, como escrito no texto constitucional, que o Estado intervirá no domínio econômico, enquanto agente normativo, constitui equívoco. Por isso, Tácio Lacerda Gama afirma que "o sistema do direito positivo, definido como conjunto de normas jurídicas válidas, não intervém em outros domínios, seja ele econômico, moral, político ou religioso".[143]

O direito não intervém no domínio econômico. Do contrário, significa aceitar que o direito ingressa no domínio econômico (outro subsistema social) para, mediante suas próprias estruturas, tentar alterar as estruturas econômicas.

Como se tratou em linhas anteriores, os elementos de um sistema não atuam — não modificam — as estruturas de outros sistemas. Quando muito, influenciam os agentes que movimentam essas estruturas, modificando-as. Não passam de uma influência. Da mesma forma que o sistema econômico não cria norma jurídica, o sistema do direito não altera as estruturas econômicas.

Por outro lado, da mesma maneira que o sistema econômico influencia o agente normativo para criação das normas jurídicas, o sistema do direito influencia os agentes econômicos para que modifiquem a forma como atuam na economia.

---

[142] SOUZA, Washington Peluso Albino de. *Primeiras linhas de direito econômico.* 5. ed. São Paulo: LTr, 2003. p. 318.
[143] GAMA. Ordem econômica..., p. 109.

O sistema do direito e as suas normas jurídicas não interferem na estrutura do sistema econômico, por isso não se deve dizer que o Estado, por meio de normas jurídicas, intervirá no domínio econômico. O direito não toca a realidade, da mesma forma que a realidade do sistema econômico também não interfere na estrutura do direito.

Por meio de normas jurídicas, o Estado tenta influenciar os agentes econômicos, regulando e atribuindo às relações sociais um caráter de juridicidade, tal qual como prescrito pelo artigo 174 da Constituição Federal.

O direito procura disciplinar o comportamento humano, o que não quer dizer que haverá interferência. Paulo de Barros Carvalho nos ensina que "a disciplina do comportamento humano, no convívio social, se estabelece numa fórmula linguística, e o direito positivo aparece como um plexo de proposições que se destinam a regular a conduta das pessoas, nas relações de inter-humanidade".[144]

Há um intervalo entre o sistema econômico e o sistema jurídico, no qual transitam as relações comunicacionais intersistêmicas. "Há, necessariamente, um intervalo entre a realidade social, constituída pela linguagem natural e a realidade jurídica, constituída pela linguagem do direito".[145]

O direito irá interferir nas relações sociais ao estabelecer, na hipótese de incidência das normas jurídicas, fatos sociais relativos às atividades econômicas, juridicizando condutas e atribuindo consequências jurídicas quando da ocorrência destes fatos.

A contribuição de intervenção sobre o domínio econômico é norma jurídica tributária. Ao criá-la, o Estado não está atuando como interventor no domínio econômico, mas sobre as relações sociais econômicas que são descritas por ele (domínio econômico).

Enquanto agente normativo, o Estado atua *sobre* o domínio econômico e não diretamente nele. As normas editadas com o caráter intervencionista atuarão sobre o domínio econômico para regular as relações sociais econômicas que fazem parte das atividades econômicas. A atuação da norma interventiva, especialmente a contribuição de intervenção sobre o domínio econômico, será no sentido de regular as condutas dos agentes.

---

[144] CARVALHO. *Curso de direito tributário*, p. 2.
[145] CARVALHO, Paulo de Barros. Interpretação e linguagem: concessão e delegação de serviço público. *Revista Trimestral de Direito Público*, São Paulo, n. 10, p. 83, 1995.

Quando a Constituição fala de "intervenção no domínio econômico", mediante a instituição de contribuições interventivas, está se referindo à produção de normas para tentar alterar as atitudes sociais, mediante uma intervenção sobre as relações intersubjetivas. E, nesse caso, tomando o direito como instrumento, o Estado intervém *sobre* o domínio econômico.

O Estado, porém, intervirá *no* domínio econômico quando dele participar. Isso é possível na situação em que desempenhar o papel de próprio agente da economia, como prescrito pelo artigo 173 da Constituição Federal.

3.3.2 Excepcionalidade da intervenção

Ao falar sobre intervenção, a primeira significação que se estabelece no subconsciente do intérprete equivale à ideia de uma intromissão, ingerência ou interferência em determinada situação que, sob condições normais, é conduzida por um conjunto específico de sujeitos.

Eros Roberto Grau afirma que "intervenção econômica" é a "ação desenvolvida pelo Estado no e sobre o processo econômico".[146]

Os termos "intromissão", "ingerência" ou "interferência", na verdade, são sinônimos que qualificam o termo "intervenção". Sempre que se falar em intervenção haverá referência a uma interferência de algo em campo estranho àquele em que está acostumado a atuar, seja por competência ou por separação natural. "Intervir necessariamente significa o Estado ingressar em área que originalmente não lhe foi cometida."[147]

As atividades econômicas continuam regidas de forma livre pelas leis naturais econômicas, como acontecia no Estado liberal. No entanto, em razão da aplicação dos ideais de um Estado Social, a Constituição Federal permitiu que o Estado viesse a intervir em situações excepcionais, com o objetivo de controlar e guiar as relações econômicas pelos caminhos que levam à materialização dos objetivos estatais, em busca do bem-estar social.

Partindo do próprio significado do vocábulo "intervenção", aludido no tópico anterior, e das premissas traçadas quando se afirmou que o domínio econômico, aquele referido pelo legislador constituinte

---

[146] GRAU, Eros Roberto. *Elementos de direito econômico*. São Paulo: Revista dos Tribunais, 1982. p. 62.
[147] SCHOUERI. *Normas tributárias indutoras...*, p. 42-43.

de 1988, é o campo onde atuam os agentes privados,[148] já se pode perceber que a atuação intervencionista do Estado se caracteriza por uma eventualidade. Intervir significa atuar excepcionalmente em campo que não é próprio do agente intervencionista. Isso foi percebido por Fernando A. Albino de Oliveira, que escreveu: "intervir, basicamente, significa agir de modo excepcional. Isto é, trata-se de uma ação que não é normal, comum, corriqueira. Ao contrário, é ação incomum, especial, temporária".[149]

Washington Peluso Albino de Souza também se pronuncia sobre o assunto e afirma que "domínio econômico" "significa que a atividade econômica seja naturalmente do 'domínio privado'".[150]

Intervenção estatal, pois, é ato de ingerência do Estado em ou sobre um campo estranho à sua atuação. "A intervenção, portanto, opera-se no plano da atividade econômica",[151] da qual participam os agentes privados da economia.

A intervenção só se dará em ou sobre o campo de atuação da iniciativa privada, que, como foi dito acima, corresponde ao domínio econômico ao qual se referiu o constituinte de 1988.

3.3.3 Formas de intervenção

A algumas linhas atrás, destacou-se que o direito não intervém no domínio econômico, mas sobre o domínio econômico. O Estado, entretanto, pode intervir no ou sobre o domínio econômico.

A intervenção excepcional do Estado no ou sobre o domínio econômico pode ser instrumentalizada de algumas formas, as quais estão prescritas pelo próprio texto constitucional. Resta saber a maneira pela qual o Estado pode promover a intervenção no ou sobre o domínio econômico e, dentro dessas possibilidades, onde está situada a contribuição de intervenção sobre o domínio econômico.

Indo direto ao ponto, pode-se dizer que a intervenção econômica do Estado se materializa de duas formas primárias. Ela se dará de forma direta, e aí se tem a intervenção no domínio econômico propriamente

---

[148] "Este Domínio Econômico é, assim, campo estranho ao Estado." (SCHOUERI. *Normas tributárias indutoras...*, p. 43).
[149] OLIVEIRA, Fernando A. Albino de. Limites e modalidades da intervenção do estado no domínio econômico. *Revista de Direito Público*, São Paulo, v. 37-38, p. 53, 1976.
[150] SOUZA. *Primeiras linhas...*, p. 319.
[151] PIMENTA, Paulo Roberto Lyrio. Perfil constitucional das contribuições de intervenção no domínio econômico. *In*: GRECO, Marco Aurélio (Coord.). *Contribuições de intervenção no domínio econômico*. São Paulo: Dialética, 2001. p. 158.

dito; ou, de forma indireta, quando, então, se deve falar em intervenção do Estado sobre o domínio econômico.

Na forma de intervenção direta, o Estado atua inserido no domínio econômico, enquanto agente econômico em relação de igualdade com os demais agentes privados. No segundo caso, o Estado atua como agente fiscalizador, incentivador ou de planejamento.

Fernando A. Albino de Oliveira menciona que "a ação estatal pode assumir basicamente duas formas: a ação direta, em que o Estado vende, compra, distribui, importa, exporta etc. e a ação normativa em que se editam normas e se implementam mecanismos de observância e controle das mesmas".[152]

Sobre o assunto, o professor André Ramos Tavares assentou que:

> Na intervenção direta o Estado participa ativamente, de maneira concreta, na economia, na condição de produtor de bens ou serviços. A intervenção estatal indireta refere-se a cobrança de tributos, concessão de subsídios, subvenções, benefícios fiscais e creditícios e à regulamentação (âmbito normativo) de atividades econômicas desenvolvidas pelos particulares.[153]

Não importa a ferramenta intervencionista que o Estado tomará para realizar a necessária e pretendida intervenção no ou sobre o domínio econômico. O que importa é essa atitude ser devidamente justificada e proposta dentro dos limites constitucionais, uma vez que não se pode conceber que o Estado atue de forma desenfreada para exercitar a sua competência intervencionista. Caso isso pudesse acontecer, estaríamos vivendo sob uma espécie de ditadura. A intervenção tem de ser controlada, razoável e proporcional, e a própria Constituição Federal tratou de delimitar a área de atuação estatal.

3.3.3.1 Intervenção direta

A forma de intervenção direta no domínio econômico está prescrita pela Constituição Federal em seu art. 173.[154] O texto constitucional

---

[152] OLIVEIRA. *Limites e modalidades...*, p. 61.
[153] TAVARES, André Ramos. Intervenção estatal no domínio econômico. In: MARTINS, Ives Gandra da Silva (Coord.). *Contribuições de intervenção no domínio econômico*. São Paulo: Revista dos Tribunais; Centro de Extensão Universitária, 2002. p. 219.
[154] "Art. 173. Ressalvados os casos previstos nesta Constituição, a exploração direta de atividade econômica pelo Estado só será permitida quando necessária aos imperativos da segurança nacional ou a relevante interesse coletivo, conforme definidos em lei."

atribui ao Estado a competência para explorar diretamente uma atividade econômica, sempre que necessário para garantir a segurança nacional e, em atenção ao interesse coletivo, quando essencial para o desenvolvimento de seus fins.[155]

Em preservação ao princípio da livre concorrência, o legislador constituinte foi coerente ao determinar que tal forma intervencionista não poderá extrapolar os limites concorrenciais. Define a Constituição Federal que as empresas criadas pelo Estado para atuação direta no domínio econômica devem, necessariamente, estar sob a égide da ordem jurídica tributária aplicada ao setor privado. As empresas estatais não podem gozar de privilégios fiscais que também não forem aplicados, igualmente, ao setor privado.

A autorização para que o Estado explore diretamente a atividade econômica, da forma como prescrito pela Constituição Federal, explicita a ideia de que a intervenção é algo excepcional e só deve ser exercida segundo determinadas situações controversas e para alcançar o bem comum.

Este modelo de intervenção direta permite que o Estado, sob circunstâncias específicas (segurança nacional e relevante interesse coletivo), explore diretamente as atividades econômicas, assumindo o controle de meios de produção, como se agente privado fosse e atuando no mesmo nível concorrencial. É a atenuação do "Estado Empresário",[156] como anotou Washington Peluso Albino de Souza.

Enquanto "Estado Empresário", João Bosco Leopoldino da Fonseca afirma que o Estado "assume a forma de empresas públicas, nome genérico que compreende no sistema jurídico brasileiro as empresas públicas propriamente ditas e as sociedades de economia mista, assim mencionadas no art. 173, §§1º, 2º e 3º, da Constituição Federal".[157]

---

[155] De acordo com a classificação proposta por Eros Roberto Grau, a intervenção direta seria aquela denominada de intervenção por absorção ou participação. No primeiro caso, intervenção direta, *"o Estado intervém no domínio econômico, isto é, no campo da* atividade econômica em sentido estrito. *Desenvolve ação, então, como agente (sujeito) econômico. Intervirá, então, por* absorção *ou* participação". Quando por absorção, o professor aduz que: *"o Estado assume integralmente o controle dos meios de produção e/ou troca em determinado setor da* atividade econômica em sentido estrito; *atua em regime de monopólio"*. Quando por participação, o professor dá a ideia de um Estado que *"assume o controle de parcela dos meios de produção e/ou troca em determinado setor da* atividade econômica em sentido estrito; *atua em regime de competição com as empresas privadas que permanecem a exercitar suas atividades nesse mesmo setor"* (GRAU. *A ordem econômica...*, p. 147).

[156] SOUZA. *Primeiras linhas...*, p. 330.

[157] FONSECA. *Direito econômico*, p. 78.

Tercio Sampaio Ferraz Jr., sobre o "Estado Empresário", ensina que "'Empresariar' significa agir como empresário no lugar ou junto com a iniciativa privada".[158]

Tácio Lacerda Gama chama a intervenção direta de "ação participativa" do Estado na economia. Afirma o citado professor: "aqui, o Estado atua como empresário, desenvolvendo diretamente um setor da atividade econômica considerado estratégico para a segurança do país ou visando atender o interesse nacional".[159]

Importante observação foi feita por Celso Antônio Bandeira de Mello. Segundo o professor da Pontifícia Universidade Católica de São Paulo, "quando o Estado interfere, supletivamente, na exploração de atividade econômica, ao desenvolver atividades desta natureza estar-se-á diante de serviços governamentais e não de serviços públicos. Neste caso, empresas públicas e sociedades de economia mista, que para tal fim sejam criadas, submeter-se-ão, basicamente, ao mesmo regime privado aplicável às empresas privadas".[160]

De se notar que o Estado, quando promover a intervenção direta como sujeito partícipe do domínio econômico, estará praticando atividades econômicas no mesmo nível dos agentes particulares, devendo se submeter, portanto, ao mesmo regime de direito privado, sendo, inclusive, proibido o aproveitamento de privilégios fiscais não extensivos às empresas do setor privado (art. 173, §2º).

3.3.3.1.1 Prestação de serviços públicos

Ainda tratando de intervenção estatal direta, aquela pela qual o Estado participa do domínio econômico, é de bom alvitre mencionar que essa participação pode se dar, também, por meio da prestação de serviços públicos, como prescreve o artigo 175 do texto constitucional: "Incumbe ao Poder Público, na forma da lei, diretamente ou sob regime de concessão ou permissão, sempre através de licitação, *a prestação de serviços públicos*" (grifos aditados).

Aqui é importante perceber que o Estado atua como agente público na prestação de serviços sob o regime de Direito Público, diferentemente do que ocorre com a atuação estatal pautada no artigo 173

---

[158] FERRAZ JR., Tercio Sampaio. Fundamento e limites constitucionais da intervenção do estado no domínio econômico. *Revista de Direito Público*, São Paulo, v. 47-48, p. 266, 1978.
[159] GAMA. Ordem econômica..., p. 111.
[160] BANDEIRA DE MELLO, Celso Antônio. *Curso de direito administrativo*. 16. ed. São Paulo: Malheiros, 2003. p. 638.

da Constituição Federal, pelo qual a previsão se refere a uma atuação em regime privado.

O Estado, no exercício da competência atribuída pelo artigo 175 da Carta Magna poderá atuar diretamente na prestação dos serviços públicos sob o regime de direito público.[161] Poderá ainda, atuar por meio de terceiros, desta feita, sob o regime de autorização,[162] permissão e concessão.

Serviço público, nas palavras de Maria Sylvia Zanella Di Pietro, é "toda atividade material que a lei atribui ao Estado para que a exerça diretamente ou por meio de seus delegados, com o objetivo de satisfazer concretamente às necessidades coletivas, sob o regime jurídico total ou parcialmente público".[163]

Celso Ribeiro Bastos ensina que o "serviço público é uma atividade prestada pela administração, que se vale do seu regime próprio de direito administrativo, com vistas ao atingimento de uma necessidade coletiva que pode ser fruída *uti singuli* ou *uto universi* pelos administrados".[164]

Ainda sobre o conceito de "serviço público", Celso Antônio Bandeira de Mello afirma ser "toda atividade de oferecimento de utilidade ou comodidade material destinada a satisfação da coletividade em geral, mas fruível singularmente pelos administrados, que o Estado assume como pertinente e seus deveres e presta por si mesmo ou por quem lhe faça as vezes, sob um regime de Direito Público".[165]

Essas definições são importantes para identificar as atividades estatais que são consideradas serviços públicos. "Só merece ser designado como serviço público aquele concernente à prestação de atividade e comodidade material fruível singularmente pelo administrado, desde que tal prestação se conforme a um determinado e específico regime: o regime de Direito Público, o regime jurídico-administrativo."[166]

Importante frisar, nesse turno, que a prestação de serviço público não significa atuação fora do domínio econômico. Não! Essas atividades estarão inseridas no domínio econômico, campo de atuação dos agentes privados (como já definido anteriormente), quando por autorização,

---

[161] Sobre a análise dos regimes de concessão e permissão, cf. BANDEIRA DE MELLO. *Curso de direito...*, p. 643 et seq.
[162] Sobre o conteúdo da expressão "autorização" e sua significação cf. BANDEIRA DE MELLO. *Curso de direito...*, p. 629-630.
[163] DI PIETRO, Maria Sylvia Zanella. *Direito administrativo*. 12. ed. São Paulo: Atlas, 2000. p. 98.
[164] BASTOS, Celso Ribeiro. *Curso de direito administrativo*. São Paulo: Celso Bastos, 2002. p. 257.
[165] BANDEIRA DE MELLO. *Curso de direito...*, p. 612.
[166] *Ibidem*, p. 614.

permissão ou concessão, o Estado atribuir a responsabilidade da prestação de serviços públicos a agentes privados.

Como escrito por Juarez Sanfelice Dias, em sua dissertação de mestrado, "tendo a Constituição permitido a participação de particulares nessas áreas, e editadas as leis definindo a ausência de atuação estatal ou minimizando-a, afastando-se o regime de direito público, estaríamos diante de área inserida no conceito de 'domínio econômico'".[167]

É perfeitamente cabível, mediante o processo legislativo infraconstitucional competente, a inserção de áreas que normalmente estão sob a responsabilidade do Estado, dentro do campo do domínio econômico habitado pelos agentes privados, como, por exemplo, tem ocorrido com o setor das telecomunicações e o setor energético.

3.3.3.2 Intervenção indireta

Como visto, o Estado está autorizado a atuar de maneira direta no domínio econômico, no exercício de uma determinada atividade econômica, em concorrência direta com os particulares ou sob o regime de monopólio.[168] [169] Mas esta não é a única forma intervencionista que o Estado está autorizado a praticar.

A existência de uma contribuição de intervenção sobre o domínio econômico, enquanto norma jurídica tributária que instrumentaliza a intervenção do Estado sobre o domínio econômico, é a prova de que existem outras formas de intervenção estatal.

---

[167] DIAS, Juarez Sanfelice. *Contribuição de intervenção no domínio econômico*. Dissertação (Mestrado em Direito) – Pontifícia Universidade Católica de São Paulo, São Paulo, 2002. f. 47.
[168] A atuação estatal sob o regime de monopólio está prevista, por exemplo, no artigo 177 do texto constitucional. São, portanto, setores reservados ao monopólio do Estado, especificamente do ente federado União: *(i)* a pesquisa e a lavra das jazidas de petróleo e gás natural e outros hidrocarbonetos fluidos; *(ii)* a refinação do petróleo nacional ou estrangeiro; *(iii)* a importação e exportação dos produtos e derivados básicos resultantes das atividades previstas nos incisos anteriores; *(iv)* o transporte marítimo do petróleo bruto de origem nacional ou de derivados básicos de petróleo produzidos no País, bem assim o transporte, por meio de conduto, de petróleo bruto, seus derivados e gás natural de qualquer origem; *(v)* a pesquisa, a lavra, o enriquecimento, o reprocessamento, a industrialização e o comércio de minérios e minerais nucleares e seus derivados, com exceção dos radioisótopos cuja produção, comercialização e utilização poderão ser autorizadas sob regime de permissão, conforme as alíneas "b" e "c" do inciso XXIII do *caput* do art. 21 da Constituição Federal.
[169] De se perceber, portanto, que as atividades praticadas pelo Estado sob monopólio não se confundem com serviços públicos (artigo 175 da Constituição Federal). Sobre o assunto, Celso Antônio Bandeira de Mello afirma que as atividades praticadas sob o regime de monopólio estatal "constituem-se, também, elas, em 'serviços governamentais', sujeitos, pois, 'as regras do Direito privado'. Correspondem, pura e simplesmente, a atividades econômicas subtraídas do âmbito da livre iniciativa" (BANDEIRA DE MELLO. *Curso de direito...*, p. 639.

Aqui, se trata da intervenção indireta. É a típica intervenção mediante produção normativa. O Estado atua no domínio econômico enquanto agente normativo. Refere-se ao "'Estado como norma', ou seja, ao Estado que edita normas de conduta à vida econômica".[170] E, por isso, a intervenção se dá sobre o domínio econômico e não no domínio econômico, como ocorre com a intervenção direta.

É chamada de indireta porque o Estado não atua diretamente como agente econômico entre os particulares, mas vale-se dos instrumentos postos no sistema jurídico para a criação de normas jurídicas que induzem e direcionam as atividades praticadas pelos agentes econômicos, quando da realização de seus atos negociais.

De acordo com os ideais econômicos atuais, Tercio Sampaio Ferraz Jr. ensina que o Poder jurídico atribuído "a União compreende as funções de 'Estado provedor', 'Estado regulador', 'Estado empresário' e 'Estado árbitro'. Ao presente estudo, cabem as atribuições do 'Estado regulador'". Segundo o citado professor, "por **regular** (Estado regulador) entende-se a interferência do Estado, restringindo a liberdade econômica dos indivíduos, nos seus objetivos e instrumentos".[171]

Prescreve o art. 174 da Constituição Federal que o Estado poderá atuar como agente normativo e regulador da atividade econômica, para o exercício das funções de fiscalização, incentivo e planejamento.[172]

Washington Peluso Albino de Souza afirma que a intervenção indireta é "aquela que se realiza por meio da legislação regulamentadora, bem como a reguladora, em todos os níveis de instrumentos jurídicos (leis, decretos, circulares, portarias, avisos e assim por diante)".[173]

Eros Roberto Grau identifica que no caso da intervenção indireta, "o Estado intervirá sobre o domínio econômico, isto, sobre o campo da atividade econômica em sentido estrito. Desenvolve ação, então, como regulador dessa atividade".[174] [175]

Atuando indiretamente sobre o domínio econômico, "o Estado o faz através de normas, que têm como finalidade fiscalizar, incentivar

---

[170] VENANCIO FILHO. *A intervenção do Estado*..., p. 383.
[171] FERRAZ JR. Fundamento e limites constitucionais..., p. 266.
[172] "Art. 174. Como agente normativo e regulador da atividade econômica, o Estado exercerá, na forma da lei, as funções de fiscalização, incentivo e planejamento, sendo este determinante para o setor público e indicativo para o setor privado" (Art. 174 da Constituição da República Federativa do Brasil de 1988).
[173] SOUZA. *Primeiras linhas*..., p. 330.
[174] GRAU. *A ordem econômica*..., p. 147.
[175] Sobre o assunto, *vide* também o voto do Ministro Eros Roberto Grau no julgamento da Ação Direita de Inconstitucionalidade nº 3.512/ES, de 15.02.2006.

ou planejar. (...) Esta norma de atuação do Estado está prevista no art. 174 da Constituição Federal".[176]
Ainda com base nos ensinamentos do professor Eros Roberto Grau, a intervenção indireta pode se concretizar por direção ou por indução. "Quando se faz por direção, o Estado exerce pressão sobre a economia, estabelecendo mecanismos e normas de comportamento compulsório para os sujeitos da atividade econômica em sentido estrito."[177] Por outro lado, afirma o citado professor, quando o Estado atua por indução, "manipula os instrumentos de intervenção em consonância e na conformidade das leis que regem o funcionamento dos mercados".[178]
Sob este modelo intervencionista, as ferramentas de indução e direcionamento das atividades dos agentes do domínio econômico podem ser efetivadas mediante a criação de normas que contenham um comando imperativo obrigacional ou proibitivo (intervenção indireta por direção) ou normas que estabeleçam um comando permissivo (intervenção indireta por indução).

3.3.3.2.1 Intervenção por direção

A intervenção por direção é uma espécie de intervenção indireta, que tem como mecanismo intervencionista o processo de produção normativo para estabelecer condutas que, obrigatoriamente, devem ser seguidas pelos agentes da atividade econômica.

O Estado possui a prerrogativa de induzir e direcionar as condutas sociais relativas às atividades desenvolvidas no domínio econômico, por meio de normas que definam como proibidas ou obrigatórias determinadas condutas que eventualmente possam ser praticadas pelos agentes econômicos.

Assim ensina o professor Eros Roberto Grau:

> No caso das normas de intervenção por direção estamos diante de comandos imperativos, dotados de cogência, impositivos de certos comportamentos a serem necessariamente cumpridos pelos agentes que atuam no campo da atividade econômica em sentido estrito — inclusive pelas próprias empresas estatais que a exploram. Norma típica de intervenção por direção é a que instrumentaliza controle de preços, pêra tabelá-los ou congelá-los.[179]

---
[176] FONSECA. *Direito econômico*. p. 280-281.
[177] *Ibidem*, p. 147
[178] *Ibidem*, p. 147.
[179] GRAU. *A ordem econômica...*, p. 148.

A intervenção estatal indireta por direção implica o desenvolvimento de comandos imperativos, os quais apresentam, tão somente, uma única alternativa lícita para atuação destes agentes da atividade econômica. A contrapartida gerada por este mecanismo de indução se configura na determinação de que todas as condutas — que não forem praticadas conforme exigência da norma intervencionista — serão consideradas ilícitas, o que justifica a aplicação de uma sanção ao agente que assim proceder.

3.3.3.2.2 Intervenção por indução

A escolha do agente econômico é livre, quando se fala em intervenção indireta por indução. Diferentemente do que ocorre quando a norma intervencionista cria situações ilícitas (quando direciona o agente econômico para a prática de uma única e determinada atividade — aquela considerada lícita), a eleição por parte do legislador para promover a intervenção indireta por indução lhe permite sejam criadas normas jurídicas que, onerando ou desonerando determinadas situações, não deixam de oferecer uma opção ao agente econômico (ele pode escolher qualquer conduta, mas se escolher a conduta tributada, deverá pagar o tributo), que agirá conforme suas próprias convicções, sem se preocupar com a prática de algum ato ilícito.

Por isso se afirma que a intervenção indireta por indução é aquela que utiliza mecanismos legais que sugerem uma conduta ao agente da atividade econômica. Esta sugestão se baseia naquilo que o Estado entendeu, antes da criação da norma, como situação capaz de persuadir os agentes econômicos para a prática de atividades que podem ser, de alguma forma, mais vantajosas, seja mediante o oferecimento de estímulos para a prática de determinadas atividades, seja por meio de desestímulos à prática de outras atividades.

De qualquer forma, aos agentes que compõem o domínio econômico sempre serão oferecidas opções para a prática das suas atividades. Sempre poderá agir de maneira livre, como de costume, podendo optar pela prática dos negócios que entender satisfatórios aos seus interesses. A norma sempre estipulará condutas permitidas, podendo, de acordo com as circunstâncias que autorizam a intervenção estatal, estimular ou desestimular determinadas condutas, mas nunca torná-las ilícitas.

Eros Roberto Grau, sobre esse tema, preconiza:

No caso das normas de intervenção por indução defrontamo-nos com preceitos que, embora prescritivos (deônticos), não são dotados da mesma carga de cogência que afeta as normas de intervenção por direção. Trata-se de normas dispositivas. (...) Nelas, a sanção, tradicionalmente manifestada como comando é substituída pelo expediente do convite (...) Ao destinatário da norma resta aberta a alternativa de não se deixar por ela seduzir, deixando de aderir à prescrição nela veiculada.[180]

Aqui, ensina Luís Eduardo Schoueri, as normas de indução são caracterizadas pelo "fato de serem normas dispositivas. O agente econômico não se vê sem alternativas; ao contrário, recebe ele estímulos de desestímulos que, atuando no campo de sua formação de vontade, levam-no a se decidir pelo caminho proposto pelo legislador".[181]

É assim que age o Estado, quando lhe é autorizada a intervenção sobre o domínio econômico, mediante a criação de tributos. O exercício da competência tributária, conforme os mandamentos constitucionais que possibilitam a intervenção estatal, pode ser considerado um mecanismo de intervenção indireta por indução.

É intervenção indireta porque a competência para criar tributos não significa uma atuação direta do Estado como partícipe da atividade econômica, em concorrência com os particulares ou mediante o estabelecimento de monopólios.

Enquanto caracterizadas por serem meio de intervenção indireta, as contribuições interventivas estão inseridas no conceito de intervenção por indução, já que o exercício da competência tributária, para a produção de normas que criem, reduzam ou majorem tributos, não tolera que fatos ilícitos sejam postos em seu antecedente normativo.[182]

3.4 Ordem econômica brasileira

Neste tópico, pretende-se demonstrar o conjunto das normas jurídicas que compõem o ordenamento econômico brasileiro. Antes, adverte-se acerca da distinção entre "ordem econômica" e "domínio econômico".

---

[180] GRAU. *A ordem econômica...*, p. 148-149.
[181] SCHOUERI. *Normas tributárias indutoras...*, p. 43-44.
[182] *Vide* o conceito de tributo expressado pelo artigo 3º do Código Tributário Nacional: "tributo é toda prestação pecuniária compulsória, em moeda ou cujo valor nela se possa exprimir, que não constitua sanção de ato ilícito, instituída em lei e cobrada mediante atividade administrativa plenamente vinculada".

O "domínio econômico", como foi demonstrado nas linhas antecedentes, é o conjunto das proposições descritivas que tratam das atividades econômicas que, por sua vez, constituem o conjunto das relações econômicas praticadas pelos agentes privados da economia.

A ordem econômica corresponde a um extrato de linguagem prescritiva que constitui um conjunto de normas jurídicas a disciplinar as relações econômicas segundo os preceitos fundamentais previstos pelo texto constitucional.

O professor Eros Roberto Grau toma o significado de ordem econômica como parte da ordem jurídica. Em suas palavras, a ordem econômica consiste no "conjunto de princípios jurídicos de conformação do processo econômico".[183]

Para Tácio Lacerda Gama, por "'ordem econômica', deve-se entender o conjunto de normas jurídicas que disciplinam as relações econômicas. Encontra-se, aqui, um estrato de linguagem prescritiva de condutas, que integra o 'sistema do direito positivo'".[184]

No mesmo sentido, Fabiana Del Padre Tomé, no XVIII Congresso Brasileiro de Direito Tributário, promovido pelo IGA-IDEP, afirmou que "a ordem econômica apresenta-se como o conjunto das normas que regem o domínio econômico, o qual, por sua vez, abrange as atividades de produção e de circulação de riquezas".[185]

Américo Luís Martins da Silva definiu "ordem econômica e social" como sendo:

> Um conjunto de princípios teóricos e normas jurídico-administrativas, de natureza complexa, que abrangem aspectos diversos e disciplinam e sistematizam as instituições, no campo da produção industrial, circulação de riqueza, comercialização, transporte, uso de propriedade, higiene e profissões, assim como costumes que regulam a vida dos indivíduos em suas relações com os particulares e com os órgãos governamentais.[186]

Aqui, já se pode notar que a ordem econômica é o conjunto das normas jurídicas que se referem às relações sociais ocorridas no âmbito do domínio econômico. Por isso Washington Peluso Albino de Souza entende que a "inevitável conexão verificada na realidade social entre

---
[183] GRAU. A ordem econômica..., p. 68.
[184] GAMA. Ordem econômica..., p. 107.
[185] TOMÉ, Fabiana Del Padre. Contribuições: Mesa de Debates. In: XVIII CONGRESSO BRASILEIRO DE DIREITO TRIBUTÁRIO (IGA-EDEPE). Revista de Direito Tributário, São Paulo, v. 92, p. 63, 2004.
[186] SILVA, Américo Luís Martins da. A ordem constitucional econômica. 2. ed. Rio de Janeiro: Forense, 2003. p. 3.

os sentidos econômico e jurídico, conduz-nos ao conceito de ordem jurídico-econômica".[187]

No Brasil, a preocupação em estabelecer normas que estivessem atreladas aos valores do novo Estado Social, em oposição ao liberalismo econômico, pode ser vista já na Constituição de 1934, que sofreu forte influência das Constituições de 1917 do México e de 1919 de Weimar.

Daí por diante, todas as Cartas Constitucionais brasileiras subsequentes trouxeram em seu conteúdo um conjunto de prescrições relativas aos fatos sociais praticados no domínio econômico.

Agora, em breve resumo, o presente trabalho irá expor um pouco dessa evolução, tendo início com a ordem econômica disposta na Constituição de 1934.[188]

3.4.1 A ordem econômica na Constituição de 1934

A Constituição brasileira de 1934 sofreu fortes influências das Constituições do México (1917) e de Weimar (1919). Reconhecendo os efeitos negativos do liberalismo econômico desregrado, tal como a afetação da livre concorrência pela monopolização de setores do domínio econômico, a Constituição de 1934 foi a primeira a demonstrar uma preocupação com a formação de um Estado forte e protetor dos interesses sociais, em especial dos direitos dos trabalhadores.

Da mesma forma, é possível encontrar em seu texto uma preocupação com as atividades econômicas para o desenvolvimento da produção e consumo.

Do título destinado aos mandamentos relativos à ordem econômica e social — "Da Ordem Econômica e Social" — é possível extrair a postura do legislador constituinte de 1934. "Neste título pode-se perceber com clareza o novo direcionamento ideológico. O constituinte enfatiza elementos de concretude."[189]

---

[187] SOUZA. *Direito econômico*, p. 184.
[188] Apesar de a Constituição de 1934 ser considerada a primeira a trazer em seu corpo uma referência a um ordenamento social e econômico, em uma análise histórica é possível identificar que a política intervencionista brasileira já se fazia presente, ainda que tímida, nos primórdios da República. Segundo explica Venancio Alberto Filho "ainda na fase do Governo Provisório, Rui Barbosa tentara uma política de industrialização, incompreendida na época, permanecendo o café, entretanto, como o principal sustentáculo da economia republicana, agora baseada no trabalho livre. E assim, em relação à defesa desse produto de exportação e ao esforço de mantê-lo na posição de destaque nos mercados internacionais, que se processam as medidas iniciais de intervenção mais ativa do Estado no domínio econômico, que a partir daí, cada vez mais se acentuam (...)" (VENANCIO FILHO. *A intervenção do Estado...*, p. 30).
[189] FONSECA. *Direito econômico*, p. 114.

Em síntese, essa Constituição estabeleceu que a ordem econômica deve ser organizada conforme os princípios da justiça e as necessidades da vida nacional, de modo que possibilite a todos existência digna. Dentro desses limites, é garantida a liberdade econômica.[190] É fácil perceber que o texto constitucional garantia a liberdade econômica, mas estabelecia limites para a atuação dos agentes econômicos. Sempre com a ideia de que o Estado Social se preocupa com a realização dos fins sociais, o legislador de 1934 foi claro ao determinar que as atividades econômicas, ainda que livres, devem observar o princípio da justiça, de maneira a satisfazer os interesses coletivos, para que toda a sociedade tenha uma existência digna.

Adiante, a Constituição definiu as diretrizes que devem ser buscadas pelas normas que pretenderem regular as atividades econômicas e sociais. São elas: o fomento da economia popular, o desenvolvimento do crédito, a nacionalização progressiva dos bancos de depósito, a nacionalização das empresas de seguros em todas as suas modalidades.[191]

A intervenção sobre o domínio econômico começava a ser desenhada no ordenamento brasileiro, notadamente a forma direta de intervenção, mediante a permissão constitucional para nacionalização de determinados agentes econômicos privados.[192] Além disso, a outorga de competências para a criação de normas que viabilizem o fomento da economia popular e o desenvolvimento de crédito também se apresenta como forma de controle das atividades econômicas.

No entanto, como explica Alberto Venancio Filho, apesar das normas representativas de um novo Estado Social, "o funcionamento do

---

[190] "Art. 115 – A ordem econômica deve ser organizada conforme os princípios da Justiça e as necessidades da vida nacional, de modo que possibilite a todos existência digna. Dentro desses limites, é garantida a liberdade econômica. Parágrafo único – Os Poderes Públicos verificarão, periodicamente, o padrão de vida nas várias regiões do País."
[191] "Art. 117 – A lei promoverá o fomento da economia popular, o desenvolvimento do crédito e a nacionalização progressiva dos bancos de depósito. Igualmente providenciará sobre a nacionalização das empresas de seguros em todas as suas modalidades, devendo constituir-se em sociedades brasileiras as estrangeiras que atualmente operam no País. Parágrafo único – É proibida a usura, que será punida na forma da Lei."
[192] A inclusão de um conjunto de regras no corpo da Constituição para tratar do nascimento de uma ordem econômica e social já era esperada. Anna Cândida da Cunha Ferraz, ao comentar as inovações trazidas por este texto constitucional, definiu a criação da ordem econômica e social como a "mais festejada inovação da Constituição de 1934". Segundo a professora, esta nova ordem revelou "a constitucionalização da matéria relativa à ordem econômica e social, ou seja, a introdução das bases de uma constituição econômica para o País" (FERRAZ, Anna Cândida da Cunha. A Constituição de 1934. *In*: D'ÁVILA, Luiz Felipe (Org.). *As Constituições Brasileiras*. São Paulo: Brasiliense, 1993. p. 37-70).

Poder Legislativo apresentando a novidade da representação classista, conservava-se ainda nos moldes tradicionais, revelando-se incapaz de atender com a presteza necessária às novas necessidades que se faziam sentir".[193]

Por outro lado, "O conflito ideológico que se acentua no país, com a eclosão de movimentos revolucionários, leva à adoção de regime de estado de sítio e à votação de leis especiais, resultando no golpe de estado de 1937 que outorga uma nova Constituição, estabelecendo um regime autoritário, comumente chamado 'Estado Novo'".[194]

3.4.2 A ordem econômica na Constituição de 1937

Em 1937, o chamado "Estado Novo", derivado do golpe de Estado de 1937, estabeleceu um regime autoritário e outorgou à sociedade uma nova Constituição. Seguindo as tendências mundiais, estabeleceu uma descentralização das atividades econômicas.[195]

A intervenção do Estado nas relações econômicas começou a aparecer com mais latência na sua forma indireta, ao mesmo tempo que continuava a permitir a intervenção na sua forma direta, como predominou na Constituição de 1934.

Alberto Venancio Filho afirma que "a partir da década dos anos trinta, acentua-se o mecanismo de intervenção do Estado no domínio econômico, com a criação de autarquias econômicas para defesa de produtos da agricultura e da indústria extrativa".[196]

A expressão "intervenção no domínio econômico" foi utilizada pela primeira vez no texto constitucional. No capítulo denominado "Da Ordem Econômica", a Constituição de 1937 estabeleceu expressamente que a intervenção do Estado no domínio econômico só se legitimaria para suprir as deficiências da iniciativa individual e coordenar os fatores da produção, de maneira a evitar ou resolver os seus conflitos e introduzir no jogo das competições individuais o pensamento dos interesses da nação, representados pelo Estado. A intervenção no ou

---

[193] VENANCIO FILHO. *A intervenção do Estado...*, p. 34.
[194] *Ibidem*, p. 34.
[195] Venancio Alberto Filho explica que "A Constituição de 1937, sem destruir de todo as inovações previstas no estatuto constitucional anterior, traz, no entanto, modificações sensíveis na organização dos poderes do Estado, instituindo um regime político de caráter autoritário, e de bases corporativas, que tem a sua inspiração direta na Constituição Polonesa de 1934" (VENANCIO FILHO. *A intervenção do Estado...*, p. 34).
[196] VENANCIO FILHO. *A intervenção do Estado...*, p. 35.

sobre o domínio econômico poderá ser mediata e imediata, revestindo a forma do controle, do estimulo ou da gestão direta.[197] [198]

3.4.3 A ordem econômica na Constituição de 1946

A Segunda Guerra Mundial foi de suma importância para o desenvolvimento industrial brasileiro. A influência dos efeitos da guerra trouxe para o Brasil o início de uma importante fase industrial, que se caracterizou pelo desenvolvimento das indústrias siderúrgicas.[199] Este desenvolvimento foi determinante para a retomada das ideias de planejamento das atividades econômicas, ainda na vigência da Constituição de 1937.

Neste passo, é possível identificar na Constituição de 1946 diversos dispositivos que demonstram a preocupação do Estado em definir um planejamento para as atividades econômicas no Brasil. Exemplificativamente, temos o artigo 5º, X,[200] e os artigos 156, 198, 199 e 205.[201]

---

[197] Art. 135 da Constituição Federal de 1937.
[198] "A primeira frase do art. 135 teve uma finalidade contestatória da tendência socializante da época. Rebate-se a ideologia do socialismo, mostrando-se a força do indivíduo. O conteúdo ideológico de contestação é evidente, procurando-se evidenciar que nenhum movimento de socialização não pode desconhecer que quem cria, quem organiza, quem inventa é o indivíduo. E, por isso, esse não pode ser eliminado. É obvio que a expansão do indivíduo encontra um limite no bem público, mas a ênfase dada a este não pode eclipsar o indivíduo" (FONSECA. *Direito econômico*, p. 117).
[199] "O término da ditadura no Brasil coincidiu com o findar-se da segunda grande guerra que, por sua vez, selou a derrota das ditaduras européias. Sentiu-se a necessidade imperiosa da implantação da democracia, que viesse trazer para todos os povos a mais plena realização dos anseios políticos, econômicos e sociais" (FONSECA. *Direito econômico*, p. 117).
[200] "Compete à União: X – estabelecer o plano nacional de viação."
[201] "Art. 156 – A lei facilitará a fixação do homem no campo, estabelecendo planos de colonização e de aproveitamento das terras públicas. Para esse fim, serão preferidos os nacionais e, dentre eles, os habitantes das zonas empobrecidas e os desempregados"; "Art. 198 – Na execução do plano de defesa contra os efeitos da denominada seca do Nordeste, a União despenderá, anualmente, com as obras e os serviços de assistência econômica e social, quantia nunca inferior a três por cento da sua renda tributária. §1º – Um terço dessa quantia será depositado em caixa especial, destinada ao socorro das populações atingidas pela calamidade, podendo essa reserva, ou parte dela, ser aplicada a juro módico, consoante as determinações legais, empréstimos a agricultores e industriais estabelecidos na área abrangida pela seca. §2º – Os Estados compreendidos na área da seca deverão aplicar três por cento da sua renda tributária na construção de açudes, pelo regime de cooperação, e noutros serviços necessários à assistência das suas populações"; "Art. 199 – Na execução do plano de valorização econômica da Amazônia, a União aplicará, durante, pelo menos, vinte anos consecutivos, quantia não inferior a três por cento da sua renda tributária. Parágrafo único – Os Estados e os Territórios daquela região, bem como os respectivos Municípios, reservarão para o mesmo fim, anualmente, três por cento das suas rendas tributárias. Os

Houve, nesse tempo, a outorga de competência para que o Estado exercesse uma forte ingerência no domínio econômico, mas sempre de forma excepcional,[202] para fazer valer a conciliação entre a liberdade econômica e a valorização do trabalho humano. Dessa equação, o resultado não poderia ser outro senão aquele voltado para a satisfação dos interesses públicos.

Sobre a ordem econômica, a Constituição de 1946 determinou que esta deveria ser organizada conforme os princípios da justiça social, conciliando a liberdade de iniciativa com a valorização do trabalho humano. Viu-se, aqui, a preocupação do legislador constituinte com o resguardo dos direitos sociais. A eventual intervenção estatal para regular a livre iniciativa seria pautada no princípio da valorização do trabalho humano.[203]

Numa nítida tendência de reconhecimento da força laboral como essencial para o crescimento das atividades econômicas, a Constituição de 1946, apesar de permitir a liberdade econômica, preocupou-se em limitá-la segundo os ditames da justiça social, em função da valorização do trabalho humano, de maneira a assegurar a existência digna.[204]

O trabalho humano que possibilite a existência digna do cidadão foi colocado no patamar de finalidade que o Estado pretende alcançar. Com isso, o trabalho, expressamente, passou a ser uma obrigação social, cabendo ao Estado regular as atividades econômicas com o objetivo de materializar esta obrigação.

---

recursos de que trata este parágrafo serão aplicados por intermédio do Governo federal"; "Art. 205 – É instituído o Conselho Nacional de Economia, cuja organização será regulada em lei. §1º – Os seus membros serão nomeados pelo Presidente da República, depois de aprovada a escolha pelo Senado Federal, dentre cidadãos de notória competência, em assuntos econômicos. §2º – Incumbe ao Conselho estudar a vida econômica do País e sugerir ao Poder competente as medidas que considerar necessárias."

[202] A regra geral era a da liberdade de iniciativa. "O Estado, só por exceção atuava no domínio econômico, mediante monopólio de determinada indústria ou atividade. Tal atuação tinha como pressupostos o interesse público e o limite dos direitos fundamentais, e como requisito, lei especial" (BRITO, Edvaldo. A Constituição de 1946. *In*: D'ÁVILA, Luiz Felipe (Org.). *As Constituições brasileiras*. São Paulo: Brasiliense, 1993. p. 67).

[203] Sobre o assunto, Edvaldo Brito, comentou o texto da Constituição de 1946, no que diz respeito à intervenção do Estado na economia. Na ocasião, anotou que "o ordenamento positivo constitucional de 1946, como já foi dito, atina com o liberalismo econômico. Festeja a liberdade de iniciativa com a valorização do trabalho humano; defere somente à União a intervenção no domínio econômico, mas, ainda assim, numerus clausus" (BRITO. A Constituição de 1946. *In*: D'ÁVILA (Org.). *As Constituições brasileiras*, p. 66).

[204] "Art. 145 – A ordem econômica deve ser organizada conforme os princípios da justiça social, conciliando a liberdade de iniciativa com a valorização do trabalho humano. Parágrafo único – A todos é assegurado trabalho que possibilite existência digna. O trabalho é obrigação social."

Sobre a intervenção do Estado no domínio econômico, destaque para a intervenção direta prevista no art. 146 daquela Constituição. Segundo este dispositivo legal, a União tinha a prerrogativa de intervir no domínio econômico, para monopolizar determinada indústria ou atividade. A intervenção deveria ser justificada com base no interesse público, observados os limites postos pelos direitos fundamentais assegurados nesta Constituição.[205]

3.4.4 A ordem econômica na Constituição de 1967

A Constituição de 1967 foi considerada menos intervencionista do que a Constituição de 1946, pois atribuiu à iniciativa privada maiores prerrogativas para exploração das atividades econômicas, sempre sob a tutela do princípio da livre iniciativa.

Para João Bosco Leopoldino da Fonseca, "a ordem econômica e social adquire um valor teleológico. Ela tem por fim, o desenvolvimento nacional e a justiça social".[206]

A ideia de planejamento perdurou na Constituição de 1967, mas, desta feita, como um dever do Estado, ou seja, a Constituição estabeleceu que à União competia o estabelecimento de plano nacional de viação, de planos regionais de desenvolvimento e de planos nacionais de educação e de saúde.[207]

Afora isso, a Constituição de 1967 manteve-se na mesma linha ideal dos textos constitucionais passados, sempre preocupada com a intervenção sobre o domínio econômico para correção de eventuais desequilíbrios existentes no mercado que pudessem afetar o alcance dos fins pretendidos pelo Estado. Ficou marcada a atribuição ao Estado relativa ao dever de fomentar políticas de investimento para desenvolvimento da infraestrutura e serviços necessários para o incremento das atividades econômicas.

A intervenção sobre o domínio econômico foi permitida para organizar determinados setores da atividade econômica, no sentido de

---

[205] "a exigência de racionalizar a interferência no processo econômico, através do planejamento e da prorrogação do desenvolvimento econômico impõe a criação de órgãos específicos, de duração efêmera, como a Administração do Plano Salte (1949), o Conselho do Desenvolvimento (1956), a Comissão Nacional do Planejamento (1961), A Coordenação do Planejamento Nacional (1963), e o cargo de Ministro Extraordinário para (Planejamento e Coordenação Econômica (1964)" (VENANCIO FILHO. *A intervenção do Estado...*, p. 37).
[206] FONSECA. *Direito econômico*, p. 122.
[207] Incisos X, XIII e XIV, do artigo 8º da Constituição Federal de 1967.

auxiliar a quebra dos obstáculos eventualmente colocados pelas distorções comuns do regime de liberdade econômica.[208] Os princípios apontados como base da ordem econômica e social são: *(i)* a liberdade de iniciativa, *(ii)* a valorização do trabalho como condição da dignidade humana, *(iii)* a função social da propriedade, *(iv)* harmonia e solidariedade entre as categorias sociais de produção, e a *(v)* repressão ao abuso do poder econômico, caracterizado pelo domínio dos mercados, a eliminação da concorrência e o aumento arbitrário dos lucros.[209]

3.4.5 Constituição Federal de 1967 (EC nº 69): "*Da Ordem Econômica e Social*"

A Emenda Constitucional nº 1 de 1969 alterou quase que totalmente o texto da Constituição de 1967, motivo pelo qual a maior parte da doutrina a considera uma nova Constituição.

Apesar da mudança do texto constitucional, a Emenda Constitucional nº 1 de 1969 manteve o teor do Estado intervencionista, assim como o legislador constituinte de 1967. Destacou a importância da liberdade econômica como fator importante para a prosperidade das relações econômicas, deixando o Estado com o dever de intervir nos casos de abuso causados por eventuais distorções do princípio da livre iniciativa e concorrência. Além disso, enfatizou, assim como na Constituição de 1946, os ditames da justiça social e da valorização do trabalho humano como condição necessária para assegurar a existência digna.

O artigo 160 desse novo texto constitucional (1969), numa leitura desatenta, pode até parecer igual ao artigo 157 da Constituição de 1967. No entanto, percebe-se que o desenvolvimento nacional foi destacado como fim precípuo da ordem econômica. Além disso, verificou-se a

---

[208] O texto constitucional de 1967 é quase que um esboço do que seria inserido no texto constitucional atual. Segundo o art. 157 daquele diploma constitucional, "a ordem econômica tem por fim realizar a justiça social, com base nos seguintes princípios: I – liberdade de iniciativa; II – valorização do trabalho como condição da dignidade humana; III – função social da propriedade; IV – harmonia e solidariedade entre os fatores de produção; V – desenvolvimento econômico; VI – repressão ao abuso do poder econômico, caracterizado pelo domínio dos mercados, a eliminação da concorrência e o aumento arbitrário dos lucros". Além disso, o §8º estabeleceu uma faculdade para a efetiva intervenção no domínio econômico, bem como para o monopólio de determinada indústria ou atividade, desde que "mediante lei da União, quando indispensável por motivos de segurança nacional, ou para organizar setor que não possa ser desenvolvido com eficiência no regime de competição e de liberdade de iniciativa, assegurados os direitos e garantias individuais".

[209] Cf. FONSECA. *Direito econômico*, p. 122.

inclusão da expansão das oportunidades de emprego produtivo[210] no rol dos princípios fundamentais da ordem econômica.[211]

3.4.6 A Constituição de 1988

A Constituição Federal de 1988 indica a existência de um forte Estado Social, na medida em que impõe como dever do Estado o direcionamento das atividades econômicas para a realização do bem-estar social. A livre iniciativa e a livre concorrência devem caminhar ao lado dos preceitos relativos à valorização do trabalho humano no trajeto que deve levar, obrigatoriamente, à satisfação dos interesses da coletividade.

A dignidade da pessoa humana, a livre iniciativa e os valores sociais do trabalho são princípios fundamentais da República Federativa do Brasil, como expressamente destaca texto constitucional, logo em seu artigo primeiro.[212]

É perceptível que o legislador constituinte valorizou a liberdade econômica até o momento em que não prejudique a busca pela realização dos interesses coletivos. Aparece no texto da Carta de 1988 um ordenamento estruturado para controlar com mais eficiência as atividades econômicas, no intuito de dirigi-las, para que possa alcançar os fins sociais. Daí por que se vê a outorga de competência para que o Estado intervenha nas relações econômicas para correção de algum distúrbio temporário, com o fito de assegurar emergencialmente os valores sociais.

O artigo 170, o primeiro inserido no Título VII, que trata da ordem econômica e financeira, estabelece o fim social para o qual as atividades econômicas devem se dirigir, segundo a observância de alguns princípios, entre eles: i) livre iniciativa; ii) soberania nacional; iii) propriedade privada e a função social da propriedade; v) livre concorrência; vi) defesa do consumidor; vii) defesa do meio ambiente; viii) redução das desigualdades regionais e sociais; ix) busca do pleno

---

[210] "Art. 160. A ordem econômica e social tem por fim realizar o desenvolvimento nacional e a justiça social, com base nos seguintes princípios: I – liberdade de iniciativa; II – valorização do trabalho como condição da dignidade humana; III – função social da propriedade; IV – harmonia e solidariedade entre as categorias sociais de produção; V – repressão ao abuso do poder econômico, caracterizado pelo domínio dos mercados, a eliminação da concorrência e ao aumento arbitrário dos lucros; e VI – expansão das oportunidades de emprêgo produtivo."

[211] A Emenda Constitucional de 1969 acrescentou outro princípio àqueles destacados pelo texto da Constituição de 1967: "expansão das oportunidades de emprego produtivo" (FONSECA. *Direito econômico*, p. 122).

[212] Cf. GRAU. *A ordem econômica...*, p. 213.

emprego; x) tratamento favorecido para as empresas de pequeno porte; e xi) garantia do livre exercício de qualquer atividade econômica. O texto constitucional de 1988 inaugurou um modelo descentralizado das atividades econômicas. É possível, inclusive, afirmar que se trata de uma ordem econômica que privilegia o liberalismo econômico, estando presentes, fortemente, os ditames da livre iniciativa e da livre concorrência.[213]

Por outro lado, é fácil perceber que este liberalismo econômico privilegiado pela Constituição de 1988 não significa que o Brasil se apresenta como um Estado com as características da liberalidade econômica inerente àquele Estado Liberal do século XVIII e XIX. A ordem econômica atual permite que o Estado intervenha no domínio econômico sempre que constatados abusos, que são naturais quando se está diante de uma economia liberal. Optou, o legislador, por um Estado tipicamente intervencionista.[214]

O caráter intervencionista do Estado brasileiro não quer significar a intromissão no mercado para evitar seus avanços de forma arbitrária e irracional. Longe disso, o legislador constituinte preocupou-se em estabelecer formas de intervenção que possibilitassem correções das irregularidades ocorridas no decorrer das atividades econômicas, sempre para auxiliar o seu desenvolvimento. A intervenção não será contra as atividades econômicas, mas a favor delas.

3.4.6.1 Princípios norteadores da ordem econômica brasileira

O estudo da contribuição de intervenção sobre o domínio econômico não pode se resumir ao estudo exclusivamente do ponto de vista das regras diretamente ligadas à instituição dos tributos. Ela, antes de ser tributo, é uma ferramenta intervencionista, que deve ser utilizada pelo Estado para manutenção do equilíbrio das relações econômicas. A manutenção desse equilíbrio se dará pela observância dos princípios da ordem econômica. A busca pelo ideal irradiado pelos princípios da ordem econômica é o que ampara o legislador tributário para instituição da contribuição de intervenção sobre o domínio econômico.

---

[213] "Art. 170. (...) Parágrafo único. É assegurado a todos o livre exercício de qualquer atividade econômica, independentemente de autorização de órgãos públicos, salvo nos casos previstos em lei."
[214] Cf. GRAU. *A ordem econômica...*, p. 213-214.

Daqui, é possível concluir que o regime jurídico das contribuições interventivas comporta os princípios tributários e os princípios da ordem econômica.

De início, cabe ressaltar que a Constituição brasileira de 1988, dada a sua característica de analítica, apresenta inúmeros princípios que se referem à ordem econômica espalhados por todo o seu corpo. A disciplina relativa a ordem econômica não está engessada no artigo 170, mas em todo o texto constitucional.[215]

No entanto, também deve se deixar claro que o artigo 170 da Constituição Federal contempla a finalidade que deve ser buscada pelo Estado, quando atuar na intervenção no ou sobre o domínio econômico.[216] Lá estão preservados os princípios fundamentais da ordem econômica. Ao atuar, o Estado deve procurar atendê-los. Assim explica Luís Eduardo Schoueri:

> O reconhecimento da força positiva dos princípios de Direito Econômico implica o dever de o Estado, na sua atuação sobre o Domínio Econômico, conformá-lo ao modelo buscado pelo Constituinte. Este dever espalha-se por todo o campo da atuação estatal. (...) Se a luta pela proteção das necessidades sociais é uma tarefa do Estado social, então a promoção do bem-estar social não só é constitucionalmente permitida, mas exigida.[217]

Qualquer intervenção promovida pelo Estado no ou sobre o domínio econômico deve procurar atender os princípios norteadores das atividades econômicas, principalmente, a valorização do trabalho humano e a livre iniciativa, com o objetivo de assegurar a existência digna da coletividade, segundo os ditames da justiça social.

Válida, aqui, a menção aos ensinamentos de Américo Luís Martins da Silva, para quem:

> O constitucionalismo econômico, através de regras escritas, que se sobreporiam a todo o ordenamento jurídico nacional, moldou a ordem

---

[215] Cf. GRAU. *A ordem econômica...*, p. 193-195; e SCHOUERI. *Normas tributárias indutoras...*, p. 84.
[216] "Art. 170. A ordem econômica, fundada na valorização do trabalho humano e na livre iniciativa, tem por fim assegurar a todos existência digna, conforme os ditames da justiça social, observados os seguintes princípios: I – soberania nacional; II – propriedade privada; III – função social da propriedade; IV – livre concorrência; V – defesa do consumidor; VI – defesa do meio ambiente, inclusive mediante tratamento diferenciado conforme o impacto ambiental dos produtos e serviços e de seus processos de elaboração e prestação; VII – redução das desigualdades regionais e sociais; VIII – busca do pleno emprego; IX – tratamento favorecido para as empresas de pequeno porte constituídas sob as leis brasileiras e que tenham sua sede e administração no País;".
[217] SCHOUERI. *Normas tributárias indutoras...*, p. 87.

econômica, traçando limites ao capitalismo livre ou instintivo e social, as condições mínimas de dignidade humana e um nível aceitável de sobrevivência das classes menos favorecidas.[218]

Sempre que as atividades ocorridas no domínio econômico dirigem a sociedade por caminhos que não condizem com a realização destes objetivos, cabe ao Estado a intervenção para dirigi-las, no sentido de colocá-las de volta na trilha da materialização dos referidos objetivos.

Por isso se diz que a contribuição de intervenção sobre o domínio econômico, enquanto instrumento de atuação estatal para intervir sobre as relações econômicas, só pode ser criada para assegurar a promoção do bem-estar social, direcionado pelos princípios postados no artigo 170 da Constituição Federal.

---

[218] SILVA. *A ordem constitucional econômica...*, p. 7.

CAPÍTULO 4

SUBSUNÇÃO DA CONTRIBUIÇÃO DE INTERVENÇÃO SOBRE O DOMÍNIO ECONÔMICO AO CONCEITO DE TRIBUTO

4.1 Busca pela natureza jurídica do objeto do conhecimento

A proposta de estudar as contribuições de intervenção sobre o domínio econômico não pode deixar de lado o destaque para determinação da sua natureza jurídica. O sujeito cognoscente deve sempre partir da natureza do objeto de seu estudo para identificar as estruturas relacionais que o cercam. Identificar a natureza jurídica de um instituto significa a descoberta da sua essência, o que permite a este sujeito interpretá-lo segundo um regime jurídico específico. Isso quer dizer, atribuída a natureza jurídica de tributo para um determinado instituto, que o seu estudo deve levar em consideração o regime jurídico prescrito pelo Direito Tributário.

A importância de se definir a natureza jurídica deste instrumento intervencionista, portanto, reside na necessidade de estabelecer o conjunto de normas que fazem parte do regime jurídico geral e específico ao qual estas contribuições são submetidas.

Ao afirmar que determinado instituto jurídico é tributo, precisa-se identificar quais as notas que a classe dos tributos oferece como porta de entrada de elementos. Explica-se: definir tributo significa apresentar notas e critérios que devem ser preenchidos para que se estabeleça uma relação entre a classe dos tributos e os objetos que estão sob avaliação para eventual ingresso desta classe. Se o objeto se enquadra nos requisitos apresentados pelas notas oferecidas pela classe dos tributos, podemos considerá-lo como um elemento integrante da referida classe.

Portanto, para ser tributo é necessário verificar se a contribuição de intervenção sobre o domínio econômico está alinhada às notas para ingresso na classe dos tributos.[219]

O legislador prescreveu os critérios e as notas que cercam o conceito de tributo, de maneira que todo o instituto jurídico que lá se enquadre deve ser considerado como tal. Por isso, cabe abrir um breve tópico para tratar do conceito de tributo para, em momento lógico posterior, certificar a natureza jurídica da contribuição estudada.

4.1.1 Tributo enquanto conceito fundamental

Conceito fundamental é aquele indispensável para a existência do ordenamento jurídico. Nas palavras do professor pernambucano Lourival Vilanova, conceito fundamental é "aquele sem o qual não é possível ordenamento jurídico".[220]

Geraldo Ataliba, seguindo a mesma linha, expõe que "o direito tributário é um sistema conceptual que se constrói a partir do conceito de tributo". Continua seu raciocínio para afirmar que "tributo é um

---

[219] A Teoria das Classes, estudada pelo professor Paulo de Barros Carvalho, ensina que os nomes "são palavras tomadas voluntariamente para designar indivíduos e seus atributos, num determinado contexto de comunicação". Mais adiante, afirma que "há objetos que não têm nome próprio, de tal maneira que, se for preciso indicá-los, empregam-se nomes gerais, aptos para abrangê-los em número indefinido. Com efeito, um nome geral é susceptível de ser aplicado, no mesmo sentido, a um número indefinido de coisas". É o que acontece com o nome "tributo". Tomando, pois "tributo" como um nome geral, temos que, seguindo as lições do citado professor, "denota uma classe de objetos que apresentam o mesmo atributo. Nesse sentido, 'atributo' significa a propriedade que certo objeto manifesta e todo nome, cuja significação está constituída de atributos é, em potencial, o nome de um número indefinido de objetos. Portanto, todo nome, geral ou individual, cria uma classe de objetos" (CARVALHO. *Direito tributário linguagem...*, p. 117). Portanto, a classe que se refere ao nome "tributo" será constituída pelos objetos que apresentarem determinados atributos, identificados através das notas inerentes ao significado do nome "tributo".

[220] Explica o professor que "o mero conceito geral (*Allgeminer Begriff*) se encontra nos subdomínios do direito, mas dele se pode prescindir. O conceito fundamental (*Grundbegriff*), este é condição da possibilidade do direito positivo e da Ciência do Direito positivo" (...). Mais adiante, de forma exemplificativa, anuncia os conceitos que fazem parte da Teoria Geral do Direito: "assim, temos os conceitos de norma, de fato jurídico, de sujeito-de-direito, de relação jurídica, de objeto, de fonte técnica ou formal (modo de produção de normas), de hipótese fática, de efeito jurídico, de causalidade jurídica, de norma primária e de norma secundária, de direito subjetivo e de dever subjetivo (dever jurídico)" (VILANOVA. *Causalidade...*, p. 238).

conceito primário, que funciona como categoria dentro do sistema de conhecimentos que forma esse segmento do direito administrativo".[221]

Lourival Vilanova demonstra que "em todo sistema conceptual, existe um grupo de conceitos fundamentais, cuja amplitude cobre todo o território científico sobre o qual o dito sistema repousa. E tem de haver um conceito primário, fundamento de todos os demais conceitos".[222]

Ainda segundo o professor, "em torno do conceito fundamental se agrupa toda uma classe de conceitos que, se bem subordinados àquele, gozam, contudo, de uma função categorial".[223]

O professor Geraldo Ataliba[224] ensina ainda que tributo é o instituto jurídico central do estudo do Direito Tributário positivo. Tributo é um conceito básico e, assim, instituto nuclear do Direito Tributário. Como instituto nuclear do Direito Tributário, delimitar a conceito de tributo é tarefa indispensável para a evolução deste estudo,[225] visto que, desde o início, trabalha-se como a ideia de que a contribuição de intervenção sobre o domínio econômico é, de fato, um tributo.

Identificar as notas que emanam do instituto jurídico da contribuição de intervenção sobre o domínio econômico e confrontá-las com as notas exigidas pela classe dos tributos para o respectivo enquadramento é a tarefa que se exige neste momento. Uma vez firmada a premissa de que tributo é conceito primário, pois fundamental para todos os demais conceitos, o sistema que se pretende interpretar, a realização da subsunção desta contribuição ao conceito de tributo é medida extremamente importante para determinação das relações internormativas que podem ser entendidas como pertinentes para o estudo deste instituto. Assim, feita a subsunção da contribuição de intervenção sobre o domínio econômico ao conceito de tributo, tem-se a definição do subsistema do direito positivo no qual este instituto jurídico está imerso e, bem assim, a identificação do conjunto de normas que o rodeiam.

---

[221] ATALIBA, Geraldo. *Hipótese de incidência tributária*. 6. ed. São Paulo: Malheiros, 2005.
[222] VILANOVA. *Escritos jurídicos*..., p. 10.
[223] *Ibidem*, p. 11.
[224] Cf. ATALIBA. *Hipótese de incidência*..., p. 34.
[225] "A primeira investigação conceitual a ser empreendida haverá de se centrar no vocábulo 'tributo'. Em torno desse conceito, estrutura-se todo o sistema tributário. Conhecê-lo é o ponto de partida necessário para, de um lado, apartar o que a esse sistema não pertence e, de outro lado, compreender as unidades normativas que a ele se subsumem" (BARRETO, Paulo Ayres. *Contribuições*: regime jurídico, destinação e controle. São Paulo: Noeses, 2006. p. 38).

4.1.2 Notas que determinam a inclusão de um objeto na classe dos tributos

Considerando o conceito de tributo como conceito fundamental para demarcação do Direito Tributário, Eurico Marcos Diniz de Santi escreve que este conceito "está para a Dogmática do Direito Tributário assim como a definição de norma jurídica está para o Direito. A delimitação do conceito de norma jurídica define o liame que separa o direito do não-direito; o mundo jurídico do universo da moral, da ética e de outras interações normativistas reguladoras da conduta humana".[226]

Paulo de Barros Carvalho anota que "tributo é nome de uma classe de objetos construídos conceptualmente pelo direito positivo".[227] Mas quais as notas apresentadas por determinado objeto para que ele pertença à chamada classe dos tributos? O que é tributo?

O termo tributo, observa o professor Paulo de Barros Carvalho, é ambíguo, pelo que pode denotar distintos conjuntos de entidades, tais como: i) quantia em dinheiro; ii) dever jurídico do sujeito passivo; iii) direito subjetivo do sujeito ativo; iv) relação jurídica tributária; v) norma jurídica tributária; e vi) norma, fato e relação jurídica, esta última, aquela utilizada pelo Código Tributário Nacional.[228]

Antes de determinar o sentido que deverá ser atribuído à palavra "tributo", para fim do desenvolvimento do presente trabalho, importa mencionar que tributo é a ferramenta atribuída ao Estado, mediante a qual é possível a cobrança de determinadas montas em dinheiro da sociedade para custear a administração estatal, os programas de investimento e as políticas públicas que visam garantir a promoção dos direitos garantidos pela Constituição Federal.[229]

A ideia é que cada partícipe de uma determinada sociedade contribua para o Estado na medida de suas riquezas,[230] a fim de ver

---

[226] SANTI, Eurico Marcos Diniz de. As classificações no sistema tributário brasileiro. In: SANTI, Eurico Marcos Diniz de. Justiça tributária. São Paulo: Max Limonad, 1998. 1º Congresso Internacional de Direito Tributário.

[227] CARVALHO. Direito tributário linguagem..., p. 374.

[228] Cf. CARVALHO. Direito tributário linguagem..., p. 374.

[229] Nas palavras de José Juan Ferreiro Lapatza, a função tributária (do tributo) "se diferencia das demais ações do Estado por seu fim: a exação coativa de riqueza que proporciona ao Estado os meios suficientes para cobrir as necessidades públicas". FERREIRO LAPATZA, José Juan. Direito tributário: teoria geral do tributo. Barueri: Manole, 2007. p. 117.

[230] Este limite de oneração decorre do princípio da capacidade contributiva. Nas palavras de Alfredo Augusto Becker, "a circunstância de o legislador ter escolhido para a composição da hipótese de incidência um fato jurídico, em razão do fato econômico do qual aquele fato jurídico é causa, signo ou efeito — observa Luigi Vittorio Berliri — não justifica que o intérprete substitua o fato jurídico pelo fato econômico correspondente, para efeito de considerar realizada a hipótese de incidência" (BECKER. Teoria geral..., p. 506). Segundo

atendidos os seus direitos básicos, materializados por meio das políticas publicas e atuação deste Estado. "Constitucionalmente, um tributo não pode ter outro escopo que o de instrumentar o Estado a alcançar o bem comum."[231]

A Constituição Federal brasileira outorgou competência para criação de tributos, mediante a criação de normas jurídicas específicas, a todos os entes políticos que fazem parte da Federação, atendendo ao princípio da autonomia financeira, corolário do princípio federativo.

No entanto, ao estudar mais profundamente o texto constitucional, nos deparamos com modelo de tributo que, apesar de gerar uma arrecadação ao Estado, possui uma finalidade distinta, qual seja, a de intervir nas condutas humanas para modificá-las, direcioná-las ou redirecioná-las, de maneira a atender a um valor específico que o Estado, enquanto representante da sociedade, almeja ver alcançado.

Embora existam tributos que representam uma natureza predominantemente arrecadatória, e tributos nos quais se destaca a finalidade intervencionista, denominados tributos extrafiscais,[232] o cerne da definição do tributo é um só e foi definido acertadamente,[233] apesar das inconsistências de cunho linguístico,[234] pelo Código Tributário Nacional, precisamente em seu art. 3º.

---

este princípio constitucional, o contribuinte só está obrigado a pagar tributos na medida da riqueza que possui e demonstra para o Estado. Por isso, é certo que a norma instituidora de tributos deverá incidir sobre fatos que possam ser expressos economicamente. A norma instituidora do tributo preverá algum fato que tenha, necessariamente, um conteúdo econômico, pois onde não há riqueza não há o que ser tributado (Cf. MARINHO, Rodrigo César. A capacidade contributiva e os limites à tributação. In: GOUVEIA, Carlos Marcelo. Atual panorama da Constituição Federal. São Paulo: Saraiva, 2008. p. 398-340).

[231] CARRAZZA, Roque Antonio. Curso de direito constitucional tributário. 19. ed. rev. atual. e ampl. 3. Tiragem, com suplemento de atualização em face das Emendas Constitucionais 40, 41 e 42 de 2003. São Paulo: Malheiros, 2004. p. 67.

[232] A extrafiscalidade será abordada adiante, quando o trabalho tratar da competência tributária e da competência interventiva.

[233] "A Constituição de 1988, como não poderia deixar de ser, não conceitua tributo. Entretanto, leva em consideração, implicitamente, ao disciplinar o sistema tributário, certo conceito de tributo, que, sem dúvida, se aproxima muito mais daquele amplamente disciplinado no art. 3º do CTN, e que prevaleceu na doutrina, do que aquele mais restrito, que limitava a ideia de tributo a impostos, taxas e contribuições de melhoria. Afastou assim as dúvidas que a jurisprudência dos tribunais superiores tinha lançado sobre o tema, consagrando o caráter tributário dos empréstimos compulsórios e das contribuições especiais em geral" (DERZI, Misabel Abreu Machado. Notas de atualização. In: BALEEIRO, Aliomar. Direito tributário brasileiro. 11. ed. Rio de Janeiro: Forense, 2001. p. 63).

[234] Os equívocos cometidos pelo legislador decorrem da escolha incorreta dos termos oferecidos pelo código de comunicação aceito em nossa sociedade. Ou seja, as palavras da língua portuguesa foram empregadas de maneira natural, não rigorosa. As lições do Professor Paulo de Barros Carvalho, durante o comando da cadeira de Lógica Jurídica, no Curso de Mestrado da Pontifícia Universidade Católica de São Paulo, informaram que o movimento denominado de "Neopositivismo Lógico", fundado em Viena nos primeiros anos do século XX, tomava a linguagem como instrumento do saber científico. Perceberam os pensadores daquela época

Dada a ambiguidade[235] inerente ao conceito de tributo, é necessário estabelecer a definição que mais se adapte à sua estrutura e natureza: de norma jurídica. Define-se, portanto, como regra de direito, preceito normativo,[236] cujas proporções semânticas lhe são outorgadas pelo dispositivo legal supramencionado, segundo o qual "tributo é toda prestação pecuniária compulsória, em moeda ou cujo valor nela se possa exprimir, que não constitua sanção de ato ilícito, instituída em lei e cobrada mediante atividade administrativa plenamente vinculada".[237]

Sabe-se que não é função da atividade legislativa interpretar ou conceituar institutos jurídicos, mas a criação de normas que inovem no ordenamento. Sobre o assunto, o professor Roque Antonio Carrazza

---

que a linguagem natural era imprecisa e carregada de ambiguidades, motivo pelo qual seria necessária a criação de uma linguagem artificial para descrever os objetos do conhecimento. Seria necessária, pois, uma linguagem pura e uníssona. Oportunamente, o citado professor escreveu que "na verdade, os perceberam os neopositivistas lógicos que a linguagem natural, com os defeitos que lhe são imanentes, como por exemplo a ambigüidade, jamais traduziria adequadamente os anseios cognoscitivos do ser humano, donde a necessidade de partir-se para a elaboração de linguagens artificiais, em que os termos imprecisos fossem substituídos por vocábulos novos, criados estipulativamente, ou se submetessem àquilo que Rudolf Carnap chamou de 'processo de elucidação'" (CARVALHO. *Direito tributário linguagem...*, p. 21-22). A linguagem natural é a linguagem utilizada comumente no processo de comunicação dos seres humanos, seja escrita, oral ou gestual. É uma linguagem ordinária e, como percebida pelos pensadores do Círculo de Viena, é proferida sem preocupação rigorosa com a escolha dos signos. Assim, explica o professor Paulo de Barros Carvalho: "Aparece como instrumento por excelência da comunicação entre as pessoas. Espontaneamente desenvolvida, não encontra limitações rígidas, vindo fortemente acompanhada de outros sistemas de significação coadjuvantes, entre os quais, quando falada, a mímica" (CARVALHO. *Direito tributário linguagem...*, p. 56). O legislador utiliza-se de uma linguagem técnica, a qual está fundada no discurso natural. Difere um pouco da linguagem natural pelo fato de que se aproveita de termos que possuem conteúdos determinados, mas não foge das características de imprecisão que se apresentam no discurso natural. A composição heterogênea das Casas Legislativas, típica característica da forma democrática de governo, eleva este grau de imprecisão da linguagem utilizada pelo legislador. Paulo de Barros Carvalho anota, ainda, que o Poder Legislativo é composto por pessoas que "representam os vários seguimentos da sociedade. Alguns são médicos, outros bancários, industriais, agricultores, engenheiros, advogados, dentistas, comerciantes, operários, o que confere um forte caráter de heterogeneidade, peculiar aos regimes que se queiram representativos. (...) Considerações desse jaez nos permitem compreender o porquê dos erros, impropriedades, atecnias, deficiências e ambiguidades que os textos legais cursivamente apresentam. Não é, de forma alguma, o resultado de um trabalho sistematizado cientificamente" (CARVALHO. *Curso de direito tributário*, p. 4-5).

[235] Tem-se ambiguidade quando se verifica que uma palavra tem mais de um significado ou quando apresenta significados excludentes, podendo gerar mais de uma significação no interior do sujeito cognoscente. Uma palavra ambígua também pode ser uma palavra vaga. "La condición de una palabra con más de un significado se llama polisemia o, más comúnmente ambigüedad (...) Una palabra ambigua puede ser vaga (y generalmente lo es) en cada una de sus distintas acepciones" (GUIBOURG, Ricardo A.; GHIGLIANI, Alejandro M.; GUARINONI, Ricardo V. *Introducción al conocimiento científico*. Buenos Aires: Universitária, 1985. p. 49).

[236] CARVALHO. *Curso de direito tributário*, p. 23.

[237] Art. 3º do Código Tributário Nacional.

ponderou que "a Constituição Federal não estabeleceu explicitamente o que vem a ser tributo. Andou bem, neste particular, já que não é tarefa da lei — muito menos da Lei Maior — expender definições. Definir é missão da doutrina. A lei deve mandar, proibir ou facultar; nunca teorizar".[238] E arremata, afirmando que o legislador constituinte, de forma correta, "resistiu à tentação de conceituar tributo".[239] Entretanto, o legislador, na equivocada intenção de assumir a posição de intérprete do ordenamento, entendeu pertinente oferecer um conceito legal de tributo e o fez quando da veiculação dos enunciados postos no art. 3º do Código Tributário Nacional. Em que pesem os equívocos e redundâncias de ordem técnica,[240] o legislador atribuiu as notas[241] segundo as quais é possível enquadrar determinadas entidades jurídicas no conceito de tributo.

Ainda que o legislador tenha tentado conceituar um instituto jurídico, não se pode negar que existe no ordenamento um conjunto de enunciados que, uma vez levados ao processo interpretativo,[242] podem

---

[238] CARRAZZA. *Curso de direito constitucional...*, p. 352.
[239] *Op. cit.*, p. 352.
[240] Para entender as críticas sobre o texto do art. 3º do Código Tributário Nacional, cf. CARVALHO. *Curso de direito tributário*, p. 24-27; AMARO, Luciano da Silva. *Direito tributário brasileiro*. 9. ed. São Paulo: Saraiva, 2003. p. 19-25; e MACHADO, Hugo de Brito. *Curso de direito tributário*. 24. ed. São Paulo: Malheiros, 2004. p. 65-71.
[241] Atribuir notas significa operar a definição de um objeto pelo processo de conotação. A conotação de determinado termo equivale ao conjunto de atributos que determinado objeto precisa ter para se enquadrar ou para ser excluído de um determinado conceito. Exemplificando, "tenemos el concepto de mosca cuando estamos dispuestos a usar cierto criterio para llamar mosca (o *mouche*, o *fly*) a los objetos que lo satisfagan, y para no llamar co ese vocablo a las cosas que no se ajusten a sus requisitos. El conjunto de estos requisitos o razones, es decir, el criterio de uso de una palabra de clase (determinante y demostrativo Del concepto correspondiente) se llama designación de esa palabra" ou seja, conotação. (GUIBOURG; GHIGLIANI; GUARINONI. *Introducción al conocimiento científico...*, p. 42).
[242] O processo de interpretação é o processo pelo qual o sujeito cognoscente, aquele que se debruça ao estudo do direito positivo, deve levar em conta quando da sua tentativa de compreensão daquela linguagem prescritiva. Falando em interpretação de linguagem prescritiva, não se pode evitar que o início deste processo se inicie mediante a análise primária da própria literalidade textual. Assim, orienta Paulo de Barros Carvalho, quando explica o denominado "percurso gerador de sentido": "quem pretende interpretar o direito para conhecê-lo deve ser orientado pela busca incessante da compreensão desses textos prescritivos. Ora, como todo o texto tem um plano de expressão, de natureza material, e um plano de conteúdo, por onde ingressa a subjetividade do agente para compor as significações da mensagem, é pelo primeiro vale dizer, a partir do contato com a literalidade textual, com o plano dos significantes ou com o chamado plano da expressão, como algo objetivado, isto é, posto intersubjetivamente, ali onde estão as estruturas morfológicas e gramaticais, que o intérprete inicia o processo de interpretação, propriamente dito, passando a construir um domínio. Se retivermos a observação de que o direito se manifesta sempre nesses quatro planos: o das formulações literais, o de suas significações enquanto enunciados prescritivos, o das normas

determinar a construção de uma norma jurídica. Abstraindo as atecnias cometidas pelo legislador, é possível estabelecer um liame relacional de implicação (dever-ser) entre uma hipótese e uma consequência, que representa a identificação de um tributo. Configurada a hipótese da existência de uma prestação pecuniária, compulsória, apresentada como consequência da prática de um ato lícito, instituída por lei e cobrada mediante atividade administrativa plenamente vinculada, deve ser a aplicação das regras que regem o instituto jurídico conhecido como tributo.

Isso leva à conclusão de que o legislador, apesar de ressalvas sobre a tentativa de conceituação, acertou ao atribuir essas notas para enquadramento de institutos jurídicos na classe dos tributos, considerando estar de acordo com o resultado da análise das normas constitucionais que regem a competência para tributar.[243] E, se assim o fez, inseriu no ordenamento uma norma jurídica. Ora, o legislador não conceitua. Sua função é criar normas que prescrevam a realidade para o direito. Sobre o assunto, partindo do pressuposto de que o direito cria suas próprias realidades, Eurico Marcos Diniz de Santi afirmou que não se pode "retirar do enunciado do art. 3º do CTN seu inato cunho prescritivo, 'definindo' como devem ser os 'tributos', ainda que não sejam assim".[244]

Geraldo Ataliba definiu tributo como uma "obrigação, *ex lege*, que não se constitui em sanção de ato ilícito, cujo sujeito ativo é uma pessoa pública (ou delegado por esta), e cujo sujeito passivo é alguém nessa situação posto pela vontade da lei, obedecidos os desígnios constitucionais (explícitos ou implícitos)".[245]

Para o professor da Universidade Presbiteriana Mackenzie Luciano Amaro, "tributo é toda prestação pecuniária não sancionatória de ato ilícito, instituída em lei e devida ao Estado ou a entidades não estatais de fins de interesse público".[246]

---

jurídicas, como unidades de sentido obtidas mediante grupamento de significações que obedecem a determinado esquema formal (implicação) e o dos vínculos de coordenação e de subordinação que se estabelecem entre as regras jurídicas" (CARVALHO. *Direito tributário linguagem...*, p. 181-182).

[243] Para Geraldo Ataliba, "o conceito legal, in caso, coincide com o doutrinário, que deve ser extraído do direito positivo (no caso, o constitucional, já que tributo é conceito constitucional)" (ATALIBA. *Hipótese de incidência...*, p. 33).
[244] SANTI. *As classificações no sistema...*, p. 135.
[245] ATALIBA. *Hipótese de incidência...*, p. 34.
[246] AMARO. *Direito tributário...*, p. 25.

O conceito oferecido pelo citado professor traz em destaque o fato de que o tributo é aquela prestação pecuniária, assim como definida pelo art. 3º do CTN, devida ao Estado ou a entidades não estatais de fins de interesse público. Este reforço é importante, pois não há de se falar em tributo que não seja devido para suprir as necessidades do Estado, sejam elas de arrecadação para custeio das despesas gerais e especiais, sejam elas para operacionalizar medidas intervencionistas.

Paulo de Barros Carvalho[247] ressalta que dentre as notas relativas à definição de tributo apresentadas pelo direito positivo, a compulsoriedade, o caráter pecuniário da prestação e a exclusão das sanções pecuniárias decorrentes da concretização de atos ilícitos (tributo é consequência de fatos lícitos)[248] devem ser encaradas como primordiais para a inserção de objetos na classe tributo.

De toda forma, é importante ter como premissa que o tributo somente pode ser criado pelo Estado e para o custeio de suas atividades gerais, específicas ou intervencionistas.

Estabelecidos esses pressupostos para explicação das notas inerentes ao conceito de tributo, passa-se à análise da contribuição de intervenção sobre o domínio econômico, para identificar, nela, a existência de atributos que permitam o seu ingresso naquela classe denominada "tributo".

4.1.3 As contribuições e o conceito de tributo

Nos dias atuais, não é equivocado afirmar que a doutrina e jurisprudência já se manifestam de forma uníssona para apontar a natureza tributária das contribuições em geral e, sobretudo, das contribuições de intervenção sobre o domínio econômico. São, de fato, tributos.[249]

Ao analisar as contribuições de intervenção sobre o domínio econômico, não se pode deixar de confrontá-las com o conceito de tributo.

---

[247] Cf. CARVALHO. *Direito tributário linguagem...*, p. 374.
[248] Geraldo Ataliba ressalta a importância da exclusão das relações jurídicas nascidas de fatos ilícitos do conceito de tributo. Segundo o professor, "é notável a cláusula 'que não constitua sanção de ato ilícito' porque permite estremar o tributo das multas. Se não se fizesse essa ressalva, o conceito ficaria ambíguo — e, pois, cientificamente inútil — por excessivamente compreensivo, a ponto de abranger entidade tão distinta como é a multa de direito público" (ATALIBA, Geraldo. *Hipótese de incidência tributária*. 6. ed. São Paulo: Malheiros, 2005. p. 33).
[249] "A Constituição de 1988 colocou a polêmica sob novo enfoque, porque, pela primeira vez, tratou as contribuições em geral – sociais, inclusive de custeio da Seguridade Social, de intervenção no domínio econômico e corporativas – como tributo, de forma insistente e inequívoca, integrando-as aos princípios e normas que regem o sistema tributário nacional" (DERZI. Notas de atualização. *In*: BALEEIRO. *Direito tributário...*, p. 71).

Paulo Ayres Barreto[250] assevera que "antes, e acima de tudo, é preciso verificar se as contribuições caracterizam-se como exigências coativas, de cunho patrimonial, feitas pelo Estado, a serem satisfeitas em dinheiros, e que não tenham caráter de indenização, sanção por ato ilícito ou obrigação contratual".

Assim, é perceptível que a referida contribuição se enquadra perfeitamente no conceito jurídico-positivo de tributo que, em linhas atrás, foi tomado como premissa, senão vejamos:
i) *é prestação pecuniária e compulsória*: o contribuinte posto no polo passivo da relação jurídica tributária, nascida em face da incidência da norma instituidora desta contribuição, deverá obrigatoriamente (obrigação legal) levar aos cofres públicos uma determinada quantia em dinheiro;
ii) *não constitui sanção por ato ilícito*: a contribuição de intervenção sobre o domínio econômico deve ser utilizada como ferramenta de intervenção indutora e não diretiva. Em razão disso, não poderá ter no antecedente da norma que a cria um fato ilícito. Portanto, havendo intervenção por meio desta ferramenta, a hipótese normativa, necessariamente, conterá propriedades descritivas de uma situação social lícita;
iii) *instituída por lei*: a contribuição de intervenção sobre o domínio econômico decorrerá do exercício legislativo da União. Trata-se da imposição de um gravame para o contribuinte, o qual pretenderá retirar parte de sua propriedade para o custeio de atividades estatais. Nesse sentido, em face do princípio da legalidade, deverá ser instituída por lei. Alguns doutrinadores defendem a exigência de lei complementar;[251]
iv) *é cobrada mediante atividade administrativa*: o montante devido em consequência da concretização do fato previsto pelo antecedente da norma instituidora da contribuição interventiva deverá, por óbvio, ser pago ao Estado. Se o Estado será o responsável pelo recebimento da parcela do patrimônio do sujeito passivo, claro está que deverá movimentar sua estrutura

---

[250] BARRETO, Paulo Ayres. *Contribuições*: regime jurídico, destinação e controle. São Paulo: Noeses, 2006. p. 95.
[251] Esta discussão acerca da necessidade de lei complementar para instituição da contribuição de intervenção sobre o domínio econômico decorre da redação do art. 149 da Constituição Federal, o qual faz remissão ao art. 146, III, do mesmo diploma constitucional. Somos do entendimento que não é necessária a edição de lei complementar, mas, caso exista, a lei ordinária que instituir a referida contribuição deverá atender a disciplina da lei complementar editada, por se tratar de norma geral em matéria tributária.

administrativa para dar legitimidade à referida receita. Importa lembrar que o relato em linguagem competente da realização da hipótese normativa, ato humano necessário à subsunção do fato jurídico à norma, para criar a relação jurídica, é realizado pela administração pública. A constituição do crédito tributário, ainda que realizada pelo sujeito passivo, passará pelo crivo das autoridades fiscais administrativas, as quais detêm a prerrogativa de revê-lo no prazo legal.

Diante dessas considerações, não se pode negar, pois, que a contribuição de intervenção sobre o domínio econômico é um instituto da categoria dos tributos. Tácio Lacerda Gama, ao estudar essas contribuições interventivas, muito bem expôs que:

> Contribuições de intervenção sobre o domínio econômico são tributos, pois preenchem os critérios prescritos pelo artigo 3º do Código Tributário Nacional. Qualquer outro argumento formulado pró ou contra a natureza das contribuições, seja em função da localização no Sistema Tributário Nacional, seja pela aplicação dos princípios prescritos pelo art. 149 da Constituição, tem caráter acidental, não servindo de critério conclusivo para definição de sua natureza.[252]

No mesmo sentido, Paulo Ayres Barreto afirma que "as contribuições têm natureza tributária por se amoldarem ao conceito de tributo. Não é a sua submissão ao regime jurídico tributário que lhes confere tal natureza. Ao revés, é a sua natureza que define o regime jurídico ao qual deva estar submetida".[253]

O professor Paulo de Barros Carvalho, dentro da abordagem que faz acerca do Sistema Constitucional Tributário, não tem dúvidas ao afirmar que as contribuições são espécies tributárias: "não e de agora que advogamos a tese de que as chamadas contribuições têm natureza tributária". Mais adiante, conclui: "as contribuições são tributos, como tais, podem assumir a feição de impostos ou de taxas".[254]

Hugo de Brito Machado também corrobora o entendimento que oferece às contribuições natureza tributária. Segundo o professor cearense, "é induvidosa, hoje, a natureza tributária das contribuições. Aliás, a identificação da natureza jurídica de qualquer imposição do

---

[252] GAMA, Tácio Lacerda. *Contribuição de intervenção no domínio econômico.* São Paulo: Quartier Latin, 2003. p. 125.
[253] BARRETO. *Contribuições...*, p. 95.
[254] CARVALHO. *Curso de direito tributário*, p. 42, 44.

Direito só tem sentido prático porque define o seu regime jurídico, vale dizer, define quais são as normas jurídicas aplicáveis".[255]

Geraldo Ataliba subscreve a afirmação de que as contribuições interventivas, espécies do gênero contribuições, são tributos, devendo, portanto, sujeitar-se ao regime jurídico próprio do direito tributário. Segundo o professor:

> A contribuição é um instituto jurídico que se constitui essencialmente pela disciplina da passagem compulsória de dinheiros privados aos cofres públicos, por força de decisão legislativa. Nesse sentido, corresponde ao conceito genérico de tributo — científico ou doutrinário — seja qual for a corrente que se adote, ou a ideia que de tributo se faça, em termos econômicos ou de ciência das finanças.[256]

O Supremo Tribunal Federal, por várias ocasiões, também já se manifestou a respeito da natureza jurídica das contribuições. Um dos mais importantes julgamentos acerca da classificação dos tributos foi o do Recurso Extraordinário (CE) de nº 138.284-8, cujo relator foi o Ministro Carlos Velloso. Nele, ficou entendido que as contribuições de intervenção sobre o domínio econômico são tributos, enquanto subespécie da espécie tributária contribuições, subordinando-se, portanto, ao regime jurídico tributário.[257]

Enquanto espécie tributária, as contribuições têm sua criação, existência e extinção regulada pelas normas que fazem parte do regime jurídico tributário. Assim, o legislador, ao exercer sua competência tributária para instituição de uma contribuição, deverá atender aos mandamentos que regulam a criação dos tributos em geral, entre eles, a legalidade tributária, a anterioridade e a irretroatividade.

Além disso, as contribuições também estão subordinadas à observância de normas jurídicas específicas, possuindo, pois, um regime tributário próprio de regência, principalmente no que se refere às exigências para instituição através do delineamento da sua regra-matriz.

Paulo Ayres Barreto ensina que as contribuições interventivas "são tributos que se caracterizam por haver uma ingerência da União sobre a atividade privada, na sua condição de produtora de riquezas". Mais adiante, o referido tributarista propõe que essa "intervenção

---

[255] MACHADO. *Curso de direito...*, p. 389.
[256] ATALIBA. *Hipótese de incidência...*, p. 191.
[257] No mesmo sentido: RE (SP) nº 218.061-5, *DJ*, 08 set. 2000 e RE (RS) nº 177.137-2, *DJ*, 18 abr. 1997, ambos tendo como relator o Ministro Carlos Velloso.

deverá observar as diretrizes postas pela Constituição Federal no capítulo dedicado à ordem econômica".[258] No mesmo caminhar, destaca José Eduardo Soares de Melo que a "contribuição de intervenção no domínio econômico tem natureza tributária, observando seu peculiar regime jurídico, devendo existir uma vinculação indireta entre o valor recolhido a determinado fundo etc. e a pessoa do contribuinte".[259]

Afirma-se, com segurança, que as contribuições de intervenção sobre o domínio econômico, nosso objeto de estudo, como o próprio nome sugere, é um tributo que tem uma finalidade específica voltada para a interferência do Estado no domínio econômico. Isso permite que este instituto seja analisado segundo as normas que constituem o regime jurídico tributário. Mas existe alguma especificidade que diferencia este tributo dos demais? As mesmas regras que fazem parte do regime jurídico das contribuições de intervenção sobre o domínio econômico estão, também, no regime jurídico dispensado às demais exações que se enquadram, genericamente, no conceito de tributo? Caso contrário, é possível criar subclasses dentro da classe dos tributos para agrupar espécies tributárias que contenham critérios jurídicos de diferenciação?

No decorrer deste trabalho já foi possível elaborar um rascunho para as respostas anteriormente postadas. Estas questões serão respondidas adiante, quando, então, apresentar-se-ão as normas específicas que devem ser observadas pelo legislador, no exercício da sua competência para intervir no domínio econômico, mediante o exercício de sua competência tributária por oneração.

4.2 Especificidades que singularizam as contribuições interventivas

4.2.1 Ato de classificar

O ato de classificar é intrínseco à natureza humana e consiste em separar um conjunto de objetos para agrupá-los em diferentes classes[260]

---

[258] BARRETO. *Contribuições...*, p. 114.
[259] MELO, José Eduardo Soares. Contribuições de intervenção no domínio econômico e a federação. In: MARTINS, Ives Gandra da Silva (Coord.). *Contribuições de intervenção no domínio econômico*. São Paulo: Revista dos Tribunais; Centro de Extensão Universitária, 2002. p. 256.
[260] "La agrupación de los objetos en clases – llamada clasificación – es un acto intelectual que en la mayoría de los casos cumplimos inadvertidamente, pues, como ya vimos, nos es inculcado junto con el lenguaje" (GUIBOURG; GHIGLIANI; GUARINONI. *Introducción al conocimiento...*, p. 39).

previamente determinadas segundo critérios também estabelecidos pelo sujeito classificador em momento anterior.[261] Esses critérios são de suma importância para identificar os objetos que serão inseridos em cada uma dessas classes. Classificar é, pois, distribuir em classes. Paulo de Barros Carvalho ensina que classificar é:

> Dividir os termos segundo a ordem da extensão ou, para dizer de modo mais preciso, é separar os objetos em classes de acordo com as semelhanças que entre eles existam, mantendo-os em posições fixas e exatamente determinadas em relação às demais classes. Os diversos grupos de uma classificação recebem o nome de espécies e de gêneros, sendo que espécies designam os grupos contidos em um grupo mais extenso, enquanto gênero é o grupo mais extenso que contém as espécies. A presença de atributos ou caracteres que distinguem determinada espécie de todas as demais espécies do mesmo gênero denomina-se 'diferença', ao passo que 'diferença específica' é o nome que se dá ao conjunto das qualidades que se acrescentam ao gênero para determinação da espécie, de tal modo que é lícito enunciar: 'a espécie é igual ao gênero mais a diferença específica (E=G+De).[262]

O ser humano, por sua própria natureza, sente a necessidade de classificar tudo que está em sua volta. Esta característica se apresenta como um elemento fundamental para a vida em sociedade e pode ser observada nos mais singelos fatos sociais. As pessoas classificam os alimentos, as roupas que vestem, os caminhos por onde andam, o grau de conhecimento, a capacidade econômica, as profissões etc.

Ricardo A. Guibourg, Alejandro M. Ghigliani e Ricardo V. Guarinoni, em seus estudos sobre lógica jurídica, afirmaram que "agrupamos los objetos individuales en conjuntos o clases, y estableceos que un objeto pertenecerá a una clase determinada cuando reúna tales o cuales condiciones".[263]

A classificação dentro de uma sociedade humana tem uma importância grandiosa. A condição cognocente dos sujeitos de uma dada sociedade, materializada pela busca incessante da descoberta e

---

[261] Segundo o professor Paulo de Barros Carvalho, "classificar é distribuir em classes, é dividir os termos segundo a ordem da extensão ou, para dizer de modo mais preciso, é separar os objetos em classes de acordo com as semelhanças que entre eles existam, mantendo-os em posições fixas e exatamente determinadas em relação às demais classes" (CARVALHO. *Direito tributário linguagem...*, p. 117-118).

[262] CARVALHO. *Direito tributário linguagem...*, p. 117-118.

[263] GUIBOURG; GHIGLIANI; GUARINONI. *Introducción al conocimiento científico...*, p. 38-39.

aprofundamento do conhecimento, obriga o ser humano a classificar tudo aquilo que pretende conhecer. Os critérios de classificação utilizados devem satisfazer o objetivo de cada sujeito cognoscente, ainda que para outros sujeitos esses critérios de nada sirvam.[264] Um agricultor, por exemplo, sente a necessidade de classificar os mais diversos tipos de solo, considerando critérios tais como impermeabilidade do solo, os tipos e quantidades de minérios que lá são encontrados e a capacidade geográfica de armazenar água suficiente para a manutenção da cultura que pretende iniciar.[265]

A nossa sociedade, seguidora de uma economia capitalista, tende a classificar as pessoas em razão do cumprimento das obrigações assumidas. O comércio como um todo procura classificar os consumidores de maneira a incluir em listas, tais como o SPC e SERASA, os partícipes da sociedade que não cumprem com suas obrigações. A Ordem dos Advogados do Brasil costuma agrupar conjuntos de autoridades e profissionais que desrespeitam os direitos dos advogados. No período eleitoral, o Superior Tribunal Eleitoral divulga lista dos políticos que estão sujeitos, de alguma forma, a processos criminais em razão de sua atividade pública administrativa. A Receita Federal do Brasil, assim como as demais repartições fiscais dos Estados, Municípios e Distrito

---

[264] Irving M. Copy, ao tratar do assunto, muito bem descreve a essência classificadora do ser humano, quando afirma que "o homem primitivo, para sobreviver, necessitou classificar as raízes e bagos em comestíveis ou venenosos, os animais em perigosos e inofensivos, e os outros homens Como amigos ou inimigos. As pessoas são propensas a estabelecer distinções de importância prática para elas e ignorar as que desempenham um papel menos imediato em seus assuntos". Mais adiante, o autor afirma que "há muitos motivos que possam levar-nos a classificar coisas. Uns de caráter prático, outros teóricos. Se uma pessoa possui, apenas, três ou quatro livros, conhecê-los-á muito bem, e poderá abrangê-los, facilmente, com um simples relance, de modo que não precisara classificá-los. Mas, numa biblioteca pública ou universitária, com milhares de volumes a situação é diferente". Para arrematar, conclui que "em consideração ao propósito teórico dessa análise, devemos compreender que a adoção deste ou aquele esquema alternativo de classificação não constitui algo que possa ser considerado verdadeiro ou falso. Os objetos podem ser descritos de diferentes maneiras, segundo os vários pontos de vistas" (COPY, Irving M. *Introdução à lógica*. 2. ed. Tradução de Álvaro Cabral. São Paulo: Mestre Jou, 1978. p. 413-414).

[265] Em nota, Roque Antonio Carrazza esclarece que "as classificações só são possíveis porque o agente classificador leva em conta o que as coisas a serem classificadas têm de semelhantes, desconsiderando o que têm de dissímil. Deveras, como não há, no Universo, duas realidades rigorosamente iguais, as classificações só são possíveis, porque o homem, fazendo, com sua inteligência, abstrações, equipara coisas que, em rigor, não são idênticas. Isto nos leva a concluir que as classificações não estão no mundo fenomênico (no mundo real), mas na mente do homem (agente classificador). Naturalmente, as coisas não se apresentam classificadas no mundo em que vivemos; elas são classificadas pelo homem, de acordo com critérios por ele eleitos. Neste ponto, pelo menos, tinha razão Kant, quando afirmava que o homem é o centro do Universo" (CARRAZZA. *Curso de direito constitucional*..., p. 459, em nota de rodapé).

Federal, costuma separar os maus pagadores de tributos daqueles que mantêm suas obrigações cumpridas. Isso acontece por uma exigência de toda a sociedade e é perceptível. A maioria das empresas, para continuar ininterruptamente suas atividades econômicas, deve manter quitadas todas as suas obrigações tributárias.

Esses são alguns exemplos práticos que mostram que a classificação de objetos em razão de determinados atributos está presente em nosso sistema social. Importa, neste ponto, destacar que não há limites à liberdade de classificar. O sujeito cognoscente está livre para formar classes e subclasses da melhor maneira para o seu estudo. Paulo de Barros Carvalho acrescenta que "ao sujeito do conhecimento é reservado o direito de fundar a classe que lhe aprouver e segundo a particularidade que se mostrar mais conveniente aos seus propósitos".[266]

Importante que se diga, porém, que na classificação, apesar de ser de livre escolha do sujeito cognoscente, é preciso ser rigoroso no processo de separação dos objetos e inclusão destes em classes distintas. Em ressalva, o professor paulista adverte que "devemos estar atentos para a correção do processo de circunscrição, garantindo que os gêneros e as espécies sejam, efetivamente, gêneros e espécies".[267]

O conceito de tributo toma uma importância fundamental neste trabalho, porquanto pretende estudar o regime jurídico ao qual está sujeito o legislador, quando do exercício da competência tributária para a criação da contribuição de intervenção sobre o domínio econômico. A relação de tributo e contribuição de intervenção sobre o domínio econômico é, como será demonstrado, uma relação entre gênero e espécie, respectivamente, entre conjunto e elemento, entre classe e classificado.

A importância da classificação dos tributos vai além de um requisito acadêmico cronologicamente anterior ao estudo de determinado tributo em si. É, como dito, determinar o regime jurídico tributário ao qual a espécie tributária está atrelada. Roque Antonio Carrazza assinala que "o perfeito conhecimento das espécies e subespécies tributárias não é apenas uma exigência acadêmica, mas é fundamental, porque vai permitir que o contribuinte averigúe se está sendo tributado de modo correto, pela pessoa política competente, nos termos da Constituição".[268]

Eis o ponto fundamental para a discussão sobre a classificação dos tributos. Estabelecer premissas que construam um caminho para a

---

[266] CARVALHO. *Direito tributário linguagem...*, p. 119.
[267] Ibidem, p. 119.
[268] CARRAZZA. *Curso de direito constitucional*, p. 458-459.

determinação da contribuição de intervenção sobre o domínio econômico como uma espécie de tributo, chave para a identificação das regras que são impostas ao legislador para intervenção sobre o domínio econômico, mediante o exercício da competência tributária que lhe foi atribuída para este fim.

4.2.2 Propostas de classificações

Como dito linhas atrás, o ato de classificar é intrínseco à atividade humana. A classificação é sempre base para o estudo de determinado objeto. É bastante comum encontrar, na Ciência do Direito, proposições que expressam os fundamentos das mais variadas classificações, seja em matéria tributária ou não.

Todos aqueles que se prestaram ao estudo das normas jurídicas que circunscrevem o conceito de tributo expressaram a preocupação em classificá-lo, definindo espécies em função de diferentes variáveis e critérios. Dentre as classificações mais aplaudidas pela Ciência do Direito estão as denominadas de intranormativas e as classificações internormativas.

A classificação que se baseia, única e exclusivamente, nos elementos internos da norma jurídica tributária (regra-matriz de incidência tributária) é a denominada classificação intranormativa. Por outro lado, a classificação internormativa pressupõe uma classificação que toma por base todas as normas do sistema jurídico para extrair aquelas que dizem respeito aos elementos diferenciadores das espécies tributárias. Para os que defendem a utilização de uma classificação internormativa, valem as normas que circundam o conceito de tributo e não, somente, os elementos que compõem a estrutura da norma jurídica tributária.

4.2.2.1 Classificação intranormativa

Entre aqueles que classificam os tributos sob o fundamento intranormativo, estão grandes nomes do Direito Tributário Nacional: Alfredo Augusto Becker, Geraldo Ataliba e Paulo de Barros Carvalho.

Alfredo Augusto Becker entende que a classe tributo comporta duas subclasses, ou seja, duas espécies de tributos. Partindo da premissa de que o núcleo da hipótese de incidência é a base de cálculo do tributo, entendeu o professor que este elemento da norma jurídica tributária deve ser tomado como fundamental para a classificação dos tributos. O autor refere-se à base de cálculo como:

O único elemento que confere o gênero jurídico do tributo. Noutras palavras, ao se investigar o gênero jurídico do tributo, não interessa saber quais os elementos que compõem o pressuposto material ou quais as suas decorrências necessárias, nem importa encontrar qual o mais importante daqueles elementos ou decorrências. Basta verificar a base de cálculo: a natureza desta conferirá, sempre e necessariamente, o gênero do tributo.[269]

Com base nesse critério, Becker definiu que os tributos seriam classificados em imposto e taxas.[270] Aqueles cuja base de cálculo apontasse para a mensuração de qualquer coisa provida pelo Estado seriam considerados taxas. Os demais, ou seja, aqueles cuja base de cálculo apontasse para um ato lícito praticado pelo particular, seriam classificados como impostos. Com efeito, ainda que o ordenamento jurídico apontasse para outras exações tributárias, mesmo que nominadas por termos diferentes de imposto ou taxa, poderiam ser classificados como um ou outro. O sujeito cognoscente deveria, assim, olhar diretamente para base de cálculo da exação estudada.

Geraldo Ataliba, também disposto a classificar os tributos com base nos elementos internos da norma jurídica tributária, encontrou três espécies distintas de tributos, quais sejam, os impostos, as taxas e as contribuições de melhoria. Antes disso, classificou os tributos em duas grandes espécies. A espécie dos tributos vinculados, aqueles cujo aspecto material da hipótese de incidência estaria ligada a alguma atividade estatal, e não vinculados, quando não há participação do Estado na configuração do aspecto material da hipótese de incidência da norma jurídica tributária. Segundo o professor paulista, "definem-se, portanto, os tributos vinculados como aqueles cuja hipótese de incidência consiste numa atividade estatal; e impostos como aqueles cuja hipótese de incidência é um fato ou acontecimento qualquer não consistente numa atividade estatal".[271]

---

[269] BECKER. *Teoria geral...*, p. 273.

[270] De acordo com Alfredo Augusto Becker, "tendo-se presente o conceito jurídico de tributo e havendo-se compreendido a razão de a base de cálculo (núcleo da hipótese de incidência) ser o único critério objetivo e jurídico para aferir o gênero e a espécie jurídica de cada tributo, conclui-se que o imposto e a taxa têm a seguinte conceituação, no plano jurídico: imposto: a regra jurídica tributária que tiver escolhido para base de cálculo do tributo um fato lícito qualquer (não consistente em serviço estatal ou coisa estatal), terá criado um imposto. Taxa: a regra jurídica tributária que tiver escolhido para base de cálculo do tributo o serviço estatal ou coisa estatal, terá criado uma taxa". Dito isto, conclui, o autor, que "no plano jurídico, todo e qualquer tributo pertencerá a uma destas duas categorias: imposto ou taxa" (BECKER. *Teoria geral...*, p. 380-381).

[271] ATALIBA. *Hipótese de incidência...*, p. 132.

Dentro do primeiro grupo, os tributos vinculados, o professor paulista escolhe outro critério para reduzir essa classificação, qual seja, o critério da referibilidade da atividade estatal.[272] Assim, dividiu os tributos vinculados em "diretamente vinculados" e "indiretamente vinculados". As taxas estariam na subclasse dos tributos diretamente vinculados, pois há uma ligação direta entre o sujeito passivo e a atividade estatal, considerando o usufruto imediato do produto desta atividade por aquele sujeito. Identificado como tributo indiretamente vinculado estaria a contribuição de melhoria, tendo em vista a relação indireta entre o sujeito passivo e o direcionamento que é dado para a atividade estatal, considerando o beneficiamento indireto por parte do sujeito passivo das atividades promovidas pelo Estado. Por fim, os impostos estariam enquadrados na classe dos tributos não vinculados a uma atividade estatal, tendo em vista que o critério material da hipótese de incidência deste tributo está ligado, exclusivamente, a uma atividade de um particular.

Paulo de Barros Carvalho, ao classificar os tributos sob a ótica intranormativa, utiliza-se de dois critérios da regra-matriz de incidência tributária, o que ele chama de binômio.[273] Em suas palavras, "os elementos úteis ao agrupamento em classes são a hipótese de incidência e a base de cálculo".[274] A conjugação desses dois critérios daria ao intérprete a real noção da espécie tributária que pretende estudar. Os critérios são o aspecto material da hipótese de incidência tributária e a base de cálculo. Segundo o professor, é a base de cálculo que tem o condão de infirmar, confirmar ou afirmar o critério material da regra-matriz de incidência

---

[272] O professor Geraldo Ataliba chama de referibilidade a relação existente entre o aspecto material e o pessoal da regra-matriz de incidência tributária. Para diferenciar as taxas das contribuições, o citado professor aduz que "a hipótese de incidência da taxa é uma atuação estatal diretamente (imediatamente) referida ao obrigado (pessoa que vai ser posta como sujeito passivo da relação obrigacional que tem a taxa por objeto)". Mais adiante, complementa que "nas contribuições, pelo contrário, não basta a atuação estatal. Só há contribuição quando, entre a atuação estatal e o obrigado, a lei coloca um termo intermediário, que estabelece a referibilidade entre a própria atuação e o obrigado. Daí o distinguir-se a taxa da contribuição pelo caráter (direto ou indireto) da referibilidade entre a atuação e o obrigado" (ATALIBA. *Hipótese de incidência...*, p. 147).
[273] "o critério jurídico adequado à classificação das espécies tributárias, dentro de uma visão intranormativa, é o binômio 'hipótese de incidência e base de cálculo' e que, na contingência de existir compatibilidade entre ambos os termos, deve prevalecer a espécie indicada por aquela última, vale dizer, pela base imponível" (CARVALHO. *Direito tributário linguagem...*, p. 391).
[274] CARVALHO. *Direito tributário linguagem...*, p. 378.

tributária de qualquer tributo.²⁷⁵ Dessa forma, é possível identificar três espécies tributárias, os impostos, as taxas e as contribuições de melhoria. O citado professor, por opção metodológica de estudo, filia-se à proposta de classificação intranormativa, porém deixa claro que esta escolha não implica rejeição às demais propostas de classificação dos tributos. Em uma das suas mais recentes obras, deixou isso claro quando afirmou que o acolhimento da "proposta intranormativa não implica rejeitar a concepção extranormativa, no quadro da qual poderei estudar, com riqueza de pormenores, o fenômeno de várias contribuições que o sistema brasileiro vem criando com grande fecundidade nas últimas décadas".²⁷⁶

Ao reconhecer a possibilidade de classificação das espécies tributárias por meio do método de utilização de critérios internormativos, o professor torna confortável o afastamento da proposta de classificação intranormativa quando do estudo específico das contribuições de intervenção sobre o domínio econômico. Isso, pelo fato de que este tributo possui características próprias que o diferem das espécies tributárias identificadas quando da utilização de critérios intranormativos de classificação.

As contribuições especiais (art. 149 da Constituição Federal) e os empréstimos compulsórios (art. 148 da Constituição Federal) são tributos submetidos a regimes jurídicos próprios e específicos que, por sua vez, não são aplicados aos impostos, taxas e contribuições de melhoria. Por esse motivo, é inócua a aplicação da classificação intranormativa para a continuidade deste estudo, uma vez que o uso de critérios puramente intranormativos não contempla o regime jurídico das contribuições de intervenção sobre o domínio econômico.²⁷⁷ Esta classificação não esgota as variáveis jurídicas propostas pela própria Constituição Federal de 1988.

Dentro do sistema do direito positivo brasileiro existem critérios outros, além daqueles utilizados pela classificação intranormativa, que justificam a construção de outra classificação, desta feita, levando em consideração elementos externos à regra-matriz de incidência tributária em si. São eles a necessidade da destinação legal do produto da arrecadação dos tributos e a obrigatoriedade de restituição de tributos

---

²⁷⁵ Sobre as funções da base de cálculo, Aliomar Baleeiro também ensina que ela é composta "de uma ordem de grandeza (e método de conversão) a qual dimensiona um elemento material da hipótese normativa. Da conjugação desses dois fatores resultam as três funções por ela exercidas: – a quantificação do dever tributário; – a adaptação do dever à capacidade contributiva do sujeito passivo; e – a definição da espécie tributária" (DERZI. Notas de atualização. In: BALEEIRO. Direito tributário..., p. 67).
²⁷⁶ CARVALHO. Direito tributário linguagem ..., p. 381.
²⁷⁷ Cf. GAMA. Contribuição de intervenção..., p. 105.

pagos. Sobre o assunto, Eurico Marcos Diniz de Santi entende não ser possível a utilização da classificação intranormativa para estudar as espécies tributárias em sua completude. Segundo ele, existem outras peculiaridades que devem ser consideradas, além daquelas encontradas pelo estudo intranormativo da norma tributária, para elaboração de uma classificação que permita o estudo completo das espécies tributárias. Assim, existem no sistema do direito positivo as seguintes peculiaridades:

(i) é vedada a vinculação de receita dos impostos [art. 167, IV, da CF/88], (ii) as contribuições sociais, de intervenção no domínio econômico e de interesse das categorias profissionais ou econômicas, têm sua destinação vinculada aos órgãos atuantes nas respectivas áreas [artigos 149, 195, 212 §5º, etc.] e (iii) os empréstimos compulsórios, sobre serem vinculados aos motivos que justificam sua edição, hão de ser, obrigatoriamente, restituídos ao contribuinte.[278]

As variáveis (i) destinação legal e (ii) restituibilidade são extrínsecas à estrutura interna da norma jurídica tributária. O citado autor aduz que, "não obstante serem estranhas à intimidade estrutural da regra matriz de incidência tributária, não deixam de ser jurídicas, pois fundamentam-se em critérios eminentemente jurídicos: a existência de normas sobre destinação e restituição".[279]

E, em critérios jurídicos, o sujeito cognoscente do direito deve pautar a classificação de institutos jurídicos. Se, no estudo das contribuições de intervenção sobre o domínio econômico não se pode deixar de analisar a norma relativa à destinação do produto da arrecadação e, somado a isso, o fato de que tal peculiaridade está fora do âmbito interno da estrutura da norma jurídica tributária, mister concluir que é importante levar em consideração critérios internormativos, porém jurídicos, para obter uma classificação jurídica dos tributos que permita o estudo completo do regime jurídico tributário destas contribuições.

4.2.3 Inutilidade ou falsidade da classificação intranormativa

Como frisado, o ato de classificar é inerente ao saber humano. O homem está a praticá-lo em todas as ocasiões da vida em sociedade. No

---
[278] SANTI. *As classificações no sistema...*, p. 138.
[279] *Ibidem*, p. 138.

estudo do direito não é diferente. As classificações baseiam-se nos mais diversos critérios para agrupar institutos nas mais diferentes classes e subclasses. Mas como aferir se estas classificações estão corretas? Aliás, será que existem classificações erradas ou, na realidade, existem outros critérios para avaliá-las?

Não é difícil deparar-se na doutrina especializada com afirmações de que não existem classificações certas ou erradas, considerando serem elas úteis ou inúteis. Estas, por sua vez, decorrem dos ensinamentos de Genaro R. Carrió.[280] Aqueles que defendem este pensamento aduzem que uma classificação só estaria incorreta se tiver partido de características estranhas aos objetos que pretende agrupar. Afora isso, escolhendo critérios intrínsecos, o sujeito cognoscente não correria o risco de apresentar uma classificação errada, mas, quando muito, inútil para o fim que se presta. Uma classificação seria inútil quando, por exemplo, o critério escolhido não representa uma divisão para os fins que se intentou a classificação.

Incorreta, ou melhor, falsa, na verdade, é essa afirmação. Ora, ao estudar o direito, o sujeito cognoscente emite proposições para descrevê-lo e, por este motivo, faz parte do sistema da Ciência do Direito. Nesse aspecto, como visto em linhas anteriores, os critérios de valência[281] aplicados à linguagem descritiva do direito positivo são a verdade e a falsidade. Não se pode conceber o critério da utilidade como orientador à avaliação das proposições descritivas da Ciência do Direito.

Sobre este assunto, tratou muito bem Eurico Marcos Diniz de Santi. Propõe o autor que:

> Se a classificação é proposta pelo legislador, ela é válida (valor que se opõe ao não-válido), e como não se trata de proposição prescritiva, a ela não se pode atribuir os valores aléticos 'verdadeiro' ou 'falso' nem

---

[280] "las clasificaciones no son ni verdaderas ni falsas, son serviciales o inútiles" (CARRIÓ apud SANTI. As classificações no sistema..., p. 131).

[281] A linguagem descritiva (própria à transmissão de conhecimentos científicos) inerente à Ciência do Direito corresponde à Lógica Proposicional Alética, cujas valências admitidas são a verdade e a falsidade, diferentemente do Sistema do Direito Positivo, cuja linguagem está relacionada à lógica deôntica, que tem como valores a validade e a não-validade. Paulo de Barros Carvalho enuncia que a Lógica Proposicional Alética é "o capítulo da Lógica da Linguagem Descritiva de situações objetivas, também conhecida por 'Lógica Apofântica', 'Lógica Clássica', 'Lógica Menor' ou 'Lógica Formal', que tem como objeto o estudo das proposições consideradas como tais, vale dizer, enquanto proposições, analisando-as na relação com outras proposições e sem se preocupar com sua estrutura interna, Trata-se de uma Lógica bivalente: seus valores são o verdadeiro 'V' e o falso 'F', daí o objetivo 'alétia', que vem do grego — Álethéa' — e significa 'verdade'" (CARVALHO. Direito tributário linguagem..., p. 89-90).

'correto' ou 'incorreto'. Por outro lado, coisa diversa é a classificação efetivada pelo cientista do direito; cuida de proposição descritiva, e por isso há de manter coerência e fidelidade aos critérios previstos no direito positivo: sendo correta, é verdadeira; caso contrário, é falsa. E quanto à 'utilidade? A utilidade não é critério jurídico. Seja como for, em *discurso não-científico* é admissível classificar as proposições descritivas verdadeiras como úteis ou inúteis. Mas não sem advertir que o critério da utilidade da classificação é, juridicamente, inútil para a Ciência do Direito em sentido estrito.[282] (grifos aditados)

Neste ponto não se pode falar em inutilidade da classificação intranormativa, mas de falsidade. Diante da proposta de estudo das contribuições de intervenção sobre o domínio econômico, a classificação intranormativa se mostra falsa, sobretudo porque não considera a sua principal característica jurídica, a destinação do produto de sua arrecadação como critério para definição das espécies tributárias e, por conseguinte, do regime jurídico específico ao qual deve submeter-se.

4.2.4 Critérios jurídicos para classificação dos tributos

Embora seja possível classificar as coisas das mais variadas maneiras em função da livre escolha de critérios classificatórios, a classificação elaborada pelo sujeito que pretende estudar o direito, ou seja, pelo sujeito que pretende emitir proposições científicas sobre o sistema do direito positivo, deve pautar-se, essencialmente, em critérios puramente jurídicos. Em se tratando da classificação jurídica dos tributos, o sujeito cognoscente deverá buscar estes critérios na Constituição Federal, tendo em vista que lá estão postadas as normas de competência tributária.

Sobre este assunto, o professor Roque Antonio Carrazza anotou que a classificação que pretende ser jurídica:

> Deverá necessariamente levar em conta o dado jurídico por excelência: a norma jurídica. Reforçando a asserção, a norma jurídica é o ponto de partida indispensável de qualquer classificação que pretenda ser jurídica. Assim, uma classificação jurídica dos tributos só será possível a partir do detalhado exame das normas jurídicas tributárias em vigor, máxime das de mais alta hierarquia, que se encontram na Constituição Federal.[283]

---

[282] SANTI, Eurico Marcos Diniz de. *As classificações no sistema...*, p. 132-133.
[283] CARAZZA. *Curso de direito constitucional...*, p. 460-461.

Se o objeto do estudo é o direito positivo, nada mais correto do que basear todo o estudo nos dados do próprio direito positivo, em última análise, na norma jurídica. Portanto, os critérios para classificação jurídica dos tributos devem ser extraídos das normas jurídicas que circundam o conceito nuclear do direito tributário, o tributo em si.

Além disso, o sujeito classificador deverá buscar critérios que, de fato, identifiquem diferenças entre as espécies tributárias, para que a separação e a respectiva inclusão em subclasses possam oferecer meios suficientes para o estudo completo de cada uma dessas espécies, identificando cada especificidade de seus regimes jurídicos. De nada adiantaria colocar os objetos em classes que não contemplem todas as características que diferenciam todos os objetos da classificação, assim como parece transparecer a já citada classificação intranormativa. Colocar as contribuições na mesma classe destinada aos impostos ou taxas é negar uma característica jurídica que as diferencia destes últimos tributos, a destinação do produto da arrecadação, critério de suma importância para o estudo desta espécie tributária. É critério jurídico, considerando que foi extraído de uma norma jurídica de ordem constitucional que tem o condão de obrigar o legislador a estabelecer uma destinação compatível com as normas constitucionais quando do exercício de sua competência para instituição deste tributo. Esta variável dá às contribuições o *status* de espécie autônoma de tributo.

Ser espécie autônoma de tributo, neste sentido, implica a existência de um regime jurídico particular, ao qual o legislador estará subordinado quando do exercício da competência tributária para criação das contribuições de natureza interventiva.

Sobre o tema da classificação das espécies tributárias, Tácio Lacerda Gama explica que "é de fundamental importância para o estudo das contribuições interventivas. É o tipo de classificação adotada que permite aferir se as contribuições são, ou não, tributos dotados de regime jurídico próprio".[284]

4.2.5 Classificação internormativa

Linhas atrás, ao demonstrar que a classificação intranormativa não se mostrava suficiente para o estudo na íntegra das espécies tributárias, destacou-se que o sujeito cognoscente deveria buscar outros critérios jurídicos para estabelecer uma classificação que oferecesse as

---

[284] GAMA. *Contribuição de intervenção...*, p. 98.

ferramentas necessárias para o estudo de todas as espécies tributárias em sua completude. Mais adiante, enfatizou-se a necessidade de buscar critérios nas normas jurídicas postas na Lei Maior, destacando-se que não é possível estudar as contribuições como se impostos fossem.

Não se pode fechar os olhos para o fato de que há normas constitucionais que impõem um regime jurídico diferente às contribuições. "A função de identificar uma espécie tributária é a possibilidade de se lhe determinar o regime jurídico aplicável. Sendo assim, é inútil apontar uma contribuição especial como imposto, se existe uma finalidade específica que justifica a sua instituição".[285]

Demonstrada a necessidade de ir além dos critérios identificados na estrutura interna da regra-matriz de incidência tributária, confortável está a definição dos critérios para o estabelecimento de uma classificação internormativa, aquela que leva em consideração dados jurídicos (normas jurídicas) inseridos na Constituição Federal. Este entendimento é compartilhado por Márcio Severo Marques, quando esclarece que a "classificação dos tributos deve ser procedida com base nessas normas de estrutura estabelecidas pelo próprio texto constitucional, atendendo-se aos demais princípios e regras que informam e delimitam o exercício de cada competência impositiva".[286]

Passando, neste momento, para a identificação dos critérios constitucionais que determinam uma classificação dos tributos que favoreça uma análise completa de todas as espécies, entende-se importante mesclar critérios intranormativos com critérios internormativos.[287] Essa classificação, asseverou Tácio Lacerda Gama, "será fruto da reunião de três sub-classificações, tendo em vista a existência de três elementos de distinção entre os regimes constitucionais previstos para as espécies tributárias".[288]

Importa ressaltar que todos os critérios estão presentes nas normas constitucionais que atribuem competência tributária para que o Estado tribute. O primeiro desses critérios é aquele intranormativo relativo à vinculação do critério material da regra-matriz de incidência tributária a uma atividade estatal, já assinalado por Geraldo Ataliba,

---

[285] GAMA. *Contribuição de intervenção...*, p. 107.
[286] MARQUES, Márcio Severo. *Classificação constitucional dos tributos*. São Paulo: Max Limonad, 2000. p. 217.
[287] "O sistema constitucional tributário, num entrelaçado de critérios de classificação intrínsecos e extrínsecos, estipula o gênero e a espécie de imposto" (SANTI. *As classificações...*, p. 139).
[288] GAMA. *Contribuição de intervenção...*, p. 109.

quando classificou os tributos utilizando-se, somente, de critérios intranormativos. Não parece haver dúvidas acerca da juridicidade deste critério, uma vez que a Constituição atribui competência para criação de tributos em função da realização de atividades privadas e, da mesma maneira, em função da prestação de alguma atividade por parte do Estado. Assim, já se pode identificar que existem critérios materiais da hipótese de incidência que estão relacionados a uma prestação estatal e outros que refletem uma atividade praticada por um partícipe da sociedade.

Os outros dois critérios, desta feita, extrínsecos à estrutura interna da norma jurídica tributária são: (i) a destinação do produto da arrecadação, enquanto norma que deve ser inserida no sistema juntamente com a norma instituidora de alguns tributos; e (ii) a restituição do valor arrecadado ao contribuinte ao cabo de determinado lapso temporal, também, enquanto norma acessória à norma instituidora de determinado tributo.

Cabe, aqui, explicar que determinadas espécies tributárias só serão consideradas como tal caso a norma que as instituir seja criada juntamente com a norma que prevê a destinação do produto da arrecadação ou aquela que dispõe sobre a restituição dos valores arrecadados ao final de prazo estipulado.

A ausência da previsão de destinação ou restituição na norma instituidora do tributo é motivo para inclusão desse tributo, respectivamente, na classe dos não destinados e na classe dos não restituíveis.

Os esclarecimentos do citado professor facilitam a compreensão. Se houver norma que, juntamente com a construção da regra-matriz de incidência, prescreva a destinação do produto da arrecadação para determinado fim, desde que constitucionalmente autorizado,[289] ou havendo norma, também concomitante com a instituição do tributo, que preveja a devolução da quantia arrecadada a título de tributo, estaremos diante de espécies tributárias que merecem um tratamento diferenciado, em função de estarem, respectivamente, submetidas a regimes jurídicos diferentes.

Os três critérios classificatórios, combinados entre si, estabelecem uma classificação das espécies tributárias suficientemente completa

---

[289] Fernando F. Castellani enuncia que "a norma de competência tributária, obrigatoriamente, deve conter os elementos materialidade, destinação e restituição, na medida em que, conforme falamos, são elementos necessários para a diferenciação das espécies tributárias" (CASTELLANI, Fernando C. *Contribuições especiais e sua destinação*. São Paulo: Noeses, 2009. p. 55).

para que o estudo da contribuição de intervenção sobre o domínio econômico leve em consideração todas as normas inerentes ao seu exclusivo regime jurídico.

De se notar que Paulo Ayres Barreto, apesar de reconhecer a juridicidade desses critérios classificatórios, deixa um alerta. É preciso cuidar para que esses três critérios não sejam utilizados indistintamente, à revelia das leis lógicas que repelem classificações de um mesmo nível fundadas em critérios que não possuem correlação. Neste ponto, o citado professor aduz que:

> As classificações que elegem, concomitantemente, as variáveis (i) vinculação, (ii) destinação e (iii) previsão de restituição, embora reconheçam os aspectos relevantes do direito positivo, que influem na definição das espécies tributárias, incorreriam no problema lógico de utilizar três fundamentos distintos para fundar uma única classificação.[290]

Na tentativa de evitar problemas desta natureza, Paulo Ayres Barreto sugere que a utilização desses critérios ocorra de forma sucessiva, ou seja, sua aplicação deverá dividir as espécies tributárias em níveis diferentes de classes. Dando créditos às propostas de Ayres Barreto e José Artur Lima Gonçalves, aquele professor destaca que é necessário partir de uma "classe superior, a partir da qual são identificadas outras classes, em estrita obediência às regras de formação de classes, de um lado, e às peculiaridades do direito positivo, de outro".[291] Mais adiante, falando sobre sua proposta de classificação, expõe que:

> Ao pretender-se dividir tributos em diferentes classes, tem-se, necessariamente, que: (i) eleger um único fundamento para divisão, em cada etapa do processo classificatório; (ii) as classes indicadas em cada etapa desse processo devem esgotar a classe superior; e (iii) as sucessivas operações de divisão devem ser feitas por etapas, de forma gradual". Com fulcro nesses pressupostos, é possível trabalhar com os fundamentos para divisão 'vinculação', 'destinação', e 'restituição', de forma sucessiva, escolhendo, em cada etapa, um único fundamento. Assim, haveria nas sucessivas divisões, o atendimento aos requisitos acima transcritos.[292]

Por esta operação, primeiramente, dividem-se os tributos em vinculados e não vinculados. Depois, indagar-se-á se as normas de

---
[290] BARRETO. *Contribuições...*, p. 58.
[291] Idem. p. 59.
[292] Idem. p. 74-75.

competência exigem a determinação legal de uma destinação específica para o produto da arrecadação daquele tributo para, posteriormente, verificar se a respectiva norma de competência exige que seja proposta a devolução dos valores pagos a título de tributo. O conjunto desses critérios, apresentados de maneira sucessiva, dá a exata noção para determinação das espécies tributárias e seus consecutivos regimes jurídicos. A conjugação sucessiva dos três critérios leva à conclusão lógica da possibilidade de existência de oito espécies, todas diferentes entre si. As hipóteses lógicas são: (i) tributo vinculado, destinado e restituível; (ii) tributo vinculado, destinado e não restituível; (iii) tributo vinculado, não destinado e restituível; (iv) tributo vinculado, não destinado e não restituível; (v) tributo não vinculado, destinado e restituível; (vi) tributo não vinculado, destinado e não restituível; (vii) tributo não vinculado, não destinado e restituível; e, por último, (viii) tributo não vinculado, não destinado e não restituível.

Embora todas as hipóteses lógicas derivadas da conjugação sucessiva dos três critérios escolhidos com base no direito positivo, três dessas hipóteses devem ser afastadas por falta de previsão constitucional para criação de tributos com as respectivas características oferecidas pelas ditas hipóteses. São elas: a hipótese "i", a hipótese "iii" e a hipótese "vii".

Na hipótese "i", a vinculação e a destinação afirmam a natureza jurídica de taxa. Entretanto, a possibilidade de restituição traz à tona a natureza de empréstimo compulsório, pois esta é a única espécie tributária em que se permite devolução. Caminhar pelos critérios de forma sucessiva nos leva à conclusão de que tal tributo teria a natureza jurídica de empréstimo compulsório. No entanto, compartilha-se com o entendimento do professor Eurico Marcos Diniz de Santi. O referido professor afirma que "é um contra-senso pensar em empréstimo compulsório como hipótese de taxa. Havendo atuação estatal que justifique a instituição de taxa, esta é que há de ser proposta por lei ordinária; é disparate, diante da situação, propor empréstimo compulsório que exija lei complementar para depois ser devolvido".[293] [294]

---

[293] SANTI. *Classificações...*, p. 141.
[294] Em sentido contrário e sem muito rodeio, sugere o professor Paulo Ayres Barreto que "se o tributo é vinculado, destinado e restituível, teremos um empréstimo compulsório, cuja materialidade pode ser de uma taxa ou de uma contribuição de melhoria, a depender do critério material eleito" (BARRETO. *Contribuições...*, p. 78).

A hipótese "iii", em razão da possibilidade de restituição, leva à definição de empréstimo compulsório. Olhando somente para os critérios "vinculação" e "ausência de destinação", ter-se-ia a presença de uma contribuição de melhoria. Portanto, analisando, por completo, esta hipótese, chega-se à conclusão de que seria possível uma contribuição de melhoria restituível ou um empréstimo compulsório cobrado em função da valorização imobiliária ocasionada por realização de obra pública. Paulo Ayres Barreto reprova esta possibilidade. Para ele, o regime jurídico contribuição de melhoria não exige destinação específica, assim como o das taxas. O que diferenciaria essas duas espécies é a conformação do fato gerador. O professor conclui que um tributo não pode "ser vinculado, não destinado e restituível; o tributo vinculado tem o produto de sua arrecadação destinado a uma finalidade constitucionalmente determinada".[295]

Todavia, não é o que parece. Apesar do fato de a hipótese "iii" não contemplar uma espécie tributária possível no ordenamento jurídico brasileiro, entende-se que a contribuição de melhoria é vinculada e pode ou não se ter destinação específica do produto da arrecadação. Não há mandamento constitucional para a sua destinação. Ela ficará a cargo do legislador. Portanto, pelo mesmo motivo que se refutou a hipótese "i", também se entende que não é possível criar contribuição de melhoria sujeita à devolução. Além disso, o empréstimo compulsório tem sua despesa necessariamente destinada à despesa que fundamentou sua instituição.

Por fim, quanto à hipótese "vii", percebe-se que além de haver proibição de empréstimo compulsório sem a observação da destinação vinculada à despesa que justificou sua instituição,[296] como se acabou de dizer, não há, na Constituição Federal, previsão para criação de tributo não vinculado, não destinado e restituível.[297]

As demais hipóteses, em conclusão, permitem a identificação de cinco espécies tributárias. Diferentes entre si, em razão das peculiaridades do regime jurídico ao qual cada uma se submete, estas espécies podem ser estudadas individualmente. A conjugação sucessiva dos critérios pode ser apresentada mediante a enumeração dos seguintes quadros:

---

[295] BARRETO. *Contribuições...*, p. 78.
[296] Cf. SANTI. *Classificações...*, p. 142.
[297] Cf. BARRETO. *Contribuições...*, p. 78.

1º QUADRO ELUCIDATIVO
Primeiro nível de classificação

Nível 1	
Critério material vinculado à atividade estatal	
Tributos vinculados	1. Taxas
	2. Contribuições de melhoria
Tributos não vinculados	3. Impostos
	4. Contribuições
	5. Empréstimos compulsórios

Nesse primeiro quadro, ainda não é possível individualizar as espécies tributárias. Em uma das classes estão duas espécies e em outra estão as outras três. Parte-se, então, para o segundo quadro.

2º QUADRO ELUCIDATIVO
Segundo nível de classificação

Nível 2		
Obrigação constitucional de destinação da arrecadação		
Tributos vinculados	Destinados →	1. Taxas
	Não destinados →	2. Contribuições de melhoria
Tributos não vinculados	Destinados	4. Contribuições
		5. Empréstimos compulsórios
	Não destinados	→ 3. Impostos

Continuando a trilhar o caminho da aplicação sucessiva dos critérios de classificação, verifica-se, de logo, que o critério "destinação" já individualiza três espécies tributárias. São elas: (i) taxas (tributos vinculados, aos quais se exige a destinação específica do produto da arrecadação); (ii) contribuições de melhoria (tributos vinculados, mas ausente a exigência constitucional de destinação específica do produto da arrecadação); e (iii) impostos (figura tributária cujo critério material não está vinculado a uma atuação estatal, pois deriva de atos praticados pelos particulares, cuja destinação, de maneira geral, é proibida pelo art. 167, IV, da Constituição Federal). Individualizadas as primeiras três espécies, caminha-se, agora, para a aplicação do terceiro critério, a "restituição", o qual definirá as duas últimas espécies que se encontram dentro da subclasse dos tributos não vinculados e destinados. Segue o quadro relativo ao nível três da proposta de classificação:

3º QUADRO ELUCIDATIVO
Terceiro nível de classificação

Nível 3		
Obrigação constitucional de devolução do arrecadado		
Tributos não vinculados destinados	Restituível	→ 5. Empréstimos compulsórios
	Não restituível	→ 4. Contribuições

Finalmente, aplicando o terceiro critério, temos a individualização das duas últimas espécies tributárias: (iv) contribuições (tributos cujo fato gerador não está vinculado a uma atividade estatal, destinados para suprir necessidades específicas de arrecadação e não restituíveis; e (v) empréstimos compulsórios (tributos que se distinguem pela obrigação de devolução dos valores arrecadados aos contribuintes, depois de cessada a situação que deu causa à sua instituição).

4.2.5.1 O falso problema da irrelevância da destinação legal para definição da natureza do tributo

A classificação acima proposta — internormativa — poderia ser criticada pelo fato de que, segundo o inciso II do artigo 4º do Código Tributário Nacional, a destinação legal do produto da arrecadação é irrelevante para qualificar a natureza jurídica de um tributo. Este é um falso problema. A leitura deste dispositivo em confronto com as normas que outorgam competência tributária não poderá ser outra senão a que indica que o tributo, assim definido pelo artigo 3º que o antecede, não deixará de ser tributo em virtude de eventual destinação legal do produto de sua arrecadação. Da mesma forma que uma exação que preencha todas as notas estabelecidas pelo artigo 3º do Código Tributário Nacional não deixará de ser tributo, ainda que seu nome não corresponda a uma espécie tributária, também não deixará ser tributo aquela exação que tiver, por força Constitucional, uma destinação específica e legal para o produto de sua arrecadação.

Não se pode negar, reforçando essa argumentação, que este ponto de vista é corroborado por Alfredo Augusto Becker. Sobre o assunto, anotou que:

> A finalidade do tributo é simplesmente a de satisfazer o dever jurídico tributário. A natureza jurídica do tributo (e a do dever jurídico tributário) não depende da destinação financeira ou extrafiscal que o sujeito ativo da relação jurídica tributária vier a dar ao bem (dinheiro ou coisa ou serviço) que conferia a consistência material ao tributo que foi ou deve ser prestado.[298]

Não é porque a receita arrecadada por determinada exação é juridicamente destinada para uma finalidade específica que tal instituto perderá a sua natureza jurídica de tributo. Esta é a inteligência do art. 4º, II, do Código Tributário Nacional.

E não pode ser outro o entendimento. Veja que ao interpretar este dispositivo, se o intérprete chegar à conclusão de que a classificação internormativa dos tributos o está violando, a única saída para a problemática seria afirmar que tal dispositivo não teria sido recepcionado pelo atual panorama constitucional, tendo em vista tratar-se de norma anterior à atual Constituição Federal. Isso porque a própria Constituição Federal, ao dispor sobre a competência tributária, estabelece a necessidade de destinação legal para determinadas espécies tributárias e singulariza os impostos pela negativa de destinação quando proíbe que as receitas arrecadadas mediante a instituição desta espécie tributária tenham destinação específica. Ou bem se compreende que este dispositivo não foi recepcionado pela atual ordem constitucional ou se interpreta de maneira a frisar que o fato de haver destinação específica não retira a natureza tributária da exação. Nesse sentido leciona Luciano Amaro:

> Há situações em que a destinação do tributo é posta pela Constituição como aspecto integrante do regime jurídico da figura tributária, na medida em que se apresenta como condição, requisito, pressuposto ou aspecto do exercício (isto é, constitucional) da competência tributária. Nessas circunstâncias, não se pode, ao examinar a figura tributária, ignorar a questão da destinação, nem descartá-la como critério que

---

[298] BECKER. *Teoria geral...*, p. 287.

permita distinguir de outras a figura analisada". Adiante, o mesmo autor arremata: "se a destinação do tributo compõe a própria norma jurídica constitucional definidora da competência tributária, ela se torna um dado jurídico, que, por isso, tem relevância na definição do regime jurídico específico da exação, prestando-se, portanto, a distingui-la de outras.[299]

Fazendo uma análise do momento histórico no qual esse dispositivo foi inserido no ordenamento jurídico, Misabel Abreu Machado Derzi destaca que tal dispositivo foi incluído no texto do Código Tributário Nacional como uma referência às "pseudotaxas, que disfarçam impostos com aplicação especial, sem qualquer proveito, próximo ou remoto, nem qualquer provocação do serviço pelo contribuinte. Fixado o conceito de taxa no art. 18 da Constituição de 1969, e nos arts. 77 a 80 do CTN, cortam-se as asas e chicanas por meio da cautela do art. 4º, I e II do CTN".[300]

Para a citada autora, não é o caso de afirmar a não recepção deste dispositivo pelo atual ordenamento constitucional, mas de interpretá-lo conforme a Constituição para verificar que sua aplicação se refere à distinção de determinadas espécies tributárias, tais como as taxas e os impostos.[301] É possível corroborar a afirmação de que a interpretação é aquela que orienta no sentido de que o art. 4º do CTN não se aplica às contribuições especiais e, da mesma forma, aos empréstimos compulsórios, guardando inteira procedência quanto à distinção entre impostos e taxas.[302]

Superada essa primeira assertiva no sentido de desqualificar a classificação internormativa com base em equivocada interpretação do artigo 4º, II, do Código Tributário Nacional, importa finalizar esta explanação com a afirmação de que o instituto da destinação do produto da arrecadação é dado jurídico e, como tal, deve ser estudado pela Ciência do Direito, ainda que se esteja tratando somente das normas que rodeiam o conceito de tributo, mormente porque tal instituto é levado a cabo pelas normas constitucionais que outorgam competência

---

[299] AMARO. Direito tributário..., p. 76-77.
[300] DERZI. Notas de atualização. In: BALEEIRO, Direito tributário..., p. 63.
[301] Aliomar Baleeiro afirma que devem ser feitas algumas ressalvas ao art. 4º do CTN, principalmente, "no ponto que considera irrelevante, de forma generalizada, a destinação do produto arrecadado para a definição da espécie tributária. É que a destinação, efetivamente, será irrelevante para a distinção entre certas espécies (taxas e impostos, p. ex.), mas é importante para a configuração das contribuições e dos empréstimos compulsórios" (DERZI. Notas de atualização. In: BALEEIRO. Direito tributário..., p. 68).
[302] Cf. DERZI. Notas de atualização. In: BALEEIRO. Direito tributário..., p. 69.

tributária. Ainda que não fosse, como se pudesse dividir o sistema do direito em ramos, tal instituto também poderia ser utilizado como critério, tendo em vista que o sistema direito é uno e indivisível. Sendo dado jurídico e estando diretamente ligado à instituição de tributos, não há motivos para não utilizá-lo como critério para classificação das espécies tributárias.

Finalizando este tópico, traz-se o entendimento de Tácio Lacerda Gama para refutar a ideia de que a utilização deste critério transcenderia os limites da Ciência do Direito Tributário. Segundo o professor, "é descabido, também, dizer que esse critério se funda em noções de ciência das finanças, transcendendo os limites da Ciência do Direito Tributário". Adiante, conclui que "trata-se de requisito exigido pela Constituição para o exercício desta competência. Constitui, com efeito, tema ligado diretamente à instituição de tributos, passível de ser estudado pela Ciência do Direito Tributário".[303] [304]

---

[303] GAMA. *Contribuição de intervenção...*, p. 110.

[304] "O importante, aqui, é enfatizar que, embora a finalidade seja traço característico de outros tributos, ao é a qualidade que lhes seja distintiva ou preponderante, como o é no caso das contribuições" (ÁVILA, Humberto. *Sistema Constitucional tributário*. 3. ed. São Paulo: Saraiva, 2008. p. 264).

CAPÍTULO 5

COMPETÊNCIA PARA TRIBUTAR E COMPETÊNCIA PARA INTERVIR SOBRE O DOMÍNIO ECONÔMICO

5.1 Princípio federativo e outorga de competências

O vocábulo "federação" é derivado do latim *foederatio*, de *foederare*, que significa unir, legar por aliança. No direito público, o vocábulo é utilizado para designar a união indissoluvelmente constituída por Estados independentes, de mesma nacionalidade, para a formação de uma única entidade internacional dotada de soberania.[305]

A existência constitucionalmente fundada na associação de mais de um centro autônomo de decisões políticas, reunidos de forma soberana para atingir um propósito comum, é o que se pode chamar de forma federativa de Estado.

Pede-se vênia, aqui, para uma breve abordagem sobre os primeiros passos dados para a formação de um conceito básico de uma

---

[305] Tem soberania quem detém um poder supremo, ou seja, aquele que está acima de tudo e de todos, que não reconhece qualquer forma de intervenção hierarquicamente superior. É, enfim, uma característica atinente aos Estados de Direito que os consagra como detentores de um poder supremo, autônomo e originário. A soberania de um Estado é considerada una, originária, indivisível e inalienável. É una pelo fato de ser exclusiva; originária, pelo fato de que advém do próprio conceito e nascimento do Estado de Direito, surgindo daí sem o apoio de qualquer outro ordenamento que seja; é indivisível, porque, se for fracionada, não se tem mais soberania, mas sim uma característica semelhante a de um Estado-Membro de uma federação e, por fim, inalienável, porque não pode ser renunciada pelo Estado (cf. CARRAZZA. *Curso de direito constitucional*..., p. 115).

federação. Ainda rudimentar,[306] o início da ideia de um Estado federalista remonta ao tempo da Grécia antiga, oportunidade em que foi possível identificar uma união de Estados. Em que pese a existência de vários modelos de federação, cada qual com suas especificidades, seja em razão da cultura, história ou valores de cada povo, a verdade é que três são os pontos fundamentais para a identificação de um Estado federalista.[307] São eles: i) organização do Estado fundada em Constituição; ii) a existência de mais de um centro de decisão política (descentralização política e administrativa), todos dotados de autonomia para fins do exercício interno de suas competências; e iii) e a união destes centros para promover os objetivos que devem ser comuns a todos, de maneira soberana em face das demais entidades políticas de Direito Internacional. Em breves linhas, não é equivocado falar que uma federação se faz com entes federados dotados de autonomia, para formação de uma unidade dotada de soberania.

Apesar de os primeiros passos que desenharam uma federação terem sido reflexo da união das cidades-estado da Grécia antiga, a primeira forma de Estado que, por sua essência, pode ser nominada de federação apareceu no continente norte-americano, com a associação dos estados, cujo resultado foi a criação dos Estados Unidos da América. Esta federação é a primeira que "representa uma divisão determinada pelo Direito interno, no seio de um Estado que, sob o prisma do Direito Internacional, é um só".[308]

A federação norte-americana influenciou o processo de organização de diversos outros Estados, entre eles o Brasil, que em 1891, após a proclamação da república, ocorrida em 15 de novembro de

---

[306] Sobre o assunto, Hugo de Brito Machado Segundo ensina que na Grécia Antiga, apesar da existência da associação das Cidades-Estados, tal união estava longe de ser considerada federação. Afirma o professor cearense que "as Cidades-Estados gregas não deixaram de ser Estados soberanos. Não preservaram apenas uma autonomia para submeterem a um governo central. Enfim, a união que com elas foi formada não teve como propósito dividir o poder estatal, para que seu exercício fosse mais efetivamente controlado. Na verdade, a finalidade da união foi outra, marcadamente relacionada com a preservação das próprias Cidades-Estado em face de ameaças externas" (MACHADO SEGUNDO, Hugo de Brito. *Contribuições e federalismo*. São Paulo: Dialética, 2005. p. 15).

[307] É errado afirmar que existe uma única forma federativa de Estado. Não existe um modelo predefinido de federação. Cada povo tem suas peculiaridades e, por isso, a construção de um Estado sob a forma federalista reflete a vontade e valores de um povo. O modelo ideal de federação não é aquele inserido no contexto histórico das Cidades-Estado da Grécia ou da associação dos Estados norte-americanos. Cada Estado que pretender ter como forma uma federação será, invariavelmente, influenciado pelo contexto histórico, cultural e valorativo de seu povo.

[308] MACHADO SEGUNDO. *Contribuições e federalismo*, p. 18.

1889, apresentou no artigo 1º daquela Constituição que acabara de nascer a intenção do legislador constituinte de que a forma de governo escolhida havia sido a federação. Assim previa aquela Constituição: "A Nação brasileira adota como forma de Governo, sob o regime representativo, a República Federativa, proclamada a 15 de novembro de 1889, e constitui-se, por união perpétua e indissolúvel das suas antigas Províncias, em Estados Unidos do Brasil".

Nos dias atuais, a forma de Estado federativo vigora, mesmo após a criação de cinco Constituições. A federação, que em 1891 foi desenhada pela Constituição desta época, se desenvolveu com o passar dos anos e em razão da evolução social. Hoje ainda temos uma federação como forma de Estado, mas com traços distintos daquele modelo brasileiro nascido após a proclamação da república. Uma das diferenças mais marcantes foi trazida pelo último texto constitucional, a Constituição Federal de 1988. Percebe-se nele a inclusão de um novo ente federado no contexto da federação brasileira, o Município. Enquanto em 1891 a Federação do Brasil era composta pelas suas antigas províncias, e nas Constituições que se sucederam (1934, 1937, 1946, 1967 e 1969), pelos Estados, Distrito Federal e Territórios, a Constituição de 1988 prescreveu a inclusão do Município como centro político autônomo partícipe da Federação do Brasil.

Vê-se, portanto, constitucionalmente positivado o princípio federativo, base fundamental para coerência de todas as normas que fazem parte do sistema jurídico. Atualmente, a Constituição que rege o ordenamento jurídico brasileiro enuncia logo em seu art. 1º que o Brasil é uma república federativa, formada pela união indissolúvel dos Estados e Municípios e do Distrito Federal.[309] Além disso, reforça a disciplina sobre o princípio federativo o fato de, em seu artigo 18, o texto constitucional reafirmar a condição autônoma de cada ente federado. Segundo esse enunciado, a organização político-administrativa da República Federativa do Brasil compreende a União, os Estados, o Distrito

---

[309] A federação brasileira é indissolúvel, no sentido de que nem mesmo uma proposta de emenda à Constituição poderá abolir, modificar ou reduzir esta forma de organização de Estado escolhida pelo legislador constituinte originário. Corrobora esta assertiva o art. 60, §4º, I, da Constituição, quando dispõe: "não será objeto de deliberação a proposta de emenda tendente a abolir: I – a forma federativa de Estado". Somente poderá ser alterada em caso de uma sobreposição de um novo ordenamento jurídico, ou seja, com o advento de uma nova Constituição que alterasse a ordem jurídica atual. O princípio federativo é uma cláusula pétrea e, nas palavras de Roque Antonio Carrazza, "não poderá ser violada, nem por via oblíqua, o que ocorreria, por hipótese, se pretendêssemos retirar, mediante emenda constitucional, a competência tributária dos Estados" (CARRAZZA. *Curso de direito constitucional...*, p. 130).

Federal e os Municípios, todos autônomos. A autonomia dos centros de decisões políticas é ponto fundamental para a própria continuidade de um Estado que pretende se organizar como federação. A existência de uma federação, por si só, já é pressuposto para a determinação da autonomia dos entes federados.

A federação é a forma de organização de Estado que foi escolhida pelo legislador constituinte originário, conforme expressamente demonstrado no artigo primeiro da Constituição Federal. Toda a forma organizacional do Estado brasileiro se baseia no princípio federativo e a ele assegura a autonomia e a preservação dos limites de competência de cada ente federado. É ele que dá sustentação à atuação independente dos Municípios, Estados e Distrito Federal, e da própria União, tudo dentro dos limites de competências traçados pela norma constitucional.

A outorga de competências aos entes federados decorre da existência de vários focos políticos ejetores de normas — um em cada ente federado. Mediante a outorga de competência é possível organizar política e administrativamente um Estado. Isso quer dizer que, uma vez diante de um Estado sob a forma federada, é imperioso que os entes desta federação sejam dotados de autonomia que, por sua vez, é garantida por um conjunto de competências legislativas, o qual permite que a União, os Estados, o Distrito Federal e os Municípios tenham capacidade de se auto-organizarem sob os pontos de vista político, financeiro e administrativo.

5.2 Competência legislativa como suporte para manutenção da autonomia dos entes federados

A autonomia dos entes federados deve ser garantida em três vertentes: política, administrativa e financeira. Essa última parece ser a mais importante delas. Ser autônomo financeiramente significa ter ferramentas próprias para arrecadar fundos, independente da atuação dos demais entes federados. Essa autonomia permite que cada ente federado desenvolva suas atividades políticas e administrativas com independência.

A outorga de competência que permita aos entes federados arrecadarem montas que lhe permitam atuar política e administrativamente é essencial para a manutenção de um Estado federalista.[310]

---

[310] Sobre o assunto, Celso Ribeiro Barros, ao fazer comentários à Constituição de 1988, deixa clara a importância da satisfação financeira de um ente federado, quando afirma: "no

Neste ponto, é importante perceber que a satisfação das necessidades financeiras de um ente federado é fundamental para o alcance da sua autonomia frente aos demais. Sem ela, abalado estará princípio federativo.

A autonomia dos entes federados, vetor fundamental de uma federação, é operacionalmente garantida pela outorga descentralizada de competências aos respectivos entes políticos federados. Competências de ordem financeira, administrativa e política foram repartidas e distribuídas aos entes federados, considerando o caráter exclusivo privativo ou concorrente, sob a preocupação de evitar eventuais conflitos em razão do consecutivo exercício.

Descentralizada e baseada no sistema alemão, a repartição da competência legislativa, adotada pelo legislador constituinte brasileiro, espelha a delineação das atribuições que são cabíveis a cada ente federado e, da mesma maneira, as formas adequadas que podem ser utilizadas, individualmente, para o cumprimento dos deveres políticos, administrativos e financeiros em face da sociedade.

Nasce, portanto, a competência legislativa inerente a cada ente federado. A aptidão que cada um tem de criar normas jurídicas que regulem tudo aquilo que a Constituição Federal autorizou e obrigou, considerando a necessidade de atender aos anseios da sociedade.

É por meio do exercício da competência legislativa que cada ente federado determina, por exemplo, a forma como funcionará a sua administração pública; as políticas públicas que asseguram o acesso da sociedade à saúde e à educação, assim como a regulamentação da economia para atendimentos aos princípios constitucionais; ou, ainda, a criação de meios que objetivem a captação de recursos para o abastecimento dos cofres públicos, com o intuito de financiar toda a máquina administrativa.

A repartição de competências proporciona aos entes da federação, dotados de autonomia, o desenvolvimento de políticas tributárias que, sem prejuízo à arrecadação de tributos, sejam usadas como ferramentas para incremento da economia e, da mesma forma, para manutenção do equilíbrio econômico nacional.

O exercício da competência é livre. Não há hierarquia entre os entes federados. Cada um atua conforme os limites de sua própria

que diz respeito ao sistema federativo do Estado brasileiro, os Estados-membros e os municípios tiveram sua autonomia e independência reforçadas por meio da transferência de receitas tributárias que antes pertenciam à União." (BARROS, Celso Ribeiro. *A Constituição de 1988*. In: D'ÁVILA, Luiz Felipe (Org.). *As Constituições Brasileiras*. São Paulo: Brasiliense, 1993. p. 89).

competência. Caso contrário, esta atuação poderá invadir a seara de competência de outro ente federado[311] ou ferir algum direito fundamental do administrado. Por isso, a atribuição de competência está necessariamente atrelada à imposição de limites. Afirma-se, por fim, que a união dos entes federados, autônomos nos limites das suas competências, forma o Estado brasileiro, dotado de soberania.

Dentre o rol das competências legislativas, importa destacar para o presente trabalho, o estudo das competências tributárias, enquanto ferramentas exclusivas e privativas que garantem a autonomia financeira dos entes federados.

5.3 Competência tributária

A atuação política, administrativa e financeira de cada ente federado só se faz possível em razão da repartição de competência legislativa, típica de um Estado federalista. O exercício destas competências pelos entes federados permite a escolha dos representantes da sociedade, a administração e a execução das políticas sociais e econômicas e, bem assim, a arrecadação dos recursos que sustentam o funcionamento da máquina administrativa e o financiamento dos projetos que visam assegurar os direitos fundamentais dos administrados.

A autonomia financeira é assegurada na medida em que a Constituição Federal outorga aos entes federados a competência para a criação de tributos. Esta competência, competência tributária, é o conjunto formado por normas de estrutura[312] que outorgam às pessoas políticas a prerrogativa (aptidão) para inovar o ordenamento jurídico, através da produção de normas jurídicas que versem sobre a criação, *in abstrato*, de tributos, considerando a necessidade de manutenção econômica dos entes federados.

Mas em que consiste a competência tributária? Tárek Moysés Moussallem deparou-se com este assunto e assinalou que o termo "competência tributária", assim como a maioria dos termos que se relacionam com os institutos jurídicos, é ambíguo.[313] De acordo com seus estudos, o professor verificou que é possível atribuir ao termo "competência

---

[311] Há igualdade jurídica entre os membros de uma federação. Não há uma hierarquia entre eles, mas atuação em campos diferentes, sem que haja uma interseção entre eles. A atuação de um ente federado nunca poderá invadir a área de atuação de outro.
[312] Cf. CARVALHO. *Curso de direito tributário*, p. 154.
[313] Sobre a ambiguidade do termo "competência", cf. PEIXOTO, Daniel Monteiro. *A competência administrativa na aplicação do direito tributário*. São Paulo: Quartier Latin, 2006. p. 74 *et seq.*

tributária" seis significações,[314] como se pode denotar da leitura de seus ensinamentos:

> Sem levar em conta outros significados da palavra 'competência' (capacidade e imputabilidade), podemos anotar seis acepções que nos interessam: (1) indicativo de uma norma jurídica; (2) qualidade jurídica de um determinado sujeito; (3) relação jurídica (legislativa) modalizada pelo functor permitido entre o órgão competente (direito subjetivo) e os demais sujeitos da comunidade (dever jurídico de se absterem); (4) hipótese da norma de produção normativa que prescreve em seu consequente o procedimento para a produção normativa (se o agente competente quiser exercer a competência para produzir uma norma ý' deve-ser a obrigação de observar o procedimento 'z'; (5) previsão do exercício da competência que, aliada ao procedimento para produção normativa, resulta na criação de enunciados prescritivos que a todos obrigam, e a que denominaremos norma sobre a produção jurídica; e (6) veículo introdutor que tem no seu antecedente a atuação da competência e do procedimento prescritivos na norma sobre a produção jurídica, dando por resultado uma norma específica, que também a todos obriga.[315]

Da mesma forma, em seu mais novo trabalho, agora fruto de seus estudos no doutorado da Pontifícia Universidade Católica de São Paulo, Tácio Lacerda Gama aponta para algumas definições do conceito de competência tributária e da norma que a prescreve. Segundo o professor, são elas:

> i. por competência entendemos a aptidão para criar normas jurídicas que, direta ou indiretamente, disponham sobre a instituição, arrecadação ou fiscalização de tributos; ii. norma de competência em sentido amplo engloba toda e qualquer proposição que ocorra para programar essa aptidão; iii. norma de competência em sentido estrito é o juízo hipotético que prescreve, no seu antecedente, os elementos necessários à enunciação válida e, no seu consequente, uma relação jurídica que tem como objeto a validade do texto que verse sobre determinada matéria ou comportamento; iv. a formação da norma de competência em sentido completo pressupõe reunir; além da norma de competência em sentido estrito, uma norma jurídica que prescreva a sanção pelo exercício ilegítimo daquela, ou seja, a reação do sistema pela criação de norma jurídica sem fundamento de validade.[316]

---

[314] Sobre a plurivocidade da expressão "competência tributária", também cf. MENDONÇA, Cristiane. *Competência tributária*. São Paulo: Quartier Latin, 2004. p. 27 et seq.
[315] MOUSSALLEM. *Fontes do direito...*, p. 82-83.
[316] GAMA, Tácio Lacerda. *Competência tributária*. São Paulo: Noeses, 2009. p. 62.

Sempre no sentido de relacionar a competência tributária à autorização para legislar em matéria tributária, Paulo de Barros Carvalho também se manifestou no sentido de definir o significado que melhor a explica. Afirmou o mestre que a "competência tributária, em síntese, é uma das parcelas entre as prerrogativas legiferantes de que são portadoras as pessoas jurídicas, consubstanciada na possibilidade de legislar para a produção de normas jurídicas sobre tributos".[317]

A Constituição Federal é, portanto, a lei tributária fundamental. Ela traça diretrizes básicas para todos os tributos, delimitando o campo de atuação de cada ente federado, para que, em hipótese alguma, um venha a invadir a competência do outro. Em outras palavras, a competência tributária é a habilitação, ou como assevera Roque Antonio Carrazza, "a faculdade potencial que a Constituição confere a determinadas pessoas (as pessoas jurídicas de direito público interno) para que, por meio de lei, tributem".[318]

A competência tributária pode ser colocada no plano da atividade tributária em sentido primário (abstrato, legislativo), sendo lógica e cronologicamente anterior ao nascimento do tributo. Por esse raciocínio, o tributo somente irá romper a barreira do fato concreto quando, existindo uma lei que traça todos os aspectos e elementos essenciais da norma jurídica, verifica-se no mundo fenomênico o fato jurídico tributário.

Da mesma forma que a Constituição atribui competência para tributar, também lhe é atribuída a respectiva competência para majorar ou minorar o tributo, parcelar o seu pagamento, conceder isenções, remir, anistiar ou, mesmo, não tributar, sempre com observância do princípio da legalidade e obedecendo aos limites da respectiva competência de cada ente federado.

Diante da multiplicidade de significações que o vocábulo "competência tributária" pode gerar, convém estabelecer a concepção que mais se ajusta ao trabalho proposto.[319] Entende-se que a acepção que mais auxilia o estudo das contribuições de intervenção sobre o domínio econômico é aquela que diz respeito à relação de pertinência de um

---

[317] CARVALHO. *Curso de direito tributário*, p. 236.
[318] CARRAZZA. *Curso de direito constitucional...*, p. 439.
[319] Diante dessa multiplicidade de significações, a título de ilustração, cabe trazer os ensinamentos de Carlos Maximiliano, para quem "a palavra é um mau veículo do pensamento; por isso, embora de aparência translúcida, a forma não revela todo o conteúdo da lei, resta sempre margem para conceitos e dúvidas" (MAXIMILIANO, Carlos. *Hermenêutica e aplicação do direito*. Rio de Janeiro: Freitas Bastos, 1941. p. 54). Daí a necessidade de estabelecer os limites das significações gerados por cada vocábulo, cujo objeto que representa se pretende estudar.

elemento no sistema do direito positivo. Enquanto elemento do direito positivo, a competência tributária é, consequentemente, norma jurídica que autoriza os entes políticos dotados de autonomia federativa a produzirem normas que digam respeito ao núcleo fundamental do direito tributário, o tributo.

Tácio Lacerda Gama partilhou desse mesmo entendimento, notadamente quando estudou as referidas contribuições em sua dissertação de mestrado, já publicada. Para o desenvolvimento desse estudo, o professor baiano tomou a "competência"

> como norma que delimita a pessoa ou o órgão de direito público, bem como o procedimento e os limites materiais, que deverão ser observados na criação de outras normas jurídicas. Estudar os contornos dessa norma significa, em última análise, estudar o fundamento de validade das normas jurídicas.[320]

Também partindo desta premissa, Fernando F. Castellani afirma que a competência tributária, enquanto norma jurídica, "introduz a autorização para a criação e a alteração dos enunciados prescritivos veiculadores de tributos".[321]

Nesse ponto, o sentido que será tomado de competência tributário não poderá ser outro.

Destacar a competência tributária para atribuir-lhe o significado de norma jurídica é importante para o desenvolvimento deste trabalho. Pensar em critérios de avaliação da coerência de uma determinada norma jurídica perante o sistema do direito positivo sem, antes, estudar a norma que estabelece os critérios para produção daquela determinada norma, é esforço que resultará em conclusões desalinhadas.

Por meio do estudo das normas que delineiam o campo de competência de um ente federado é possível identificar os critérios formais e materiais que devem ser observados quando do exercício da atividade legislativa para criação de tributos, ainda que tenham caráter intervencionista.

5.3.1 Características da competência tributária

A competência tributária possui características que lhe são próprias, as quais devem ser observadas pelo legislador, antes da edição de

---
[320] GAMA. *Contribuição de intervenção...*, p. 65.
[321] CASTELLANI. *Contribuições...*, p. 61.

qualquer norma instituidora de tributos.[322] Sobre essas características, a doutrina tradicional mantém uma divergência que diz respeito ao número. A indelegabilidade, a irrenunciabilidade, a incaducabilidade, a inalterabilidade, a facultatividade e a privatividade são algumas das características mais indicadas por maior parte da doutrina.[323]

A indelegabilidade e a irrenunciabilidade, como sugerem os próprios termos, expressam a ideia de que os entes políticos não podem delegar ou renunciar a competência outorgada pela Constituição Federal, sob a necessidade de preservação do princípio federativo e, via de consequência, da autonomia dos entes federados.

As competências foram outorgadas aos entes políticos de maneira equalizada, para promover a realização de um interesse público que somente será atingido com a atuação pela pessoa política escolhida para o exercício da competência que lhe foi atribuída. O exercício da competência pressupõe a satisfação de um interesse público que, por natureza, está acima dos interesses particulares. Partindo dessa premissa, podemos afirmar que a competência tributária não poderá jamais ser delegada a terceiros, uma vez que é patrimônio abstrato da pessoa política tida como titular.

No embalo desse raciocínio, afirma-se com segurança que as pessoas políticas também não podem renunciar a competência que lhes fora atribuída. Ora, a competência tributária foi atribuída aos entes políticos, a título originário, pela Carta Magna, de forma que o ente escolhido para o exercício da competência não pode renunciá-la, ou seja, abrir mão do direito de tributar.

Outra característica da competência tributária é a incaducabilidade. O não exercício da competência tributária, ainda que por tempo prolongado, não impede que o ente político que recebeu a competência, querendo, venha a criar o tributo. A competência tributária é direito indisponível. A Constituição, ao conferir competência às pessoas políticas para criar tributos, mediante a atuação do Poder Legislativo, não fez qualquer menção de que o exercício deveria obedecer a certo lapso temporal para ter validade.

Os entes políticos não podem ser impedidos de legislar sobre matérias de sua competência. O exercício da competência tributária é parte da competência legislativa dos entes políticos e, por esse motivo,

---

[322] Sobre as características da competência tributária, cf. os estudos de MENDONÇA. *Competência tributária*, p. 281, *et seq.*
[323] Cf. CARRAZZA. *Curso de direito constitucional...*, p. 573 *et seq.*

não se admite que no ordenamento brasileiro haja prazo para legislar sobre matérias tratadas na Constituição. Se assim o fosse, o Poder Legislativo, em 5, 10 ou 20 anos, por exemplo, se veria impedido de legislar, o que é juridicamente inconcebível.

A inalterabilidade é outra importante característica da competência tributária. Esta não pode ser alterada pelo legislador, quando da criação dos tributos. A norma que cria o tributo deve estar em sintonia com a moldura constitucional, previamente traçada pelas normas de competência.

A inalterabilidade é decorrente do princípio federativo, da autonomia dos entes políticos, da territorialidade e do direito do contribuinte de só ser tributado segundo os ditames constitucionais. Nesse sentido, é possível que o legislador, ao criar o tributo, escolha, apenas, algumas partes do campo de sua competência; no entanto, será contra os preceitos constitucionais, indo de encontro ao princípio federativo se o fizer de forma a alargar o seu campo de competência.

Paulo de Barros Carvalho critica a escolha da inalterabilidade como uma característica da competência tributária. Segundo o mestre, a inalterabilidade não pode ser considerada característica da competência tributária, tendo em vista que a competência prevista na Constituição poderá ser alterada por via de emenda constitucional, conforme já vem ocorrendo reiteradas vezes em nosso ordenamento, sem que haja muita oposição.[324]

No entanto, a eleição da inalterabilidade como característica da competência tributária é justificada pelo fato de que o ente político tido como competente, ao exercer esta competência deverá fazê-lo nos limites da moldura traçada pelo texto constitucional. Dessa forma, não poderá o ente político ampliar o seu exercício a ponto de ultrapassar os limites e as determinações dispostas na Constituição para o exercício da competência.

As normas constitucionais que conferem competência tributária às pessoas políticas não as obrigam a exercitá-las, mas permitem que o façam. Daí se diz que a competência tributária também é facultativa. A competência tributária se configura numa permissão legal para que os entes federados possam arrecadar fundos a fim de prover a sua administração pública. As pessoas políticas são livres para decidir se exercem ou não a competência tributária que lhes foi dada pelo texto constitucional. Tudo depende da decisão do ente federado competente para tributar.

---

[324] Cf. CARVALHO. *Curso de direito tributário*, p. 241.

Como exemplo dessa característica, tem-se que a União é competente para criar, por meio de lei, o imposto sobre grandes fortunas, todavia, até o presente momento não exerceu essa competência, por interesses outros que não cabe aqui discutir. O fato é que nada poderá obrigar a União a criar o imposto, ou seja, a exercer a sua competência tributária, o que depende, única e exclusivamente, de uma "vontade política" para a instituição do referido imposto.

Os dispositivos constitucionais que conferem competência tributária às pessoas políticas não as obrigam a exercê-las, apenas permitem que seja exercida. Podemos então classificar esta norma jurídica como sendo uma norma permissiva, por ser de exercício facultativo, residindo na modalidade deôntica do permitido.[325]

Por fim, a privatividade. Em homenagem ao princípio federativo, a competência tributária foi dividida de forma que os entes federados não entrem em conflito na hora de exercer essa competência.

A competência tributária, portanto, enuncia privatividade. Em outras palavras, nenhuma pessoa política poderá instituir normas tributárias sobre assuntos que vão além daquilo que foi inserido em seu campo de competência. A privatividade da competência tributária em relação a uma determinada pessoa jurídica implica a proibição peremptória dos demais entes ejetores de normas para exploração daquele campo delimitado.

5.4 Repartição da competência tributária

Como já asseverado, a Constituição Federal definiu as espécies tributárias, fixando os contornos para instituição e atribuindo a cada ente federado competência para edição de normas que os instituam. O

---

[325] Paulo de Barros Carvalho afirma que, no geral, a competência tributária é facultativa, oportunidade que, inclusive, apresenta o exemplo da competência para instituição do imposto sobre grandes fortunas. Entretanto, o professor alerta que o imposto sobre a circulação de mercadorias e serviços, por sua "índole eminentemente nacional, não é dado a qualquer Estado-membro ou ao Distrito Federal operar por omissão, deixando de legislar sobre esse gravame.Caso houvesse uma só unidade da federação que empreendesse tal procedimento e o sistema do ICMS perderia consistência, abrindo-se ao acaso das manipulações episódicas, tentadas com tanta frequência naquele clima que conhecemos de 'guerra fiscal'. Seria efetivamente um desastre para a sistemática impositiva da exação que mais recursos carreia para o erário do País. O ICMS deixaria, paulatinamente, de existir". Por esse motivo, conclui o professor que há uma exceção à característica da facultatividade atribuída à competência tributária. E, se é assim, "a facultatividade do exercício de competências tributárias como algo que não está presente em todos os casos, não podendo, portanto, consubstanciar o caráter necessário que acompanha a identificação dos atributos" (CARVALHO. *Curso de direito tributário*, p. 242, 246-247).

capítulo sobre o Sistema Tributário Nacional, incluído na Constituição Federal, expõe, logo em seu primeiro dispositivo, o artigo 145 da Carta Magna, acerca das espécies de tributos que os entes federados poderão instituir.

Dispõe essa norma constitucional que a União, os Estados, o Distrito Federal e os Municípios poderão instituir impostos, taxas, em razão do exercício do poder de polícia ou pela utilização, efetiva ou potencial, de serviços públicos específicos e divisíveis, prestados ao contribuinte ou postos a sua disposição, e contribuições de melhoria, decorrentes de obras públicas.

Para a União, a Constituição Federal atribuiu competência para instituir contribuições sociais, de intervenção sobre o domínio econômico e de interesse das categorias profissionais ou econômicas; empréstimos compulsórios; impostos extraordinários de guerra; e os impostos definidos pelo art. 153 desse diploma constitucional, quais sejam, o imposto sobre produtos estrangeiros, sobre a exportação de produtos nacionais ou nacionalizados, sobre a renda e proventos de qualquer natureza, sobre os produtos industrializados, sobre operações de crédito, câmbio e seguro, ou relativas a títulos ou valores mobiliários, sobre a propriedade territorial rural e sobre grandes fortunas.

Poderá ainda, a União, instituir impostos não previstos no artigo 153 da Constituição, desde que não tenham fato gerador ou base de cálculo de impostos que já estejam discriminados na Constituição Federal.

Aos Estados e ao Distrito Federal competem, além das taxas e das contribuições de melhoria, quando devidamente preenchidos os requisitos para sua instituição, os impostos previstos no art. 155 da Constituição Federal, quais sejam: imposto sobre a transmissão *causa mortis* e doação, de quaisquer bens ou direitos; imposto sobre operações relativas à circulação de mercadorias e sobre prestações de serviços de transporte interestadual e intermunicipal e de comunicação, ainda que as operações e as prestações se iniciem no exterior; e o imposto sobre a propriedade de veículos automotores.

Por fim, aos Municípios e também ao Distrito Federal compete a instituição do imposto sobre a propriedade territorial urbana, sobre a transmissão *inter vivos*, a qualquer título, por ato oneroso, de bens imóveis, por natureza ou acessão física, e de direitos reais sobre imóveis, exceto os de garantia, bem como cessão de direitos a sua aquisição e o imposto sobre serviços de qualquer natureza, não compreendidos no art. 155, II.

A repartição da competência tributária foi desenhada pelo legislador constituinte de 1988 de forma minuciosa e exaustiva, delineando, precisamente, o espaço de atuação de cada ente federado, dando-lhes meios para assegurar a autonomia financeira, a fim de evitar a subjugação de uma unidade federada a outra, mantendo-as no mesmo patamar hierárquico.

5.5 Exercício da competência tributária para intervir sobre o domínio econômico

O legislador constituinte gravou no texto da Constituição Federal de 1988 um conjunto de competências que foram outorgadas a cada ente federado. Tais normas permitem que esses entes possam atuar em consideração às suas necessidades políticas, administrativas e financeiras, dentre as quais se encontra a indispensável atividade arrecadatória, por meio da criação de tributos. A competência tributária é, portanto, a autorização dada pelo legislador constituinte para a criação de tributos que auxiliam o Estado à obtenção de êxito na concretização de suas atividades próprias, sempre promovidas em benefício da sociedade.

Sob o aspecto intervencionista, a Constituição Federal também traz em seu bojo normas que permitem (atribuem competência) uma atuação estatal nesse sentido. Por meio da criação de normas, o Estado poderá regular ou direcionar as atividades que fazem parte do domínio econômico, como já demonstrado no tópico que trata da intervenção indireta do Estado.

É possível encontrar no Texto Magno referências que refletem a outorga de competências tributárias e, da mesma maneira, referências que dizem respeito à competência estatal para intervenção sobre o domínio econômico. Mas não só isso. O texto constitucional admite o exercício da competência tributária em razão da necessidade de intervenção sobre o domínio econômico ou, em sentido contrário, admite que a necessidade de intervenção sobre o domínio econômico exija do Estado a movimentação de sua máquina legislativa para a criação de tributos que, além de arrecadar, são tidos como importantes instrumentos intervencionistas.

Por isso que, em determinado momento, o legislador constituinte entendeu ser eficiente e necessária a fixação de competências legislativas que tivessem por objetivo só a permissão para criação de tributos ou só a regulação das atividades econômicas. Assim, autorizou que o Estado crie uma contribuição (competência tributária) cujo desígnio seja o de lançar mão de um mecanismo intervencionista, para atuação no domínio econômico (competência intervencionista).

Nesse sentido, o artigo 149 outorga à União a competência tributária para a criação de um tributo que, além de carregar em si a sua natural função arrecadatória, deve atender à intenção de promover uma intervenção sobre o domínio econômico.

A contribuição interventiva é instrumento posto à disposição da União para materializar a atuação desse ente federado sobre o domínio econômico. Aliando a competência interventiva disposta no artigo 174, a Constituição Federal permite que a União também promova a intervenção sobre o domínio econômico, mediante a criação do tributo disposto do artigo 149.

Essas competências são espécies da competência legislativa e, para a criação de uma contribuição de intervenção sobre o domínio econômico, o Estado dispõe de uma competência tributária que deve ser exercida de acordo com as normas de competência para intervenção estatal, respeitando-se, por exemplo, a eventualidade e a provisoriedade da medida, assuntos que serão tratados adiante.

Isso faz parte de um modelo intervencionista, o qual exige que o Estado assuma uma postura mais ativa, interferindo nas relações econômicas para satisfazer os anseios de uma carente sociedade pós-guerra. Como já assinalado, nas Constituições que expressaram a assimilação dos ideais de um Estado Social pode-se perceber o nascimento de normas que introduziram novas atribuições para o Estado. Observa-se a crescente outorga de competência para que o Estado possa atuar como agente intervencionista.

O exercício dessa competência tributária merece uma maior atenção por parte do legislador federal. Por ser ferramenta de natureza intervencionista, além das disposições gerais que toda norma instituidora de tributo deve observar, a contribuição de intervenção sobre o domínio econômico se apresenta imersa em um regime jurídico especial, no qual existem normas específicas que devem ser observadas, quando de sua criação: o regime jurídico intervencionista.

Até aqui, o que se pode perceber é que a contribuição de intervenção sobre o domínio econômico, ainda que seja um instrumento tributário de arrecadação, somente poderá ser criada quando houver necessidade justificada de intervenção.[326]

---

[326] A necessidade justificada da intervenção é um dos critérios de avaliação da constitucionalidade das contribuições interventivas que será estudado adiante.

Por isso, estudar o regime jurídico tributário em conjunto com o regime jurídico intervencionista é importante para esclarecer que a necessidade de intervir, por mais justificada que seja, não pode ultrapassar os limites constitucionais à tributação: vedação ao confisco.

5.5.1 Competência interventiva atribuída pelo artigo 174 do texto constitucional

Se pelo lado tributário, a competência para instituição das contribuições interventivas está enunciada no artigo 149 da Constituição Federal, pelo lado intervencionista, a criação dessas contribuições como mecanismos de intervenção indireta está prevista pelo artigo 174 do mesmo texto constitucional, o qual enuncia que: enquanto agente normativo e regulador da atividade econômica (e é o caso aqui, tipicamente de intervenção indireta), o Estado exercerá as funções de: *(i)* fiscalização; *(ii)* incentivo; e *(iii)* planejamento.

A intervenção indireta comporta as modalidades de fiscalização, incentivo e planejamento. Isso quer dizer que o Estado quando atuar indiretamente sobre o domínio econômico (mediante a edição de atos normativos) deverá fazê-lo visando à consecução de uma dessas três modalidades.

5.5.1.1 Intervenção para fiscalização

A intervenção indireta para fiscalização significa a prática das atividades estatais relativas ao poder de polícia. "Se refere a regulação do exercício de direitos, prática de ato ou abstenção de fatos."[327] Nos termos do Código Tributário Nacional, poder de polícia é a atividade da administração pública que, limitando ou disciplinando direito, interesse ou liberdade, regula a prática de ato ou abstenção de fato, em razão de interesse público concernente à segurança, à higiene, à ordem, aos costumes, à disciplina da produção e do mercado, ao exercício de atividades econômicas dependentes de concessão ou autorização do Poder Público, à tranquilidade pública ou ao respeito à propriedade e aos direitos individuais ou coletivos.[328]

---

[327] GAMA. Ordem econômica..., p. 118.
[328] Art. 78 da Lei nº 5.172/1966.

Deve ser ressaltado que o exercício da competência interventiva para promover atos de fiscalização, como previsto pelo artigo 174 do texto constitucional só será permitido em razão do interesse público concernente à disciplina da produção e do mercado e, bem assim, ao exercício das atividades econômicas dependentes de concessão ou autorização do Poder Público.

A remuneração para a manutenção da fiscalização não pode ser auferida pela instituição de contribuições interventivas. Ora, em primeiro lugar, o exercício do poder de polícia é típico de uma intervenção indireta por direção, enquanto as contribuições interventivas são ferramentas para realização da intervenção por indução. E, em segundo lugar, veja: se a atividade estatal se refere à disponibilização do poder de polícia, a contrapartida natural é a cobrança de taxas, considerando que esta espécie tributária tem como fato gerador o exercício regular do poder de polícia, ou a utilização, efetiva ou potencial, de serviço público específico e divisível, prestado ao contribuinte ou posto à sua disposição.[329]

5.5.1.2 Intervenção para planejamento

A intervenção indireta na modalidade conformadora de planejamento da atividade econômica destina-se, mediante atos normativos, a estabelecer diretrizes para a atuação dos agentes econômicos em função da necessidade de desenvolvimento da economia como um todo. O objetivo do planejamento, segundo pode ser extraído do §1º do artigo 174 da Constituição Federal, é a promoção de planos nacionais e regionais de desenvolvimento.

O planejamento no Brasil não é novidade trazida pela Constituição de 1988. Do texto da Constituição de 1934 é possível perceber que já existia competência para a criação de planos de desenvolvimento nacional.[330] A atribuição de competências a fim de promover o planejamento econômico para o desenvolvimento nacional foi sucessivamente passando pelos textos constitucionais e infraconstitucionais nacionais até os dias atuais.[331]

---

[329] Artigo 77 da Lei n º 5.172/66.
[330] Artigo 5º "Compete privativamente a União: IX – estabelecer o plano nacional de viação férrea e o de estradas de rodagem, e regulamentar o tráfego rodoviário interestadual".
[331] Como exemplo, veja: (i) o plano especial de obras públicas (Decreto-Lei nº 1.058/1939); (ii) o plano de obras e equipamentos (Decreto-Lei nº 6.145/43); (iii) o programa de metas de Juscelino Kubitschek e a criação do Conselho de Desenvolvimento durante o período de

Planejamento econômico é, nas palavras de José Afonso da Silva, "processo de intervenção estatal no domínio econômico com o fim de organizar atividades econômicas para obter resultados previamente colimados".[332] Adiante, o citado professor conclui que esse planejamento é "um instrumento de racionalização da intervenção do Estado no domínio econômico, ou como dispõe a Constituição: a lei estabelecerá diretrizes e bases para o planejamento do desenvolvimento nacional equilibrado (art. 174, §1º)".[333] [334] [335]

Partindo do pressuposto de que o planejamento deve ser nacional e que atinge a sociedade como um todo, ainda que haja referência a um setor da economia, o custeio dessa atividade deve recair sobre toda a sociedade e sobre um determinado setor, motivo pelo qual se apresenta incompatível a exigência de contraprestação específica, tal qual aquela promovida pelas contribuições interventivas, para arrecadar o montante necessário para viabilizar a política de planejamento econômico.[336]

5.5.1.3 Intervenção para incentivo

Logo de início se afirme que à intervenção indireta por indução relativa à criação das contribuições interventivas se amolda somente à modalidade de incentivo. Como foi dito, na modalidade de fiscalização, a contrapartida é a criação de taxas em razão do exercício do poder de polícia, e a modalidade de planejamento, por seu caráter nacional e beneficiador de toda a coletividade, não pode ser custeada por contribuições interventivas.[337]

1956 a 1960; *(iv)* comissão nacional de planejamento (Decreto nº 51.152/1961); *(v)* plano nacional de desenvolvimento (Lei nº 5.727/1971); e *(vi)* plano nacional de desenvolvimento da nova República (Lei nº 7.486/1986). Esses são alguns exemplos de atuações do Estado brasileiro no exercício da sua competência para intervir no domínio econômico como agente normativo para traçar diretrizes no sentido de planejar o desenvolvimento nacional. Sobre o assunto, cf. FONSECA. *Direito econômico*, p. 370 et seq.

[332] SILVA, José Afonso da. *Curso de direito constitucional positivo*. 23. ed. São Paulo: Saraiva, 2003. p. 789.
[333] *Ibidem*, p. 789.
[334] Sobre a busca pela racionalidade e o planejamento econômico, cf. FONSECA. *Direito econômico, op. cit.*, p. 337-349.
[335] Sobre críticas à pobreza com a qual a Constituição Federal de 1988 tratou o tema do planejamento econômico, cf. GRAU. *A ordem econômica...*, p. 342 et seq.
[336] Nesse sentido, cf. GAMA. *Ordem econômica...*, p. 119.
[337] As contribuições interventivas se prestam à arrecadação de recursos para aplicação em políticas de desenvolvimento de setores específicos e indicados pela sua própria norma instituidora. Essas contribuições devem ser cobradas do setor que será beneficiado e o produto da arrecadação destinado às políticas de incentivo direcionadas para esse setor. Isso será

O professor Tácio Lacerda Gama destaca quatro critérios que moldam a atividade estatal para intervenção na modalidade de incentivo (indireta por indução). São eles: *(i)* criação de entidades de fomento de determinadas atividades econômicas (fundo, instituto, autarquia ou mesmo despesa); *(ii)* finalidade declarada para intervir em determinado setor da economia, previamente definido; *(iii)* previsão legal, tanto para criação da entidade, quanto para atribuição de suas competências; e *(iv)* entre as finalidades dessa entidade, devem ser claras aquelas relativas a atuação positiva em favor do setor da economia afetado.[338] [339]

Uma vez verificado o preenchimento desses requisitos, a intervenção estatal poderá ser custeada pelas contribuições de intervenção sobre o domínio econômico. Isso já vem acontecendo na atualidade e, abstraindo a discussão sobre a constitucionalidade das normas, percebe-se a existência de várias contribuições criadas sob esta sistemática. É o caso, por exemplo, da Lei nº 9.998/2000, que instituiu o Fundo de Universalização dos Serviços de Telecomunicações (FUST), cuja função é arrecadar, para aplicação em programas de incentivo traçados pelo plano geral de metas para universalização dos serviços de telecomunicações.

5.5.1.3.1 Contribuição interventiva e os estímulos negativos indutores

Cabe, neste momento, posicionar-se sobre o fato de que a intervenção por indução realizada pelas normas tributárias, entre elas as normas que instituem as contribuições interventivas, pode promover tanto estímulos quanto desestímulos.

Parte-se da lição de Eros Roberto Grau, para quem é necessário considerar o fato de que nem sempre a indução é positiva. Exemplifica o professor que o Estado age por indução negativa, quando um tributo é aumentado para evitar a prática de determinado comportamento (importação de determinado bem). "A indução, então, é negativa. A norma não proíbe a importação desses bens, mas onera de tal sorte que ela se torna economicamente proibitiva".[340]

---

mais bem explicado quando o texto tratar do princípio da referibilidade e, bem assim, dos critérios de avaliação da constitucionalidade das constituições interventivas.
[338] Cf. GAMA. *Contribuição de intervenção...*, p. 252.
[339] Esses requisitos apontados pelo professor Tácio Lacerda Gama serão analisados no decorrer do presente trabalho e terão reflexos quando do estudo dos critérios de avaliação de constitucionalidade das contribuições interventivas.
[340] GRAU. *A ordem econômica...*, p. 149.

Continuando, é pertinente o estudo de Diego Bomfim. Segundo o professor, dentro de um contexto de intervenção econômica, as normas tributárias "*se amoldam perfeitamente à intervenção por indução*, quando, em vez de prescrever a direção a ser tomada, o Estado se vale de incentivos ou *desestímulos*, para fomentar a realização ou não de determinadas condutas"[341] (grifos aditados).

Prosseguindo com a discussão e comparando os posicionamentos de Marco Aurélio Greco[342] e Luís Eduardo Schoueri,[343] o referido autor baiano chega à conclusão de que a intervenção por indução em sua vertente *negativa* não poderia ser utilizada nos casos em que o objetivo do Estado é o de desestimular uma atividade econômica como um todo. Isso é assim porque o Estado deveria incentivar o desenvolvimento de todas as atividades lícitas e, como consequência, o desestímulo a uma atividade econômica "não encontra guarida no ordenamento, caso em que deveria ser realizada a requalificação da atividade econômica como ilícita".[344]

Entretanto, por outro lado, quando o desestímulo tratar especificamente de uma faceta de uma determinada atividade econômica:

> Nenhuma censura poderá ser empreendida à utilização de normas indutoras baseadas em desestímulos, já que não se pretende desestimular a atividade em si, mas apenas facetas de sua operacionalização. Nesse caso, o desestímulo é apenas quanto aos efeitos colaterais que a atividade econômica pode gerar.[345]

---

[341] BOMFIM, Diego. *Tributação e livre concorrência*. São Paulo: Saraiva, 2011. p. 100.

[342] "Ocorre que o artigo 174 da CF/88consagra como diretriz da atuação do Poder Público o vetor positivo (incentivo) o que implica em a intervenção, quando implantada, dever se viabilizar por instrumentos de apoio. Assim, ao meu ver, não há espaço na Constituição para uma intervenção que iniba, restrinja, dificulte, o exercício da atividade econômica" (GRECO, Marco Aurélio. Contribuições de intervenção no domínio econômico: parâmetros para sua criação. *In*: GRECO, Marco Aurélio (Coord.). *Contribuições de intervenção no domínio econômico e figuras afins*. São Paulo: Dialética, 2001. p. 24).

[343] "Não assiste razão a Greco. Embora seja verdade que o referido artigo 174 utiliza as expressões 'fiscalização, incentivo e planejamento', a omissão do termo 'desincentivo' não autoriza a conclusão imediata de sua proibição, já que incentivo e desincentivo são, apenas, dois ângulos de uma mesma atuação: ao incentivar uma atividade, o Estado 'desincentiva' outras. Ademais, toda Ordem Econômica contempla atuações positivas e negativas do Estado (...) Finalmente, a limitação proposta por Greco deixa de lado as circunstâncias em que uma atividade não é lícita, mas deve ser 'desincentivada' como forma, por exemplo, de mitigar externalidades negativas de ordem nacional" (SCHOUERI. *Normas tributárias indutoras...*, p. 52).

[344] BOMFIM. *Tributação e livre concorrência*, p. 101.

[345] *Ibidem*, p. 79.

Portanto, percebe-se que a intervenção pode ser promovida por normas tributárias de indução positiva ou por normas tributárias de indução negativa.

Em sentido contrário, a professora Fabiana Del Padre Tomé discorda "da posição que considera possível a instituição de uma CIDE para fins de indução negativa, ou seja, para desestimular".[346] Exemplificando, a autora aduz que não poderia haver uma contribuição interventiva que incidisse sobre o setor da indústria de cigarros, com a finalidade de desestimular a fabricação desse bem maléfico à saúde e cujo produto da arrecadação fosse destinado ao tratamento das vítimas de câncer. Sobre o exemplo, conclui que:

> Tal modalidade interventiva não se enquadra no conceito constitucional. Se o legislador deseja desestimular uma atividade, como a industrialização do fumo, ele tem em mãos outros meios para fazê-lo. (...) Se eu falar que é possível instituir uma CIDE para desestimular, ficaria prejudicado o critério da destinação. Isso porque, ainda que o legislador prescreva que o produto da arrecadação será revertido em benefício das vítimas do câncer de pulmão etc., essa destinação não estará intervindo, ela própria, no domínio econômico.[347]

Nesse caso, parece certo que esta contribuição interventiva não pode prosperar, mas não por conter uma indução negativa, pelo fato de que o produto da arrecadação não está sendo destinado ao setor afetado pela intervenção. De fato, não há instrumentalização da intervenção pela aplicação dos recursos e, aqui, concorda-se com a autora, pois essa destinação não está intervindo, ela própria, no domínio econômico. Há, então, um descompasso entre o setor que sofreu a intervenção e o setor beneficiado pela intervenção sobre o domínio econômico. Eis o descumprimento do princípio da referibilidade.

Cuidar das vítimas de câncer é louvável, mas essa política não pode ser custeada por uma contribuição de intervenção exigida das indústrias do fumo. Nesse caso, a intervenção, seja por indução positiva ou negativa, não pode prosperar em virtude do descompasso identificado. Esse ponto será tratado com mais profundidade quando da abordagem do princípio da referibilidade e, bem assim, quando da abordagem dos critérios materiais da avaliação da constitucionalidade das contribuições interventivas.

---

[346] TOMÉ, Fabiana Del Padre. Contribuições: Mesa de Debates. *In*: XVIII CONGRESSO BRASILEIRO..., p. 64.
[347] *Ibidem*, p. 64.

Em conclusão, a indução negativa poderia ter o produto da arrecadação destinado a fomentar ações diretamente ligadas às indústrias do fumo, como, por exemplo, para abertura de linhas de créditos às indústrias que oferecessem aos seus clientes tratamento médico e hospitalar ou que investissem na produção de cigarros com filtros mais potentes do que o habitual. Enfim, seria possível uma intervenção nesse setor, positiva ou negativamente, somente para o caso em que o produto da arrecadação fosse destinado a esse mesmo setor.

Portanto, o que se percebe é que a intervenção pode ser promovida por normas tributárias de indução positiva, ou por normas tributárias de indução negativa. Em qualquer caso, o produto da arrecadação deverá ser destinado ao fomento do setor econômico afetado. Nas palavras de Hugo de Brito Machado Segundo, "a única maneira de uma Cide atingir de forma proporcional a finalidade a que se destina é intervindo ao incidir e também necessariamente ao custear".[348]

Tácio Lacerda Gama também se manifestou sobre o assunto. Na oportunidade, o professor aduziu que "a atuação negativa é a aquela que disciplina o exercício de direitos, autorizando ou negando a prática de atos, bem como aplicando sanções quando não se cumprem determinações legais".[349] Nesse caso, conclui que o Estado somente poderia cobrar taxas em razão do exercício do poder de polícia.

De fato, a posição do citado professor é acertada, pois no caso de proibições, por exemplo, estaremos diante de uma atuação por direção e não por indução. Sendo atuação por direção, não há que se falar em exigência de contribuições interventivas.

Por outro lado, deve ficar esclarecido que o Estado também poderá criar contribuições interventivas que contenham a característica de indução desestimuladora, desde que não torne ilícitos os fatos que pretende desestimular.

5.5.2 Competência interventiva e extrafiscalidade

Da leitura da Constituição atual percebe-se que o legislador constituinte atribuiu competência à União para a utilização de tributo como mecanismo, visando à promoção de uma intervenção por indução sobre o domínio econômico.[350] E assim agiu com o intuito de fazer cumprir as

---

[348] MACHADO SEGUNDO. *Contribuições e federalismo*, p. 173.
[349] GAMA. *Contribuição de intervenção*..., p. 261.
[350] "Art. 149. Compete exclusivamente à União instituir contribuições sociais, de intervenção no domínio econômico e de interesse das categorias profissionais ou econômicas, como instrumento de sua atuação nas respectivas áreas..."

suas atribuições perante a sociedade, sempre em busca do bem-estar social. Tem-se, portanto, a outorga de uma competência tributária para a criação de um tributo por parte da União. Se o exercício dessa competência tributária, em um primeiro momento, tem a finalidade arrecadatória, em outro momento, enquanto norma jurídica de intervenção, procura intervir no domínio econômico para tentar influenciar as relações intersubjetivas, com o objetivo de alcançar a preservação de valores que a sociedade, por intermédio das escolhas feitas pelos seus representantes legisladores, quis ver cumpridos.

Cabe, aqui, ressaltar que a função do direito é a regulação de condutas intersubjetivas. Ao prescrever mandamentos para regular estas condutas, o direito atribui à sociedade determinados valores que devem ser observados. Tratando de intervenção sobre o domínio econômico, vê-se que a contribuição prevista no artigo 149 da Constituição Federal é uma ferramenta para dirigir as atividades econômicas em face dos valores que devem ser observados.[351]

Importa expor que o Estado dispõe de algumas formas para atuar conforme os mandamentos constitucionais em prol da sociedade, fazendo jus aos ideais do Estado Social. Uma dessas formas, sem dúvida, consiste no exercício da competência tributária. O exercício da competência tributária, atrelado ao exercício das competências intervencionistas, permite que o Estado, além de promover a sua função arrecadatória, promova também a indução de condutas dos agentes econômicos que fazem parte, por exemplo, do setor do domínio econômico sobre o qual o Estado pretende intervir.

Segundo Fernando Aurélio Zilveti, "o Estado usa a tributação para executar suas políticas, pressionando o contribuinte a realizar determinadas condutas ou a abster-se de outras".[352] Adiante, o citado professor afirma que a extrafiscalidade é instrumento útil para "estimular ou desestimular condutas. Com ela, o legislador persegue, em primeiro plano, finalidades política social, normas indutoras de relevante importância para a Administração".[353]

---

[351] A função do Direito é a de motivar as condutas econômicas e negociais dos agentes da atividade econômica, de forma que se abstenham de realizar determinados atos que são indiretamente condenados pela coletividade; da mesma forma, que ajam de acordo com os valores considerados necessários ao equilíbrio das atividades econômicas.
[352] ZILVETI, Fernando Aurélio. *Princípios de direito tributários e a capacidade contributiva*. São Paulo: Quartier Latin, 2004. p. 190.
[353] *Ibidem*, p. 192.

De se notar que o legislador pode promover o exercício da competência tributária para a criação de normas estimuladoras ou desestimuladoras de situações sociais, políticas e econômicas. Quando age assim, diz-se que o legislador criou um tributo extrafiscal. Exemplo disso é a majoração do imposto sobre a importação incidente sobre os calçados importados da China, como maneira de desestimular a importação desses produtos para, consequentemente, estimular o consumo de calçados fabricados por indústrias nacionais.

Quando o legislador utiliza o dito caráter extrafiscal dos tributos, nada mais faz, senão a criação de normas para intervenção nas relações intersubjetivas, com a finalidade não só de arrecadar, mas de influenciar mudança de comportamentos, ao ponto de alcançar a preservação de valores que a própria sociedade deseja proteger.

Para Roque Antonio Carrazza há extrafiscalidade "quando o legislador, em nome do interesse coletivo, aumenta ou diminui as alíquotas e/ou as bases de cálculo dos tributos, com o objetivo principal de induzir os contribuintes a fazer ou a deixar de fazer alguma coisa".[354]

Paulo de Barros Carvalho, ao tratar da extrafiscalidade dos tributos, afirma que:

> A experiência jurídica nos mostra, porém, que as vezes sem conta a compostura da legislação de um tributo vem pontilhada de inequívocas providências no sentido de prestigiar certas situações, tidas como social, política ou econômica valiosas, às quais o legislador dispensa tratamento mais confortável ou menos gravoso. A essa forma de manejar elementos jurídicos usados na configuração dos tributos, perseguindo objetivos alheios aos meramente arrecadatórios, dá-se o nome de extrafiscalidade.[355]

Mais adiante, o mesmo autor descreve que a extrafiscalidade dos tributos se configura pelo:

> Emprego de fórmulas jurídico-tributárias para a obtenção de metas que prevalecem sobre fins simplesmente arrecadatórios de recursos monetários, o regime que há de dirigir tal atividade não poderia deixar de ser aquele próprio das exações tributárias. Significa, portanto, que, ao construir suas pretensões extrafiscais, deverá o legislador pautar-se, inteiramente, dentre dos parâmetros constitucionais, observando as limitações de sua competência impositiva e os princípios superiores

---

[354] CARRAZZA. Curso de direito constitucional..., p. 96.
[355] CARVALHO. Curso de direito tributário, p. 252-253.

que regem a matéria, assim os expressos que os implícitos. Não tem cabimento aludir-se a regime especial, visto que o instrumento jurídico utilizado é invariavelmente o mesmo, modificando-se tão somente a finalidade do seu manejo.[356]

Ainda sobre o assunto, mas especificamente sobre a intenção de desestimular condutas, Alfredo Augusto Becker afirmou que "o Estado para impedir ou desestimular um determinado fato social tem dois caminhos a escolher: a) ou regra jurídica que declare ilícito aquele fato social; b) ou tributo extrafiscal proibitivo".[357]

A ideia de prescrever a ilicitude de um fato social como medida para induzir a modificação de condutas se amolda, como foi visto, à proposta de uma intervenção indireta por direção, enquanto a ideia de criação de um tributo extrafiscal proibitivo se amolda à forma de intervenção indireta por indução.

Feita essa breve introdução sobre o assunto da extrafiscalidade, importa ressaltar que todo tributo, tenha o legislador intentado ou não, sempre intervirá sobre o mundo social. Nesse sentido, é possível afirmar que todo tributo intervém sobre o domínio econômico. Ora, a incidência tributária visa retirar parte do patrimônio do contribuinte, tenha ela caráter eminentemente fiscal ou extrafiscal. Se é assim, não há dúvida de que o tributo (sempre de caráter arrecadatório[358]), em menor ou maior escala, sempre modificará as atividades dos agentes econômicos.[359]

---

[356] *Ibidem*, p. 254.
[357] BECKER. *Teoria geral*..., p. 592.
[358] Fernando Aurélio Zilveti afirmou que "não há na extrafiscalidade um objetivo único de arrecadação. Às vezes, sequer se vincula esse objetivo, como nas isenções ou reduções de alíquotas dos produtos de primeira necessidade" (ZILVETI. *Princípios de direito*..., p. 193). Fazendo uma leitura superficial dessa afirmação, poderia se pensar na existência de tributo puramente extrafiscal. Mas isso não parece correto. Nesse caso, fala-se em normas tributárias (e são tributárias porque tratam de redução de tributos) que propõem uma desoneração. Somente então será possível concordar com a existência de normas tributárias tipicamente extrafiscais. Por outro lado, tratando agora das normas tributárias que criam tributos, tal qual a norma instituidora de uma contribuição de intervenção sobre o domínio econômico, não há como caracterizá-las como exclusivamente extrafiscais, pois se há a criação de tributos, haverá consequentemente a imposição de um ônus financeiro. Enfim, uma norma tributária pode até ser caracterizada somente pelo seu caráter extrafiscal (*v.g.*, quando prescreve uma isenção), mas a norma que cria tributo, não. Esta última sempre terá, em maior ou menor proporção, a função arrecadatória.
[359] Luís Eduardo Schoueri entende que a extrafiscalidade é gênero, cujas espécies seriam todas as funções diversas daquela arrecadatória. Por isso escreve que "o gênero da extrafiscalidade inclui todos os casos não vinculados nem à distribuição equitativa da carga tributária, nem à simplificação do sistema tributário". Adiante, elucida que a melhor expressão que corresponde à função das normas interventivas é "norma tributária indutora". Segundo o professor, essa expressão "tem o firme propósito de não deixar escapar

Corroborando essas afirmações, a professora Fabiana Del Padre Tomé afirmou que: "tratando-se de intervenção no domínio econômico, por exemplo, verificamos que qualquer aumento ou redução de tributo opera consequências na economia — e, portanto, implica interferência em algum setor econômico, em algum domínio econômico".[360] Daniel Monteiro Peixoto, seguindo a mesma linha de raciocínio, aduz que "toda norma tributária, uma vez instituída, provoca alteração no comportamento dos agentes econômicos".[361] Conclui o autor afirmando que "todo tributo, além da finalidade arrecadatória, acaba, em maior ou menor medida, promovendo a extrafiscalidade".[362] Por isso, dizer que um tributo é fiscal ou (excludente) extrafiscal constitui equívoco. Todos os tributos visam arrecadar e, em maior ou menor intensidade, possuem um caráter indutor para a modificação de condutas.[363]

Por fim, importa mencionar ainda que, independentemente da intensidade da característica extrafiscal, a verdade é que todo tributo se sujeita "às mesmas regras que as demais exações".[364] Assim, ainda que tenha um caráter extrafiscal, a contribuição interventiva deverá atender às regras dispostas no regime jurídico relativo aos tributos.[365]

Fernando Aurélio Zilveti, tratando das características extrafiscais das contribuições interventivas, afirma que a intervenção deve obedecer aos princípios da justiça e da igualdade, prevenindo a desobediência ao princípio da vedação ao confisco. Por isso, ressalta que:

> A extrafiscalidade não pode, com efeito, assumir contornos de confisco, ou melhor, um caráter expropriatório. O exagero da extrafiscalidade,

---

a evidência de, conquanto se tratando de instrumentos a serviço do Estado na intervenção por indução, não perderem tais normas a característica de serem elas, ao mesmo tempo, relativas a tributos e portanto sujeitas a princípios e regras próprias do campo tributário" (SCHOUERI. *Normas tributárias indutoras...*, p. 34).

[360] TOMÉ, Fabiana Del Padre. Contribuições: Mesa de Debates. *In*: XVIII CONGRESSO BRASILEIRO..., p. 62.

[361] PEIXOTO, Daniel Monteiro. Desvio de finalidade das contribuições de intervenção no domínio econômico. *Revista de Direito Tributário*, São Paulo, v. 102, p. 157, 2008.

[362] *Ibidem*, p. 157.

[363] No mesmo sentido, Hugo de Brito Machado Segundo afirma que "o custo que um tributo representa para os contribuintes nunca é sem efeitos econômicos. Orienta comportamentos, estimulando ou desestimulando condutas, mesmo quando isso não tenha sido sequer imaginado pelo legislador" (MACHADO SEGUNDO. *Contribuições e federalismo*, p. 172).

[364] HORVATH, Estevão. *O princípio do não-confisco no direito tributário*. São Paulo: Dialética, 2002. p. 98.

[365] Em sentido contrário, cf. BERTI, Flávio de Azambuja. *Impostos*: extrafiscalidade e não confisco. Curitiba: Juruá, 2006. p. 161 *et seq.*

como se observa em determinadas exações, reprime o contribuinte ao ponto de expropriá-lo do bem objeto da tributação, como nos impostos sobre o patrimônio. Portanto, o limite da extrafiscalidade deve estar na razoabilidade e proporcionalidade, corolários do princípio da igualdade, elementos essenciais para aferir a finalidade dos tributos extrafiscais e (...) repelir os abusos.[366]

É importante que isso fique claro, pois, como alerta Misabel Abreu Machado Derzi, "não raramente o ente estatal tributante, ávido de recursos, será tentado a usar a extrafiscalidade como desculpa ou pretexto para estabelecer maior pressão fiscal".[367] Por isso que o legislador deve, também, observação ao princípio da proporcionalidade, cuja aplicação às contribuições interventivas será tratada a seguir.

Por fim, diga-se ainda que as contribuições interventivas criadas para arrecadar os recursos que serão necessários para o custeio da ação interventiva do Estado sobre o domínio econômico afetado de extrafiscalidade pouco têm. Ora, a finalidade é predominantemente arrecadatória, já que é necessário arrecadar justamente para custear a intervenção estatal.[368] Esta intervenção, sim, terá a função de regulação das condutas sociais para assegurar o bem-estar social.

Sem entrar na discussão de correlação entre o "motivo constitucional" da intervenção e a destinação prescrita para o produto da arrecadação, ressalte-se o exemplo da chamada "CIDE-Combustíveis", instituída pela Lei nº 10.336/2001. A intenção do Estado é angariar recursos para financiar as políticas governamentais relativas ao pagamento de subsídios a preços ou transporte de álcool combustível, de gás natural e seus derivados e de derivados de petróleo, ao financiamento de projetos ambientais relacionados com a indústria do petróleo e do gás e ao financiamento de programas de infraestrutura de transportes.

A característica arrecadatória é latente. Com a norma tributária, em si, o Estado não intenta, em um primeiro momento, qualquer modificação de condutas, mas sim preencher os cofres públicos para suprir as necessidades decorrentes da intervenção pretendida.

---

[366] ZILVETI. *Princípios de direito...*, p. 200.
[367] DERZI, Misabel Abreu Machado. Notas de atualização. *In*: BALEEIRO, Aliomar. *Limitações constitucionais ao poder de tributar*. Rio de Janeiro: Forense, 2003, p. 557.
[368] Nessa mesma linha, cf. MACHADO SEGUNDO. *Contribuições e federalismo*, p. 172-173. Em sentido contrário, e sobre a impertinência da extrafiscalidade no trato das contribuições especiais, cf. GRECO. *Contribuições de intervenção...*, p. 25.

5.5.3 Contribuição interventiva como: (i) ferramenta direta para intervenção; ou (ii) meio para custear a intervenção

A contribuição interventiva é, como se pode verificar no decorrer deste trabalho, um instrumento de tributação à disposição do Estado para promover intervenção sobre o domínio econômico. Faz parte, então, do rol de instrumentos que o Estado dispõe para realizar a chamada intervenção por indução.

Para Paulo Roberto Lyrio Pimenta, "a contribuição pode ser destinada ao custeio dos gastos desenvolvidos pelo Estado para interferir no domínio econômico, bem como pode constituir no próprio instrumento da intervenção. São duas, portanto, as hipóteses de instituição desta contribuição".[369]

A indução, mediante a instituição de um tributo de natureza interventiva, pode ser obtida de duas formas: (i) por meio de norma que objetive o desestímulo de determinada conduta; e (ii) por meio de norma que tenha o objetivo de buscar recursos, sem, contudo, onerar excessivamente o contribuinte, para custear as políticas intervencionistas em prol desses mesmos contribuintes.

Sobre o assunto, Marco Aurélio Greco afirma que a atuação da união para instituição da contribuição interventiva pode se constituir numa atuação material, fornecendo recursos para fomentar políticas em favor do setor afetado pela intervenção ou numa atuação de oneração financeira, quando a atuação interventiva estiver voltada para a manutenção direta do equilíbrio econômico, enquanto próprio instrumento da intervenção. Segundo o professor:

> No campo econômico, a 'atuação' da União pode constituir uma atuação material ou uma atuação de oneração financeira. Se a atuação for material, a contribuição servirá para fornecer as despesas respectivas; se a atuação for no sentido de equilíbrio ou equalização financeira, a contribuição será o próprio instrumento da intervenção. (...) Ampliou-se o cabimento das contribuições para admitir, não apenas a contribuição para enfrentar despesas públicas, mas também, a utilização da própria contribuição como instrumento de intervenção (equalizações financeiras, de custos dos agentes econômicos etc.), na estrita medida do que for admissível como intervenção constitucionalmente válida. Assim, a contribuição de intervenção no domínio econômico pode ser criada

---

[369] PIMENTA, Paulo Roberto Lyrio. *Contribuições de intervenção no domínio econômico*. São Paulo: Dialética, 2002. p. 48.

para gerar recursos para financiar integrantes do grupo, poderá sê-lo para onerá-los mediante a exigência de dispêndios no pagamento da contribuição.[370]

Essas são as maneiras de indução que podem ser exploradas pelo legislador, quando planejar intervir no domínio econômico por meio da instituição das contribuições interventivas.

A contribuição interventiva que objetive o desestímulo de uma determinada conduta praticada pelos agentes das relações econômicas é o próprio instrumento promotor da intervenção. Isso pode ser feito, por exemplo, para equalização da concorrência dos produtos nacionais com os produtos importados, quando a União poderia onerar a importação de determinados produtos estrangeiros, para que o seu ingresso no mercado interno não ponha em risco o mercado nacional. Supondo que a intervenção será bem-sucedida, basta que a norma interventiva ingresse no ordenamento para começar a irradiar os seus efeitos e, assim, por sua própria existência, promover a intervenção.

Atuando assim, enquanto instrumento desestimulador de condutas (e. g., desestimular importação de produtos estrangeiros para equalizar o mercado nacional e garantir a sobrevivência da industrial nacional), a contribuição intervencionista tem como objetivo imediato o desestímulo de determinadas condutas e, como objetivo mediato, a arrecadação de tributos.

Diferentemente acontece com aquela contribuição interventiva cuja finalidade é a de arrecadar para custear a promoção da intervenção. Nesse caso, o objetivo imediato da norma interventiva é a arrecadação, e o objetivo mediato a intervenção, desta feita, por meio do fomento de políticas administrativas intervencionistas, necessariamente custeadas por essa arrecadação.

No primeiro caso, a intervenção propriamente dita estaria situada no âmbito do objetivo imediato da norma intervencionista, ou seja, basta a criação da norma (considerando a sua validade e produção de seus efeitos), para a consecução da intervenção.

No segundo caso, a característica interventiva estaria estampada no âmbito do objetivo mediato da norma. Aqui, a norma tributária intervencionista tem, imediatamente, o objetivo de arrecadar. Ela é instituída justamente para buscar os recursos necessários a promover

---

[370] GRECO, Marco Aurélio. *Contribuições*: uma figura *sui generis*. São Paulo: Dialética, 2000. p. 236.

a intervenção e não para intervir materialmente. A mera instituição da contribuição interventiva não ocasionará intervenção. É necessário o direcionamento dos recursos arrecadados e a consequente aplicação para o fim preestabelecido. A intervenção propriamente dita somente será consolidada com a aplicação dos recursos arrecadados para o custeio das ações estatais no sentido de promover o equilíbrio das relações econômicas, nos termos dos princípios da ordem econômica. Por isso, diz-se que o objetivo mediato da norma interventiva, nesse caso, é a aplicação dos recursos para consecução da intervenção.

Também sobre o assunto, Hugo de Brito Machado Segundo preconiza:

> Ocorre que a finalidade da Cide pode ser atingida, também, através do fenômeno de sua incidência. Ao onerar determinado comportamento, o tributo intervém na economia, estimulando ou desestimulando condutas. Isso levou outros doutrinadores igualmente respeitáveis a sustentarem a possibilidade de intervenção custeada ou realizada diretamente pela Cide.[371]

Nas duas maneiras de intervenção, é bom que se diga, tem-se a contribuição de intervenção sobre o domínio econômico como instrumento de atuação da União na respectiva área, como manda o artigo 149 da Constituição Federal. Da primeira forma, a contribuição interventiva, por si só, já instrumentaliza a atuação da União. E, no segundo caso, ela é instrumento de arrecadação que permite a viabilidade econômica da atuação da União no domínio econômico.[372] [373]

5.6 Conformação da competência tributária pelas normas de imunidade

A competência para legislar em matéria tributária não é composta somente por normas que determinam de maneira positiva o campo de atuação possível do legislador. Também existem normas que delimitam,

---

[371] MACHADO SEGUNDO. *Contribuições e federalismo*, p. 171.
[372] Em sentido contrário, alguns autores entendem que a intervenção mediante a instituição de contribuições interventivas só pode ser concretizada mediante o custeio de órgão específico que tenha por finalidade a intervenção na economia. A contribuição interventiva só poderia ser instrumento meio para arrecadação de recursos para custear a intervenção promovida pelo Estado. Cf. MACHADO SEGUNDO. *Contribuições e federalismo*, p. 171.
[373] Sobre o assunto, *vide* tópico *supra* que trata da contribuição interventiva e os estímulos negativos indutores.

ao contrário, negativamente esse campo de atuação. A competência tributária é, assim, conformada por normas positivas e negativas que determinam a exata moldura dentro da qual o legislador poderá atuar.

As normas que determinam de maneira negativa o campo de atuação do legislador podem ser chamadas de normas de imunidade. As imunidades desenham a competência de forma negativa. Elas fazem parte da demarcação da competência tributária e impõem o dever de se abster de criar tributos sobre determinadas situações sociais. São, em outras palavras, normas que tratam da incompetência tributária e, assim como as normas que delineiam positivamente a competência tributária, são normas de estrutura, pois se referem à produção de outras normas.

Roque Antonio Carrazza, no mesmo sentido, anotou que:

> A competência tributária tem suas fronteiras perfeitamente traçadas pela Constituição Federal, que, inclusive, apontou, direta ou indiretamente, as regras-matrizes dos tributos. (...) A imunidade tributária ajuda a delimitar o campo tributário. De fato, as regras de imunidade também demarcam (no sentido negativo) as competências tributárias das pessoas políticas. (...) a competência tributária é desenhada também por normas negativas, que veiculam o que se convencionou chamar de imunidades tributárias. (...) a imunidade tributária é um fenômeno de natureza constitucional. As normas constitucionais que, direta ou indiretamente, tratam do assunto fixam, por assim dizer, a incompetência das entidades tributantes (...).[374]

Há, aqui, uma relação íntima entre as normas de imunidade e as normas de competência tributária. Nesse sentido, as primeiras funcionam como demarcadoras das segundas, unindo-se num só conjunto para determinar a específica competência tributária de cada ente político.

Essas normas determinam o campo de atuação do legislador, quando da sua atuação para instituição de tributos. De se notar, aqui, que as normas de imunidade são normas de patamar constitucional que limitam a própria atividade legislativa.

Embora pareça ser assunto de sossegado conhecimento, o instituto da imunidade tributária ainda gera discussões, principalmente no que tange à definição de sua natureza jurídica. "O estudo científico das imunidades jurídico-tributárias não encontrou ainda uma elaboração teórica metodologicamente adequada ao conhecimento de sua

---

[374] CARRAZZA. *Curso de direito constitucional...*, p. 634.

fenomenologia."[375] Isso foi percebido pelo professor Paulo de Barros Carvalho, que, adiante, procurou conjugar os elementos das mais diversas proposições descritivas emitidas para definir as imunidades tributárias, tendo descoberto que a imunidade é vista como:

> Um obstáculo posto pelo legislador constituinte, limitador da competência outorgada às pessoas políticas de direito constitucional interno, excludente do respectivo poder tributário, na medida em que impede a incidência da norma impositiva, aplicável aos tributos não vinculados (impostos), e que não comportaria fracionamentos, vale dizer, assume foros absolutos, protegendo de maneira cabal as pessoas, fatos e situações que o dispositivo mencione.[376]

O professor paulista, ainda no desenvolver do seu estudo para atribuir ao instituto das imunidades tributárias uma definição que tenha como ponto de partida a análise dos elementos jurídicos substanciais próprios de sua natureza, conclui que as imunidades tributárias são:

> A classe finita e imediatamente determinável de normas jurídicas, contidas no texto da Constituição da República, e que estabelecem, de modo expresso, a incompetência das pessoas políticas de direito constitucional interno para expedir regras instituidoras de tributos que alcancem situações específicas e suficientemente caracterizadas.[377]

5.6.1 Normas de imunidade tributária e a falsa impressão da sua aplicação exclusiva aos impostos

"Querem, quase todos, que a imunidade seja uma instituição jurídica que diga respeito unicamente aos impostos, forrando-se a ela os demais tributos."[378] Aqueles que se posicionam dessa forma buscam fundamento na literalidade do texto do artigo 150, VI, da Constituição Federal, o qual dispõe que é vedado à União, aos Estados, ao Distrito Federal e aos Municípios instituir impostos sobre o patrimônio, renda ou serviços, uns dos outros; os templos de qualquer culto; o patrimônio, renda ou serviços dos partidos políticos, inclusive suas fundações, das entidades sindicais dos trabalhadores, das instituições de educação e

---

[375] CARVALHO. *Direito tributário...*, p. 308.
[376] Ibidem, p. 310.
[377] Ibidem, p. 341.
[378] Ibidem, p. 318-319.

de assistência social, sem fins lucrativos, atendidos os requisitos da lei; e os livros, jornais, periódicos e o papel destinado a sua impressão. Essa não passa da interpretação isolada de um dispositivo constitucional. "Nada mais infundado! A redução é descabida, transparecendo como o produto de exame meramente literal (e apresado) ou como o resultado de considerações metajurídicas, que não se prendem ao contexto do direito positivo que vige."[379]

Influenciado pela doutrina tradicional, a qual apregoava que as imunidades tributárias se aplicavam, tão somente, aos impostos, Roque Antonio Carrazza abraçava essa posição. Expressamente, o professor da Pontifícia Universidade Católica de São Paulo reconheceu que não tinha percebido que a Constituição Federal enunciava normas de imunidade a outras espécies tributárias, como, por exemplo, às taxas. Em seu relato, afirma:

> Neste ponto estávamos influenciados pela doutrina tradicional, que, de modo apriorístico, sustenta que as imunidades foram feitas sob medida para os impostos e os tributos que guardam esta característica (como, p. ex., as contribuições patronais para a seguridade social). Não tínhamos ainda percebido algo óbvio, ou seja, que nada impede que a Constituição de um país disponha de modo contrário às diretrizes doutrinárias. E foi o que fez a nossa Carta de 1988 ao criar algumas situações de imunidade a taxas. (...) Percebida a cinca, estamos fazendo as necessárias retificações.[380]

Para enxergar a norma de imunidade é preciso analisar o texto da Constituição Federal como um todo. Esse exercício deve contar com a conclusão de duas fases: a primeira diz respeito à procura das normas que, positivamente, atribuem competência tributária. A segunda, à procura das normas que, negativamente, falam sobre a aptidão do legislador para instituição de tributos.

O regime jurídico relativo à espécie tributária dos impostos foi minuciosamente traçado pela Constituição Federal. A demarcação da competência para criação dos impostos é exaustiva. É possível identificar todos os elementos que podem fazer parte da hipótese de incidência dessas espécies tributárias. Por isso, existem tantos dispositivos que tratam, tão somente, das imunidades referentes aos impostos, mas estão longe de fundar qualquer pretensão argumentativa no sentido de afirmar que as imunidades só se referem aos impostos.

---
[379] *Ibidem*, p. 320.
[380] CARRAZZA. *Curso de direito constitucional...*, p. 642.

Uma prova que demonstra a existência de normas de competência aplicáveis aos demais tributos está no enunciado do artigo 151, inciso I, da Constituição Federal. A demarcação do campo de atuação da União é clara e válida para qualquer tributo cuja competência lhe foi outorgada.

Segundo o texto constitucional, é vedado à União instituir tributo que não seja uniforme em todo o território nacional ou que implique distinção ou preferência em relação a Estado, ao Distrito Federal ou a Município, em detrimento de outro, admitida a concessão de incentivos fiscais destinados a promover o equilíbrio do desenvolvimento socioeconômico entre as diferentes regiões do país.

Outra prova está contida no enunciado do artigo 5º, XXXIV, "a" e "b", da Constituição Federal. Tal dispositivo prevê o não pagamento de taxas quando for exercido o direito de petição ou para a obtenção de certidões em repartições públicas.

Também não se diga que a imunidade tributária relativa aos impostos está somente disposta no artigo 150, inciso IV, da Constituição Federal. Percorrendo o texto constitucional é possível verificar inúmeras normas que se referem à demarcação negativa da competência tributária, tais como: *(i)* imunidade das operações de exportações de bens, aplicável ao imposto sobre produtos industrializados (artigo 153, §3º, III, da Constituição Federal); *(ii)* imunidade da propriedade rural definida como pequena gleba rural, aplicável ao imposto sobre a propriedade territorial rural (artigo 153, §4º, da Constituição Federal); e *(iii)* imunidade das operações de transferência de imóveis desapropriados para realização de reforma agrária (artigo 184, §5º, da Constituição Federal).

5.6.2 Imunidade, isenção e não incidência

Considerando a falta de rigor com a utilização das expressões por parte do legislador, é importante ressaltar que as imunidades tributárias se caracterizam por estar inseridas no conjunto de normas que conformam a competência tributária. Consequentemente, as imunidades tributárias são normas de natureza constitucional. São normas postas no bojo da Constituição Federal para limitar a atuação do legislador, quando do exercício de sua competência tributária. Portanto, são normas anteriores à atividade legislativa, frise-se, regulando-a e definindo limites.

Sendo norma constitucional de conformação da competência tributária, faz-se necessário advertir que, existindo norma constitucional que promova mandamentos negativos dirigidos ao legislador infraconstitucional, delimitando o seu campo de atuação para instituição de tributos, não importa a expressão utilizada pelo legislador constituinte para definir os limites de atuação.

Esse alerta é necessário devido ao fato de que o legislador constituinte, sob o pretexto de determinar os limites do campo de competência tributária, utilizou, por vezes, expressões como isenção ou não incidência, incorrendo em atecnia.

Nesse sentido, traçam-se as diferenças entre a imunidade, a isenção e a não incidência. Cotejando, em princípio, as imunidades e as isenções, a diferença é patente: enquanto as imunidades são normas que delimitam previamente a atuação do legislador, as isenções são normas que resultaram dessa atuação legislativa. Enquanto as primeiras são normas constitucionais que definem as competências tributárias, as isenções são normas infraconstitucionais, criadas pelo legislador ordinário com o intuito de reduzir a abrangência de alguns dos critérios da regra matriz de incidência.

A isenção atua no campo da incidência tributária.

A não incidência, por sua vez, não é norma. "Asseverar que a norma não incide equivale a negar-lhe tom de juridicidade, marca universal das unidades jurídico-normativas."[381] Pode ser decorrência lógica da interpretação das normas que tratam da competência tributária ou da própria incidência tributária. Dizer que determinada situação está no campo da não incidência tributária significa atestar que aquele específico fato social não se encontra descrito em qualquer hipótese de incidência tributária.

Nesse caso o evento social ocorrido no mundo fenomênico não preenche por completo a regra-matriz de incidência prescrita pela norma instituidora do tributo. Ora, se não houve a ocorrência do evento da forma como estava prescrita pela norma, não haverá incidência tributária.

5.6.3 Imunidades tributárias relativas às contribuições interventivas

Decorrente do que foi acima exposto, de se notar que as imunidades também se aplicam às contribuições de intervenção sobre o domínio econômico. O legislador, ao exercitar a sua competência tributária para instituição de contribuições interventivas, deverá levar em consideração os limites do seu campo de atuação e, por consequência, as normas que determinam a sua incompetência para tributar.

---
[381] CARVALHO. *Direito tributário linguagem...*, p. 317.

Tanto devem ser observadas as normas de imunidades gerais, aquelas aplicáveis a todos os tributos, quanto as normas que encerram imunidades específicas às contribuições interventivas. Nesse ponto, de grande importância o estudo da natureza jurídica das contribuições de intervenção sobre o domínio econômico, bem como dos critérios para determinação das espécies tributárias autônomas.

Partindo de uma classificação intranormativa, ficou esclarecido nas linhas anteriores, é possível encontrar três espécies tributárias, quais sejam: os impostos, as taxas e as contribuições de melhoria. Essa classificação não nega a natureza tributária das contribuições de intervenção sobre o domínio econômico, mas a insere na classe dos impostos ou das taxas, a depender do conteúdo do seu fato gerador. Se vinculado a uma atividade estatal, taxa seria. Se não vinculado, imposto seria.

Pois bem, tomando como exemplo um dos fatos geradores da contribuição de intervenção sobre o domínio econômico, instituída pela Lei nº 10.168/2000 — pagar *royalties*, a qualquer título, a beneficiários residentes ou domiciliados no exterior[382] —, é possível perceber que não há vínculo direto com uma atividade estatal. Para que o fato gerador se aperfeiçoe é necessário, somente, a atuação do agente social. Se assim o é, pelos critérios de classificação intranormativa, natureza de imposto terá, cujo regime jurídico respectivo deverá seguir, o que inclui a observância do legislador às normas de imunidade aplicáveis aos impostos, aquelas previstas no artigo 150, VI, da Constituição Federal, por exemplo.

Sendo coerente com as premissas que foram adotadas, não é correta a aplicação das normas de imunidades destinadas aos impostos para regular a atividade legislativa, que implica a instituição das contribuições interventivas, considerando a sua natureza de espécie tributária autônoma. A classificação que identifica as contribuições de intervenção sobre o domínio econômico como espécie autônoma de tributo é aquela que foi acima denominada de internormativa.

Enquanto espécie autônoma, as contribuições devem seguir um regime jurídico todo especial. E assim, "partindo-se da premissa já assentada, de que as contribuições especiais são espécie tributária autônoma, não é possível estender-lhes as imunidades previstas para os impostos — artigos 150, VI, por exemplo —, ainda que tenham hipótese de incidência não vinculada, como os impostos".[383]

---

[382] Artigo 2º, §2º da Lei 10.168//2000.
[383] GAMA. *Contribuição de intervenção*..., p. 178.

Analise-se, de agora em diante, as normas de imunidade que estão vinculadas ao regime jurídico das contribuições interventivas.

5.6.3.1 Imunidade tributária das receitas de exportação

A norma de imunidade relativa às receitas de exportação não decorre do texto originário da Constituição Federal. Tal norma foi inserida pela Emenda Constitucional nº 33/2001, que incluiu o inciso I do §2º do artigo 149 da Constituição Federal, o qual prescreve que as contribuições sociais e as de intervenção sobre o domínio econômico não incidirão sobre as receitas decorrentes de exportação.

Apesar de o legislador constituinte derivado ter se utilizado da expressão "não incidirão", não há como negar que esse enunciado reflete uma norma jurídica imunizante. Essa norma atribui limite ao exercício da competência do legislador para instituição da contribuição de intervenção sobre o domínio econômico. O legislador está impedido de instituir qualquer contribuição interventiva que tenha como fato gerador situações que impliquem a obtenção de receitas de exportação.

Esse enunciado normativo (artigo 149, §2º, I, da Constituição Federal) "integra a norma de competência para a instituição de contribuições interventivas, restringindo as possibilidades de escolha do critério material da hipótese de incidência e da base de cálculo do tributo".[384]

A imunidade das receitas de exportação foi, recentemente, matéria de debate perante o Supremo Tribunal Federal. A discussão disse respeito à incidência da Contribuição Social sobre o Lucro Líquido (CSLL) e da Contribuição Provisória sobre Movimentação Financeira (CPMF) sobre as receitas derivadas de exportações de bens e serviços.

A primeira manifestação se deu no julgamento da Ação Cautelar nº 1.738. Por unanimidade, a Corte Constitucional concedeu liminar para que a União se abstenha de cobrar da Empresa Brasileira de Aeronáutica S.A. a CSLL incidente sobre receitas decorrentes de exportação. O relator designado foi o Ministro Cezar Peluso, que afirmou:

> Não precisa, pois, grande esforço por ver, logo, que o preceito da imunidade tende a excluir toda receita decorrente da exportação à incidência de **quaisquer** contribuições sociais e da CIDE. Não se atém, como se exigiria disposição expressa ou outra razão perceptível, às contribuições que tomem por base de cálculo nominal 'receitas', pressupondo, antes,

---
[384] GAMA. *Contribuição de intervenção*..., p. 179.

raciocínio inverso, o de que são as 'receitas de exportação' que não podem sofrer a incidência de contribuições sociais, inclusive a do art. 195, inc. I, 'c', e da CIDE. A intuitiva racionalidade da Emenda nº 33/01, inequivocadamente relacionada à política de desoneração das exportações, tendo em vista o princípio da neutralidade fiscal internacional, confirma o largo e incondicional objetivo da norma de imunidade, desacreditando interpretações que pudessem culminar na tributação de receitas de exportação por CSLL.[385] (grifo constante no original)

A referida imunidade enuncia restrições tanto à definição do critério material da regra-matriz de incidência tributária (auferir receitas de exportação), quanto à definição da base de cálculo do tributo, a qual não pode ter em sua composição numerários relativos às receitas de exportação. Como dito pelo Ministro Cezar Peluso, quando proferiu o voto acima transcrito, a imunidade das receitas de exportação "não se predestina a imunizar as receitas de exportação apenas de contribuições incidentes sobre a receita, mas, sim, **de contribuições sociais em geral** e da CIDE, como, com todas as letras, consta no §2º, inc. I" (grifo constante no original).

Entretanto, este posicionamento não prevaleceu. A Corte Constitucional, após reconhecer a existência de repercussão geral da matéria constitucional suscitada,[386] em apertada votação, negou provimento a três recursos extraordinários que tratavam do assunto[387] por seis votos a cinco (*vide* quadro abaixo).

Votaram pela incidência da CSLL e da CPMF	Votaram pelo alcance da imunidade aos fatos geradores da CSLL e da CPMF
Min. Marco Aurélio (relator)	Min. Gilmar Mendes
Min. Menezes Direito (falecido)	Min. Cezar Peluso
Min. Ricardo Lewandowski	Min. Cármen Lúcia
Min. Carlos Ayres Britto	Min. Eros Grau
Min. Ellen Gracie	Min. Celso de Mello
Min. Joaquim Barbosa	

---

[385] Supremo Tribunal Federal. AC nº 1.738-MC/SP. Rel. Min. Cezar Peluso. *DJe*, 18 out. 2007.
[386] *Vide* RE nº 564413 RG/SC. Rel. Min. Marco Aurélio. *DJ*, 14 dez. 2007.
[387] REs nºs 474132, 564413 e 566259 (Plenário 12.08.2010).

A decisão baseou-se no fundamento de que a expressão "receitas decorrente de exportações" deve ser interpretada de maneira restrita.

Para o Supremo Tribunal Federal, a norma de imunidade ora debatida só impede que o legislador crie contribuições sociais e de intervenção sobre o domínio econômico diretamente sobre as receitas oriundas da exportação de bens ou serviços.

Por esse raciocínio, o lucro líquido pode ser onerado pela CSLL, pois o fato gerador dessa contribuição não se refere diretamente às receitas de exportações, mas ao lucro líquido da empresa.

Os ministros que votaram pela incidência da CSLL, não atentaram para a existência de uma relação de causa e efeito entre as receitas de exportação e o lucro líquido das empresas.

Em resumo, em que pese a recente decisão da Suprema Corte, parece correto afirmar que, ao imunizar as receitas de exportação, o legislador constitucional impediu que esses valores fossem tributados pelas contribuições sociais e de intervenção sobre o domínio econômico, seja como fato gerador ou enquanto elemento que compõe a respectiva base de cálculo.

5.6.3.2 Imunidade sobre as operações financeiras vinculadas ao ouro

As operações com ouro, enquanto ativo financeiro ou instrumento cambial, estão sujeitas exclusivamente à incidência do imposto sobre as operações de crédito, câmbio e seguro, ou relativas a títulos ou valores mobiliários, previsto no artigo 153, V, da Constituição Federal. É o que garante o §5º deste mesmo texto constitucional.

Note-se que a Constituição foi enfática quando prescreveu que o ouro *sujeita-se exclusivamente* à incidência do imposto sobre operações financeiras. Se a tributação, por ordem de dispositivo constitucional, é exclusivamente alcançada por um único tributo, é de se concluir que nenhum tributo poderá incidir sobre as operações financeiras com o ouro, aquelas em que o ouro, por definição legal, é encarado como ativo financeiro ou instrumento cambial.[388]

---

[388] "Quando o texto constitucional afirma que somente o IOF incidirá sobre o ouro como ativo financeiro, excluindo todos os demais tributos, o que se observa é um enunciado que prescreve fatos específicos e suficientemente caracterizados, a respeito dos quais não poderão ser criados tributos" (GAMA. *Contribuição de intervenção...*, p. 180).

Incompetente, pois, é a União para criar contribuição de intervenção sobre o domínio econômico que tenha como hipótese de incidência operações com ouro, enquanto ativo financeiro ou instrumento cambial.

5.6.3.3 Inconstitucionalidade do FUST, FUNTTEL e da CIDE criada pela Lei nº 9.991/2000 (desenvolvimento energético e eficiência energética) — Imunidade do art. 155, §3º, da Constituição Federal

O texto original da Constituição Federal (art. 155, §3º) dispunha que, à exceção do Imposto sobre Circulação de Mercadorias (ICMS), do Imposto sobre a Importação (II) e do Imposto sobre a Exportação (IE), nenhum outro *"tributo"* poderia incidir sobre operações relativas a energia elétrica, serviços de telecomunicações, derivados de petróleo, combustíveis e minerais.

O constituinte originário prescreveu a exclusão da possibilidade de tributação das operações relativas a energia elétrica, serviços de telecomunicações, derivados de petróleo, combustíveis e minerais por qualquer outro *tributo*, além daqueles indicados. Típica norma de imunidade que prescreve a incompetência da União para criar tributos nas circunstâncias estabelecidas.

Contudo, a Emenda Constitucional nº 33/2001 alterou a redação desse dispositivo para substituir a expressão "nenhum outro *tributo* poderá incidir" por "nenhum outro *imposto* poderá incidir" (os destaques não constam no original). Essa alteração modificou o campo de atuação da União para instituição de tributos, notadamente, pelo fato de que a norma imunizante passou a restringir, tão somente, a criação de outros impostos (espécie de tributo) sobre as materialidades já referidas.

Dentro do atual âmbito de competência (Emenda Constitucional nº 33/2001), a União está autorizada para instituir contribuições, inclusive de intervenção sobre o domínio econômico, sobre essas materialidades. E, aqui, cabem duas importantes ressalvas.

Em primeiro lugar, abstraindo a questão sobre a possibilidade de alteração de normas de competência tributária por emendas constitucionais, de se notar que a alteração promovida pela Emenda Constitucional nº 33/2001 não pode ter efeito pretérito, ou seja, não tem o condão de "constitucionalizar" eventual contribuição que tenha sido anteriormente criada para incidir sobre as materialidades imunizadas pelo texto originário.

A Emenda Constitucional nº 33/2001, na prática, pretendeu dar fundamento de validade retroativo às contribuições interventivas — criadas antes do seu advento — que alcançam os setores de energia elétrica (Lei nº 9.991, de 24.07.2000[389]) e de serviços de telecomunicações [FUST (Lei nº 9.998, de 17.08.2000[390]) e FUNTTEL (Lei nº 10.052, de 28.11.2000[391])] que estavam na iminência de terem a respectiva constitucionalidade questionada.

Não parece correto pensar que uma emenda constitucional, ainda que formal e materialmente de acordo com o texto constitucional originário (o que não é o caso), tenha o condão trazer para o campo da constitucionalidade normas que foram criadas em desacordo com o texto constitucional vigente antes de sua veiculação.

Percebe-se claramente que a Emenda Constitucional nº 33 foi editada em 11.12.2000 e publicada do *Diário Oficial da União* em 12.12.2000. Enquanto isso, as contribuições que oneram os setores de energia elétrica e de telecomunicações foram editadas, respectivamente, em 24.07.2000, 17.08.2000 e 28.11.2000.

Mais uma vez abstraindo a validade material da Emenda Constitucional nº 33, de 11.12.2000, de se notar que as mencionadas contribuições interventivas foram criadas na época em que o ordenamento jurídico

---

[389] Contribuição para a pesquisa e desenvolvimento do setor elétrico ("Art. 2º *As concessionárias de geração e empresas autorizadas à produção independente de energia elétrica* ficam obrigadas a aplicar, anualmente, o montante de, no mínimo, 1% (um por cento) de sua receita operacional líquida em pesquisa e desenvolvimento do setor elétrico, excluindo-se, por isenção, as empresas que gerem energia exclusivamente a partir de instalações eólica, solar, biomassa, pequenas centrais hidrelétricas e cogeração qualificada"); e Contribuição para programas de eficiência energética no uso final ("Art. 1º *As concessionárias e permissionárias de serviços públicos de distribuição de energia elétrica* ficam obrigadas a aplicar, anualmente, o montante de, no mínimo, setenta e cinco centésimos por cento de sua receita operacional líquida em pesquisa e desenvolvimento do setor elétrico e, no mínimo, vinte e cinco centésimos por cento em programas de eficiência energética no uso final"). (grifos aditados).

[390] Contribuição para o Fundo de Universalização dos Serviços de Telecomunicações ("Art. 6º Constituem receitas do Fundo: IV – contribuição de um por cento sobre a receita operacional bruta, decorrente de *prestação de serviços de telecomunicações* nos regimes público e privado, excluindo-se o Imposto sobre Operações relativas à Circulação de Mercadorias e sobre Prestações de Serviços de Transportes Interestadual e Intermunicipal e de Comunicações – ICMS, o Programa de Integração Social – PIS e a Contribuição para o Financiamento da Seguridade Social – COFINS") (grifos aditados).

[391] Contribuição para o Fundo para o Desenvolvimento Tecnológico das Telecomunicações ("Art. 4º Constituem receitas do Fundo: III – contribuição de meio por cento sobre a *receita bruta das empresas prestadoras de serviços de telecomunicações*, nos regimes público e privado, excluindo-se, para determinação da base de cálculo, as vendas canceladas, os descontos concedidos, o Imposto sobre Operações relativas à Circulação de Mercadorias e sobre Prestações de Serviços de Transporte Interestadual e Intermunicipal e de Comunicação (ICMS), a contribuição ao Programa de Integração Social (PIS) e a Contribuição para o Financiamento da Seguridade Social (COFINS)" (grifos aditados).

brasileiro proibia a criação de tributos que onerassem os setores afetados pela incidência dessas contribuições.

Em resumo, havia norma de imunidade — com a licença da redundância — constitucional, prescrevendo que nenhum tributo poderia incidir sobre operações relativas a energia elétrica e serviços de telecomunicações, à exceção do Imposto sobre Circulação de Mercadorias (ICMS), do Imposto sobre a Importação (II) e do Imposto sobre a Exportação (IE).

Ora, se não poderia haver a incidência de qualquer outro tributo à exceção desses três, a União não teria competência para criação de contribuições interventivas que onerassem os setores de energia elétrica e telecomunicações, motivo pelo qual as normas que criaram essas contribuições devem ser expulsas do sistema.

Sobre a possibilidade de emenda constitucional dar fundamento de validade pretérita para normas veiculadoras de tributos, o Supremo Tribunal Federal já se pronunciou, quando da análise da constitucionalidade do artigo 3º, §1º, da Lei nº 9.718/1998. Esse julgamento também se referiu a norma instituidora de tributo em desrespeito a texto constitucional contemporâneo que, posteriormente, sofreu alteração com o objetivo de trazê-la para o manto da constitucionalidade. Na oportunidade, a Corte Constitucional entendeu que tal dispositivo, quando editado, estava em desacordo com o texto da Constituição Federal vigente, ainda que, se editado após o advento da Emenda Constitucional nº 20/1998, pudesse ser considerado constitucional. O voto do Ministro Marco Aurélio deixou claro que:

> Descabe, também, partir para o que seria a repristinação, a constitucionalização de diploma que, ao nascer, mostrou-se em conflito com a Constituição Federal. Admita-se a inconstitucionalidade progressiva. No entanto, a constitucionalidade anterior contraria a ordem natural das coisas. (...) Ou bem a lei surge no cenário jurídico em harmonia com a Constituição Federal, ou com ela conflita, e aí afigura-se írrita, não sendo possível o aproveitamento, considerando o texto constitucional posterior e que, portanto, à época não existia. Está consagrado que o vício da constitucionalidade há de ser assinalado em face dos parâmetros maiores, dos parâmetros da Lei Fundamental existentes no momento em que aperfeiçoado o ato normativo.[392]

---

[392] Supremo Tribunal Federal, RE nº 390.840-5/MG, Rel. Min. Marco Aurélio. *DJ*, 15 ago. 2006. Ementa: "CONSTITUCIONALIDADE SUPERVENIENTE – ARTIGO 3º, §1º, DA LEI Nº 9.718, DE 27 DE NOVEMBRO DE 1998 – EMENDA CONSTITUCIONAL Nº 20, DE 15 DE DEZEMBRO DE 1998. O sistema jurídico brasileiro não contempla a figura da constitucionalidade superveniente (...)".

Feita essa primeira importante ressalva, importa ainda analisar a possibilidade de alteração das normas de imunidade com o objetivo de restringir o seu escopo e, consequentemente, ampliar o campo de atuação do Estado para exigir tributo dos partícipes da sociedade.

Nesse quesito, não parece que emenda constitucional possa introduzir alterações no texto originário da Constituição Federal que venham a mitigar direitos e garantias fundamentais do contribuinte.

A norma de imunidade, enquanto norma de competência, é cláusula pétrea, considerando que no rol de direitos e garantias fundamentais inclui-se o direito de não ser onerado por tributos além dos limites propostos pelo legislador constituinte.

Alteração constitucional que pretenda mitigar o alcance de imunidades tributárias pode ter sua validade impugnada pelos órgãos competentes. *Emenda constitucional* que apresente violação às normas tidas como cláusulas pétreas pode ser declarada *inconstitucional pelo Supremo Tribunal Federal.*[393]

Não há, pois, como negar que a imunidade prevista no art. 155, §3º, da Constituição Federal se aplica às contribuições de intervenção sobre o domínio econômico, inclusive àquelas criadas após o advento da Emenda Constitucional nº 33, de 11.12.2000.

---

[393] "uma Emenda Constitucional, emanada, portanto, de Constituinte derivada, incidindo em violação a Constituição originaria, pode ser declarada inconstitucional, pelo Supremo Tribunal Federal, cuja função precípua e de guarda da Constituição (art. 102, I, "a", da C.F.)" (Supremo Tribunal Federal, ADI nº 939-DF. Rel. Min. Sydney Sanches. *DJ*, 18 mar. 1994).

CAPÍTULO 6

PRINCÍPIOS CONSTITUCIONAIS CONFORMADORES DA COMPETÊNCIA PARA INSTITUIÇÃO DAS CONTRIBUIÇÕES INTERVENTIVAS

6.1 Conceito de princípio

Ficou esclarecido nas últimas linhas que a função do direito está relacionada à regulação de condutas intersubjetivas, atribuindo a estas condutas os valores que a sociedade pretende ver realizados, motivo pelo qual é possível extrair das normas jurídicas os valores que nelas estão encravados.

Cada norma jurídica possui uma intensidade diferente desse componente axiológico. Há, portanto, preceitos que são dotados de uma carga grandiosa de valor e que influenciam significativamente outros preceitos normativos que fazem parte do mesmo ordenamento jurídico.

Princípio é "o verdadeiro alicerce dele, disposição fundamental que se irradia sobre diferentes normas compondo-lhes o espírito e servindo de critério para sua exata compreensão e inteligência exatamente por definir a lógica e a racionalidade do sistema normativo, no que lhe confere a tônica e lhe dá sentido harmônico",[394] afirmou Celso Antônio Bandeira de Mello.

Os princípios são, pois, os mandamentos nucleares do sistema do direito positivo.

---
[394] BANDEIRA DE MELLO. *Curso de direito...*, p. 841-842.

6.1.1 Princípios: valores e limites objetivos

Os princípios, enquanto alicerce do sistema do direito, detêm uma forte carga axiológica, pois fixam importantes limites objetivos e valores que determinam o rumo que cada ordenamento deve seguir. No dizer de Roque Antonio Carrazza, "os princípios são as diretrizes, isto é, os nortes, do ordenamento jurídico".[395]

Existem, em nosso ordenamento, duas espécies de princípios: (i) princípios carregados de alto teor axiológico e (ii) princípios caracterizados por emanarem limites objetivos. Estes últimos são facilmente identificados quando da simples leitura do seu enunciado prescritivo. Dessa análise preliminar, já é possível verificar a finalidade específica, direta e objetiva do enunciado prescritivo. Por outro lado, isso não é possível quando nos deparamos com princípios que norteiam o ordenamento pelo seu alto grau axiológico. Da análise dos enunciados prescritivos pelos quais estes princípios são materializados, não conseguimos identificar, de plano, uma finalidade objetiva e direta. É necessário recorrer ao campo da axiologia para identificar qual a função do princípio no ordenamento jurídico.[396]

Recorrendo à explicação exemplificativa,[397] pode-se identificar o princípio da anterioridade tributária como sendo caracterizado por impor um limite objetivo dentro do ordenamento: não será possível exigir tributo no mesmo exercício financeiro em que a respectiva lei instituidora foi publicada. Isso quer dizer, de forma objetiva, que é necessário esperar o primeiro dia do ano subsequente ao que o tributo foi instituído para que o Estado possa exigir o respectivo pagamento por parte dos contribuintes.

Seguindo a forma exemplificativa de expor, encontra-se, no princípio da segurança jurídica, um enunciado prescritivo de alto

---

[395] CARRAZZA. *Curso de direito constitucional...*, p. 30.
[396] "sendo objeto do mundo da cultura, o direito e, mais particularmente, as normas jurídicas estão sempre impregnadas de valor. Esse componente axiológico, invariavelmente presente na comunicação normativa, experimenta variações de intensidade da norma para norma, de tal sorte que existem preceitos fortemente carregados de valor e que, em função do seu papel sintático no conjunto, acabam exercendo significativa influência sobre grandes porções do ordenamento, informando o vector da compreensão e múltiplos segmentos. Em direito, utiliza-se o termo 'princípio' para denotar as regras de que falamos, mas também se emprega a palavra para apontar normas que fixam importantes critérios objetivos, além de ser usada, igualmente, para significar o próprio valor, independente da estrutura a que está sendo agregado e, do mesmo modo, o limite objetivo sem a consideração da norma" (CARVALHO. *Curso de direito tributário*, p. 159).
[397] O exemplo é sempre importante, quando bem utilizado, para descrição de qualquer objeto do conhecimento.

teor axiológico. De sua análise superficial não é possível identificar a sua amplitude ou os seus contornos. É necessário que seja realizado um estudo aprofundado, levando em consideração todas as variáveis relativas ao objeto da análise, para identificar o grau de valor que será atribuído a ele, quando da interpretação da situação.

Seja como valor ou como limite objetivo, fato é que os princípios não deixam de ser normas jurídicas que traçam diretrizes fundamentais à interpretação coerente do ordenamento jurídico, influenciando na criação, interpretação e aplicação de todas as demais normas presentes no ordenamento jurídico.

A missão de classificar os princípios da forma que está sendo proposta fica menos dispendiosa se recorrermos aos ensinamentos do filósofo do Direito Ronald Dworkin.[398] O professor norte-americano observa que existem duas classes que fazem parte do conjunto das normas jurídicas, quais sejam: a classe das regras e a classe dos princípios. As regras são caracterizadas pela aplicação imediata e total. Elas deverão ser aplicadas por completo, quando for verificada a situação prevista no mundo dos fenômenos sociais. É o *tudo ou nada*: ou elas se aplicam, ou não.

Já os princípios estão longe de ser aplicados imediatamente. A verificação da situação prevista no mundo dos fenômenos sociais não é suficiente para desencadear sua aplicação imediata e completa, uma vez que não há uma enunciação determinada. Inevitável aceitar que existe a identificação de um caminho que deve ser seguido, porém, não há a prescrição objetiva de qual decisão deve ser tomada. Além do mais, podem existir outras normas, da mesma classe dos princípios, que apontem caminhos diferentes, o que obriga a tomada de decisão por parte do intérprete. Assim, a classe dos princípios seria caracterizada por "(...) uma dimensão que as regras não têm — a dimensão do peso ou importância".[399]

Em conclusão, nota-se que "princípio", no entender do professor norte-americano, é o que o professor Paulo de Barros Carvalho entende como "valor", ou seja, princípios com alto teor valorativo e, em contrapartida, o que este último entende por princípios que traçam limites

---

[398] "A diferença dos princípios jurídicos e regras jurídicas é de natureza lógica. Os dois conjuntos de padrões apontam para decisões particulares acerca da obrigação jurídica em circunstâncias específicas, mas distinguem-se quanto à natureza da orientação que oferecem. As regras são aplicáveis à maneira do tudo-ou-nada" (DWORKIN, Ronald. *Levando os direitos a sério*. Tradução de Nelson Boeira. São Paulo: Martins Fontes, 2002. p. 39).
[399] *Ibidem*, p. 42.

objetivos é descrito, pelo primeiro, como regras de aplicação imediata e completa.

Dentro da classificação proposta pelo professor Paulo de Barros Carvalho, é possível verificar quatro graus de objetividade dos preceitos normativos que são encarados como princípios:

a) como norma jurídica de posição privilegiada e portadora de valor expressivo; b) como norma jurídica de posição privilegiada que estipula limites objetivos; c) como os valores insertos em regras jurídicas de posição privilegiada, mas considerados independentemente das estruturas normativas; e d) como o limite objetivo estipulado em regra de forte hierarquia, tomado, porém, sem levar em conta a estrutura da norma.[400]

Paulo Ayres Barreto demonstrou a preocupação em solucionar eventuais conflitos entre eles. Na oportunidade, bem observou que "a positivação de valores leva o intérprete, inexoravelmente, ao campo das análises subjetivas, tão próprio à ocultação das influências de cunho ideológico daquele que se propõe a descrever o Direito".[401]

Ainda segundo o citado professor, essa análise subjetiva dos enunciados prescritivos dos princípios que encerram valores daria ao ente competente para exigência dos tributos um campo muito amplo de atuação, dificultando o controle de seus atos. "O alto grau de abstração de uma prescrição constitucional pode, a depender do direcionamento que a ela se dê, ser a solução de todos os problemas ou a causa de todos os males."[402] Assim, a dificuldade em aplicar o princípio (valor) da segurança jurídica, não fosse a existência do princípio (limite objetivo) da anterioridade. Não existisse na Constituição Federal o limite objetivo relativo ao princípio da anterioridade, certamente o princípio da segurança jurídica seria interpretado de forma diferente pelo sujeito competente para criação dos tributos, e pouco restaria aos contribuintes para contestar os atos instituidores dos tributos.[403]

---

[400] Ibidem, p. 159.
[401] BARRETO. Contribuições..., p. 15.
[402] Ibidem, p. 20.
[403] Sobre o assunto, veja o que diz Humberto Ávila em seu Teoria dos princípios: "a diferença entre princípios e regras não está no fato de que as regras devam ser aplicadas no todo e os princípios só na medida máxima. (...) A única distinção é quanto à determinação da prescrição de conduta que resulta da sua interpretação: os princípios não determinam diretamente (pó isso prima-facie) a conduta a ser seguida, apenas estabelecem fins normativamente relevantes, cuja concretização depende mais intensamente de um ato institucional de aplicação que deverá encontrar o comportamento necessário à produção do fim; as regras

A julgar pelo cotejo do princípio da segurança jurídica e do princípio da anterioridade, parece que o próprio texto constitucional se preocupou em atribuir limites objetivos para a aplicação dos princípios que encerram valores. Isso também foi percebido pelo professor Paulo Ayres Barreto:

> Consciente de que, quanto mais aberto for o conteúdo normativo, mais difícil será o seu controle e, consequentemente, menos eficaz a dicção constitucional, o legislador constituinte de 1988 cunhou Texto Constitucional que estabelece os princípios estruturantes do nosso sistema jurídico e que fixa uma série de regras delimitadoras do sentido e alcance desses princípios, a fim de permitir um maior controle dos fins almejados. Quisesse trilhar caminho diverso, teria o legislador constituinte de 88 optado por Carta de caráter puramente principiológico, em relação à qual só haveria conflitos ou colisões entre normas de diferentes hierarquias. Não foi esse o caminho escolhido. Como corolário, entendemos ser de fundamental importância, em face da atual Carta Constitucional, reconhecer que os princípios positivados estão submetidos às regras insertas no mesmo Texto, que lhe darão feição mais específica, permitindo um melhor controle de sua realização.[404]

A limitação oferecida pelo próprio texto constitucional aos valores emanados dos princípios é importante, como se viu, para prevenir os abusos. Conclui-se, aqui, que princípios dispostos no sistema do direito têm a função de conformar o exercício das atividades executivas, legislativas e judiciárias, traçando os limites de atuação, quando da manipulação das estruturas normativas para regular as relações intersubjetivas.

6.2 Aplicação dos princípios às contribuições de intervenção sobre o domínio econômico

Durante a discussão sobre a natureza jurídica das contribuições de intervenção sobre o domínio econômico, concluiu-se pelo seu caráter tributário. Ficou definido que essas contribuições faziam parte do rol de tributos que o Estado está autorizado a instituir.

---

dependem de modo menos intenso de um ato institucional de aplicação nos casos normais, pois o comportamento á está previsto frontalmente pela norma" (ÁVILA, Humberto. *Teoria dos princípios*: da definição à aplicação dos princípios jurídicos. 8. ed. São Paulo: Malheiros, 2008. p. 63).

[404] *Ibidem*, p. 20-21.

Adiante, discutiu-se a referida autorização para tributar, oportunidade na qual se verificou que o Estado não pode levar em conta apenas a sua necessidade arrecadatória, mas, especialmente, a essencialidade de intervenção sobre o domínio econômico, segundo os mandamentos constitucionais que refletem a manutenção do bem-estar social.

Pois bem. Indiscutível a natureza tributária da contribuição em estudo. Indiscutível, também, o seu caráter intervencionista para regular as relações jurídicas das quais participam os agentes que praticam as suas atividades no âmbito do sistema econômico.

Enquanto tributo, a contribuição de intervenção sobre o domínio econômico tem em sua volta princípios jurídicos tributários que ditam, por exemplo, como será a atuação do legislador quando do exercício de sua competência tributária. E, enquanto instrumento de intervenção para regulação das atividades dos partícipes do domínio econômico, é certo que o legislador também está vinculado à obediência dos princípios relacionados à ordem econômica.

6.2.1 Princípios jurídicos tributários

Princípio jurídico, definiu Roque Antonio Carrazza, é um enunciado lógico, implícito ou explícito, "que por sua grande generalidade, ocupa posição de preeminência nos vastos quadrantes do Direito e, por isso mesmo, vincula, de modo inexorável, o entendimento e a aplicação das normas jurídicas que com ele se conectam".[405]

Os princípios jurídicos tributários são aqueles que estão diretamente ligados às atividades de instituição, arrecadação e fiscalização dos tributos, vinculando não só o legislador legislativo, mas todos os agentes competentes para a criação de normas em matéria de tributos. Nesse sentido, "princípios tributários são enunciados prescritivos que compõem a norma de competência, ampliando ou restringindo as possibilidades de criar normas jurídico-tributárias — relacionadas, direta ou indiretamente, à instituição, arrecadação ou fiscalização de tributos".[406]

Para o citado professor, os princípios jurídicos tributários compõem a norma de competência tributária, servindo como delimitadores da atuação do legislador, quando do exercício dessa competência para a criação dos tributos.

---

[405] CARRAZZA. *Curso de direito constitucional...*, p. 33.
[406] GAMA. *Contribuição de intervenção...*, p. 144.

Ao agente competente para instituição das contribuições de intervenção sobre o domínio econômico são atribuídos limites para sua atuação. Estes limites são determinados pelos princípios jurídicos tributários, dada a inconteste natureza tributária dessas contribuições interventivas. Dentre o rol dos princípios que se aplicam às espécies tributárias em geral, é possível encontrar aqueles que estão diretamente relacionados às contribuições interventivas, os quais passam a ser estudados.

6.3 Princípios diretamente aplicados às contribuições de intervenção sobre o domínio econômico

Antes de tratar especificamente dos princípios que delimitam diretamente a atividade do legislador para instituir a contribuição de intervenção sobre o domínio econômico, cabe a ressalva de que todos os princípios tributários fazem parte do conjunto de regras a que o legislador deve obedecer para exercer sua competência tributária, ainda que tenham sua incidência alterada em razão das peculiaridades da própria contribuição interventiva.

Entre os princípios jurídicos tributários, optou-se por escolher alguns que podem ser julgados como responsáveis pela especificação do regime jurídico das referidas contribuições interventivas. Esses princípios oferecem fundamento para o estudo dos critérios de avaliação da constitucionalidade das contribuições interventivas. Estudar-se-ão, portanto, os princípios da legalidade, da anterioridade, da referibilidade e da proporcionalidade, tomando como ponto de partida o artigo 149 da Constituição Federal, o qual outorgou competência para a instituição das contribuições de intervenção sobre o domínio econômico.[407]

6.3.1 Princípio da legalidade

O princípio da legalidade, antes de ser considerado um princípio jurídico tributário, é um princípio fundamental do Estado Democrático de Direito.[408] Encravado no artigo 5º da Constituição Federal,

---

[407] "Art. 149. Compete exclusivamente à União instituir contribuições sociais, de intervenção no domínio econômico e de interesse das categorias profissionais ou econômicas, como instrumento de sua atuação nas respectivas áreas, observado o disposto nos arts. 146, III, e 150, I e III, e sem prejuízo do previsto no art. 195, §6º, relativamente às contribuições a que alude o dispositivo."

[408] O Estado Democrático de Direito é o que limita os poderes públicos, a fim de prevenir eventuais abusos contra a sociedade. Esta limitação instrumentalizada de diversas maneiras.

topograficamente no título destinado às prescrições relativas aos direitos e garantias fundamentais, especificamente no inciso II, o princípio da legalidade enuncia que "ninguém será obrigado a fazer ou deixar de fazer alguma coisa senão em virtude de lei".

Sobre o principio da legalidade José Afonso da Silva escreveu que:

> Toda a atividade fica sujeita à lei, entendida como expressão da vontade geral, que só se materializa num regime de divisão de poderes em que ela seja o ato formalmente criado pelos órgãos de representação popular, de acordo com o processo legislativo estabelecido na Constituição. É nesse sentido que se deve entender a assertiva de que o Estado, ou o Poder Público, ou os administradores não podem exigir qualquer ação, nem impor qualquer abstenção, nem mandar tampouco proibir nada aos administrados, senão em virtude de lei.[409]

O princípio da legalidade, como não poderia deixar de ser, também é fundamento basilar para a instituição de tributos. Afinal, a exigência de tributos por parte do Estado deriva da relativização do princípio da propriedade privada, pelo que não é possível criar tributos sem que isso seja feito com observância ao princípio da legalidade. Reforça esse mandamento o disposto no artigo 150, inciso I, da Constituição Federal: "é vedado exigir ou aumentar tributo sem lei que o estabeleça". Eis o princípio da estrita legalidade, face tributária do princípio da legalidade.

A estrita legalidade significa que a instituição do tributo, assim como a majoração da carga tributária — mediante aumento da alíquota ou base de cálculo —, só será permitida se fundada em lei. É exigência constitucional que a veiculação da norma que institui ou majora os tributos seja feita mediante o veículo introdutor legislativo "lei ordinária" ou "lei complementar", quando a própria norma de competência assim dispuser.

E não é só isso. Não basta que haja lei para instituir tributo, mas que este instrumento normativo veicule todas as notas para a

---

A primeira e mais importante se manifesta pelo princípio da legalidade, verdadeiro limite objetivo do sistema do direito positivo. Roque Antonio Carrazza elucida que "o Estado de Direito limita os poderes públicos, isto é, concretiza-se numa proibição de agir em desfavor das pessoas. Por isso, nele, para melhor defesa dos direitos individuais, sociais, coletivos e difusos, a Constituição vincula não só o administrador e o juiz, mas o próprio legislador, (...) No Estado de Direito o Legislativo detém a exclusividade de editar normas jurídicas que fazem nascer, para todas as pessoas, deveres e obrigações, que lhes restringem ou condicionam a liberdade (...) O inc. II do art. 5º da CF encerra, pois, um dogma fundamental, que impede que o Estado aja como arbítrio em suas relações com o indivíduo, que, afinal, tem o direito de fazer tudo quanto a lei não lhe proíbe" (CARRAZZA. *Curso de direito constitucional...*, p. 215-217).

[409] SILVA. *Curso de direito constitucional...*, p. 419.

caracterização dos critérios da correspondente regra-matriz de incidência tributária. Paulo de Barros Carvalho menciona que: "esse plus caracteriza a tipicidade tributária, que alguns autores tomam como outro postulado imprescindível ao subsistema de que nos ocupamos, mas que pode, perfeitamente, ser tido como uma decorrência imediata do princípio da estrita legalidade".[410]

O princípio da tipicidade tributária, reflexo direto do princípio da estrita legalidade, se traduz na exigência de que a lei que instituir o tributo seja objetiva e trate de forma clara acerca de todos os critérios da regra-matriz de incidência tributária. Não por outro motivo que o Código Tributário Nacional, em seu artigo 97, determina que a lei instituidora do tributo defina, de pronto, todos os elementos caracterizadores do tributo, tais quais: fato gerador (inciso III), o sujeito passivo (inciso III), a base de cálculo (inciso IV) e a alíquota (inciso IV). O legislador, portanto, atendendo ao princípio da estrita legalidade, do qual emana o princípio da tipicidade tributária, "não pode simplesmente autorizar a cobrança de um tributo e deixar que seus elementos principais sejam fixados por ato do Poder Executivo".[411]

O Supremo Tribunal Federal, ao tratar da constitucionalidade da taxa criada pela Portaria do Ministério do Estado do Meio Ambiente nº 62/2000, definiu que esta portaria, ao estabelecer a cobrança por eventual exercício de fiscalização (poder de polícia), criou uma verdadeira taxa, sem observar o postulado da estrita legalidade. No decorrer do seu voto, o Ministro Relator Ilmar Galvão (ADI-MC nº 2.247/DF) escreveu que "a utilização de expressões vagas (...) gera caracterização imprecisa das atividades ensejadoras da cobrança da taxa, o que igualmente é incompatível com a legalidade tributária".

Pela tipicidade tributária tem-se que:

> O sujeito passivo, o núcleo da hipótese de incidência, a base de cálculo e a alíquota devem conter as informações necessárias para a exigência do tributo pelo fisco e para o conhecimento da extensão da obrigação pelo contribuinte. É emanação ou corolário dos princípios da legalidade, reserva da lei, separação dos poderes e proteção da confiança do contribuinte.[412]

---

[410] CARVALHO. *Curso de direito tributário*, p. 175.
[411] GODOI, Marciano Seabra de. O que é e o porquê da tipicidade tributária. In: RIBEIRO, Ricardo Lodi; ROCHA, Sérgio André (Coord.). *Legalidade e tipicidade no direito tributário*. São Paulo: Quartier Latin, 2008. p. 72.
[412] TORRES, Ricardo Lobo. O princípio da tipicidade no direito tributário. In: RIBEIRO, Ricardo Lodi; ROCHA, Sérgio André (Coord.). *Legalidade e tipicidade no direito tributário*. São Paulo: Quartier Latin, 2008. p. 148-149.

Aplicando os conceitos, até aqui referidos, às contribuições de intervenção sobre o domínio econômico, será possível notar que o princípio da legalidade em matéria tributária não se encerra na exigência do veículo introdutor determinado, juntamente com a caracterização completa dos critérios da correspondente regra-matriz de incidência tributária. As contribuições em geral possuem uma particularidade que também deve ser observada pelo legislador, quando da sua instituição: a positivação dos motivos que a justificam.

6.3.1.1 Submissão das contribuições de intervenção sobre o domínio econômico ao princípio da estrita legalidade

A submissão das contribuições interventivas ao princípio da estrita legalidade não precisava ter sido veiculada de forma expressa pelo artigo 149 do texto constitucional. Enquanto espécie tributária, a contribuição interventiva por sua própria natureza deve se submeter ao princípio da estrita legalidade. Agiu o constituinte com o zelo necessário para evitar dúvidas acerca da aplicação do princípio da estrita legalidade e, por conseguinte, o princípio da tipicidade às contribuições interventivas.

O Supremo Tribunal Federal, no julgamento do Recurso Extraordinário nº 214.206/AL, relatado pelo Ministro Carlos Velloso, decidiu sobre a natureza jurídica da contribuição para o Instituto do Açúcar e Álcool. Na oportunidade, em sessão planária, a Corte Constitucional entendeu pela compatibilidade da referida contribuição com o novo ordenamento constitucional trazido pela superveniência da Constituição Federal de 1988 e, como consequência, declarou a incompatibilidade da possibilidade de majoração das respectivas alíquotas mediante decreto do Poder Executivo, tendo em vista a necessidade de observância do princípio da estrita legalidade. No mesmo sentido, o julgamento do Recurso Extraordinário nº 158.208/RN, cujo relator foi o Ministro Marco Aurélio.

Em comentário a essa manifestação da Corte Constitucional, Tácio Lacerda Gama escreve que tal decisão só "reforça o sentido do princípio da legalidade, configurando exceção ao critério procedimental da competência. A alíquota, ou quaisquer dos demais elementos da regra-matriz de uma contribuição interventiva, só podem ser introduzidos ou modificados por lei".[413]

---
[413] GAMA. *Contribuição de intervenção...*, p. 149.

Há, então, a necessidade de observância aos princípios da estrita legalidade. Atendendo, pois, a esse princípio, o legislador que instituir a contribuição de intervenção sobre o domínio econômico, primeiramente deve ser diligente e colocar de maneira clara os enunciados prescritivos que individualizam os critérios da regra-matriz de incidência das referidas contribuições. Conformados os elementos descritores do fato jurídico tributário e dos dados prescritores da relação obrigacional, o legislador deve, ainda, se ater à positivação da justificativa que ampara a instituição da contribuição interventiva.

Nesse sentido, Paulo Ayres Barreto elucidou que no caso específico das contribuições, "a lei deverá permitir a identificação dos motivos que ensejam a sua instituição, bem como a sua finalidade".[414] Isso decorre da finalidade interventiva da contribuição de intervenção sobre o domínio econômico, a qual se manifesta de duas formas: "(a) na função da própria contribuição, que há de ser um instrumento de intervenção estatal no domínio econômico, e ainda, (b) na destinação dos recursos com a mesma arrecadados, que só podem ser aplicados no financiamento da intervenção que justificou sua instituição".[415]

Sobre o assunto, Roque Antonio Carrazza mencionou que "todos esses detalhes devem, por evidente, figurar na lei instituidora da exação, até porque eles balizam, inclusive temporalmente, sua cobrança".[416]

Aqui, o princípio da tipicidade tributária, corolário do princípio da estrita legalidade, se mostra como importante instrumento, mediante o qual é possível verificar e avaliar a constitucionalidade das contribuições de intervenção sobre o domínio econômico. A exigência feita em razão do funcionamento do princípio em questão dá meios para que o intérprete possa verificar a conveniência e a finalidade das contribuições interventivas. Uma vez que o veículo introdutor da norma instituidora das contribuições interventivas deve trazer em seu bojo a justificativa e a finalidade da intervenção, positivadas estarão essas informações, o que permitirá ao intérprete cotejá-las perante a realidade social e, assim, aferir a conveniência da intervenção.

6.3.1.2 É imprescindível lei complementar para instituição das contribuições interventivas?

Não. Falou-se em linhas atrás que o legislador constituinte agiu com zelo ao determinar a observância do princípio da estrita legalidade

---
[414] BARRETO. *Contribuições...*, p. 128.
[415] MACHADO. *Curso de direito...*, p. 390-391.
[416] CARRAZZA. *Curso de direito constitucional...*, p. 529.

para a instituição das contribuições de intervenção sobre o domínio econômico. Tamanho foi o grau de zelo do legislador constituinte, ao ponto de gerar uma grande discussão sobre a necessidade ou não de instituição das contribuições interventivas por meio de lei complementar. Isso decorre da leitura do enunciado prescritivo constitucional que manda o legislador observar o disposto no artigo 146, III, da Constituição Federal, que prevê a possibilidade de criação de normas gerais em matéria tributária, as quais são criadas, especialmente, mediante lei complementar.

Essa discussão parece não merecer tanta atenção. A leitura que deve ser feita do referido dispositivo constitucional é a seguinte: a contribuição de intervenção sobre o domínio econômico deve ser instituída por meio de lei (ordinária), conforme manda o artigo 150, inciso I, da Constituição Federal. No entanto, o legislador deverá observar as disposições contidas em eventual legislação complementar que tiver sido instituída para determinação de normas gerais em matéria tributária, especialmente aquelas que tratam da (*i*) definição dos tributos e de suas espécies, bem como, em relação aos impostos, a dos respectivos fatos geradores, bases de cálculo e contribuintes; e (*ii*) obrigação, lançamento, crédito, prescrição e decadência tributários.[417]

Esta legislação complementar, é importante se diga, já existe no ordenamento. Trata-se do Código Tributário Nacional que, diante da atual ordem constitucional, adquiriu *status* de lei complementar, especificamente aquela de que trata o artigo 146, inciso III, da Constituição Federal.

Importante, nesse ponto, mencionar que a locução "em relação aos impostos" poderia ser interpretada, de logo, como impeditiva para a aplicação do que dispõe o artigo 146, inciso III, da Constituição Federal às contribuições interventivas, considerando a divisão das espécies tributárias em cinco, oportunidade em que se destacou a natureza autônoma dessas contribuições. Esse, aliás, é o entendimento de Paulo Ayres Barreto: "os que entendem possuir as contribuições sociais natureza diversa da dos impostos, seja por critério de validação finalística, seja por outros critérios, estão ipso facto impedidos de pleitear lei complementar regrando o fato gerador, a base de cálculo e os contribuintes dessa exação".[418]

---

[417] Sobre a necessidade do legislador das contribuições especiais de atender às eventuais normas editadas por lei complementar (normas gerais), quando da criação das ditas contribuições, cf. ÁVILA. *Sistema constitucional...*, p. 275.
[418] BARRETO. *Contribuições...*, p. 138.

Isso não parece correto: "Apesar de a segunda parte da alínea ser especificamente voltada aos impostos, dessa formulação não se pode extrair a conclusão de que o dispositivo inteiro só seja aplicável àquela exação".[419] Além disso, a locução "em relação aos impostos" está disposta na alínea "a" do inciso III do artigo 146. De se notar, portanto, que, ainda que se considere a aplicação do prescrito pela alínea "a" somente aos impostos, o que não parece correto, não pode o intérprete esquecer que a alínea "b" nenhuma menção faz acerca das espécies tributárias, de maneira que se aplica em sua totalidade, também, às contribuições.

A referência aos impostos, disposta na segunda parte da alínea "a" do enunciado estudado, não invalida a sua aplicação a todos os tributos. Isso porque: "As prescrições dirigidas ao gênero 'tributo' se aplicam, sempre que possível, às contribuições. Por outro lado, aquilo que for prescrito especificamente para os impostos ou para as taxas, por exemplo, não deve ser estendido, em princípio, aos demais tributos".[420]

Corroborar a aplicação do artigo 146, III, da Constituição Federal às contribuições, frise-se, não significa confirmar a necessidade de instituição das contribuições interventivas mediante lei complementar que defina os caracteres desse tributo. Não é isso que se exige do legislador, a lei ordinária basta. Entretanto, caso exista lei complementar tratando de definir normas gerais tributárias para as contribuições interventivas, a lei ordinária que instituir as referidas contribuições deverá atender a disciplina da lei complementar editada.

Não se diga, também, que as contribuições poderiam até ser instituídas mediante lei ordinária, mas, desde que já existisse lei complementar que tratasse especificamente de normas gerais tributárias relativas às respectivas contribuições. Ora, não pode o legislador tributário ficar à mercê da edição de normas gerais em matéria tributária para poder exercer a sua competência tributária, exercício que está amparado pelo princípio da autonomia dos entes federados. Essa autonomia permite que os entes federados exerçam livremente suas respectivas competências, devendo observar, tão somente, os limites dessas competências, tais como as normas de imunidade e os princípios constitucionais tributários.

A própria Constituição enuncia que o legislador não pode ficar preso à vontade do legislador nacional (responsável pela edição de normas gerais em matéria tributária), quando intenta instituir os

---

[419] MOURA, Frederico Araújo Seabra de. *Lei complementar tributária*. São Paulo: Quartier Latin, 2008. p. 225.
[420] GAMA. *Contribuição de intervenção...*, p. 193.

tributos que fazem parte do seu domínio de competência. A competência da União para criação não pode ser obstada pela ausência de lei complementar que trace as normas gerais tributárias para as contribuições interventivas.

Possível, inclusive, aplicar o disposto no §3º do artigo 24 da Constituição Federal para justificar esse posicionamento, como bem o fez o potiguar Frederico Araújo Seabra de Moura:

> Não se está a afirmar que diante da inexistência dessas normas gerais será impossível a instituição de contribuições, como se poderia depreender da simples leitura do artigo 149 da Constituição Federal. (...) Diante de sua inexistência (inexistência da lei complementar), a competência para instituição das contribuições não pode restar obstada, em face do contido no artigo 24, parágrafo 3º da Constituição. (...) entender que o exercício da competência tributária dos entes políticos pudesse ficar condicionado à edição de lei complementar veiculadora de normas gerais, além de ferir a literalidade do artigo 24, parágrafo 3º da Constituição Federal, faria com que a autonomia daquelas pessoas fosse malversada, assim como o próprio pacto federativo.[421]

Reforça o entendimento aqui defendido o posicionamento definido pelo Supremo Tribunal Federal, quando do julgamento do Recurso Extraordinário nº 396.266/SC. Na oportunidade, o Ministro Carlos Velloso, relator do processo, assim se manifestou:

> Realmente, posto estarem as contribuições do art. 149 da Constituição — contribuições sociais, de intervenção no domínio econômico e de interesse das categorias profissionais ou econômicas — sujeitas a lei complementar do art. 146, III, C.F., *isso não quer dizer que deverão ser instituídas por lei complementar*. A contribuição social que denominamos **contribuição nova**, relativamente a esta, para sua instituição é que será observada a técnica da competência residual da União: C.F., art. 154, I, **ex vi** do disposto no art. 195, §4º A sua instituição, portanto, dependerá de lei complementar. Todavia, *as contribuições do art. 149 da C.F., de regra, podem ser instituídas por lei ordinária*. O que acontece é que, submetidas à lei complementar do art. 146, III, C.F., são definidas como tributo. Por não serem impostos, não há necessidade de que a lei complementar defina seu fato gerador, base de cálculo e contribuintes (art. 146, III, **a**). No mais, estão sujeitas às regras das alíneas **b** e **c** do inciso III do art. 146, III da C.F.[422] (o texto italizado não consta no original, mas o texto em negrito, sim)

---

[421] MOURA. *Lei complementar...*, p. 224-226.
[422] Supremo Tribunal Federal. Recurso Extraordinário nº 396.266/SC. Rel. Min. Carlos Velloso. *DJ*, 27 fev. 2004.

E não foi a única vez que a Corte Suprema se manifestou sobre o assunto. No julgamento do Agravo de Instrumento nº 739.715/SC, ficou confirmada a desnecessidade de lei complementar para instituição das contribuições interventivas. A ementa do referido acórdão assim descreveu: "o Supremo Tribunal Federal fixou entendimento no sentido da dispensabilidade de lei complementar para a criação das contribuições de intervenção no domínio econômico".[423]

Conclui-se, assim, que a contribuição de intervenção sobre o domínio econômico deve submeter-se ao princípio da estrita legalidade, podendo ser instituída pelo veículo legislativo introdutor ordinário. Não se exige, portanto, lei complementar prévia para validar a instituição ou que a instituição se dê mediante o veículo introdutor de natureza de lei complementar.

6.3.1.3 CIDE-Combustíveis e a relativização do princípio da estrita legalidade

O princípio da estrita legalidade somente pode ser relativizado nos casos em que a própria Constituição estabelece. Isso decorre da característica extrafiscal intrínseca à natureza desses tributos. A ideia é tornar mais eficiente uma eventual necessidade de intervenção do Estado para regulação de determinadas relações sociais que julga necessária.

Essa relativização está prevista pelo §1º do artigo 153 da Constituição Federal, o qual dispõe: "é facultado ao Poder Executivo, atendidas as condições e os limites estabelecidos em lei, alterar as alíquotas dos impostos enumerados nos incisos I, II, IV e V". Portanto, importação de importação, o imposto de exportação, o imposto sobre produtos industrializados e o imposto sobre operações financeiras de crédito, câmbio, seguros e as relativas a títulos ou valores mobiliários podem ter as suas respectivas alíquotas alteradas por atos do Poder Executivo.

Entretanto, a dita relativização também não pode ser utilizada como justificativa para que o Poder Executivo se mova de forma desenfreada e ilimitada no sentido de modificar o grau de oneração dos tributos, mediante a majoração das alíquotas. A sua atuação extrafiscal para modificação das alíquotas desses tributos deve estar subordinada a uma autorização legal. Não por outro motivo o texto constitucional contém a expressão "atendidas as condições e os limites estabelecidos

---

[423] Supremo Tribunal Federal. Agravo de Instrumento nº 739.715/SC. Rel. Min. Eros Grau. *DJe*, 19 jun. 2009.

em lei". Em outras palavras, faz-se necessária a existência de lei que preveja a margem de atuação do Poder Executivo, quando do seu exercício de intervenção para manutenção do equilíbrio das relações sociais.

Mesmo nos casos em que a Constituição confere ao Poder Executivo a prerrogativa de manipular o grau de oneração dos tributos, considerados extrafiscais, a atuação está limitada pelo que ficar definido na lei instituidora desses tributos.

A contribuição de intervenção sobre o domínio econômico, apesar de ter uma natureza tipicamente intervencionista, não se submete a essa regra geral que dispõe sobre a relativização do princípio da estrita legalidade, com a exceção da contribuição interventiva criada pela Emenda Constitucional nº 33/01. Parece incoerente, mas existe no sistema do direito positivo brasileiro uma nova contribuição interventiva, cuja competência foi criada por uma emenda constitucional. Possivelmente a ideia de que o veículo introdutor traria um maior apelo à sua constitucionalidade foi o motivo que justificou a sua criação por meio de emenda constitucional.

Pois bem. A competência específica prescrita pelo §4º do artigo 177 da Constituição Federal — incluído pela Emenda Constitucional nº 33/2001 — atribui à União a prerrogativa para criar intervenção sobre o domínio econômico relativa às atividades de importação ou comercialização de petróleo e seus derivados, gás natural e seus derivados e álcool combustível.

Tal contribuição interventiva foi criada pela Lei nº 10.336, de 19 de dezembro de 2001. É a, comumente chamada, "CIDE-Combustíveis", que onera os produtores, formuladores e importadores, pessoas físicas ou jurídicas, de gasolinas e suas correntes, diesel e suas correntes, querosene de aviação e outros querosenes, óleos combustíveis (fuel-oil), gás liquefeito de petróleo, inclusive o derivado de gás natural e de nafta e álcool etílico combustível.[424]

O artigo 177, §4º, Inciso I, alínea "b", da Constituição Federal anota a regra da relativização do princípio da estrita legalidade aplicável, exclusivamente, a esta contribuição interventiva. Diz o citado dispositivo que a alíquota poderá ser reduzida e restabelecida por ato do Poder Executivo.[425]

Percebe-se, de pronto, uma pequena diferença desta regra de relativização com aquela contida no §1º do artigo 153 da Constituição Federal. No caso da regra de relativização da contribuição de intervenção

---

[424] Arts. 2º e 3º, da Lei nº 10.336, de 19 de dezembro de 2001.
[425] Art. 177, "§4º (...), inciso I: a alíquota da contribuição poderá ser: b) reduzida e restabelecida por ato do Poder Executivo, não se lhe aplicando o disposto no art. 150, III, *b*".

sobre o domínio econômico, cuja competência foi dada pela Emenda Constitucional nº 33/2001, ao Poder Executivo são facultados apenas a redução e o restabelecimento das alíquotas e não a majoração além do nível estipulado pela lei instituidora. Depois de instituída a contribuição interventiva aqui tratada, o Poder Executivo poderá apenas reduzir a sua alíquota e, posteriormente, caso entenda necessário, restabelecê-la ao mesmo patamar anterior.

Essa relativização, no entanto, parece padecer do vício da inconstitucionalidade. Ainda que essa regra tenha sido introduzida por emenda constitucional, o seu enunciado oferece um perigo para os direitos e garantias fundamentais do contribuinte. A exigência de tributos da sociedade configura-se como uma agressão constitucionalmente autorizada ao patrimônio do particular. Se é assim, e em atenção ao princípio republicano, a exigência de tributos somente poderá ser materializada se fundada em lei, instrumento normativo editado e votado pelos representantes da sociedade que sofrerá a tributação.

O legislador constituinte, quando desenhou as competências tributárias, definiu bem a competência para criação das contribuições de intervenção sobre o domínio econômico, ressaltando que o legislador deverá atender ao disposto no artigo 150, I, da Constituição Federal, que veicula o princípio da estrita legalidade, sem, contudo, dispor sobre qualquer modo de relativização. A introdução da regra de relativização do princípio da estrita legalidade pela Emenda Constitucional nº 33/2001, nesse sentido, pode ter sua validade questionada, porque viola uma garantia constitucional "atribuída pelo texto constitucional originário, confrontando-se, por conseguinte, com a vedação prescrita pelo artigo 60, §4º, IV, da Constituição Federal".[426][427]

A Emenda Constitucional nº 33/2001 pretendeu atribuir ao Poder Executivo Federal a possibilidade de modificar as alíquotas da contribuição de intervenção sobre o domínio econômico, instituídas para tributar a importação ou a comercialização de petróleo e seus derivados, gás natural e seus derivados e álcool combustível, relativizando impropriamente o princípio da estrita legalidade.

---

[426] GAMA. *Contribuição de intervenção...*, p. 150.
[427] Importante frisar que uma emenda constitucional, desde que apresente violação às normas que fazem parte do conjunto das cláusulas pétreas inseridas no bojo do texto originário da Constituição Federal, pode ser declarada inconstitucional pelo Supremo Tribunal Federal, Corte Constitucional esta que, por sua vez, quando do julgamento da ação direta de inconstitucionalidade que questionava a Emenda Constitucional nº 3 de 1993, decidiu que "uma Emenda Constitucional, emanada, portanto, de Constituinte derivada, incidindo em violação à Constituição originária, pode ser declarada inconstitucional, pelo Supremo Tribunal Federal, cuja função precípua é de guarda da Constituição (art. 102, I, "a", da C.F.)" (ADIn nº 939/DF. Rel. Min. Sydney Sanches. *DJ*, 18 mar. 1994).

6.3.2 Princípio da anterioridade

Não é demais repetir que a contribuição de intervenção sobre o domínio econômico possui natureza tributária. O fato de não constar referencia à observância do princípio da anterioridade no bojo do artigo 149 da Constituição Federal não significa que ele não deve ser observado. Essa contribuição interventiva está imersa no sistema do direito positivo brasileiro como tributo e, por isso, devem respeito às normas tributárias que, de maneira geral, se aplicam aos tributos. A instituição e a cobrança das contribuições interventivas devem estar vinculadas ao princípio da anterioridade tributária, corolário do princípio da segurança jurídica.

O artigo 150, inciso III, da Constituição Federal prescreve que sem prejuízo de outras garantias asseguradas ao contribuinte, é vedado à União, aos Estados, ao Distrito Federal e aos Municípios cobrar tributos no mesmo exercício financeiro em que haja sido publicada a lei que os instituiu ou aumentou ou, antes de decorridos 90 dias da data em que haja sido publicada a lei que os instituiu ou aumentou.

O princípio da anterioridade, como se pode perceber, configura-se como um verdadeiro limite objetivo à exigência dos tributos. Não há possibilidade de relativizá-lo, salvo nas hipóteses autorizadas pela Constituição Federal. Sua razão de ser decorre do princípio que encerra alta carga valorativa, o princípio da segurança jurídica, cuja principal característica se refere à atribuição de segurança para que os contribuintes possam planejar suas atividades, de maneira a evitar surpresas que afetem diretamente o seu patrimônio. Por isso, iria de encontro ao princípio da segurança jurídica a exigência de tributo em momento imediatamente posterior à sua instituição, ocasião em que o contribuinte estaria despreparado para lidar com essa nova situação.

A norma instituidora de tributos, quando sujeita ao princípio da anterioridade (frise-se, há exceções adiante indicadas), tem o prazo para início da vigência protelado. Paulo de Barros Carvalho anota que:

> Na hipótese, ocorre a convergência de dois fatores condicionantes que interagem provocando o deslocamento do termo inicial da vigência, de modo que a regra jurídica que entraria em vigor quarenta e cinco dias depois de ser publicada ou na data que estabelecer continua sem força vinculante, até que advenha o primeiro dia do novo exercício financeiro.[428]

---

[428] CARVALHO. *Direito tributário linguagem...*, p. 290.

No ordenamento brasileiro, a segurança jurídica refletida pelo princípio da anterioridade é alcançada pela observância de três diferentes regras. Essas regras podem ser assim nominadas: (i) anterioridade geral; (ii) anterioridade mínima; (iii) anterioridade nonagesimal.

6.3.2.1 Anterioridade geral, mínima e nonagesimal

A primeira regra que perfaz o princípio da anterioridade está disposta na alínea "b" do inciso III do artigo 150 da Constituição Federal e diz respeito à proibição de cobrança de tributo no mesmo exercício financeiro da lei que o criou ou aumentou. Essa é a anterioridade aplicada como regra geral para todos os tributos. Assim, tendo o tributo sido instituído em determinado ano, independentemente do dia, mês ou hora, só poderá ser efetivamente exigido no primeiro dia do ano subsequente. Não se sujeitam à anterioridade geral o empréstimo compulsório, o imposto sobre a importação e sobre a exportação, o imposto sobre produtos industrializados e o imposto sobre operações de crédito, câmbio e seguros.

A anterioridade mínima, por sua vez, é fruto da Emenda Constitucional nº 42/2003. Segundo a incluída alínea "c" do inciso III do artigo 150 da Constituição Federal, não é possível exigir tributo antes de decorridos 90 dias da data em que haja sido publicada a lei que o instituiu ou aumentou, observada a regra geral. À anterioridade mínima não estão sujeitos os seguintes tributos: empréstimo compulsório, o imposto sobre a importação e sobre a exportação, o imposto sobre produtos industrializados, imposto sobre a renda, o imposto sobre operações de crédito, câmbio e seguros, os impostos extraordinários, o imposto sobre a propriedade de veículos automotores e o imposto sobre propriedade predial e territorial urbana, estes dois últimos, relativamente à fixação da base de cálculo.

Aqui, cabe, ainda que brevemente, interpretar as duas regras de anterioridade (geral e mínima) em conjunto. Enquanto ferramental para a proteção do contribuinte contra modificações legislativas que impliquem diminuição patrimonial, o princípio da anterioridade visa oferecer o tempo mínimo possível, dentro da razoabilidade, para que os contribuintes possam se planejar para o eventual desembolso em razão do cometimento de atos previstos na hipótese de incidência do novo tributo ou do tributo majorado.

Nesse diapasão, o legislador constituinte derivado, ao verificar que em determinadas situações o princípio da anterioridade geral não atendia a segurança jurídica (*e.g.*, hipótese de criação ou majoração do tributo no último dia do ano, oportunidade na qual o referido tributo seria exigido no dia seguinte, sem, contudo, desobedecer ao princípio da anterioridade geral), estipulou, mediante a inclusão da regra de anterioridade mínima, um prazo mínimo para que a norma que instituiu ou aumentou o tributo tenha força para vincular, ou seja, para que essa norma tenha vigência. Esse prazo corresponde a 90 dias.

Assim, a exigência do tributo, atendidas as regras de exceção previstas no parágrafo primeiro do artigo 150 da Constituição Federal, só se dará após o prazo mínimo de 90 dias. Se o tributo for criado até o dia correspondente ao nonagésimo dia restante para o final do ano, deverá ser aplicada a regra da anterioridade geral. Caso restem menos do que 90 dias para o final do ano, a anterioridade geral não mais será aplicada, mas a anterioridade mínima.

Portanto, o novo tributo ou o tributo majorado, nessas hipóteses, somente será exigido depois de decorridos, no mínimo, 90 dias de sua instituição ou majoração.

Além dessas duas regras que conformam a aplicação do princípio da anterioridade, há em nosso sistema outra norma de anterioridade. Entretanto, tal norma é aplicada, tão somente, às contribuições previstas pelo artigo 195 da Constituição Federal, aquelas criadas para financiar a seguridade social. O texto constitucional prescreveu que essas específicas contribuições não se sujeitam ao princípio da anterioridade geral (artigo 150, III, "b", da Constituição Federal), nem à anterioridade mínima (artigo, 150, III, "c", da Constituição Federal), mas somente poderão ser exigidas após decorridos 90 dias da data da publicação da lei que as houver instituído ou modificado (artigo 195, §6º, da Constituição Federal).

As contribuições interventivas, em conclusão, estão sujeitas aos limites objetivos propostos pelas regras de anterioridade geral e mínima, relativas à consagração do princípio da anterioridade, não se sujeitando, pois, à anterioridade nonagesimal do artigo 195, §6º, da Constituição Federal.

6.3.2.2 Ainda sobre a CIDE-Combustíveis: exceção ao princípio da anterioridade (Emenda Constitucional nº 33/2001)?

Como já demonstrado no tópico que tratou do princípio da estrita legalidade, o legislador constituinte derivado modificou o texto da

Constituição Federal, mediante a edição da Emenda Constitucional nº 33/2001, e incluiu uma nova competência tributária para criação de uma contribuição de intervenção sobre o domínio econômico. A inclusão dessa nova competência tributária trouxe também algumas relativizações aos princípios máximos que regem o sistema constitucional tributário, os quais fazem parte das garantias fundamentais do contribuinte.

Além da permissão de relativização do princípio da estrita legalidade, como já dito, de maneira inconstitucional, essa nova norma de competência também previu a relativização do princípio da anterioridade tributária aplicável às contribuições de intervenção sobre o domínio econômico.

Curioso notar que no momento em que a Emenda Constitucional nº 33/01 entrou em vigor, abstraindo, por hipótese, a sua inconstitucionalidade, não havia a previsão constitucional para observância do princípio da anterioridade mitigada, introduzida pela Emenda Constitucional nº 42/2003, mas somente a previsão constitucional originária relativa ao princípio da anterioridade geral (artigo 150, III, "b", da Constituição Federal).

A disposição que relativiza o princípio da anterioridade refere-se, tão somente, à anterioridade geral, não à mitigada. Veja-se o texto da Constituição Federal: "a alíquota da contribuição poderá ser: b) reduzida e restabelecida por ato do Poder Executivo, não se lhe aplicando o disposto no art. 150, III, 'b' (artigo 177, §4º, I".

Aquele que entende ser constitucional a alteração proposta pela Emenda Constitucional nº 33/2001 deve interpretar este dispositivo da seguinte forma: a contribuição de intervenção sobre o domínio econômico, criada nos termos do artigo 177 e seguintes da Constituição Federal, não se submete ao princípio da anterioridade geral quando suas alíquotas forem restabelecidas para o patamar igual àquele previsto pela lei que a instituiu, mas deve se submeter à anterioridade mínima (artigo, 150, III, "c", da Constituição Federal), desde a entrada em vigor da Emenda Constitucional nº 42/03.

Imaginando, por hipótese, ser constitucional essa relativização, note-se que depois da edição da Emenda Constitucional nº 42/2003, até mesmo essa contribuição interventiva, cuja competência foi outorgada pela Emenda Constitucional nº 33/2001, está sujeita ao princípio da anterioridade mínima (art. 150, III, "c", da Constituição Federal).

Portanto, nesse caso, o restabelecimento das alíquotas da contribuição interventiva criada em razão do exercício da competência, fundado nos termos da Emenda Constitucional nº 33/2001, deve sujeitar-se ao princípio da anterioridade mínima. Ou seja, depois da edição da Emenda Constitucional nº 42/2003, a alíquota restabelecida só será exigida após decorridos 90 dias da norma que prescreveu o seu restabelecimento.

Além disso, essa relativização alcança somente a hipótese em que as alíquotas dessa contribuição interventiva forem restabelecidas (por óbvio, quando houverem sido reduzidas). Não há que se falar, portanto, em relativização do princípio da anterioridade geral aplicável à instituição ou à majoração dessa contribuição interventiva.

O que até agora foi exposto sobre este assunto tem razão de ser, se estiver fundado na premissa de que esta relativização proposta pela Emenda Constitucional nº 33/2001 pode prosperar no ordenamento brasileiro, o que não parece ser correto.

De se notar que o Ministro do Supremo Tribunal Federal, Marco Aurélio, ao tratar do princípio da anterioridade em voto proferido na Ação Direta de Inconstitucionalidade nº 939/DF, expôs o seu posicionamento relativo à impossibilidade de mitigação desse princípio ainda que por emenda à constitucional. Nas suas palavras:

> Houve a opção pelo legislador constituinte de 1988 e, com ela, tivemos o esgotamento das exceções, porque taxativamente fixadas na Carta. Os dispositivos são *numeros clausus*, não apenas exemplificativos. Fora das hipóteses excepcionais cabe observar, com rigor, a anterioridade.[429]

Como firmado no tópico relativo ao princípio da legalidade, a relativização ao princípio da anterioridade também parece padecer do vício da inconstitucionalidade, ainda que tenha sido prescrito por emenda constitucional, tendo em vista que maculam direitos e garantias fundamentais do contribuinte.

6.3.3 Princípio da referibilidade

O princípio da referibilidade não está expresso no texto da Constituição Federal. É uma proposição prescritiva construída pela união de alguns enunciados constitucionais que são intrínsecos à própria norma de competência para instituição das contribuições de intervenção sobre o domínio econômico.

---

[429] Supremo Tribunal Federal. Ação Direta de Inconstitucionalidade nº 939/DF. Rel. Min. Sydney Sanches. Julgamento: 15.12.1993.

O mandamento constitucional carregado pelo princípio da referibilidade corresponde à necessidade da existência de um vínculo triangular entre estes três elementos que fazem parte da contribuição de intervenção sobre o domínio econômico: (*i*) conduta tomada pelo legislador para compor o critério material de sua regra-matriz de incidência; (*ii*) o grupo de agentes eleitos para compor a relação jurídica tributária na qualidade de sujeitos passivos; e (*iii*) a finalidade que fundamentou a sua instituição, o que pode ser aferido pela destinação que é atribuída ao produto da arrecadação. "Para que a contribuição interventiva seja constitucional, é necessário que exista um liame entre o critério material da hipótese, os sujeitos passivos e a finalidade do tributo."[430]

"Nos tributos validados finalisticamente o destinatário pode ser encontrado através do exame das finalidades da exação. É o que ocorre com as contribuições interventivas."[431] Eis um dos critérios de avaliação da constitucionalidade das contribuições de intervenção sobre o domínio econômico.

Graficamente, temos a formação da seguinte relação triangular:

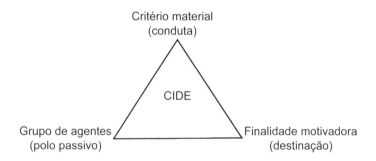

O critério material da regra-matriz de incidência tributária deve prever uma situação social praticada por um determinado grupo de agentes econômicos, todos partícipes do setor da economia a ser afetado pela pretensa intervenção. Os valores arrecadados com a contribuição de intervenção sobre domínio econômico devem, ainda, beneficiar os mesmos agentes partícipes desse setor da economia, na medida da necessidade da intervenção proposta pelo Estado.

---

[430] GAMA. *Contribuição de intervenção...*, p. 159.
[431] PIMENTA, Paulo Roberto Lyrio. Perfil constitucional das contribuições de intervenção no domínio econômico. *In*: GRECO, Marco Aurélio (Coord.). *Contribuições de intervenção no domínio econômico*. São Paulo: Dialética, 2001. p. 177.

Geraldo Ataliba apregoava que:

> É preciso que haja uma correlação lógica entre os beneficiários dos recursos e os contribuintes. (...) Impõe-se, destarte, reconhecer a necessidade — constitucionalmente postulada — de que haja ainda que indiretamente (embora clara e objetiva), correlação entre os beneficiários da ação do Estado e as pessoas chamadas a contribuir, ou seja: correlação entre os efeitos ou causa da ação estatal custeada pela 'contribuição' e seus contribuintes (sujeitos passivos).[432]

No mesmo sentido, e fazendo referência ao critério material da regra-matriz de incidência tributária das contribuições interventivas, Luís Eduardo Shoueri afirmou que:

> Sendo possível identificar grupos de contribuintes mais ou menos afetados pela intervenção, parece inaceitável que se exijam contribuições de intervenção sobre o domínio econômico iguais de contribuintes submetidos a diferente atuação estatal. Esta conclusão é apenas um desdobramento do que se disse acima, sobre a correlação entre a contribuição e sua fonte financeira. Neste sentido, quando possível, o fato gerador da contribuição deve permitir aquela distinção.[433]

Do que se percebe, tem-se que o princípio da referibilidade aplicável às contribuições perfaz um verdadeiro limite objetivo no ordenamento jurídico. Ele se aplica por inteiro. Não há como aplicá-lo de forma parcial. Os contribuintes escolhidos pelo legislador instituidor da contribuição de intervenção sobre o domínio econômico devem estar vinculados ao setor do domínio econômico afetado pela intervenção, caso contrário, desnaturada estará a referida contribuição.

Configurada a inexistência dessa relação triangular, "não se pode falar em intervenção estatal na economia, mas em atuação do Estado em favor de toda coletividade, o que descaracteriza a contribuição".[434]

6.3.4 Princípio da proporcionalidade

O princípio da proporcionalidade, tal como o mandamento constitucional da referibilidade, não é objeto expresso dos enunciados

---
[432] ATALIBA. *Hipótese de incidência...*, p. 205.
[433] SCHOUERI. *Normas tributárias indutoras...*, p. 202.
[434] GAMA. *Contribuição de intervenção...*, p. 160.

prescritivos do sistema do direito positivo, mas decorre de uma interpretação sistêmica, notadamente como reflexo do princípio da igualdade tributária. Especificamente, no que tange à proporcionalidade da tributação, o sujeito cognoscente deve se ater às normas que estabelecem a competência tributária e aos demais princípios constitucionais tributários para aferir a conveniência e adequação da medida exacional. Quando se fala em proporcionalidade, a ideia que se faz está associada à noção de adequação na proporção daquilo que é justo e suficiente. Pode-se dizer que se trata de um conceito relacional que une os meios e os fins pretendidos. É bem verdade, porém, que o princípio da proporcionalidade, dentro da classificação anteriormente proposta, encerra valores, o que, por consequência, apresenta um alto grau de subjetividade. Isso é prejudicial para o estudo do direito. A subjetividade pode levar o intérprete a compreendê-lo a partir de interpretações totalmente antagônicas e polarizadas. Pode-se compreendê-lo da forma mais justa e coerente à forma mais prejudicial e arbitrária. Por isso, é necessário eleger métodos e critérios que permitam uma análise dentro de um campo de interpretação de menor amplitude.

O Supremo Tribunal Federal, em uma das primeiras manifestações sobre o princípio da proporcionalidade, considerou que a cobrança de tributo não pode ser elevada ao ponto de inviabilizar a prática dos fatos previstos pela antecedente da norma instituidora desse mesmo tributo.

Na oportunidade, o Ministro Orosimbo Nonato proferiu o voto vencedor no Recurso Extraordinário nº 18.331 em 1951, do qual se extraiu o trecho abaixo que trata da aplicação do princípio da proporcionalidade:

> O poder de taxar não pode chegar à desmedida do poder de destruir, substituído o conhecido axioma de Marshall pelo — de que 'the power to tax is the power to keep alive'. Cita, o juiz, erudita conferencista do prof. Bilac Pinto tirada a lume na Ver. For., vol. 82, p. 547, que vale por eloquente preconício da doutrina elaborada na Corte Suprema dos Estados Unidos de que o poder de taxar 'somente pode ser exercido dentro dos limites que o tornem compatível com a liberdade de trabalho, de comércio e de indústria e com o direito de propriedade. É um poder, em suma, cujo exercício não deve ir até ao abuso, ao excesso, ao desvio, aplicável, ainda aqui, a doutrina fecunda do 'detournement de pouvoir'.[435]

---

[435] Supremo Tribunal Federal. RE nº 18.331. Rel. Min. Orosimbo Nonato. Publicado em 10.08.1953.

Transportando esse entendimento para aplicá-lo às contribuições interventivas, pode-se afirmar que essas contribuições não podem onerar o sujeito passivo ao ponto de criar uma barreira de difícil transposição para a prática de suas atividades habituais.

6.3.4.1 Critérios para aferição da proporcionalidade

Marco Aurélio Greco, caminhando no sentido que denominou *direção da evolução da doutrina*, aponta para a observância do princípio da proporcionalidade como forma de medir a atuação do legislador. Foi mais além. Talvez por identificar o alto grau de subjetivismo causado pelo caráter valorativo do princípio da proporcionalidade, o citado professor aplica três critérios para aferição do alinhamento da atividade do legislador ao referido princípio. São eles: necessidade, adequação e proibição do excesso.[436]

Esses critérios já haviam sido identificados por Robert Alexy quando do desenvolvimento da sua teoria dos princípios. O jusfilósofo americano entende haver uma conexão entre a teoria dos princípios e a máxima da proporcionalidade. Essa máxima da proporcionalidade é frequentemente denominada de princípio da proporcionalidade. Em sua obra, deixa claro a referência aos critérios para aferição da proporcionalidade:

> Já se deu a entender que há uma conexão entre a teoria dos princípios e a máxima da proporcionalidade. Essa conexão não poderia ser mais estreita: a natureza dos princípios implica a máxima da proporcionalidade, e essa implica aquela. Afirmar que a natureza dos princípios implica a máxima da proporcionalidade significa que a proporcionalidade, com suas três máximas parciais da adequação, da necessidade (mandamento do meio menos gravoso) e da proporcionalidade em sentido estrito (mandamento do sopesamento propriamente dito), decorre logicamente da natureza dos princípios, ou seja, que a proporcionalidade é dedutível dessa natureza.[437]

Humberto Ávila também se manifesta sobre o assunto:

---

[436] GRECO. *Contribuições*: uma figura *sui generis*, p. 125-126.
[437] ALEXY, Robert. *Teoria dos direitos fundamentais*. Tradução de Virgílio Afonso da Silva. São Paulo: Malheiros, 2006. p. 116-117.

O postulado da proporcionalidade não se confunde com a ideia de proporção em suas mais variadas manifestações. Ele se aplica apenas a situações em que há uma relação de causalidade entre dois elementos empiricamente discerníveis, um meio e um fim, e tal sorte que se possa proceder aos três exames fundamentais: o da adequação (o meio promove o fim?), o da necessidade (dentre os meios disponíveis e igualmente adequados para promover o fim, não há outro meio menos restritivo do(s) direito(s) fundamentais afetados?) e o da proporcionalidade em sentido estrito (as vantagens trazidas pela promoção do fim correspondem às desvantagens provocadas pela adoção do meio?).[438]

Sobre o assunto, Paulo Ayres Barreto menciona que "é preciso avaliar (i) a necessidade efetiva da instituição da contribuição para alcançar o fim almejado; (ii) a adequação da produção normativa em relação a esse fim; e (iii) a inexistência de excesso".[439]

A proporcionalidade, nesse sentido, permitirá o confronto entre a adequação da exigência tributária e o benefício que será proporcionado ao grupo dos sujeitos afetados. Ao aplicar o princípio da proporcionalidade às contribuições interventivas, Tácio Lacerda Gama propõe as seguintes ilações:

> i. a contribuição deve ser 'adequada' para angariar fundos que atendam a finalidade que ensejou sua instituição; ii. O valor da exação deve ser limitado segundo a 'necessidade', ou seja, se o montante arrecadado for além do necessário, terá sido em violação ao princípio da proporcionalidade; iii. Por último, deve ser analisada a proporcionalidade em sentido estrito, ou seja, se existe adequação entre aquilo que se exige ao contribuinte — prestação pecuniária — e o benefício que lhe será proporcionado.[440] [441]

Sobre o assunto, Luís Eduardo Schoueri afirma que "valendo-se do princípio da proporcionalidade, enquanto corolário da igualdade, tem-se a necessária adequação entre a norma e a finalidade constitucionalmente prestigiada".[442]

---

[438] ÁVILA. *Teoria dos princípios...*, p. 161-162.
[439] BARRETO. *Contribuições...*, p. 151.
[440] GAMA. *Contribuição de intervenção...*, p. 159.
[441] Sobre o assunto, cf.: PONTES, Helenilson Cunha. *O princípio da proporcionalidade e o direito tributário*. São Paulo: Dialética, 2000. p. 189.
[442] SCHOUERI. *Normas tributárias indutoras...*, p. 199.

6.3.4.2 Aplicação dos critérios que aferem a proporcionalidade às contribuições interventivas

Aplicando os critérios de conformação do princípio da proporcionalidade, anteriormente indicados, será possível perceber a proporcionalidade da contribuição interventiva, depois de respondidas as seguintes questões: (*i*) a intervenção é oportuna? (*ii*) é meio adequado para atingir a finalidade pretendida? (*iii*) fere alguma garantia fundamental do contribuinte? (*iv*) há excesso na medida?

Responder positivamente à primeira questão é reconhecer que a medida tributária intervencionista se mostra conveniente para restabelecer o equilíbrio das relações econômicas, de acordo com a necessidade de manutenção do bem-estar social, segundo os preceitos que compõem a ordem econômica constitucional. Exemplificando, imagine-se a situação em que determinada conduta praticada por agentes de um determinado setor da economia está implicando ferimento do preceito da livre concorrência. Enquanto agente regulador das atividades econômicas, o Estado precisa intervir para equilibrar essas relações em razão da necessidade de manter a observância ao princípio da livre concorrência.

Será oportuna a atuação intervencionista estatal para regular as situações sociais daquele setor econômico, com o desígnio de restabelecer o equilíbrio das referidas relações em busca da manutenção da livre concorrência. É, portanto, necessária a edição de norma que procure alcançar esta finalidade.[443]

Superado o quesito relativo à oportunidade, analisa-se, agora, se a contribuição interventiva é ferramenta adequada para atingir a finalidade pretendida. É preciso saber se a contribuição interventiva tem atributos para alcançar sucesso. Se essa ferramenta é meio adequado para obtenção do fim pretendido. Diante do exemplo anterior, pode-se dizer que uma contribuição de intervenção sobre o domínio econômico é ferramenta compatível para alcançar a finalidade pretendida pelo Estado, qual seja, desestimular as condutas que conduzem os agentes econômicos à desobediência do preceito da livre concorrência. A contribuição interventiva que onere os agentes econômicos poderá

---

[443] Aqui é importante considerar que "o exame da necessidade envolve a verificação da existência de meios que sejam alternativos àquele inicialmente escolhido pelo Poder Legislativo ou pelo Poder Executivo e que possam promover igualmente o fim sem restringir, na mesma intensidade, os direitos fundamentais afetados" (ÁVILA. *Sistema constitucional*..., p. 420).

desestimular determinadas atividades e, assim, restabelecer o equilíbrio e a manutenção da livre concorrência.

Porém, a oneração das atividades que o Estado pretende desestimular, no caso em análise, não pode ser pequena, sob pena de a medida intervencionista não surtir os efeitos pretendidos. Isso pode acontecer quando a oneração for insuficiente para, por exemplo, tornar a atividade reprovada mais onerosa do que outra atividade que poderia ser praticada pelos agentes da economia.

Partindo da premissa de que o agente dispõe de duas formas para perfazer suas intenções, e imaginando que a forma economicamente mais interessante seja aquela reprovada pelo Estado, a intervenção, para alcançar sucesso, deve torná-la mais onerosa do que a outra forma, agora, menos custosa para os agentes econômicos. Portanto, se a medida intervencionista não tomar esse cuidado, não cumprirá o requisito da adequação.

Para desestimular determinada atividade e, consequentemente, tentar influenciar os agentes a praticarem outra atividade, o Estado deve assegurar que a medida não será inócua.[444]

Identificado que a intervenção é oportuna e o meio utilizado adequado, é preciso saber, ainda, se a conformação da medida intervencionista não feriu qualquer preceito fundamental.[445] A pretexto de garantir o equilíbrio das relações econômicas no sentido de manter a obediência aos princípios da ordem econômica, o Estado não pode, por exemplo, deixar de atender ao princípio da vedação ao confisco, da legalidade, da anterioridade, da liberdade de locomoção, da propriedade privada ou o princípio da livre iniciativa.

A adequação do meio também está diretamente ligada a esse exame. Não pode, seguindo o exemplo anteriormente utilizado existir uma contribuição interventiva instituída sob a pretensão de desestimular

---

[444] Sobre a adequação, Humberto Ávila afirmou que essa vertente do princípio da proporcionalidade "exige uma relação empírica entre o meio e o fim: o meio deve levar à realização do fim. Isso exige que o administrador utilize um meio cuja eficácia (e não o meio, ele próprio) possa contribuir para a promoção gradual do fim" (ÁVILA. *Sistema constitucional...*, p. 414).

[445] Esse é o tema também denominado de "proporcionalidade em sentido estrito". Também sobre esse tema, Humberto Ávila preconiza que o seu exame "exige uma comparação entre a importância da realização do fim e a intensidade da restrição aos direitos fundamentais. A pergunta que deve ser formulada é a seguinte: o grau de importância da promoção do fim justifica o grau de restrição causada aos direitos fundamentais? Ou de outro modo: as vantagens causadas pela promoção do fim são proporcionais às desvantagens causadas pela adoção do meio? A valia da promoção do fim corresponde à desvalia da restrição causada?" (ÁVILA. *Sistema constitucional...*, p. 423).

determinada conduta, ser obstáculo intransponível para o exercício da livre iniciativa. Em outras palavras, se o meio escolhido refletir o desestímulo de determinada conduta, somente poderá ser utilizado se os agentes econômicos tiverem oportunidade de, mediante a realização de outras condutas, alcançar os seus objetivos próprios.

Portanto, não seria adequada a medida que viesse para onerar a única forma que o agente econômico dispõe para perfazer suas atividades. A contribuição interventiva que busca o desestímulo dessa conduta não será o meio adequado para manter o equilíbrio das relações, por ferir o princípio da livre iniciativa. O Estado deverá, assim, buscar outro meio interventivo. Talvez aquele que visa à arrecadação de fundos, mediante a instituição de contribuições interventivas, para promover as políticas necessárias para coibir a desobediência ao princípio da livre concorrência.

Por último, cabe ao legislador, antes de tomar qualquer providência de intervenção tributária, tomar cuidado para evitar eventual excesso. A contribuição interventiva, como foi visto nas linhas anteriores, é uma ferramenta de intervenção indutora. Sendo utilizada como meio para indução de condutas, a intervenção não pode proibir, ou seja, tornar ilícitas as condutas consideradas nocivas aos princípios da ordem econômica. Não que o Estado esteja impedido de fazer isso, mas o meio escolhido não seria adequado, considerando que a proibição de condutas, como maneira de intervenção, deverá ser feita mediante a edição de normas que tipifiquem tal conduta como ilícita. Esta é uma característica de uma intervenção por direção.

Sendo inadequada a utilização dos meios de intervenção por indução para proibir a realização de condutas, de se notar que tais meios não podem refletir, por exemplo, uma alta carga tributária para os agentes que cometerem aquela conduta que o Estado que desestimular. Analisando o exemplo proposto, contribuição interventiva, da mesma forma que não seria adequada por onerar pouco, também não seria adequada se onerar excessivamente a conduta que deve ser descontinuada. Isso porque, ao estabelecer uma tributação excessivamente alta para os agentes que realizarem determinada conduta, o Estado estaria, na verdade, inviabilizando por completo a prática daquela conduta. A tributação interventiva excessiva seria encarada como uma verdadeira sanção por ato ilícito, muito embora não haja tipificação da respectiva conduta como ilícito.

A contribuição de intervenção sobre o domínio econômico deverá ser adequada para angariar recursos na ideal medida para atender à finalidade da própria intervenção. O valor da exação deve, então, se limitar à necessidade exigida pela intervenção. Em resumo, a aferição da proporcionalidade decorre da adequação entre aquilo que se exige (prestação pecuniária) e o benefício que será proporcionado aos agentes econômicos afetados pela atuação estatal.[446]

O desequilíbrio desses elementos poderá inviabilizar a própria intervenção, maculando, assim, a norma instituidora da contribuição de intervenção sobre o domínio econômico. Isso, aliás, é o que Robert Alexy entendeu, quando do estudo das máximas da proporcionalidade. Segundo o jusfilósofo americano: "o que se indaga é, na verdade, se as máximas parciais foram satisfeitas ou não, e sua não-satisfação tem como consequência uma ilegalidade".[447]

É possível aplicar o princípio da proporcionalidade tanto para os casos em que a intenção da intervenção é desestimular determinada prática, quanto para os casos em que se pretende arrecadar fundos para financiar uma política cujo objetivo seja promover a atuação estatal em prol do setor da sociedade privada afetado pela cobrança do referido tributo.

6.3.4.3 Proporcionalidade nas contribuições interventivas desestimuladoras: a CIDE como ferramenta direta para intervenção

Em linhas anteriores, se disse que é possível obter a indução das condutas intersubjetivas por meio da instituição das contribuições interventivas que tenham por objetivo desestimular determinada conduta.

O princípio da proporcionalidade aplicável às contribuições, que neste tópico denominar-se-ão de contribuições interventivas desestimuladoras, será contemplado de maneira correta quando o legislador observar o seguinte critério objetivo: necessidade da existência de dois ou mais meios postos à disposição dos agentes econômicos para que possam concretizar as suas atividades habituais.

Caso exista só um meio para que os agentes concretizem suas atividades habituais, o desestímulo dessa conduta não pode ser realizado por meio de uma contribuição interventiva desestimuladora. Se só existe

---

[446] Cabe, aqui, mencionar os ensinamentos de Hugo de Brito Machado Segundo. O professor cearense explica que "se a intervenção puder se realizada de maneira menos gravosa ou mais adequada que não através da instituição de uma contribuição, a exigência consubstanciará, também ofensa ao princípio da proporcionalidade" (MACHADO SEGUNDO. *Contribuições e federalismo...*, p. 173).

[447] ALEXY. *Teoria dos direitos...*, nota de rodapé nº 84, p. 117.

uma maneira para que os agentes atuem, a ferramenta intervencionista não poderá ser a contribuição desestimuladora. Se o for, configurada está a inadequação do meio utilizado.

Ora, se para corrigir eventuais desequilíbrios econômicos o desejo é evitar que os agentes alcancem um resultado pela oneração da única conduta que eles dispõem para alcançar, de fato, esse resultado, o Estado deve tornar essa conduta ilícita (e, aqui, a intervenção se caracteriza pela direção) ou instituir uma contribuição interventiva que tenha por característica arrecadar para custear políticas públicas em prol do setor afetado.

A contribuição interventiva para desestimular essa conduta única, diga-se inadequada, poderá representar uma sanção por ato ilícito ou um instrumento exclusivamente arrecadatório.

Nesse caso, a contribuição interventiva só poderá ser instituída se o resultado daquela prática que o Estado pretende ver desestimulada puder ser obtido pelo sujeito passivo dessa contribuição igualmente mediante a realização de outra prática semelhante. Ou seja, não pode o Estado, mediante a utilização de uma ferramenta de intervenção indutora, tentar desestimular a única atividade da qual dispõem os agentes privados da economia para alcançar determinado fim.

Isso poderia ser encarado como uma limitação desproporcional ao livre exercício da atividade econômica. Nessa situação, parece que o Estado estaria se aproveitando de um mecanismo intervencionista desestimulador para aumentar a sua arrecadação. Veja: se o contribuinte só dispõe de uma maneira para conduzir seus negócios e essa maneira é altamente onerada por tributos, sob o pretexto de intervenção desestimuladora, das duas, uma: ou os agentes econômicos deixam de praticar a única atividade que poderia levá-los ao resultado pretendido, ou, caso não seja possível a descontinuidade (sob pena de inviabilizar o seu negócio), deverão arcar com o ônus do tributo. Fazendo assim, o Estado estaria agindo de forma arbitrária e ferindo, também, o princípio da vedação ao confisco.[448]

Na primeira hipótese, o Estado, sob o pretexto de intervir, insere no sistema uma proibição (indução diretiva) camuflada por uma

---

[448] Sobre o conteúdo do princípio da vedação ao confisco, o professor Humberto Ávila estudou várias decisões do Supremo Tribunal Federal e chegou à conclusão de que a medida estatal não pode, em qualquer situação: *"(a) restringir* excessivamente *um direito fundamental, inviabilizando-o substancialmente, independente do seu motivo; (b)* cercear, tolher ou dificultar sobremaneira *o livre exercício da atividade econômica, ainda que a medida não inviabilize por completo a atividade empresarial"* (ÁVILA. *Sistema constitucional...*, p. 407-408).

pretensa norma indutora. Essa proibição, ainda que permitida, nunca poderia ser realizada por meio de instrumentos de intervenção indutora, mas diretiva. Nesse caso, "não se poderia cogitar de direção por meio de normas tributárias, que pressupõem, necessariamente, a possibilidade de o contribuinte incorrer ou não no fato gerador".[449]

Na segunda hipótese, não havendo saída para os agentes econômicos, percebe-se que o Estado está, de maneira arbitrária, aproveitando-se da situação para aumentar sua arrecadação. Ora, como se trata de intervenção que supostamente pretende desestimular determinada atividade, não podendo deixar de praticar essa atividade, o agente econômico estará obrigado a suportar o ônus tributário. O contribuinte está obrigado por questões comerciais, por exemplo, a praticar a hipótese de incidência e, consequentemente, arcar com um custo tributário elevado.

Aqui, é claramente possível verificar que o tributo tem efeito confiscatório. Sobre o assunto, Luís Eduardo Schoueri se pronunciou: "fosse o contribuinte obrigado a incorrer no fato gerador, então se estaria diante de um efeito confiscatório, atentando, ademais contra o direito de propriedade".[450] Adiante, o professor da Universidade de São Paulo conclui, com base nos ensinamentos de Erik Gawel, Klaus Vogel, Christoph Bellstedt e Friedrich klein:

> Caracterizando-se o efeito do confisco (...) pelo fato de se tornar impossível o contribuinte incorrer no fato gerador (por exemplo porque a carga tributária é tão alta que se torna inviável a própria atividade), deixa a própria norma tributária de ser meramente indutora, passando a dirigir o comportamento do contribuinte. (...) Assim, o princípio da livre-iniciativa ficará afetado quando a liberdade de empreender não passa a produzir efeito prático, já que o empresário não tem perspectiva de lucrar em sua atividade, independentemente de seu esforço ou talento.[451]

Portanto, não é proporcional a criação de uma contribuição interventiva para tentar desestimular a única atividade pela qual o sujeito passivo poderá atingir determinado objetivo. Nesse caso, não resta outra alternativa ao Estado senão tornar ilícita essa atividade.

---

[449] SCHOUERI. *Normas tributárias indutoras...*, p. 46.
[450] SCHOUERI. *Normas tributárias indutoras...*, p. 46.
[451] SCHOUERI. *Normas tributárias indutoras...*, p. 310.

6.3.4.4 Proporcionalidade nas contribuições interventivas estimuladoras: a CIDE como meio para custear a intervenção

As contribuições interventivas que, aqui, se denominam de contribuições interventivas estimuladoras são aquelas ferramentas postas à disposição do Estado para arrecadação de fundos para custear as atividades estatais em prol do setor da sociedade privada afetado pela cobrança do referido tributo.

As contribuições estimuladoras são aquelas instituídas com o objetivo de arrecadar o montante de dinheiro suficiente para financiar a atuação estatal intervencionista na manutenção do equilíbrio das atividades econômicas.

Ao instituir essas contribuições interventivas, o legislador deve tomar cuidado para não onerar as condutas dos agentes econômicos ao ponto de desestimulá-las. Ora, se a intenção do Estado é arrecadar para intervir, os agentes da economia devem continuar praticando suas condutas como habitualmente o fazem. Se os agentes deixam de praticá-las, como consequência, não mais serão verificadas as hipóteses de incidência, o Estado deixa de arrecadar e, ao final, prejudicada restará a intervenção.

Essa situação macularia o próprio instrumento interventivo. Seria, pois, desproporcional a medida intervencionista do Estado. Não cumpre a proporcionalidade aquela contribuição interventiva estimuladora que não arrecade fundos suficientes para custear a intervenção pretendida.

Se isso acontece, os contribuintes seriam obrigados a arcarem financeiramente com a intervenção, mas não teriam os benefícios do retorno.

CAPÍTULO 7

REGRA-MATRIZ DE INCIDÊNCIA TRIBUTÁRIA CONSTITUCIONAL DAS CONTRIBUIÇÕES INTERVENTIVAS

7.1 A norma jurídica tributária: regra-matriz de incidência tributária

A norma instituidora da contribuição de intervenção sobre o domínio econômico deverá trazer em sua estrutura as características essenciais representadas pelo conjunto de critérios peculiares a qualquer norma instituidora de tributos. Essa norma instituidora será necessariamente uma norma jurídica tributária e como tal deverá trazer em seu bojo os critérios necessários para identificar a hipótese de incidência tributária e os consequentes critérios que caracterizam os elementos da relação jurídica tributária. Esta norma é chamada de regra-matriz de incidência tributária. Ela é a norma jurídica tributária *em sentido estrito*.[452] O seu conjunto de critérios deve ser preenchido com os indicativos materiais propostos pelo próprio ordenamento jurídico, os quais são de observância imprescindível para a instituição de qualquer tributo.

---

[452] "A norma tributária em sentido estrito, reiteramos, é a que define a incidência fiscal. Sua construção é obra do cientista do Direito e se apresenta, de final, com a compostura própria dos juízos hipotético-condicionais. Haverá uma hipótese, suposto ou antecedente, a que se conjuga um mandamento, uma conseqüência ou estatuição" (CARVALHO. *Curso de direito tributário*, p. 260).

As normas jurídicas tributárias fazem parte do conjunto de normas que formam o sistema do direito positivo tributário, cujo objeto diz respeito à regulamentação da instituição, fiscalização e arrecadação de tributos.[453]

Identificado o núcleo da norma jurídica tributária, podemos enquadrar a regra-matriz de incidência tributária como uma norma jurídica tributária em sentido estrito, visto que seu objeto está diretamente relacionado à instituição de tributos e incidência tributária, para disciplinar as condutas humanas relacionadas à entrega de determinada quantia em dinheiro ao Estado, em razão da verificação e relato em linguagem competente de uma situação prevista pelo antecedente normativo.

Enquanto norma jurídica, a regra-matriz de incidência tributária é composta por dois elementos: (*i*) um antecedente que prevê as características de um evento social de possível ocorrência no mundo fenomênico, capaz de dar ensejo a uma relação jurídica tributária; e (*ii*) um consequente, que nada mais é que previsão abstrata da relação jurídica que poderá se formar, quando da verificação e relato em linguagem competente do evento descrito pelo antecedente desta mesma norma.

Paulo de Barros Carvalho assinala que:

> Dentro desse arcabouço, a hipótese trará a previsão de um fato (se alguém industrializar produtos), enquanto a consequência prescreverá a relação jurídica (obrigação tributária) que se vai instaurar, onde e quando acontecer o fato cogitado no suposto (aquele que alguém deverá pagar à Fazenda Federal 10% do valor do produto industrializado).[454]

Aprofundando o estudo da norma jurídica tributária em sentido estrito, pode-se conceber a existência de determinados critérios que fazem parte de sua estrutura. Os denominados critérios (ou aspectos[455]) da regra-matriz de incidência tributária são: (*i*) material, (*ii*) temporal e (*iii*) espacial, que compõem o antecedente da norma jurídica tributária; e (*iv*) pessoal e (*v*) quantitativo, componentes que informam os elementos da eventual relação jurídica que será instaurada quando da verificação da ocorrência do fato previsto no antecedente dessa norma.

---

[453] Tributo: nesse ponto, está referido em sua acepção mais comum, qual seja, quantia em dinheiro que deve ser entregue ao Estado em razão do cumprimento de alguma obrigação patrimonial decorrente da incidência de uma norma jurídica tributária.
[454] CARVALHO. *Curso de direito tributário*, p. 260.
[455] Geraldo Ataliba, ao referir-se aos critérios da regra-matriz de incidência tributária, nominava-os de "aspectos". Cf. ATALIBA. *Hipótese de incidência...*, p. 76 *et seq.*

Esses critérios são formados por um conjunto de propriedades denotativas, e o seu estudo se mostra relevante na medida em que estabelece as notas que o legislador deve propor para que seja definido o fato jurídico tributário, bem assim, as notas que definem os elementos da consequente relação jurídica tributária. A identificação das notas relacionadas aos critérios da norma jurídica tributária deve estar em sintonia com aquilo que está prescrito pela norma que outorga competência dos tributos, entre eles, a contribuição de intervenção sobre o domínio econômico.

7.2 Antecedente da regra-matriz de incidência tributária

É no antecedente que se tem a descrição dos elementos necessários para a configuração do fato do mundo social, que, uma vez relatado em linguagem competente reconhecida pelo direito, constituir-se-á em fato jurídico, que, por sua vez, implicará a incidência da norma tributária. Paulo de Barros Carvalho explica que:

> Ao conceituar o fato que dará ensejo ao nascimento da relação jurídica tributária, o legislador também seleciona as propriedades que julgou importantes para caracterizá-lo. E, desse conceito, podemos extrair critérios de identificação que nos permitam reconhecê-lo toda vez que, efetivamente, aconteça.[456]

As propriedades, às quais o professor se refere, têm o condão de identificar a situação que ensejará a incidência tributária, traçando aspectos inerentes à conduta das pessoas (ações humanas), caracterizadas por características de espaço e de tempo. Por isso, o antecedente da regra-matriz de incidência tributária é formado pelos critérios material, temporal e espacial.

O critério material é o mais importante da regra-matriz material. Ao redor dele pairam e com ele se relacionam todos os demais critérios, devendo haver uma perfeita sintonia. Sua função é descrever uma ação que, uma vez verificada, torna-se fato passível de gerar uma relação jurídica tributária. É, invariavelmente, formado por um verbo pessoal, carecedor de predicado, assim como pela própria predicação.[457]

---

[456] CARVALHO. Curso de direito tributário, p. 285.
[457] Paulo de Barros Carvalho adverte que não se pode utilizar os verbos da classe dos impessoais ou aqueles sem sujeitos. Segundo o professor, isso comprometeria "a operatividade dos desígnios normativos, impossibilitando ou dificultando o seu alcance. Isso concerne

Continuando a descrição da conduta que deve ser exposta como matéria-prima para a incidência tributária, o antecedente da regra-matriz deverá situar as propriedades de tempo e de espaço[458] que estão intimamente ligadas à conduta humana,[459] ou seja, àquela ação prevista pelo critério material.

O critério temporal traz as notas de tempo, ou seja, mostra em que momento a ação (critério material) deve acontecer para que haja a incidência do tributo. É, pois, o momento em que surge o laço relacional entre os sujeitos do direito. É o instante em que se tem a efetiva incidência jurídica: "Acontecendo concretamente fatos descritos na h.i., depois da vigência da lei em que inserida — e enquanto perdure esta — tais fatos serão "fatos imponíveis, aptos, portanto, a dar nascimento a obrigações tributárias".[460]

O critério espacial, por sua vez, deve mostrar em que coordenada de espaço a ação prevista no critério material deve acontecer para que haja a incidência do tributo. A legislação tributária brasileira tem demonstrado que existem três diferentes tipos de enumeração das coordenadas de espaço intrínsecas à conduta humana que se deseja juridicizar. O primeiro descreve as coordenadas de um determinado e exclusivo local para a ocorrência da conduta humana; outra diretriz demonstra que o critério material é determinado por certa região ou intervalo territorial previamente delimitado; e o terceiro tipo reflete uma coincidência com a eficácia territorial da norma jurídica.[461]

---

ao sujeito, que pratica a ação, e bem assim ao complemento do predicado verbal, que, impreterivelmente, há de existir. Descabe falar-se, portanto, de verbos de sentido completo, que se expliquem por si mesmos. É forçoso que se trate de verbo pessoal e de predicação incompleta, o que importa a obrigatória presença de complemento" (CARVALHO. *Curso de direito tributário*, p. 287).

[458] "A dissecação de toda e qualquer hipótese de incidência mostrará que ela se compõe de um único núcleo e de um ou mais elementos adjetivos e que ela somente poderá se realizar na época e no espaço que foram previstos pelas coordenadas de tempo e lugar" (BECKER. *Teoria geral...*, p. 329).

[459] "O comportamento de uma pessoa, consistência material linguisticamente representado por um verbo e seu complemento, há de estar delimitado por condições espaciais e temporais, para que o perfil típico seja perfeito e acabado, como descrição normativa de um fato" (CARVALHO. *Curso de direito tributário*, p. 288).

[460] ATALIBA. *Hipótese de incidência...*, p. 94.

[461] "Acreditamos que os elementos indicadores da condição de espaço, nos supostos das normas tributárias, hão de guardar uma dessas três formas compositivas, diretriz que nos conduz a classificar o gênero do tributo na conformidade do grau de elaboração do critério espacial da respectiva hipótese de incidência: a) hipótese cujo critério espacial faz menção a determinado local para a ocorrência do fato típico; b) hipótese em que o critério espacial alude a áreas se dentro delas estiver geograficamente contido; c) hipótese de critério espacial bem genérico, onde todo e qualquer fato, que suceda sob o manto da vigência territorial da lei instituidora, estará apto a desencadear seus efeitos peculiares" (CARVALHO. *Curso de direito tributário*, p. 290-291).

Esses são, portanto, os três critérios que descrevem as notas trazidas pelo antecedente da norma jurídica tributária, a fim de determinar a conduta humana sobre a qual haverá a incidência tributária. Eles compõem a estrutura formal do antecedente da norma. Não é demais lembrar que a conduta prescrita deve se referir a situações que sejam materialmente passíveis de sofrerem a incidência tributária. O legislador não pode escolher notas que se refiram a uma situação que não pode ser tomada como matéria-prima para incidência da contribuição de intervenção sobre o domínio econômico, seja por impossibilidade real ou por proibição legal.

A falta de respeito aos pressupostos até então descritos é suficiente para aferir que houve a criação de um tributo em desconformidade com as demais normas inseridas no sistema jurídico, o que justifica a movimentação da estrutura operacional deste sistema no sentido de produzir novas normas que tenham a função de expulsar esta norma tributária do sistema, por se tratar de norma incongruente.

7.2.1 Critério material das contribuições interventivas: dois requisitos para escolha da ação tributável

7.2.1.1 Relação entre a ação escolhida e o setor econômico afetado pela intervenção

A Constituição Federal não definiu, de forma expressa, as situações sociais que podem ser levadas à materialização jurídica pela incidência das contribuições de intervenção sobre o domínio econômico. Entretanto, o estudo sistemático do direito positivo brasileiro permite que façamos uma abordagem coerente acerca das possibilidades de escolha do fato jurídico — sempre mensurável economicamente — capaz de ensejar uma relação jurídica tributária.

Antes de prosseguir com a identificação das ações que são constitucionalmente possíveis para compor o núcleo do critério material da norma instituidora das contribuições interventivas, o estudioso deve estar alerta para o fato de que a referida ação deve estar ligada à atividade do grupo econômico que será atingido com a medida intervencionista. Em atenção à referibilidade e à necessidade de buscar a eficácia da intervenção, seja qual for a materialidade escolhida pelo legislador para impulsionar a incidência tributária interventiva, a ação que compuser o critério material das contribuições interventivas deve ser habitualmente praticada pelos agentes daquele grupo econômico que sofrerá a intervenção. De nada adiantaria se a norma tributária interventiva descrevesse em seu antecedente uma ação que não é praticada pelo grupo econômico atingido. Ineficiente seria a intervenção. O critério material das contribuições ora estudadas "deve ser escolhido entre as atividades relacionadas ao setor da economia que sofrerá intervenção. Escolher fato alheio a esse seria violar o princípio da referibilidade, que informa a criação desse tributo".[462] Portanto, ao definir o critério material, o legislador deverá apontar para alguma situação que seja praticada pelos potenciais sujeitos passivos da eventual relação jurídica tributária.[463]

Hugo de Brito Machado leciona que "a lei que instituir a contribuição de intervenção no domínio econômico há de definir a sua hipótese de incidência no estreito campo da atividade econômica na qual vai atuar como instrumento de intervenção estatal".[464]

No mesmo sentido, o professor Humberto Ávila afirma que "a escolha do comportamento foi previamente feita pela Constituição, com a determinação de que o exercício do poder deve estar vinculado à promoção de determinadas finalidades".[465] Ainda sobre o assunto, o citado professor conclui:

> Essas considerações demonstram que, apesar de a Constituição não prever expressamente quais os fatos, o Poder Legislativo não poderá escolher qualquer fato como hipótese de incidência da contribuição instituída. O principal limite relaciona-se à peculiaridade das contribuições: sua vinculação à promoção de determinadas finalidades.[466]

Ora, se o sujeito passivo das contribuições interventivas deve fazer parte do setor da economia que sofrerá intervenção, de se perceber que seria totalmente ineficiente a escolha de uma situação social que não fosse praticada por esse mesmo sujeito (ou raramente ocorresse).[467]

---

[462] GAMA. *Contribuição de intervenção...*, p. 206.
[463] "...se a intervenção só pode atingir setores determinados da atividade econômica, o universo dos respectivos sujeitos passivos estará limitado ao conjunto formado pelos que integram aquele setor. Se for necessário incluir no universo dos contribuintes outros que não pertençam ao setor específico, então é porque o setor efetivamente alcançado não é aquele, mas tem dimensão mais ampla para abranger todos os alcançados" (GRECO. *Contribuições de intervenção...*, p. 17).
[464] MACHADO. *Curso de direito...*, p. 391.
[465] ÁVILA. *Sistema constitucional...*, p. 259.
[466] ÁVILA. *Sistema constitucional...*, p. 270.
[467] Sobre o assunto, é interessante a proposta de Flávia Sousa Dantas Pinto sobre a conformação do critério material das contribuições em geral. Segundo a professora potiguar, o critério

7.2.1.2 Critério material constitucionalmente possível

Estabelecido que a contribuição de intervenção sobre o domínio econômico não pode incidir sobre ações que não são praticadas pelos agentes do setor da economia atingido pela intervenção, sob pena de violação da referibilidade e, consequentemente, sob pena de a intervenção tornar-se ineficiente, interessa agora identificar a ação constitucionalmente elegível para compor o critério material dessa contribuição.

Indo direto ao ponto de discussão, adiante será respondida a seguinte questão: é possível que a contribuição de intervenção sobre o domínio econômico tenha critério material semelhante aos critérios materiais dos impostos de competência estadual e municipal? Exemplificativamente, é possível que a União institua uma contribuição de intervenção sobre o domínio econômico sobre a circulação de mercadorias (fato jurídico tributário do Imposto sobre Circulação de Mercadorias e Serviços, de competência dos Estados) ou sobre a prestação de serviços (fato jurídico tributário do Imposto sobre Serviço de Qualquer Natureza, de competência dos Municípios)? Apressadamente e buscando uma coerência interna de acordo com as premissas traçadas neste trabalho, é possível dizer que a resposta às duas questões é positiva.

Da leitura do texto constitucional, percebe-se, de logo, que não há indicação expressa das ações que podem ser tomadas pela União para compor o critério material das contribuições interventivas. Da mesma forma, é bom que se diga, não há qualquer proibição. Para contrariar a resposta positiva que foi dada para as questões anteriores, seria possível advogar a tese de que o critério material deve ser escolhido dentre os que foram oferecidos à própria União para criação dos impostos, levando em consideração, inclusive, a sua competência residual (artigo 154, I, da Constituição Federal).

Partilhou desse entendimento o professor Geraldo Ataliba, para quem o critério material da hipótese de incidência das contribuições não pode ser formado por uma ação semelhante às materialidades dos impostos de competência dos Estados e dos Municípios. Em suas palavras:

---

material das contribuições é composto por dois fatos. O fato do contribuinte e o fato do Estado. O primeiro "diz respeito a um fato econômico a ser realizado pelo particular", enquanto o segundo "corresponde a uma atividade estatal que tenha por escopo a realização de uma finalidade prevista constitucionalmente" (PINTO, Flávia Sousa Dantas. Regra matriz das contribuições: uma proposta. In: MARTINS, Ives Gandra da Silva; ELALI, André (Coord.). Elementos atuais de direito tributário. Curitiba: Juruá, 2008). Vê-se que não basta que o legislador se preocupe somente com a escolha do fato econômico que desencadeará o nascimento da relação jurídica tributária, mas é essencial que a norma instituidora das contribuições interventivas prescreva a hipótese de atuação do Estado sobre o domínio econômico.

A invocação do nomen iuris 'contribuição' — com a concomitante destinação dos recursos aos fins do art. 149, ou outros constitucionalmente cobertos — não autoriza a União a invadir os campos de competência tributária privativos dos Estados e Municípios, tal como delineados pelos arts. 155 e 156 do Texto Magno.[468]

Adiante, o saudoso professor da Pontifícia Universidade Católica de São Paulo arrematou:

> Parece claro que as competências exclusivas, em matéria de criação de impostos por serem inderrogáveis, não podem ser invadidas, sob pena de inconstitucionalidade Roque Carrazza). Em outras palavras, a invocação da designação 'contribuição' não pode servir de escusa para a União desrespeitar os campos de competência tributária privativa dos Estados e Municípios.[469]

Ao concluir dessa maneira, é bom que se diga, o professor Geraldo Ataliba partiu da premissa de que existiam, somente, três espécies tributárias, mediante a utilização de uma classificação intranormativa dos tributos. Nesse sentido, as contribuições não seriam consideradas espécies autônomas de tributos, mas poderiam ter a natureza de impostos, quando a sua materialidade não correspondesse a uma atividade estatal.

Imaginando que a contribuição interventiva teria a mesma natureza dos impostos, não seria mesmo possível que a União escolhesse as materialidades dos impostos estaduais e municipais para compor o critério material dessa figura exacional tributária. Isso decorre da característica privativa das competências para instituição dos impostos. Assim, a União estaria proibida de criar impostos com as materialidades dos impostos de competência dos Estados, Municípios e Distrito Federal.[470]

Tácio Lacerda Gama explicou o assunto:

> Esses argumentos [do professor Geraldo Ataliba] são coerentes com as premissas adotadas pelo Autor. Se as contribuições, inclusive as interventivas, são para ele tributos com natureza de imposto ou de

---

[468] ATALIBA. Hipótese de incidência..., p. 201.
[469] Ibidem, op. cit., p. 200.
[470] Esse entendimento também é defendido pelo professor Roque Antonio Carrazza: "as contribuições interventivas não poderão ter materialidade de tributos de competência tributária dos Estados, dos Municípios ou do Distrito Federal" (CARRAZZA. Curso de direito constitucional..., op. cit., p. 527-528). No mesmo sentido, cf. PIMENTA. Contribuições de intervenção..., p. 60.

taxa, o regime jurídico aplicável é o prescrito para uma dessas espécies tributárias. Por isso, sendo vedado à União instituir impostos sobre as materialidades reservadas para os Estados e Municípios, conforme disposto nos artigos 155 e 156 da Constituição, será vedada também a instituição de contribuições interventivas sobre tais materialidades.[471] (menção entre colchetes não constante no texto original)

Ao negar a possibilidade de as contribuições utilizarem a materialidade dos impostos de competência dos Estados, Municípios e Distrito Federal, o professor Geraldo Ataliba partiu da premissa de que tais tributos tinham natureza de imposto.

Paulo Ayres Barreto, de outro modo, mesmo reconhecendo que as contribuições são espécies autônomas de tributos, acredita não ser possível a escolha de materialidades semelhante às dos impostos estaduais e municipais.[472] Segundo o professor da Universidade de Direito de São Paulo:

A situação será completamente distinta se a materialidade for de imposto cuja competência para instituição seja privativa de outros entes tributantes [Estados, Municípios ou Distrito Federal]. Nesse caso, põe-se em risco o equilíbrio federativo.[473] (menção entre colchetes não constante no texto original).

E arremata: "a Constituição Federal não autoriza sejam criadas contribuições dessa natureza cujo critério material seja de imposto conferido à competência privativa de Estados, Distrito Federal e Municípios".[474] [475]

Seria até possível aceitar essa conclusão, se este estudo estivesse tratando das contribuições especiais para seguridade social, já que a Constituição Federal explicitamente estabeleceu as materialidades

---

[471] GAMA. *Contribuição de intervenção...*, p. 207.
[472] No mesmo sentido, Paulo de Barros Carvalho, ao aplicar os seus ensinamentos sobre a classificação das espécies tributárias, comenta sobre a contribuição para o FUST (criada pela Lei nº 9.998/2000). Na oportunidade, o professor menciona uma invasão da competência atribuída aos Estados para criação de imposto sobre a prestação de serviços de comunicação. Sobre o tema, cf. CARVALHO. *Direito tributário linguagem...*, p. 388-391.
[473] BARRETO. *Contribuições...*, p. 110.
[474] *Ibidem, op. cit.*, p. 118.
[475] No mesmo sentido, cf. SCHOUERI, Luís Eduardo. Algumas considerações sobre a contribuição de intervenção no domínio econômico no sistema constitucional brasileiro: a contribuição ao programa universidade escola. In: GRECO, Marco Aurélio (Coord.). *Contribuições de intervenção no domínio econômico e figuras afins*. São Paulo: Dialética, 2001. p. 366.

possíveis para instituição desses instrumentos tributários, nos termos do seu artigo 195. Essas contribuições não poderiam ter a materialidade de tributos dos Estados e dos Municípios pelo justo motivo de que o texto constitucional tratou de definir expressamente as materialidades possíveis. Mas este estudo não se debruça sobre as contribuições especiais para a seguridade social, mas sobre as contribuições interventivas. E, para elas, a Constituição Federal nada determinou, tendo deixado em aberto a possibilidade de o legislador infraconstitucional escolher as respectivas materialidades.

Essa decisão não foi em vão. Veja que o constituinte originário não poderia prevenir todas as situações sociais econômicas que dariam ensejo a uma intervenção sobre o domínio econômico. Essa impossibilidade de prevenção decorre da própria evolução das relações sociais. Alguns dos desequilíbrios econômicos de 1988 não são os mesmos da atualidade. Por isso, seria imprudente o estabelecimento de materialidades, tendo em vista que a União ficaria engessada e só poderia intervir no domínio econômico, mediante a utilização de instrumentos tributários, caso identificasse alguma distorção das relações econômicas vinculadas àquelas materialidades. A utilização das contribuições interventivas para correção de novas distorções (não imaginadas em 1988) ficaria prejudicada.

Entendendo que as contribuições interventivas são espécies autônomas de tributos, dizer que elas não podem ter materialidade semelhante à dos impostos estaduais e municipais é restringir sobremaneira o campo de atuação da União na tentativa de promover o equilíbrio das relações econômicas mediante a utilização desse instrumento interventivo. A circulação de bens e serviços (materialidades correspondentes a impostos de competência dos Estados, Municípios e Distrito Federal) é, por assim dizer, o carro-chefe das relações econômicas em sentido macro. É natural, pois, que a intervenção estatal para regulação das atividades econômicas, na maior parte das vezes, seja realizada sobre essas atividades (circulação de bens e serviços), o que deve ser feito, inclusive, para dar maior efetividade à própria intervenção.

Não fosse por isso, talvez o constituinte teria definido as materialidades possíveis dessa figura tributária interventiva. Como dito, o legislador constituinte de 1988, ou qualquer outro legislador, não poderia prevenir as inúmeras situações econômicas que implicariam a necessidade de intervenção estatal. O constituinte deixou o legislador infraconstitucional livre, justamente para que a intervenção pudesse ser realizada de acordo com as necessidades que a justificam. Engessar a atuação do legislador infraconstitucional, impedindo-o, por exemplo, de criar uma contribuição que atinja diretamente o núcleo das atividades econômicas (circulação de bens e serviços), seria nocivo ao próprio domínio econômico, eventualmente carecedor de intervenção. Essa atitude deixaria o instrumento intervencionista sob estudo sem função. Reduzir-lhe-ia o próprio campo da atuação interventiva da União. Essa foi uma decisão política do próprio legislador constituinte, que parece ter sido acertada. Diga-se, ainda, que o Supremo Tribunal Federal também já se manifestou sobre o assunto, quando do julgamento do Recurso Extraordinário de nº 177.137/RS. Na oportunidade, o Ministro Carlos Velloso, relator do processo, proferiu o seguinte voto:

> Assentado está que o AFRMM é uma contribuição de intervenção no domínio econômico (CF, art. 149). Não é, portanto, nem taxa nem imposto, mas um terceiro gênero tributário, ou uma subespécie da espécie tributária contribuição (...). A contribuição, não obstante um tributo, não está sujeita a limitação inscrita no §2º do art. 145 da Constituição. *Também não se aplicam a ela as limitações a que estão sujeitos os impostos, em decorrência da competência privativa dos entes políticos para instituí-los* (C.F., art. 153, 155 e 156), a impedir a bi-tributação.[476] (grifos aditados)

Além disso, não parece que a liberdade do legislador ordinário em escolher as materialidades das contribuições interventivas fere o princípio federativo. Não existe um modelo predefinido de federação. A autonomia financeira dos entes federados, pilar do princípio federativo, foi estabelecida dentro dos exatos limites da outorga de competências tributárias. Ao dividir as competências tributárias, o legislador constituinte não hesitou em preestabelecer as materialidades para os impostos de cada ente federado, de maneira que cada um deles possui a competência para instituir um rol taxativo de impostos. Atribuiu ainda a competência para que todos eles pudessem instituir taxas e contribuições de melhoria (artigo 145, II e III, da Constituição Federal). Além disso, também permitiu que os Estados, o Distrito Federal e os Municípios instituam contribuição, cobrada de seus servidores, para o custeio, em benefício destes, do regime previdenciário de que trata o artigo 40 da Constituição Federal (artigo 149, §1º, do texto constitucional).[477]

---

[476] Supremo Tribunal Federal. RE nº 177.137/RS. Rel. Min. Carlos Velloso. *DJ*, 18 abr. 1997.
[477] "Art. 40. Aos servidores titulares de cargos efetivos da União, dos Estados, do Distrito Federal e dos Municípios, incluídas suas autarquias e fundações, é assegurado regime de previdência de caráter contributivo e solidário, mediante contribuição do respectivo ente público, dos servidores ativos e inativos e dos pensionistas, observados critérios que preservem o equilíbrio financeiro e atuarial e o disposto neste artigo."

Exclusivamente à União, o legislador constituinte atribuiu a competência para criação das contribuições previstas no artigo 149 da Constituição Federal, entre elas, a contribuição de intervenção sobre o domínio econômico.

Esse é o desenho das ferramentas constitucionalmente previstas para que os entes federados brasileiros possam alcançar a sua autonomia financeira. E o próprio legislador constituinte quis que a União fosse responsável pela instituição das contribuições interventivas, cujo produto da arrecadação deve ser destinado ao custeio da intervenção estatal no domínio econômico, notadamente para equilibrar as relações econômicas, mantendo-as aquecidas, gerando riquezas.

O exercício da competência da União para criação das contribuições interventivas, ainda que a materialidade escolhida seja semelhante à materialidade dos impostos dos demais entes federados, não enfraquece o princípio federativo brasileiro, pelo simples motivo de que a Federação brasileira foi assim construída pelo próprio legislador originário, o qual atribuiu um maior rol de ferramentas arrecadatórias à União.

O reflexo disso, sem sombra de dúvidas, chega, ainda que indiretamente, aos cofres dos Estados, Municípios e Distrito Federal. Ora, o aquecimento das relações econômicas e o aumento da produção também refletem no aumento da arrecadação, principalmente pelo fato de que a circulação de bens e serviços é a mola propulsora da economia, cujos tributos incidentes sobre essas atividades cabem aos Estados, Municípios e Distrito Federal.

Por fim, é importante esclarecer que não se defende a instituição descomedida das contribuições de intervenção sobre o domínio econômico, pois tais instrumentos intervencionistas devem guardar respeito a inúmeros limites para instituição, como tem sido apresentado no decorrer deste trabalho. Mesmo sabendo que a simplificação, no mais das vezes, é perigosa, vale arriscar que a materialidade escolhida pelo legislador deve guardar uma relação direta com a intervenção que se pretende realizar, em função da técnica de validação finalista, a qual está submetida à atuação do legislador infraconstitucional.

Assim, corroborando os ensinamentos do professor Tácio Lacerda Gama, "não se estende às contribuições a vedação dirigida à União, de criar impostos sobre as materialidades reservadas aos Estados, ao Distrito Federal e Municípios".[478]

Bom que se diga que o professor Tácio Lacerda Gama não está sozinho. Fernando F. Castellani também entende que o legislador

---

[478] GAMA. *Contribuição de intervenção...*, p. 209.

ordinário não está proibido de utilizar a mesma materialidade dos impostos estaduais, municipais e distritais para a instituição da contribuição interventiva. "Entendemos que a lei ordinária federal, veículo introdutor competente, poderá se valer de qualquer materialidade, desde que a eleição do critério seja pertinente ao grupo que sentirá os efeitos da intervenção estatal."[479] Adiante, arremata o autor:

> Discordamos da afirmação de que a divisão das materialidades realizada nos artigos 153, 155 e 156 da CF estabeleça limites ao legislador para instituição de contribuições. As materialidades dos artigos citados, a nosso sentir, apenas vinculam as materialidades dos impostos, Aliada a isso, a materialidade das contribuições não precisa estar relacionada a nenhuma atividade estatal específica.[480]

Fecha-se, aqui, o raciocínio para deixar clara a posição seguida neste trabalho: o legislador infraconstitucional está autorizado a instituir as contribuições de intervenção sobre o domínio econômico, tomando por base qualquer materialidade, mas desde que seja vinculada ao setor da economia que será afetado pela respectiva intervenção.

7.2.2 Critério espacial e o princípio da uniformidade da tributação

O critério espacial da regra-matriz de incidência das contribuições de intervenção sobre o domínio econômico coincide com os limites territoriais do ente que tem a competência para instituí-la — a União. Portanto, todas as situações previstas como tributáveis pela norma instituidora dessas contribuições que se verificarem dentro do território nacional, poderão ser aproveitadas como matérias-primas para a construção do fato jurídico tributário que dará ensejo ao nascimento da respectiva relação jurídica tributária.

Esse ensinamento decorre do princípio da uniformidade de tributação. O inciso I do artigo 151 da Constituição Federal prescreveu que é vedado à União instituir tributo que não seja uniforme em todo o território nacional. Por força dessa limitação constitucional tem-se que, em regra geral, a contribuição interventiva incidirá uniformemente em todo o território nacional.

---
[479] CASTELLANI. *Contribuições...*, p. 146.
[480] *Ibidem*, p. 147.

De se notar, ainda, que a segunda parte desse dispositivo constitucional admite a criação de incentivos fiscais destinados a promover o equilíbrio do desenvolvimento socioeconômico entre as diferentes regiões do país. É bem verdade que o dispositivo cuida da concessão de incentivos fiscais, mas não se pode excluir a interpretação segundo a qual o legislador poderá restringir o alcance do critério espacial das contribuições interventivas, de maneira que sua incidência se dê em determinadas regiões do território nacional, considerando a necessidade de corrigir possíveis desigualdades econômicas dentro do território nacional.[481]

7.3 Critério temporal

O estudo do critério temporal se apresenta como essencial, considerando a necessidade de se determinar o exato momento em que nasce a relação jurídica tributária, cujo dever do sujeito passivo é o de levar aos cofres da União certa quantia em dinheiro, a título de tributo.

No que se refere ao critério temporal, é importante assentar que o legislador infraconstitucional não está livre. Além do princípio da anterioridade tributária, é necessário obedecer também ao princípio da irretroatividade tributária, prescrito na alínea "a" do inciso III do artigo 150 da Constituição Federal.[482] Segundo esse dispositivo, é vedado à União exigir tributos, assim como as contribuições interventivas, sobre fatos pretéritos, ou seja, sobre aqueles havidos antes da vigência da lei que os houver instituído ou aumentado.[483]

Da mesma maneira, o legislador deve obedecer à previsão constitucional contida nas alíneas "b" e "c" do inciso III do artigo 150. Esses

---

[481] Esse também foi o entendimento defendido por Cristiane Leme Ferreira em sua dissertação de mestrado apresentada a banca examinadora da Pontifícia Universidade Católica de São Paulo. Em suas palavras: "apesar de a norma impositiva tributária instituidora de contribuição de intervenção no domínio econômico possuir eficácia em todo o território nacional, nada impede que tal norma introduza um fator específico de lugar. São os casos em que a lei traz situações diferenciadas a determinadas regiões, tais como benefícios fiscais, com o objetivo de promover o equilíbrio e desenvolvimento entre as diversas regiões do País" (FERREIRA, Cristiane Leme. As *contribuições de intervenção no domínio econômico na constituição federal de 1988*. Dissertação (Mestrado) – Pontifícia Universidade Católica de São Paulo, São Paulo, 2004. f. 157).

[482] Sobre o princípio da irretroatividade, Cf. CARVALHO. *Curso de direito tributário*, p. 168; e CARRAZZA. *Cursos de direito constitucional...*, p. 217.

[483] "Há um limite constitucional intransponível à disposição do legislador, na fixação do aspecto temporal: não pode ser anterior à consumação (completo acontecimento) do fato. Isto violaria o princípio da irretroatividade da lei (art. 150, III, 'a')" (ATALIBA. *Hipótese de incidência...*, p. 95).

enunciados conformam o princípio da anterioridade tributária, segundo o qual o tributo somente poderá ser exigido depois de decorrido um lapso temporal, no mínimo, de 90 dias.

7.4 O consequente da regra-matriz de incidência tributária

Se no antecedente da regra-matriz há a descrição da conduta humana, caracterizada por características de espaço e de tempo, tida como ocorrência necessária para o desencadeamento dos efeitos jurídicos, no consequente da norma jurídica instituidora das contribuições interventivas se encontram as propriedades que caracterizam a relação jurídica tributária que se instaura, quando da verificação no mundo dos fenômenos da situação fática descrita no seu antecedente.[484]

Os critérios pessoal e quantitativo são os definidores das notas que conformam o consequente da norma jurídica tributária — a relação jurídica tributária. Uma relação jurídica completa é composta por dois ou mais sujeitos de direito, em situações opostas, e um objeto. São esses critérios que definirão os elementos necessários para a formação da relação.[485]

O critério pessoal define notas que determinam os sujeitos da possível relação jurídica tributária, seja no polo passivo, seja no polo ativo. Por isso, subdivide-se em dois, que definem os contornos da sujeição passiva e da sujeição ativa dessa relação.

O critério quantitativo, por sua vez, é aquele que define as propriedades do objeto da relação jurídica tributária. Por se tratar de uma obrigação tributária, inevitavelmente tem-se aqui o reflexo de um caráter patrimonial. O critério quantitativo determina, portanto, o montante que deve ser levado aos cofres públicos em face do dever de contribuir. Define, portanto, o *quantum* devido pelo sujeito passivo, ou, de outro lado,

---

[484] "A relação jurídica é sempre efeito (criação) de regra jurídica cuja incidência: ou juridiciza uma relação social (fáctica) preexistente, atribuindo-lhe um conteúdo jurídico específico; ou irradia uma relação jurídica que, antes da incidência, não existia nem como relação social, nem como jurídica" (BECKER. *Teoria geral...*, p. 331).

[485] "Se na hipótese, funcionando como descritor, anuncia os critérios conceptuais para o reconhecimento de um fato, o conseqüente, como prescritor, nos dá, também, critérios para identificação do vínculo jurídico que nasce, facultando-nos saber que é o sujeito portador do direito subjetivo; a quem foi cometido o dever jurídico de cumprir certa prestação; e seu objeto, vale dizer, o comportamento que a ordem jurídica espera do sujeito passivo e que satisfaz, a um só tempo, o dever que lhe fora atribuído e o direito subjetivo de que era titular o sujeito pretensor" (CARVALHO. *Curso de direito tributário*, p. 314).

o *quantum* que o sujeito ativo poderá exigir, em virtude da verificação do acontecimento previsto no antecedente da norma que instituiu o tributo. A definição do montante que deve ser recolhido aos cofres públicos é fruto de uma operação aritmética entre a base de cálculo e a alíquota. A primeira, por sua vez, é tão importante quanto o critério material para definição da incidência tributária. Ela é a mensuração econômica do próprio critério material. A base de cálculo é para o consequente da regra-matriz o que o critério material é para o seu antecedente. Uma das funções que lhe é própria se refere à medição da "intensidade do núcleo factual descritor pelo legislador. Para tanto, recebe a complementação de outro elemento que é a alíquota, e da combinação de ambos resulta a definição do *debitum* tributário".[486]

Ao identificar as notas que conformam os critérios pessoal e quantitativo, tem-se definida a descrição abstrata da relação jurídica tributária. Salienta-se, que esses critérios não podem ser escolhidos aleatoriamente pelo legislador. É o assunto que será tratado adiante.

7.4.1 Sujeito ativo das contribuições interventivas

A intervenção estatal por indução é aquela fundada no artigo 174 da Constituição Federal, o qual preconiza que o Estado exercerá, como agente normativo e regulador da atividade econômica, as funções de fiscalização, incentivo e planejamento.

O referido dispositivo autoriza que o Estado atue ativamente para regulação da atividade econômica, mediante o exercício de suas competências legislativas, com a finalidade de preservar os princípios da atividade econômica. Essa atuação, quando necessária, deve ser promovida por todos os entes federados e não só pela União, cada qual dentro de seus limites de competência.

A contribuição de intervenção sobre o domínio econômico, já está mais do que reforçado, é um dos instrumentos interventivos colocados à disposição do Estado para modificação das relações sociais econômicas, na tentativa de fazer valer os ditos princípios constitucionais da ordem econômica, mas a competência para manusear essa ferramenta é exclusiva da União, conforme prescrito pelo artigo 149 do texto constitucional.

---
[486] CARVALHO. *Curso de direito tributário*, p. 358.

Sobre este assunto, André Ramos Tavares afirmou que:

> A fiscalização, o incentivo e o planejamento, objetivos legitimadores da atuação de estados, Distrito Federal e municípios, não englobam a possibilidade de criar contribuição de intervenção sobre o domínio econômico. O alcance daqueles dispositivos deve se dar, portanto, por meio do uso de instrumentos diversos da contribuição referida.[487]

A União, ente político competente para instituir as contribuições interventivas, é o sujeito ativo constitucionalmente definido para compor a relação jurídica tributária. Assim aduz Tácio Lacerda Gama: "Para que possa criar contribuições interventivas, é necessário que o sujeito da intervenção seja a União. É de competência privativa desse ente estatal a criação de contribuições de intervenção sobre o domínio econômico".[488]

Importa frisar, entretanto, que isso não exclui a possibilidade de a União, depois de instituir uma contribuição de intervenção sobre o domínio econômico, atribuir as funções de fiscalização e arrecadação a terceiros, ainda que privados. Esse permissivo decorre da parafiscalidade tributária que é identificada "quando uma entidade diversa daquela que criou o tributo vem a arrecadá-lo, ficando com o produto arrecadado para si, a dizer, para o implemento de suas finalidades".[489]

Essa afirmação pode parecer contraditória à indelegabilidade, característica da competência tributária. Mas não é isso que se pretende afirmar. A competência é indelegável, mas isso não significa que a capacidade para figurar no polo ativo deva ser exclusiva da União.

7.4.1.1 Delegação de capacidade ativa às agências reguladoras

A União pode delegar a outros entes políticos de direito público ou a entes jurídicos de direito público e privado a chamada capacidade ativa tributária.[490] Essa, sim, pode ser delegada. E, quando feito, deverá

---

[487] TAVARES, André Ramos. Intervenção estatal no domínio econômico. *In*: MARTINS, Ives Gandra da Silva (Coord.). *Contribuições de intervenção no domínio econômico.* São Paulo: Revista dos Tribunais; Centro de Extensão Universitária, 2002. p. 225.
[488] GAMA. *Contribuição de intervenção...*, p. 266.
[489] CARRAZZA. *Curso de direito constitucional...*, p. 211.
[490] "O sujeito ativo, que dissemos ser o titular do direito subjetivo de exigir a prestação pecuniária, no direito tributário brasileiro pode ser ma pessoa jurídica pública ou privada, mas não vislumbramos óbices que impeçam venha a ser pessoa física" (CARVALHO. *Curso de direito tributário*, p. 330).

ser veiculada por meio de lei, fruto do exercício da competência tributária.[491] "Embora a competência tributária — aptidão para criar tributo — seja indelegável, a capacidade tributária ativa — aptidão para arrecadar o tributo — é delegável por lei (lei, é claro, da pessoa política competente)."[492] A capacidade ativa tributária é, portanto, a aptidão para figurar no polo ativo da relação jurídica tributária. Diferentemente da competência tributária, cujo exercício é exclusivo do ente federado ao qual a Constituição Federal definiu como competente, a capacidade para figurar no polo passivo desta relação poderá ser delegada pela lei instituidora da respectiva exação.

Tácio Lacerda Gama, entendendo que a parafiscalidade faz parte do regime jurídico das contribuições interventivas, menciona que:

> Atribuir a arrecadação a pessoa diversa da competente para sua edição é expediente possível e comum na composição da norma impositiva desses tributos. Isto, porém, não significa que a arrecadação, necessariamente, seja feita por sujeito distinto da União. O que será exigido, isso sim, é que o produto da arrecadação tenha uma finalidade especial, seja afetado ao custeio da intervenção da União no domínio econômico.[493]

Não há, portanto, vedação para que a União delegue a função de arrecadação, fiscalização e gerência dos recursos derivados da cobrança das contribuições interventivas. Este, aliás, pode ser um dos papéis que podem ser desenvolvidos pelas agências reguladoras.

A prerrogativa para criação das agências reguladoras é inerente ao Poder Executivo, na medida do exercício de sua competência intervencionista, na modalidade de regulação de mercado. As agências reguladoras são autarquias e, consequentemente, são órgãos que fazem parte da própria Administração Pública indireta. Geralmente, a autonomia financeira das agências reguladoras é alcançada mediante a cobrança de taxas de regulação, entretanto, nada impede que o Poder Executivo delegue a uma agência reguladora, responsável pela regulação do mercado que está a sofrer a intervenção, a capacidade tributária ativa

---

[491] "Uma coisa é poder legislar, desenhando o perfil jurídico de um gravame ou regulando os expedientes necessários à sua funcionalidade; outra [e reunir credenciais para integrar a relação jurídica, no tópico de sujeito ativo]. O estudo da competência tributária é um momento anterior à existência mesma do tributo, situando-se no plano constitucional" (CARVALHO. *Curso de direito tributário*, p. 237.
[492] *Ibidem*, p. 211.
[493] GAMA. *Contribuição de intervenção...*, p. 215.

para arrecadação das contribuições de intervenção sobre o domínio econômico Rodrigo Santos Neves, reconhecendo que todas as agências reguladoras encontram previsão constitucional, propõe uma releitura analítica do artigo 174 da Constituição Federal. Na oportunidade, afirma que:

> O Estado é agente normativo e regulador da atividade econômica. Assim, através das leis que tratam daquele setor, inclusive a própria lei degradadora, dando liberdade para que as agências tenham plena liberdade para regularem seu respectivo mercado dentro, é lógico, dos limites do marco regulatório, isto é, das políticas públicas e outras normas que são criadas de acordo com os interesses nacionais, com o fim de harmonizar o mercado.[494]

Atualmente já existem contribuições interventivas, cuja capacidade para arrecadar e gerir o produto da arrecadação foi atribuída a uma agência reguladora. É o caso do Fundo de Universalização dos Serviços de Telecomunicações (FUST). Este fundo foi criado pela Lei nº 9.998/2000. O artigo 1º dessa lei instituiu o fundo para financiar a parcela de custo exclusivamente atribuível ao cumprimento das obrigações de universalização de serviços de telecomunicações, que não possa ser recuperada com a exploração eficiente do respectivo serviço.

A contribuição de 1% (um por cento) sobre a receita operacional bruta, decorrente de prestação de serviços de telecomunicações nos regimes público e privado,[495] será arrecadada e gerida[496] pela Agência Nacional de Telecomunicações (ANATEL),[497] a quem também foi atribuído o dever de implementar os projetos e atividades relativos à proposta de intervenção sobre o domínio econômico para universalização dos serviços de telecomunicações.[498]

---

[494] NEVES, Rodrigo Santos. *Função normativa e agências reguladoras*: uma contribuição da teoria dos sistemas à regulação jurídica da economia. Rio de Janeiro: Lumen Juris, 2009. p. 119.

[495] Art. 6º, IV, da Lei nº 9.998/2000.

[496] Art. 4º, I, da Lei nº 9.998/2000 e art. 3º, VI, do Decreto nº 3.624/2000, o qual regulamentou o Fundo de Universalização dos Serviços de Comunicação (FUST).

[497] A Agência Nacional de Telecomunicações (ANATEL) é entidade integrante da Administração Pública Federal indireta, submetida a regime autárquico especial e vinculada ao Ministério das Comunicações, cuja função é atuar como órgão regulador do setor das telecomunicações. Foi criada pela Lei nº 9.472/1997.

[498] Art. 4º, I, da Lei nº 9.998/2000 e art. 3º, I, II e III, do Decreto nº 3.624/2000, o qual regulamentou o Fundo de Universalização dos Serviços de Comunicação (FUST).

Da mesma maneira, existe ainda a contribuição de 0,5% (cinco centésimos por cento) sobre a receita bruta das empresas prestadoras de serviços de telecomunicações, nos regimes público e privado, para o Fundo para o Desenvolvimento Tecnológico das Telecomunicações (FUNTTEL), instituída pela Lei nº 10.052/200 e regulamentada pelo Decreto nº 3.737/2001 e pela Resolução nº 2/2001, editada pelo presidente do conselho gestor do Fundo para o FUNTTEL.

Como já dito, não há empecilho para que a União delegue a capacidade ativa para as agências reguladoras, desde que observados os limites legais estipulados pela própria norma instituidora da contribuição interventiva, entre eles, aquele que proíbe a aplicação dos recursos arrecadados em outra finalidade senão aquela prevista pela norma instituidora das citadas contribuições interventivas.

7.4.2 Sujeito passivo das contribuições interventivas: a referibilidade como delineador do grupo afetado pela intervenção tributária

O sujeito que figura no polo passivo da relação jurídica tributária desencadeada em função da incidência das contribuições interventivas deve, necessariamente, fazer parte das relações econômicas nas quais se inserem os sujeitos que fazem parte do ramo ou setor do domínio econômico sobre o qual recairá uma pretensa intervenção.

Se a intenção do legislador que justifica a intervenção do Estado sobre o domínio econômico, frise-se, objetivada e expressada na norma instituidora da contribuição interventiva, for o desenvolvimento tecnológico do Brasil, como acontece na norma que veicula a chamada *CIDE-Royalties*,[499] somente os partícipes dos setores da economia que tenham suas atividades de alguma forma relacionadas ao desenvolvimento tecnológico podem figurar como sujeitos passivos da regra-matriz de incidência tributária.

---

[499] "Art. 1º Fica instituído o Programa de Estímulo à Interação Universidade-Empresa para o Apoio à Inovação, cujo objetivo principal é estimular o desenvolvimento tecnológico brasileiro, mediante programas de pesquisa científica e tecnológica cooperativa entre universidades, centros de pesquisa e o setor produtivo.
Art. 2º Para fins de atendimento ao Programa de que trata o artigo anterior, fica instituída contribuição de intervenção no domínio econômico, devida pela pessoa jurídica detentora de licença de uso ou adquirente de conhecimentos tecnológicos, bem como aquela signatária de contratos que impliquem transferência de tecnologia, firmados com residentes ou domiciliados no exterior" (Lei nº 10.168/2000).

Se não fizer parte do setor que está a sofrer a intervenção, o sujeito de direito, por mais que pratique as situações previstas no antecedente da norma jurídica tributária da contribuição de intervenção sobre o domínio econômico, não poderá fazer parte da respectiva relação jurídica tributária, por inexistir a chamada referibilidade.

Ao estudarem a *CIDE-Royalties*, os professores Hamilton Dias de Souza e Tercio Sampaio Ferraz Jr., em artigo conjunto, afirmaram que:

> A contribuição não se justifica por incidir sobre determinado setor do mercado ou uma atividade industrial qualquer. A finalidade perseguida pela Lei é estimular a pesquisa tecnológica, genericamente falando, não associada a determinada área ou atividade. Refere a norma contida no art. 1º da Lei 10.168/2000, de um lado, a universidades e centros de pesquisa e, de outro, a importadores de tecnologia. Ambos, juntos, não formam, no sentido constitucional, uma área e, muito menos, um grupo.[500]

O Supremo Tribunal Federal já mostrou a importância da relação entre o setor do domínio econômico afetado pela intervenção sobre o domínio econômico e os contribuintes da respectiva contribuição interventiva. Ao se referir ao julgamento, decidindo sobre a constitucionalidade do Adicional de Tarifa Portuária, o Ministro Moreira Alves assim se manifestou:

> O Plenário desta Corte, ao terminar o julgamento dos RREE 209.365 e 218.061, declarou a constitucionalidade do Adicional de Tarifa Portuária, por entender que ele tem a natureza de contribuição de intervenção no domínio econômico por gerar receita vinculada da União ao investimento nas instalações portuárias devida por categoria especial de usuário de serviços que a elas dizem respeito de forma direta. Dessa orientação divergiu o acórdão recorrido. Recurso extraordinário conhecido e provido.[501]

Quando se fala em grupo afetado pela intervenção, deve-se pressupor a noção de parte específica da sociedade, o que impede a abrangência do campo de incidência da norma tributária interventiva a toda a sociedade. A aceitação da incidência geral implica o desaparecimento da finalidade específica a que a contribuição foi instituída, desnaturando-a.

---

[500] SOUZA; FERRAZ JR. *Contribuições de intervenção...*, p. 103.
[501] Supremo Tribunal Federal. RE 276.541/SP. Rel. Min. Moreira Alves. *DJ*, 06 out. 2000.

Sobre o assunto, leciona Marco Aurélio Greco:

> Se esta amplitude fizer com que se atinja pela contribuição a totalidade da população, desaparece o critério que distinguia a intervenção e, por consequência, a exigência que estará sendo feita não terá a natureza de contribuição de intervenção, mas assumirá outra feição (algumas vezes um imposto, outras vezes uma exigência pecuniária de caráter social, ou uma garantia, ou um pagamento habilitador de fruição de certo serviço ou condição jurídica etc.).[502]

Luís Eduardo Shoueri, no decorrer de seus estudos sobre o Direito alemão, especialmente fundado nos ensinamentos de Bernd Hansjürgens, ensina que a jurisprudência constitucional da Alemanha autoriza a criação de contribuições, sempre que observados os seguintes critérios:

> i) um grupo social somente pode ser tributado por uma contribuição especial quando este grupo for claramente destacável, em virtude de uma situação de interesse comum ou por características comuns (grupo homogêneo); ii) deve haver uma conexão material (Sachanähe) entre o círculo de contribuintes e a finalidade buscada com o tributo, i.e., o grupo tributado deve estar evidentemente mais próximo da finalidade buscada pela contribuição do que a coletividade ou do que outro grupo (responsabilidade do grupo; iii) a renda gerada com a contribuição deve ser aplicada em algo útil para o grupo (o que não significa que cada membro do grupo deve ter uma vantagem, mas que o grupo deve fruir com os gastos).[503]

Adiante, o professor da Universidade de São Paulo, aplicando esses conceitos também para a interpretação do direito brasileiro, especificamente no que tange à definição dos possíveis sujeitos passivos da obrigação tributária derivada da incidência das contribuições interventivas, arremata:

> Ora, se a intervenção estatal é voltada a determinado setor da economia, parece claro que é ali que se buscarão, em primeiro lugar, os recursos para atuação estatal (teorias do benefício e equivalência). (...) Válido parece, portanto, propor uma correlação entre a finalidade da contribuição e sua fonte financeira: o universo de contribuintes da contribuição de intervenção no Domínio Econômico há de corresponder àqueles imediatamente atingidos pela intervenção.[504]

---

[502] GRECO. *Contribuições de intervenção...*, p. 17.
[503] SCHOUERI. *Normas tributárias indutoras...*, p. 197.
[504] *Ibidem*, p. 198-199.

Do que se viu, parece claro que os sujeitos escolhidos pelo legislador tributário para figurar no polo passivo da relação jurídica tributária derivada da incidência da contribuição de intervenção sobre o domínio econômico devem participar diretamente do setor da economia afetado pela intervenção estatal. Caso contrário, a exação perderá a sua natureza tributária de contribuição.

7.4.3 Base de cálculo: referência direta ao critério material da regra-matriz de incidência das contribuições interventivas

A base de cálculo de qualquer tributo deve ser estabelecida mediante a extração do signo presuntivo de riqueza que, necessariamente, deverá existir no critério material da regra-matriz de incidência tributária.[505]

Os fatos praticados pelos contribuintes devem guardar correspondência com alguma valoração econômica. O signo de riqueza atribuído deve ser captado pelo legislador quando da definição do critério material da regra-matriz de incidência tributária. "O objeto do fato imponível (que não se deve confundir com objetivo da obrigação) é o elemento sobre o qual se mede o montante do imposto."[506]

Paulo de Barros Carvalho se mostra convicto de que, "de uma ocorrência insusceptível de avaliação patrimonial, jamais se conseguirá extrair cifras monetárias que traduzam, de alguma forma, valor em dinheiro".[507]

Para o professor Roque Antonio Carrazza o fato social previsto no antecedente da norma jurídica deve conter os traços do signo de riqueza, a fim de realizar o princípio da capacidade contributiva. Assim, afirma que o princípio da capacidade contributiva será atendido quando "a lei que, ao criar o imposto, colocar em sua hipótese de incidência fatos deste tipo".[508]

---

[505] Nas palavras de Alfredo Augusto Becker, "a circunstância de o legislador ter escolhido para a composição da hipótese de incidência um fato jurídico, em razão do fato econômico do qual aquele fato jurídico é causa, signo ou efeito — observa Luigi Vittorio Berliri — não justifica que o intérprete substitua o fato jurídico pelo fato econômico correspondente, para efeito de considerar realizada a hipótese de incidência" (BECKER. *Teoria geral*... p. 506).
[506] JARACH, Dino. *O fato imponível*: teoria geral do direito tributário substantivo. 2. ed. Tradução de Dejalma de Campos. São Paulo: Revista dos Tribunais, 2004. p. 176.
[507] *Op. cit.*, p. 182.
[508] CARRAZZA. *Curso de direito constitucional*..., p. 80.

A identificação das diretrizes para conformação da base de cálculo das contribuições interventivas é questão relevante. Os valores que devem ser levados em consideração para a composição da *base de cálculo* da contribuição de intervenção sobre o domínio econômico devem guardar relação direta com o fato inserido no critério material desse tributo.[509]

A base de cálculo deve corresponder, portanto, à mensuração exata do fato previsto no critério material da regra-matriz de incidência tributária.[510] É ela que confirma, infirma ou afirma a natureza jurídica do tributo e, em conjunto com a alíquota, determina o valor que deve ser recolhido aos cofres públicos.[511]

Tratando da base de cálculo das contribuições, especialmente das contribuições interventivas, Luís Eduardo Shoueri afirma que:

> Em primeiro lugar, nota-se que o fato gerador de qualquer tributo deve ter um conteúdo econômico. À contribuição que incidisse sobre um fato não econômico faltaria, por exemplo, base de cálculo para incidência. Se a intervenção econômica e a atuação da União as áreas de interesse de categorias profissionais ou econômicas são atividades a ser financiadas pela referida contribuição, há ela de se basear em fato mensurável economicamente.[512]

---

[509] "Para total garantia do contribuinte de que está sendo tributado nos termos da Constituição, exige-se uma correlação lógica entre a base de cálculo e a hipótese de incidência do tributo. Por quê? Porque a base de cálculo é índice seguro para a identificação do aspecto material da hipótese de incidência, que confirma, afirma ou infirma (caso em que o tributo torna-se incobrável, por falta de coerência interna na norma jurídica que o instituiu). Transplantando estas noções, apenas bosquejadas, para o ponto que faz aqui nosso interesse, temos que a base de cálculo do ICMS deve necessariamente ser uma medida da operação mercantil realizada" (CARRAZZA, Roque Antonio. *O ICMS na Constituição*. 11. ed. São Paulo: Malheiros, 2006. p. 76).

[510] Nas palavras de Geraldo Ataliba, a "base imponível [base de cálculo] é a perspectiva dimensível do aspecto material (fato gerador) da h.i. [hipótese de incidência] que a lei qualifica, com a finalidade de fixar critério para determinação, em cada obrigação tributária concreta, do quantum debeatur. (...) O aspecto material da h.i. é sempre mensurável, isto é, sempre redutível a uma expressão numérica. A coisa posta na materialidade da h.i. é sempre passível de medição" (ATALIBA. *Hipótese de incidência...*, op. cit., p. 108-109. Os comentários entre colchetes são nossos).

[511] "A base de cálculo deve ter correlação lógica e direta coma a hipótese de incidência do tributo. (...) Eis a base de cálculo, na sua função comparativa, confirmando, infirmando ou afirmando o verdadeiro critério material da hipótese tributária. Confirmando sempre que houver total sintonia entre o padrão da medida e o núcleo do fato dimensionado; infirmando quando houver manifesta incompatibilidade entre a grandeza eleita e o acontecimento que o legislador declarar como a medula da previsão fática; e afirmando, na eventualidade, ser obscura a formulação legal" (CARVALHO, Paulo de Barros. *Direito tributário linguagem e método*. São Paulo: Noeses, 2008. p. 546-547).

[512] SCHOUERI. *Normas tributárias indutoras...*, p. 197.

Assim, ao se enquadrar em uma das situações previstas como determinantes para o critério material das contribuições interventivas, o contribuinte escolhido deverá recolher um montante a tributo com base no signo presuntivo de riqueza, reflexo econômico do fato jurídico tributário praticado.

Tácio Lacerda Gama também se manifestou sobre o assunto, oportunidade na qual concluiu que o "critério material deve ser escolhido entre aqueles relacionados à intervenção, a base de cálculo desses tributos deve ser fixada sobre um fato referido à intervenção".[513]

No mesmo sentido, veja a ponderação de Marco Aurélio Greco:

> Não será adequada (e pecará por falta de coerência e racionalidade) a lei que escolher como base de cálculo da contribuição algum critério de dimensionamento desprovido de qualquer vinculação com o fato de pertencer ao grupo, ou estar, em função disto, investido de uma posição diferenciada, seja em relação a terceiros alheios, seja dentro do próprio grupo.[514]

Abstraindo eventuais questionamentos sobre a constitucionalidade da contribuição interventiva criada pela Lei nº 10.168/2000, a chamada *CIDE-Royalties*, podemos tomá-la como exemplo para a explicação deste tópico. Analisando a referida lei, pode-se perceber a existência de duas materialidades escolhidas pelo legislador infraconstitucional para dar ensejo à cobrança a referida contribuição. São elas: (*i*) ser detentor de licença de uso ou adquirente de conhecimentos tecnológicos; e (*ii*) ser signatário de contratos que impliquem transferência de tecnologia ou de contratos que tenham por objeto a prestação de serviços técnicos e de assistência administrativa e semelhantes, firmados com residentes ou domiciliados no exterior.

Sendo essas as materialidades escolhidas para incidência tributária, outras não poderão ser as bases de cálculo senão, respectivamente: (*i*) o valor equivalente às contraprestações pecuniárias relativas ao objeto do contrato de licença de uso; e (*ii*) o valor equivalente às contraprestações pecuniárias relativas aos contratos de transferência de tecnologia ou aos contratos de prestação de serviços técnicos, de assistência administrativa e semelhantes.

Conclui-se, aqui, que a base de cálculo da *CIDE-Royalties* deverá guardar estreita relação com os valores das contraprestações pecuniárias

---

[513] GAMA. *Contribuição de intervenção...*, p. 221.
[514] GRECO. *Contribuições*: uma figura *sui generis*..., p. 246.

que estão previstas nos contratos específicos, considerando que este é o fato que representa o signo presuntivo de riqueza expressado pelo contribuinte, assim como deve ocorrer com todas as contribuições interventivas criadas.

7.4.4 Alíquota possível das contribuições interventivas

A Constituição Federal estabeleceu que as contribuições de intervenção sobre o domínio econômico poderão ter alíquotas *ad valorem*, tendo por base o faturamento, a receita bruta ou o valor da operação e, no caso de importação, o valor aduaneiro (alínea "a", inciso III, §2º do artigo 149); ou específicas, tendo como base uma unidade de medida adotada (artigo 149, §2º, inciso III, alínea "a").

Entretanto, não há no texto constitucional indicação objetiva do índice que deve corresponder à alíquota das contribuições interventivas.

No entanto, é importante mencionar que ela não deve extrapolar os limites constitucionais estabelecidos, mantendo especial observância ao princípio da proporcionalidade, vertente do princípio da igualdade aplicável às contribuições interventivas.[515]

A escolha da alíquota é livre por parte do legislador federal, mas deve guardar relação com a medida intervencionista intentada.

Quando a intenção for desestimular determinadas condutas, o legislador deve cuidar para que a alíquota não seja elevada o bastante ao ponto de desnaturar a intervenção indutiva (característica intrínseca às contribuições interventivas), transformando-a numa verdadeira intervenção por direção (aquela instrumentalizada por normas que tornam ilícitas determinadas condutas com a intenção de equilibrar as relações econômicas).

De outro modo, o legislador também deve se preocupar em aplicar uma alíquota que não seja baixa ao ponto de não atingir a sua finalidade desestimulante.

Quando a pretensão do Estado corresponder à arrecadação de fundos, mediante a criação de contribuições interventivas, para viabilizar as políticas intervencionistas em prol daquele setor da economia afetado, a alíquota dessa exação não pode ser alta ao ponto de inibir

---

[515] Sobre o princípio da igualdade tributária aplicável às contribuições interventivas, Luís Eduardo Schoueri ressaltou que, "conquanto afastada a aplicação às contribuições do princípio da igualdade tributária, pelas razões acima expostas, não se excepciona, aqui, o princípio da igualdade inscrito no artigo 5º do texto constitucional, cuja aplicação se espalha por todo texto constitucional" (SCHOUERI. *Normas tributárias indutoras...*, p. 199).

que os partícipes desse setor pratiquem as ações previstas no critério material da respectiva norma instituidora. Se isso acontecer, ou seja, se os contribuintes deixarem de praticar a hipótese de incidência das contribuições interventivas, o Estado não irá arrecadar ou sua arrecadação será insuficiente para custear as políticas intervencionistas.

Da mesma forma, a alíquota também não pode ser baixa ao ponto de revelar-se insuficiente para o custeio das atividades estatais correspondentes à finalidade para a qual se prestou a instituição das contribuições interventivas.

7.5 A regra-matriz e a previsão de destinação das contribuições interventivas em vigor

Neste tópico, serão apresentadas as exações que podem ser consideradas contribuições de intervenção sobre o domínio econômico, dada a natureza tributária e interventiva de cada uma delas.

Ao apresentar cada uma das contribuições interventivas em vigor em nosso ordenamento, será destacada a regra-matriz de incidência tributária e a respectiva previsão de destinação.

Embora muitas dessas contribuições — senão todas — sejam passíveis de questionamentos quanto à respectiva constitucionalidade, por terem sido criadas em desacordo com as normas de competência tributária e intervencionista, elas foram instituídas por normas que estão válidas, vigentes e produzindo efeitos.

Por mais que não estejam de acordo com todo o arcabouço constitucional, tal como se procura demonstrar neste trabalho, a experiência prática mostra que essas normas continuam sendo aplicadas e o tributo sendo exigido dos contribuintes — algumas vezes com a anuência do próprio Supremo Tribunal Federal.

Adiante, portanto, será realizado um detalhamento da regra-matriz de cada uma dessas contribuições interventivas, com base no que está prescrito pelas respectivas leis instituidoras.

7.5.1 CIDE-Combustíveis

A CIDE-Combustíveis é um curioso exemplo de tributo que teve os respectivos elementos da regra-matriz de incidência definidos, expressamente, pela Constituição Federal. Estranhamente, o legislador entendeu por bem inserir na Constituição Federal uma nova previsão para cobrança de uma contribuição interventiva.

Não bastasse a competência dada pelo constituinte originário (artigo 149 da Constituição Federal), mediante a Emenda Constitucional nº 33/2001, o legislador constituinte derivado inseriu o §4º no artigo 177. Tal dispositivo atribui nova competência e delimitou os critérios da regra-matriz de incidência de uma nova contribuição interventiva.

A estranheza justifica-se. Enquanto contribuição de intervenção sobre o domínio econômico, era suficiente que a CIDE-Combustíveis tivesse sido criada por meio de lei ordinária com fundamento no artigo 149 da Constituição Federal. Talvez tenha pensado o legislador que incluindo as diretrizes para instituição, cobrança e destinação no próprio texto constitucional, seria mais difícil, politicamente, questionar a constitucionalidade de tal tributo.

Nesse ponto, somente para fins de apresentação da regra-matriz de incidência tributária da CIDE-Combustíveis — norma válida e em vigor, apesar de questionável —, tem-se que essa contribuição interventiva foi instituída pela Lei nº 10.336/2001, com fundamento no artigo 149 e 177, §4º, da Constituição Federal.

Analisando a norma instituidora, em conjunto com as normas que atribuíram competência para instituição, temos a seguinte regra-matriz de incidência e previsão de destinação:

Critérios do antecedente

Material	Importação e a comercialização de petróleo e seus derivados: (i) gasolinas e suas correntes; (ii) diesel e suas correntes; (iii) querosene de aviação e outros querosenes; (iv) óleos combustíveis (*fuel-oil*); (v) gás liquefeito de petróleo, inclusive o derivado de gás natural e de nafta; e (vi) álcool etílico combustível.
Espacial	Todo território nacional.
Temporal	(i) na importação, no momento da data do registro da Declaração de Importação; na comercialização no mercado interno; (ii) na comercialização no mercado interno, no momento da venda do combustível, devendo ser apurada mensalmente e paga até o último dia útil da primeira quinzena do mês subsequente ao da ocorrência do fato gerador.

Critérios do consequente

Sujeito ativo	União.
Sujeito passivo	produtor, o formulador e o importador, pessoa física ou jurídica, dos combustíveis líquidos indicados no critério material.
Critério quantitativo	(i) gasolina, R$860,00 por m³; (ii) diesel, R$390,00 por m³; (iii) querosene de aviação, R$92,10 por m³; (iv) a outros querosenes, R$92,10 por m³; (v) óleos combustíveis com alto teor de enxofre, R$40,90 por t; (vi) óleos combustíveis com baixo teor de enxofre, R$40,90 por t; (vii) gás liquefeito de petróleo, inclusive o derivado de gás natural e da nafta, R$250,00 por t; (viii) álcool etílico combustível, R$37,20 por m³. *Obs.*: lembrando que o Poder Executivo pode, por meio de decreto, reduzir e restabelecer as alíquotas da CIDE-Combustíveis (artigo 177, §4º, I, "b", da Constituição Federal).

Destinação do produto da arrecadação

Destinação 01	Pagamento de subsídios a preços ou transporte de álcool combustível, de gás natural e seus derivados e de derivados de petróleo.
Destinação 02	Financiamento de projetos ambientais relacionados com a indústria do petróleo e do gás.
Destinação 03	Financiamento de programas de infraestrutura de transportes.

7.5.2 CIDE-Royalties

A CIDE-Royalties, também comumente chamada de CIDE-Tecnologia e CIDE-Remessas, foi instituída pela Lei nº 10.168/2000, com base no artigo 149, da Constituição Federal.

Tal lei, com o passar do tempo, sofreu algumas alterações, inclusive no que diz respeito às operações que estão sujeitas à incidência dessa contribuição interventiva.

Analisando a norma instituidora (e alterações posteriores: Lei nº 10.332/2001; Lei nº 11.452/2007 e Lei nº 12.402/2011), em conjunto com as normas que atribuíram competência para instituição, temos a seguinte regra-matriz de incidência e previsão de destinação:

Critérios do antecedente

Material	Pagamento, crédito (contábil), entrega, emprego ou remessa de valores à pessoa física ou jurídica não residente no Brasil,[516] em razão de: (i) aquisição do direito de licença de uso; (ii) aquisição de conhecimentos tecnológicos; (iii) prestação de serviços técnicos e de assistência administrativa e semelhantes; e (iv) transferência de tecnologia em contratos que impliquem em: (a) exploração de patentes; (b) uso de marcas; e (c) os de fornecimento de tecnologia e prestação de assistência técnica.
Espacial	Todo território nacional.
Temporal	Data do pagamento, do crédito (escrituração contábil da operação, concomitantemente à data de vencimento da obrigação, ainda que não haja remessa ao não residente), entrega, emprego ou remessa. De todos esses critérios temporais, a Receita Federal do Brasil tem entendimento — parece lógico — de que o fato gerador desse tributo ocorre em um desses momentos, aquele que primeiro acontecer.

Critérios do consequente

Sujeito ativo	União.
Sujeito passivo	Pessoas físicas ou jurídicas que praticarem o fato gerador.
Critério quantitativo	Aplicação da alíquota de 10% sobre o montante total que será pago, empregado, entregue, creditado ou remetido ao não residente.

Destinação do produto da arrecadação

Destinação 01	Financiamento do Programa de Estímulo à Interação Universidade-Empresa para o Apoio à Inovação, cujo objetivo principal é estimular o desenvolvimento tecnológico brasileiro, mediante programas de pesquisa científica e tecnológica cooperativa entre universidades, centros de pesquisa e o setor produtivo.

---

[516] Sobre a qualificação de não residente, vide Instrução Normativa da antiga Secretaria da Receita Federal nº 208, de 27 de setembro de 2002.

7.5.3 CIDE para a universalização dos serviços de telecomunicações

A Lei nº 9.998/2000 instituiu o Fundo de Universalização dos Serviços de Telecomunicações, conhecido pela abreviatura "FUST". Esse fundo tem a função de financiar "a parcela de custo exclusivamente atribuível ao cumprimento das obrigações de universalização de serviços de telecomunicações, que não possa ser recuperada com a exploração eficiente do serviço" (artigo 1º da referida lei).

A contribuição interventiva, nesse caso, foi criada pelo artigo 6º dessa lei. Esse dispositivo prescreve que uma das receitas que comporão o FUST será aquela proveniente da arrecadação da contribuição incidente sobre "a receita operacional bruta, decorrente de prestação de serviços de telecomunicações nos regimes público e privado".

Analisando a Lei nº 9.998/2000, em conjunto com as normas que atribuíram competência para instituição, temos a seguinte regra-matriz de incidência e previsão de destinação:

Critérios do antecedente

Material	Auferir receita operacional bruta decorrente de prestação de serviços de telecomunicações nos regimes público e privado.
Espacial	Todo território nacional.
Temporal	Prestação mensal de serviços de telecomunicações, devendo ser paga até o décimo dia do mês seguinte ao de apuração.

Critérios do consequente

Sujeito ativo	União.
Sujeito passivo	Todas as prestadoras de serviços de telecomunicações.
Critério quantitativo	Aplicação da alíquota de 1% sobre o valor da receita operacional, excluindo-se o Imposto sobre Operações relativas à Circulação de Mercadorias e sobre Prestações de Serviços de Transportes Interestadual e Intermunicipal e de Comunicações (ICMS), o Programa de Integração Social (PIS) e a Contribuição para o Financiamento da Seguridade Social (COFINS).

Destinação do produto da arrecadação

| Destinação 01 | Financiamento do Fundo de Universalização dos Serviços de Telecomunicações para o cumprimento das obrigações de universalização de serviços de telecomunicações que não possa ser recuperada com a exploração eficiente do serviço. |

7.5.4 CIDE para o desenvolvimento tecnológico das telecomunicações

Criado pela Lei nº 10.052/2000, o Fundo para o Desenvolvimento Tecnológico das Telecomunicações (FUNTTEL) tem a função de financiar o (i) estímulo ao processo de inovação tecnológica, (ii) o incentivo à capacitação de recursos humanos, (iii) o fomento à geração de empregos e (iv) a promoção do acesso de pequenas e médias empresas a recursos de capital, de modo a ampliar a competitividade da indústria brasileira de telecomunicações (vide artigo 1º da referida lei).

Assim como foi criada uma contribuição interventiva para financiamento do FUST, a União também criou uma contribuição interventiva para financiamento do FUNTTEL. Trata-se de uma contribuição incidente sobre a receita bruta das prestadoras de serviços de telecomunicações, inclusive sobre a arrecadação bruta de eventos participativos realizados por meio de ligações telefônicas.

A regra-matriz da contribuição interventiva para financiamento do FUNTTEL é a seguinte:

Critérios do antecedente

Material	Auferir receita bruta decorrente de prestação de serviços de telecomunicações e/ou auferir "arrecadação" bruta de eventos participativos realizados por meio de ligações telefônicas.
Espacial	Todo território nacional
Temporal	Prestação mensal de serviços de telecomunicações e promoção mensal de eventos participativos por meio de ligações telefônicas.

Critérios do consequente

Sujeito ativo	União.
Sujeito passivo	Todas as prestadoras de serviços de telecomunicações.
Critério quantitativo	(i) Aplicação da alíquota de 0,5% sobre o valor da receita, excluindo-se, para determinação da base de cálculo, as vendas canceladas, os descontos concedidos, o Imposto sobre Operações Relativas à Circulação de Mercadorias e sobre Prestações de Serviços de Transportes Interestadual e Intermunicipal e de Comunicação (ICMS), a contribuição ao Programa de Integração Social (PIS) e a Contribuição para o Financiamento da Seguridade Social (COFINS); (ii) Aplicação da alíquota de 1% sobre a arrecadação bruta em razão da promoção de eventos participativos realizados por meio de ligações telefônicas.

Destinação do produto da arrecadação

Destinação 01	Financiamento do Fundo para o Desenvolvimento Tecnológico das Telecomunicações para financiar o (i) estímulo ao processo de inovação tecnológica, (ii) o incentivo à capacitação de recursos humanos, (iii) o fomento à geração de empregos e (iv) a promoção do acesso de pequenas e médias empresas a recursos de capital, de modo a ampliar a competitividade da indústria brasileira de telecomunicações.

7.5.5 CIDE para o desenvolvimento do setor elétrico

Referida contribuição interventiva foi criada pela Lei nº 9.991/2000 e tem como objetivo o financiamento de programas para pesquisa e desenvolvimento do setor elétrico, bem como de programas de eficiência energética no uso final.

Trata-se de uma contribuição que incide sobre o setor de energia elétrica e tem como finalidade a promoção de políticas que tenham por objetivo fomentar o desenvolvimento desse mesmo setor.

A regra-matriz dessa contribuição interventiva, levando em consideração as leis nºs 10.438/2002, 12.111/2009 e 12.212/2010, é a seguinte:

Critérios do antecedente

Material	Auferir receita operacional líquida decorrente da distribuição de energia elétrica.
Espacial	Todo território nacional.
Temporal	Distribuição mensal de energia elétrica.

Critérios do consequente

(continua)

Sujeito ativo	União.
Sujeito passivo	(i) Concessionárias e permissionárias de serviços de distribuição de energia elétrica; (ii) Concessionárias de geração e empresas autorizadas à produção independente de energia elétrica; (iii) As concessionárias de serviços públicos de transmissão de energia elétrica.
Critério quantitativo	(i) Para as concessionárias e permissionárias de serviços públicos de distribuição de energia elétrica (regra geral): (a) até 31.12.2015: aplicação da alíquota de 0,5% sobre a receita operacional líquida para destinação aos programas de pesquisa e desenvolvimento do setor elétrico e mais 0,5% sobre a mesma para os programas de eficiência; (b) a partir de 01.01.2016: aplicação da alíquota de 0,75% sobre a receita operacional líquida para destinação aos programas de pesquisa e desenvolvimento do setor elétrico e mais 0,25% sobre a mesma base para os programas de eficiência. (ii) Para as concessionárias e permissionárias cuja energia vendida seja inferior a 1.000 (mil) GWh por ano:

Critérios do consequente

(conclusão)

Critério quantitativo	(a) até 31.12.2015: aplicação da alíquota de 0,5% sobre a receita operacional líquida para destinação aos programas de pesquisa e desenvolvimento do setor elétrico e mais 0,5% sobre a mesma para os programas de eficiência; (b) a partir de 01.01.2016: aplicação da alíquota de 0,75% sobre a receita operacional líquida para destinação aos programas de pesquisa e desenvolvimento do setor elétrico e mais 0,25% (podendo ser aumentado até 0,5%) sobre a mesma base para os programas de eficiência. (iii) Para todas as concessionárias e permissionárias de serviços públicos de distribuição de energia elétrica: alíquota adicional de 0,3% sobre a receita operacional líquida até 31.12.2012; (iv) Para as concessionárias de geração e empresas autorizadas à produção independente, excluídas, por isenção, as empresas que gerem energia exclusivamente a partir de instalações eólica, solar, biomassa, pequenas centrais hidrelétricas e cogeração qualificada: aplicação da alíquota de 1% sobre a receita operacional líquida; (v) Para as concessionárias de serviços públicos de transmissão de energia elétrica: aplicação da alíquota de 1% sobre a receita líquida operacional.

Destinação do produto da arrecadação

(continua)

Destinação 01	(i) Para todas as receitas, exceto para o produto da arrecadação decorrente da cobrança do adicional 0,3% mencionado no item (iii) do critério quantitativo (*supra*):

Destinação do produto da arrecadação

(conclusão)

Destinação 01	a) 40% (quarenta por cento) para o Fundo Nacional de Desenvolvimento Científico e Tecnológico (FNDCT); b) 40% (quarenta por cento) para projetos de pesquisa e desenvolvimento, segundo regulamentos estabelecidos pela Agência Nacional de Energia Elétrica (ANEEL); c) 20% (vinte por cento) para o MME, a fim de custear os estudos e pesquisas de planejamento da expansão do sistema energético, bem como os de inventário e de viabilidade necessários ao aproveitamento dos potenciais hidrelétricos.
Destinação 02 (adicional de 0,3%)	Destinado à conta única do Tesouro Nacional e utilizado para custear o ressarcimento de Estados e Municípios que tiverem perda de receita decorrente da arrecadação de Imposto sobre Operações relativas à Circulação de Mercadorias e Prestações de Serviços de Transporte Interestadual e Intermunicipal e de Comunicação (ICMS) incidente sobre combustíveis fósseis utilizados para geração de energia elétrica, nos 24 meses seguintes à interligação dos respectivos Sistemas Isolados ao Sistema Interligado Nacional (SIN).

7.5.6 CIDE para a expansão e melhoramento das áreas aeroportuárias – ATAERO

Essa contribuição interventiva foi criada pela Lei nº 7.920/1989 sob a rubrica de adicional sobre: (i) as tarifas aeroportuárias estabelecidas pelo artigo 3º da Lei nº 6.009/1973 e sobre as tarifas relativas ao uso dos auxílios à navegação aérea e das telecomunicações referidas no art. 2º do Decreto-Lei nº 1.896/1981.

Esse adicional foi criado em razão da necessidade de intervenção no setor. Ainda que possa ser questionável a criação de uma contribuição interventiva para resolver um problema pontual de desequilíbrio no setor aeroportuário — setor que até os dias atuais não é composto pelos particulares, mas pelo próprio Estado mediante atuação da

INFRAERO[517] —, tal exação tem todas as características de uma contribuição de intervenção sobre o domínio econômico e está sendo cobrada até os dias atuais.

A natureza jurídica de contribuição interventiva — em que pese a ATAERO seja cobrada com base nas tarifas aeroportuárias[518] — se justifica em razão da destinação específica que é atribuída ao respectivo produto da arrecadação: "aplicação em melhoramentos, reaparelhamento, reforma, expansão e depreciação de instalações aeroportuárias e da rede de telecomunicações e auxílio à navegação aérea" (artigo 1º, §1º, da Lei nº 7.920/1989).

Diante disso, a regra-matriz dessa contribuição interventiva é a seguinte:

Critérios do antecedente

Material	Utilizar as áreas aeroportuárias para embarque de cargas e passageiros, pouso e decolagem, guarda de aviões, armazenamento e manuseio de cargas; e utilizar, ainda, da comunicação relativa ao auxílio à navegação aérea, inclusive do auxílio via rádio e visual, em área de terminal de tráfego aéreo.
Espacial	Áreas aeroportuárias em todo território nacional.
Temporal	A cada mês em que for constatada a ocorrência dos fatos geradores.

Critérios do consequente

(continua)

Sujeito ativo	União.
Sujeito passivo	(i) Passageiro (embarque); (ii) Proprietário ou explorador da aeronave (pouso e permanência); (iii) consignatário ou transportador de carga (armazenagem e capatazia); e (iv) utilizador da comunicação e dos auxílios de comunicação para navegação aérea.

---

[517] A INFRAERO é uma empresa pública que foi criada pela Lei nº 5.862/1972, que tem por finalidade implantar, administrar, operar e explorar industrial e comercialmente a infra-estrutura aeroportuária que lhe for atribuída pelo Ministério da Aeronáutica.

[518] Nesse ponto, é importante destacar que o STF, ao analisar a constitucionalidade do extinto Adicional de Tarifa Aeroportuário (Lei nº 7.700/1988), declarou tratar-se de contribuição de intervenção sobre o domínio econômico e, na oportunidade, entendeu, também, pela possibilidade dessa contribuição tomar como base as tarifas aeroportuárias (*vide* RE nº 218.061/SP. Rel. Min. Carlos Velloso. *DJ*, 08 out. 2000).

Critérios do consequente

(conclusão)

Sujeito ativo	União.
Critério quantitativo	(i) Aplicação da alíquota de 50% sobre: Tarifa de embarque – devida pela utilização das instalações e serviços de despacho e embarque da estação de passageiros; incide sobre o passageiro do transporte aéreo; (ii) Tarifa de pouso – devida pela utilização das áreas e serviços relacionados com as operações de pouso, rolagem e estacionamento da aeronave até três horas após o pouso; incide sobre o proprietário ou explorador da aeronave; (iii) Tarifa de permanência – devida pelo estacionamento da aeronave, além das três primeiras horas após o pouso; incide sobre o proprietário ou explorador da aeronave; (iv) Tarifa de armazenagem – devida pelo armazenamento, guarda e controle das mercadorias nos armazéns de carga aérea dos aeroportos; incide sobre consignatário ou transportador no caso de carga aérea em trânsito; (v) Tarifa de capatazia – devida pela movimentação e manuseio das mercadorias a que se refere o item anterior; incide sobre o consignatário, ou o transportador no caso de carga aérea em trânsito; e (vi) Tarifa de uso de comunicação e dos auxílios à navegação aérea e da comunicação e da comunicação relativa à navegação aérea, inclusive o auxílio via rádio e visuais, em área de terminal de tráfego aéreo.

Destinação do produto da arrecadação

Destinação 01	Financiamento de projetos para melhoramentos, reaparelhamento, reforma, expansão e depreciação de instalações aeroportuárias e da rede de telecomunicações e auxílio à navegação aérea.

7.5.7 CONDECINE

CONDECINE é o nome atribuído à contribuição interventiva criada pela Medida Provisória nº 2.228-1, de 06.09.2001 para fomentar o desenvolvimento da indústria cinematográfica nacional.

Originalmente, o produto da arrecadação da CONDECINE era destinado ao custeio das atividades da Agência Nacional do Cinema (ANCINE), das atividades de fomento ao cinema e ao audiovisual desenvolvidas pelo Ministério da Cultura e para financiar o Programa de Apoio ao Desenvolvimento do Cinema Nacional (PRODECINE).

Atualmente, porém, após o advento da Lei nº 11.437/2006, o produto da arrecadação da CONDECINE passou a ser destinado ao Fundo Nacional da Cultura, criado pela Lei nº 7.505/1986,

Adiante, veja o detalhamento da regra-matriz da CONDECINE:

Critérios do antecedente

Material	(i) veiculação, produção, licenciamento e distribuição de obras cinematográficas e videofonográficas com fins comerciais, por segmento de mercado a que forem destinadas; (ii) pagamento, crédito, emprego, remessa ou entrega, aos produtores, distribuidores ou intermediários no exterior, de importâncias relativas a rendimento decorrente da exploração de obras cinematográficas e videofonográficas ou por sua aquisição ou importação, a preço fixo.
Espacial	Todo território nacional.
Temporal	A CONDECINE será devida uma única vez a cada cinco anos para cada segmento de mercado, por: (i) título ou capítulo de obra cinematográfica ou videofonográfica destinada aos seguintes segmentos de mercado: a) salas de exibição; b) vídeo doméstico, em qualquer suporte; c) serviço de radiodifusão de sons e imagens; d) serviços de comunicação eletrônica de massa por assinatura; e) outros mercados, como consta no anexo que é parte integrante da norma instituidora. (ii) título de obra publicitária cinematográfica ou videofonográfica, para cada segmento de mercado a que se destinar.

Critérios do consequente

Sujeito ativo	União.
Sujeito passivo	(i) detentor dos direitos de exploração comercial ou de licenciamento no País; (ii) empresa produtora, no caso de obra nacional, ou detentor do licenciamento para exibição; (iii) o responsável pelo pagamento, crédito, emprego, remessa ou entrega das importâncias relativas a rendimento decorrente da exploração de obras cinematográficas e videofonográficas ou por sua aquisição ou importação, a preço fixo.
Critério quantitativo	O critério quantitativo da CONDECINE é definido por valores fixos em razão de cada situação que corresponda ao fato gerador dessa contribuição. Esses valores estão definidos por uma tabela que é parte integrante — Anexo I — da Medida Provisória nº 2.228-1, de 06.09.2001. A título de exemplo, cita-se: (i) obra cinematográfica ou videofonográfica de duração superior a 50 minutos, no mercado de salas de exibição: R$3.000,00; (ii) obra cinematográfica ou videofonográfica seriada (por capítulo ou episódio), no mercado de vídeo doméstico em qualquer suporte: R$750,00; (iii) obra cinematográfica ou videofonográfica publicitária estrangeira com pagamento simultâneo para todos os segmentos de mercado: R$84.000,00.

Destinação do produto da arrecadação

Destinação 01	Financiamento do Fundo Nacional da Cultura, criado pela Lei nº 7.505/1986 para fomentar o desenvolvimento do cinema nacional.

7.5.8 Adicional para o SEBRAE

Este é mais um exemplo de contribuição interventiva. Trata-se de um adicional instituído pela Lei nº 8.029/1990 (artigo 8º, §3º) que tem a finalidade de "atender à execução das políticas de apoio às micro e às pequenas empresas, de promoção de exportações e de desenvolvimento industrial".

A natureza de contribuição interventiva foi definida pelo Supremo Tribunal Federal no julgamento do Recurso Extraordinário nº 396.266/SC[519] e, em que pese o desrespeito ao princípio da referibilidade, tal exação foi considerada constitucional — sobre o assunto, *vide* o tópico "8.3.4.2" adiante.

Veja o detalhamento da regra-matriz de incidência dessa contribuição interventiva:

Critérios de antecedente

Material	Pagamento da folha de salários.
Espacial	Todo território nacional.
Temporal	Pagamento mensal da folha de salários.

Critérios do consequente

Sujeito ativo	União.
Sujeito passivo	Pessoas jurídicas vinculadas ao: (i) Serviço Nacional de Aprendizagem Industrial (SENAI); (ii) Serviço Nacional de Aprendizagem Comercial (SENAC); (iii) Serviço Social da Indústria (SESI); e (iv) Serviço Social do Comércio (SESC).
Critério quantitativo	A partir de 1993, 0,3% sobre as alíquotas das contribuições sociais relativas às entidades SENAI, SENAC, SESI e SESC.

---

[519] Supremo Tribunal Federal. Recurso Extraordinário nº 396.266/SC. Rel. Min. Carlos Velloso. *DJ*, 27 fev. 2004.

Destinação do produto da arrecadação	
Destinação 01	Financiamento da execução das políticas de apoio às micro e às pequenas empresas, de promoção de exportações e de desenvolvimento industrial: (i) 85,75% para o Serviço Brasileiro de Apoio às Micro e Pequenas Empresas; (ii) 12,24% para a Agência Brasileira de Promoção de Exportações; e (iii) 2% para a Agência Brasileira de Desenvolvimento Industrial.

7.5.9 Adicional do Frete para Renovação da Marinha Mercante (AFRMM)

O AFRMM foi instituído pelo Decreto-Lei nº 2.404/87 e hoje vigora com as alterações promovidas pela Lei nº 10.893/2004.

De acordo com o artigo 1º do Decreto-Lei nº 2.404/87, o AFRMM destina-se a atender os encargos da intervenção da União nas atividades de navegação mercante, e o respectivo §1º estabelece que tal intervenção consiste no apoio ao desenvolvimento da marinha mercante e da indústria de construção e reparação naval brasileiras.

O AFRMM é contribuição interventiva — tal como, acertadamente, definido pelo Supremo Tribunal Federal[520] — que incide sobre o frete, assim entendido como "a remuneração paga pelo transporte aquaviário da carga de qualquer natureza descarregada em porto brasileiro".

Diante disso, cabe, agora, detalhar a regra-matriz de incidência do AFRMM:

Critérios do antecedente

(continua)

Material	Operação de frete, que é a remuneração do transporte aquaviário da carga de qualquer natureza descarregada em porto brasileiro.

---

[520] "CONSTITUCIONAL. TRIBUTÁRIO. ADICIONAL AO FRETE PARA RENOVAÇÃO DA MARINHA MERCANTE – AFRMM: CONTRIBUIÇÃO PARAFISCAL OU ESPECIAL DE INTERVENÇÃO NO DOMÍNIO ECONÔMICO. C.F. ART. 149, ART. 155, §2º, IX. ADCT, ART. 36. I. – Adicional ao frete para renovação da marinha mercante – AFRMM – é uma contribuição parafiscal ou especial, contribuição de intervenção no domínio econômico, terceiro gênero tributário, distinta do imposto e da taxa. (C.F., art. 149). II. – O AFRMM não é incompatível com a norma do art. 155, §2º, IX, da Constituição. Irrelevância, sob o aspecto tributário, da alegação no sentido de que o Fundo da Marinha Mercante teria sido extinto, na forma do disposto no art. 36, ADCT. III. – Recurso extraordinário não conhecido" (RE nº 177.137/RS. Rel. Min. Carlos Velloso. *DJ*, 18 abr. 1997).

Critérios do antecedente
(conclusão)

Espacial	Repartições portuárias.
Temporal	Início efetivo da operação de descarregamento da embarcação em porto brasileiro.

Critérios do consequente

Sujeito ativo	União.
Sujeito passivo	Consignatário constante do conhecimento de embarque. O proprietário da carga transportada é solidariamente responsável.
Critério quantitativo	A base de cálculo é aquela constante no conhecimento de embarque (valor do frete), sobre a qual devem ser aplicadas as seguintes alíquotas: (i) 25% na navegação de longo curso; (ii) 10% na navegação de cabotagem; (iii) 40% na navegação fluvial e lacustre, quando do transporte de granéis líquidos nas regiões Norte e Nordeste.

Destinação do produto da arrecadação
(continua)

| Destinação 01 | Financiamento do Fundo da Marinha Mercante (FMM):
(i) 100% do AFRMM gerado por empresa estrangeira de navegação;
(ii) 100% do AFRMM gerado por empresa brasileira de navegação, operando embarcação afretada de registro estrangeiro;
(iii) 41% do AFRMM gerado por empresa brasileira de navegação, operando embarcação própria ou afretada, de registro brasileiro, na navegação de longo curso, não inscrita no Registro Especial Brasileiro (REB);
(iv) 8% do AFRMM gerado por empresa brasileira de navegação, operando embarcação, própria ou afretada, de registro brasileiro, na navegação de longo curso, inscrita no REB; |

Destinação do produto da arrecadação

(conclusão)

Destinação 02	A empresa brasileira de navegação, operando embarcação própria ou afretada, de registro brasileiro: (i) 50% do AFRMM que tenha gerado na navegação de longo curso, quando a embarcação não estiver inscrita no REB; (ii) 83% do AFRMM que tenha gerado na navegação de longo curso, quando a embarcação estiver inscrita no REB; (iii) 100% do AFRMM que tenha gerado nas navegações de cabotagem, fluvial e lacustre;
Destinação 03	Parte do produto da arrecadação que é destinado ao FMM ("destinação 01") será dividida da seguinte forma: (i) 3% ao Fundo Nacional de Desenvolvimento Científico e Tecnológico (FNDCT) para o financiamento de programas e projetos de pesquisa científica e desenvolvimento tecnológico dos setores de transporte aquaviário e de construção naval; (ii) 1,5% ao Fundo do Desenvolvimento do Ensino Profissional Marítimo, para compensação das perdas decorrentes da isenção que goza as embarcações inscritas no Registro Especial Brasileiro (REB) a respeito do recolhimento de taxa para manutenção desse mesmo fundo; (iii) 0,40% ao Fundo Naval, a título de contribuição para pagamento das despesas de representação e estudos técnicos em apoio às posições brasileiras nos diversos elementos componentes da Organização Marítima Internacional (IMO).

CAPÍTULO 8

CRITÉRIOS DE AVALIAÇÃO DA CONTRIBUIÇÃO DE INTERVENÇÃO SOBRE O DOMÍNIO ECONÔMICO

8.1 Requisitos para instituição das contribuições de intervenção sobre o domínio econômico

Partindo da norma de competência que autoriza a instituição da contribuição de intervenção sobre o domínio econômico, inicia-se, agora, a análise de alguns critérios pontuais que também devem ser observados pelo legislador federal, quando do exercício de sua competência para a instituição dessas contribuições.

Tendo como ideia aquilo que foi explicado nos primeiros capítulos sobre fontes do direito e normas de competência, aquelas que, após estabelecer o agente competente para compor o processo de produção normativo, ditam o conjunto de regras que este agente deve seguir para a criação e inserção de novas normas no sistema, é chegada a hora de extrair do texto constitucional os requisitos para a instituição das contribuições de intervenção sobre o domínio econômico.

O regime jurídico destas contribuições interventivas é composto por normas específicas, cuja inobservância pode, inclusive, descaracterizar esta subespécie tributária. São requisitos formais e materiais que atuam sobre a atividade legislativa e ajudam a conformação da respectiva regra-matriz de incidência.

Como afirmou Tácio Lacerda Gama, "não basta identificar a espécie de atuação estatal no domínio econômico compatível com o artigo 149 da Constituição. É necessário destacar, dentre os elementos que caracterizam essa modalidade interventiva, que atributos devem ter para autorizar a instituição válida de contribuições interventivas".[521]

Apresentar-se-ão, a seguir, os critérios formais de avaliação da constitucionalidade, os quais descreverão todo o processo legislativo necessário para a veiculação da norma instituidora das contribuições interventivas e, logo depois, serão mencionados os critérios materiais de avaliação material da sua constitucionalidade, os quais delimitam o contorno da competência tributária atribuída à União.

8.2 Critérios formais de avaliação da constitucionalidade das contribuições interventivas

Os critérios formais de avaliação da constitucionalidade das contribuições interventivas dizem respeito aos requisitos para a definição do sujeito competente e do processo legislativo pelo qual se dará a instituição desse tributo.

Explicou Fernando F. Castellani:

> O critério formal da validação da autorização de competência dispõe acerca dos veículos introdutores habilitados pelo sistema. A autorização compreendida na norma de competência deve ser exercida utilizando-se do procedimento definido em lei e pela autoridade competente para tal.[522]

A desobediência a qualquer desses requisitos implicará a possibilidade de afastamento da norma instituída por incorrer em inconstitucionalidade por vício formal de produção normativa. Três são os critérios formais: (i) sujeito competente; (ii) veículo introdutor; e (iii) procedimento de produção normativa.

8.2.1 Sujeito competente

Estudar o sujeito competente para a realização do processo de produção normativa significa questionar-se sobre quem está apto para a criação da norma instituidora das contribuições interventivas. Nesse sentido, Tácio Lacerda Gama ensina que "é competente para criar

---
[521] GAMA. *Contribuição de intervenção...*, p. 263.
[522] CASTELLANI. *Contribuições...*, p. 77.

normas o sujeito S que, mediante a prática de um ato ou conjunto de atos P, introduza uma norma jurídica válida N no sistema do direito positivo SP".[523]

Neste item, não é demais relembrar o enunciado do artigo 149 da Constituição Federal: "compete exclusivamente à União instituir contribuições sociais, de intervenção no domínio econômico (...)". Aqui, a Assembleia Constituinte outorgou à União a competência para instituir a contribuição de intervenção sobre o domínio econômico.

O texto constitucional não poderia ter sido mais claro. A competência para instituição da contribuição de intervenção sobre o domínio econômico foi outorgada, de forma exclusiva, à União.[524]

O atributo de exclusividade da competência da União para instituir as contribuições interventivas garante que nenhum outro ente federado poderá instituir contribuições interventivas. Tem-se, pois, competência exclusiva "quando é atribuída a uma entidade com exclusão das demais".[525]

Não restam dúvidas de que o sujeito competente para instituição das contribuições interventivas é a União. Somente ela pode intervir no domínio econômico mediante a criação de contribuições.[526] Aqui, a norma de competência cumpriu o seu papel de indicar o sujeito competente.[527]

De se ressaltar que os demais entes federados não estão impedidos de intervir sobre o domínio econômico, mas quando o fizerem não poderão dispor da contribuição interventiva.

---

[523] Tácio Lacerda Gama ensina, ainda, que "na descrição abstrata do fato que enseja a produção de norma, o primeiro elemento a ser prescrito é a qualificação do sujeito que poderá criar novos textos de direito positivo" (GAMA. *Competência tributária...*, p. 65).
[524] Nas palavras de Tácio Lacerda Gama, "para que se possa criar contribuições interventivas, é necessário que o sujeito da intervenção seja a União" (GAMA. *Ordem econômica...*, p. 123).
[525] SILVA. *Curso de direito constitucional...*, p. 478.
[526] Tácio Lacerda Gama ensina, ainda, que "na descrição abstrata do fato que enseja a produção de norma, o primeiro elemento a ser prescrito é a qualificação do sujeito que poderá criar novos textos de direito positivo" (GAMA. *Competência tributária...*, p. 67).
[527] "Cabe à chamada norma de competência indicar o sujeito da enunciação. É ele que deve desempenhar o ato ou conjunto de atos necessários à produção válida de normas no sistema jurídico. É também essa norma que vincula, por meio de uma relação jurídica, o sujeito competente e os demais sujeitos de direito. No cerne desse vínculo encontra-se a possibilidade de editar normas sobre uma matéria qualquer. Mais uma vez, as respostas sobre quem, como e a respeito do que devem versar as normas para serem jurídicas se encontram nas normas de competência" (GAMA. *Competência tributária...*, p. 132-133).

8.2.2 Veículo introdutor

O veículo introdutor[528] é o instrumento normativo que carrega a norma jurídica com a função de inseri-la no sistema. A definição do veículo introdutor, algumas vezes expressamente tratada na norma de competência tributária, determina o procedimento de produção normativa que deverá ser seguido pelo legislador, quando do exercício de sua competência.

No que tange ao veículo introdutor da norma instituidora da contribuição de intervenção sobre o domínio econômico, ainda se discute a necessidade de lei complementar. Para não ficar repetitivo, já que este assunto foi tratado no tópico relativo ao princípio da legalidade, relembra-se, somente, que a lei ordinária é o veículo introdutor competente para a instituição das referidas contribuições.[529]

Note-se, aqui, as lições de Gabriel Ivo, segundo quem "a competência atribuída não é propriamente para produzir normas, mas para produzir um específico veículo introdutor de normas".[530]

Não parece necessária a instituição por meio de lei complementar. Da leitura do artigo 149 da Constituição Federal, entende-se como correta a seguinte interpretação: a contribuição de intervenção sobre o domínio econômico deve ser instituída por meio de lei (ordinária), conforme manda o artigo 150, inciso I, da Constituição Federal. No entanto, o legislador deverá observar as disposições contidas em eventual legislação complementar que tiver sido instituída para determinação de normas gerais em matéria tributária, especialmente, aquelas que tratam da (*i*) definição dos tributos e de suas espécies, bem como, em relação aos impostos, a dos respectivos fatos geradores, bases de cálculo e contribuintes; e (*ii*) obrigação, lançamento, crédito, prescrição e decadência tributários.

8.2.3 Procedimento de produção normativa

Da mesma forma que o estudo do sujeito competente importa para a identificação de quem pode criar a norma instituidora das

---

[528] Como explica Tárek Moysés Moussallem, o veículo introdutor "é aquilo que os estudiosos da linguagem (Noam Chomsky) chamam de atuação da competência, ou seja, a norma que tem no seu antecedente um acontecimento concreto, aplicação-produto, ou seja, o exercício da competência 'x' e do procedimento 'y, e no seu conseqüente uma relação jurídica que estabelece a obrigação de todos observarem os enunciados criados pelo exercício da competência" (MOUSSALLEM. *Fontes do direito...*, p. 87).
[529] No mesmo sentido, cf. CARVALHO. *Direito tributário...*, p. 711.
[530] IVO. *Norma jurídica...* p, 15.

contribuições interventivas, estudar o procedimento de produção normativa implica saber como deve ser a criação de normas.

Tácio Lacerda Gama, ao estudar a estrutura da norma de competência, ensina que a sua hipótese de incidência traz necessariamente um verbo que descreve a conduta do sujeito competente, assim como a hipótese de incidência da regra-matriz de incidência tributária descreve a conduta do agente econômico submetido ao pagamento de uma contribuição interventiva. Segundo o professor:

> O verbo descrito na hipótese de incidência normativa faz referência à atividade enunciadora de textos. Assim, quando falamos no antecedente, esse verbo constitui o sue núcleo significativo. Isso porque todos os demais critérios a ele se vinculam.[531]

Nesse quesito, demonstra a existência de um critério procedimental vinculado ao verbo que descreve a ação de criação normativa do sujeito competente, explicando que se trata da "referência ao modo de realização do verbo enunciar".[532] Arremata o professor para afirmar que essa referência (relação entre o verbo e o critério procedimental) "pode ser de duas espécies: um ato ou um procedimento, conforme prescreva o direito positivo".[533]

No estudo da criação das contribuições interventivas, percebe-se que a norma de competência constitucional prescreveu a necessidade de o sujeito competente seguir um determinado procedimento, aquele relativo à produção de lei ordinária. Esse é o veículo introdutor que deve servir para a inserção da norma interventiva no sistema do direito positivo, sendo necessária à observância do procedimento legislativo exigido pela própria Constituição Federal para tal fim.

Antes de indicar o referido procedimento legislativo (de produção normativa), deve-se ter em mente que o processo legislativo é "um conjunto de atos preordenados visando a criação de normas de Direito. Esses atos são: (a) iniciativa legislativa; (b) emendas; (c) votação; (d) sanção e veto; (e) promulgação e publicação".[534]

Os atos correspondentes ao processo legislativo são realizados mediante um procedimento legislativo específico, a depender do tipo de veículo introdutor de normas exigido para cada situação. No caso

---
[531] GAMA. *Competência tributária...*, p. 68-69.
[532] Ibidem, p. 69.
[533] Ibidem, p. 69
[534] SILVA. *Curso de direito constitucional...*, p. 522-523.

da lei ordinária (artigo 59, III, da Constituição Federal), o respectivo procedimento legislativo está previsto pelos artigos 65 e seguintes da Constituição Federal.

Sobre o processo legislativo ordinário, afirma o professor José Afonso da Silva:

> É o procedimento comum, destinado à elaboração das leis ordinárias. É mais demorado. Comporta mais oportunidade para o exame, o estudo e a discussão do projeto. Desenvolve-se em cinco fases: (a) a introdutória; (b) a de exame do projeto nas comissões permanentes; (c) a das discussões; (d) a decisória; (e) a revisória. A primeira efetiva-se pela apresentação do projeto. Na segunda, é estudado pelas comissões que emitem pareceres favoráveis e desfavoráveis à sua aprovação (...). A terceira é a das discussões da matéria, com o parecer das comissões, em plenário da Câmara onde o projeto foi apresentado (...). Na quarta fase dá-se a decisão, quando o projeto é votado; se for aprovado, será remetido à outra Casa para revisão (quinta fase); aí passará pelas mesmas fases (recebimento da matéria, remessa às comissões, discussão e votação); se também merecer aprovação, sem emendas, será remetido à sanção e promulgação. Se houver emendas, voltará à Casa iniciadora, para apreciação destas, e, seno elas aprovadas ou rejeitadas, o projeto irá à sanção.[535]

Em razão da discussão apresentada no item anterior, ressalte-se que a lei complementar somente será aprovada se alcançar uma votação por maioria absoluta dos membros das Casas Legislativas (Câmara dos Deputados e Senado Federal), enquanto a aprovação das leis ordinárias poderá se dar por maioria simples de votos.

8.3 Critérios materiais de avaliação da constitucionalidade das contribuições interventivas

Os critérios materiais de avaliação da constitucionalidade das contribuições interventivas são aqueles que, de acordo com o regime jurídico das referidas contribuições até aqui tratado, apresentam exigências pontuais que deverão ser observadas pelo legislador federal, quando do exercício de sua competência tributária e interventiva.

Eis os critérios que devem ser seguidos pelo legislador: (i) necessidade justificada de intervenção sobre o domínio econômico; (ii) provisoriedade da intervenção; (iii) vinculação prévia do produto da

---

[535] SILVA. *Curso de direito constitucional...*, p. 527-528.

arrecadação; (iv) relação entre o sujeito passivo e a área econômica afetada; (v) destinação necessária do produto da arrecadação.

8.3.1 Necessidade justificada de intervenção

O primeiro desses requisitos diz respeito à necessidade fundamentada de intervenção. O Estado, antes de instituir a contribuição de intervenção sobre o domínio econômico deverá avaliar a sua real necessidade e, ao exercer sua competência tributária, deverá direcioná-la para a correção e/ou para fomento de alguma disfunção econômica.

O Estado Social, sob o qual tivemos o nascimento da Constituição Federal, ficou marcado por sua atuação determinante na vida privada, em face, originalmente, dos inúmeros deveres que possuía ante a sociedade, tais como o oferecimento de saúde, educação, moradia.

Essa atuação estatal também ficou marcada pela intervenção nos setores da economia, sempre que necessária, para preservar a observância dos ditames constitucionais. Luís Eduardo Schoueri, ao reforçar os ensinamentos de Filippo Satta, afirma que "no lugar de se ter um ordenamento dado, que deve ser apenas mantido ou adaptado, o legislador constituinte preconizou uma realidade social nova, ainda existente, cuja realização e concretização, por meios de medidas legais, passa a ser interesse público".[536]

Atualmente, a função intervencionista reina na sociedade. "Seguindo a evolução que também se verificou em outros ordenamentos jurídicos, adotam-se as finanças funcionais, que se propõem a intervir no campo sócio-econômico, com fins de tutela, redistribuição, equilíbrio etc.".[537]

Além de ter outorgado competência para a instituição de impostos sabidamente extrafiscais, a Constituição Federal ofereceu ao Estado brasileiro uma ferramenta útil para a correção de desajustes verificados na ordem econômica de nosso país: a contribuição de intervenção sobre o domínio econômico.[538]

---
[536] SCHOUERI. *Normas tributárias indutoras...*, p. 2.
[537] *Ibidem*, p. 3.
[538] "O Estado cresceu para além da função garantidora e repressiva, aparecendo muito mais como produtor de serviços e de consumo social, regulamentador da economia e produtor de mercadorias. Com isso, foi sendo montado um complexo instrumento jurídico que lhe permitiu, de um lado, organizar sua própria máquina assistencial, de serviços e de produção, e de outro, criar um imenso sistema de estímulos e subsídios. Ou seja, o Estado subsistiu, ainda que parcialmente, o mercado na coordenação da economia, tornando-se o centro de distribuição de renda ao determinar preços, taxar, criar impostos, fixar índices

Entre as inúmeras competências tributárias para intervenção sobre o domínio econômico, tais como aquelas promovidas pelas ferramentas fiscais para regulação da balança comercial e a regulação para o equilíbrio da economia interna (impostos sobre a importação e exportação), a Constituição Federal atribuiu à União a competência para a instituição de uma contribuição especificamente intervencionista, a contribuição de intervenção sobre o domínio econômico.

Tácio Lacerda Gama expõe que "a ideia de instrumento enseja ainda o juízo de necessidade do tributo, a sua instrumentalidade não se confirma, pois não surge oportunidade para o financiamento de qualquer atuação".[539]

É perceptível que a justificativa da intervenção sobre o domínio econômico ajustando-o às necessidades da sociedade em determinado tempo e espaço está presente na fundamentação e/ou motivação para instituição de contribuições dessa natureza.

E, se assim o é, diga-se, por ordem propriamente constitucional, não se pode olvidar que existe (ou deve existir) uma necessidade justificada de intervenção para a criação das contribuições interventivas. E mais, essa necessidade justificada deve vir estampada na norma que a instituir, afinal, é o meio que o intérprete possui para buscar elementos que possam confirmar, infirmar ou afirmar a constitucionalidade desse tributo.

Não se diga que este requisito é pré-jurídico,[540] porque não o é. Como se sustenta, percebe-se que o nascimento desta contribuição deverá, necessariamente, trazer uma estrutura com teor intervencionista, já que afetará um determinado setor da economia, demonstrando, de forma clara, o motivo da intervenção, em face do direcionamento que se intenta com a referida intervenção.

A própria norma de competência constitucional exige do legislador o direcionamento de sua atenção para um determinado setor da economia que esteja precisando, segundo a ótica dos princípios constitucionais econômicos, de políticas de fomento para o seu desenvolvimento.

---

salariais etc." (FERRAZ JR., Tercio Sampaio. *Direito constitucional*: liberdade de fumar, privacidade, estado, direitos humanos e outros temas. Barueri: Manole, 2007. p. 309).
[539] GAMA. *Ordem econômica...*, p. 120.
[540] Quando se fala em pré jurídico, quer se referir à fase pré legislativa, pois, segundo Gabriel Ivo, é nela que se desenvolvem "todas as ações voltadas para a elaboração do anteprojeto de instrumento introdutor de normas. Desde as avaliações políticas de conveniência e oportunidade, passando pelos pormenores técnicos, até a redação final do anteprojeto. Nessa fase há aspectos não regulados pelo direito, e outros submetidos ao disciplinamento normativo" (IVO. *Norma jurídica...*, p. 8).

Resta, neste momento, reforçar a finalidade da receita auferida pelas contribuições interventivas: custear a intervenção. "Essa finalidade é vista como 'motivo constitucional' para o exercício da 'competência' legislativa em matéria tributária."[541]

Assim, ao instituir uma contribuição interventiva, o legislador deverá ter em mente que a intervenção que se pretende alcançar deverá ser necessária em razão de desajustes econômicos, atendendo, também, ao princípio da proporcionalidade. E, com isso, o Estado deve tentar fazer valer os princípios fundamentais da ordem econômica, definidos pelo artigo 170 e seguintes da Constituição Federal.[542]

A explicação de Ives Gandra da Silva Martins sobre o assunto é esclarecedora. Explica o doutrinador que a contribuição interventiva, enquanto instrumento de intervenção, só poderá ser adotada de forma excepcional e "quando detectado desequilíbrio de mercado, que deva ser superado".[543] Em face da instituição dessa contribuição interventiva, Paulo Ayres Barreto aduz que "é fundamental perquirir, por exemplo, se há razões que justificam a intervenção, se o mercado está efetivamente desregulado".[544]

Frise-se que não basta que exista um desajuste em determinados setores do domínio econômico para autorizar a instituição da contribuição interventiva, mas deve a intervenção pretendida ser suficiente para restabelecer o equilíbrio necessário à preservação dos princípios que envolvem a ordem econômica.

Uma vez instituída a referida contribuição, o intérprete possui o material jurídico positivo, necessário para verificação da adequação e necessidade da intervenção produzida pela criação deste tributo. A necessidade justificada de intervenção deverá ser analisada juntamente com os demais requisitos, sob os quais a sua instituição está regulada.

Heleno Taveira Torres escreve para defender o "motivo constitucional" como requisito de validade das contribuições:

> Podemos identificar em determinadas formulações categóricas de receitas públicas, no caso, nas contribuições, exigência constitucional de

---

[541] TORRES, Heleno Taveira. Pressupostos constitucionais das contribuições de intervenção no domínio econômico: a CIDE tecnologia. *In*: ROCHA, Valdir de Oliveira (Coord.). *Grandes questões atuais do direito tributário*. São Paulo: Dialética, 2003. v. 7, p. 116.
[542] Nesse sentido, cf. BARRETO. *Contribuições...*, p. 118.
[543] MARTINS, Ives Gandra da Silva. As contribuições e o artigo 149 da Constituição Federal. *In*: ROCHA, Vadir de Oliveira (Coord.). *Grandes questões atuais do direito tributário*. São Paulo: Dialética, 2002. v. 6, p. 197.
[544] BARRETO. *Contribuições...*, p. 150.

influência entre o exercício de tal competência e os critérios acomodados na materialidade da hipótese de incidência normativa e na base de cálculo e definição de contribuinte, presentes no consequente da norma jurídica tributária. Destarte, em se tratando de matéria tributária, a correlação lógica entre o fundamento constitucionalmente prescrito e o exercício da atividade legiferante presta-se como conditio sine qua non para a validade do ato normativo de criação de tributos ou modificação do regime impositivo de tributo já instituído.[545]

Explica o professor que a contribuição, por sua particularidade finalística, exige do legislador uma atenção que objetive equilibrar as tensões entre o "motivo constitucional" e os elementos da norma instituidora desses tributos, tais como a materialidade, a base de cálculo e os sujeitos passivos. E para finalizar, o professor arremata: "sendo a competência um dos elementos de validade da norma, prévio à sua existência, não saímos do critério eleito, que é tipicamente normativo".[546]

O motivo constitucional ou a necessidade justificada de intervenção objetivada na norma instituidora das contribuições interventivas é meio importante para avaliação da constitucionalidade dessa norma tributária no sistema do direito positivo brasileiro. Mas o que significa afirmar que o ato normativo tributário deve atender a uma determinada motivação para ser válido?

Significa que a criação desse ato deve estar atrelada a uma razão constitucionalmente determinada. Isso não é novidade. A Constituição Federal, quando outorga competência legislativa para os entes federados, impõe também limites que devem ser respeitados, tais quais os prazos, o processo legislativo adequado para cada medida legislativa, a matéria (o critério material, tratando-se de tributos), o sujeito passivo da norma geral e abstrata e, da mesma forma, o motivo constitucional que deve ser carregado pela norma.

Isso decorre da própria natureza de competência, pois a noção de competência, por si só, já pressupõe a noção de limites. Só tem competência aquele que pode desenvolver determinadas atividades até determinada medida.

Será sempre em face desses mandamentos constitucionais, notadamente daquele relativo à competência tributária, que o intérprete disporá de meios para avaliar a constitucionalidade de uma norma perante o sistema do direito positivo. Deve-se analisar se a atuação o legislador respeitou os limites adstritos ao seu campo de competência.

---

[545] TORRES. *Pressupostos constitucionais...*, p. 116.
[546] *Ibidem*, p. 117.

Não se diga que o legislador é livre para exercitar a sua competência, em razão da sua discricionariedade de ação. Essa afirmação positiva é extrema. O legislador possui, sim, discricionariedade para atuar, mas pautada em limites impostos pelo próprio texto constitucional.

Essa discricionariedade está limitada, por exemplo, pelo princípio da proporcionalidade, o qual exige a adequação da norma intervencionista à situação que estiver necessariamente justificada para intervenção, na proporção daquilo que é justo e suficiente. Avalia-se, portanto, a necessidade efetiva da contribuição interventiva, como mencionou Paulo Ayres Barreto.[547]

Como explicado nas linhas escritas sobre o princípio da proporcionalidade, o legislador não pode deixar de atender ao princípio da vedação ao confisco, da legalidade, da anterioridade, da liberdade de locomoção, da propriedade privada ou ao princípio da livre iniciativa.

Nesse sentido, a discricionariedade do legislador está limitada. Não se pode criar uma contribuição interventiva, ainda que sob a pretensão de desestimular determinada conduta, que resulte em obstáculo intransponível para o exercício da livre iniciativa. Fugiria ao próprio mecanismo de intervenção que perfaz a contribuição interventiva, a intervenção indutora. Como já foi abordado, a contribuição interventiva que busca o desestímulo dessa conduta não será o meio adequado para manter o equilíbrio das relações, por ferir o princípio da livre iniciativa. Este é só um exemplo da limitação à discricionariedade da atuação do legislador, notadamente quando da criação de tributos.

A razão de ser assim está amparada pelo próprio Estado Democrático de Direito que, em uma de suas vertentes, deve garantir a segurança das relações jurídicas e, por conseguinte, a proteção da sociedade contra eventuais arbitrariedades das autoridades administrativas, legislativas e judiciárias, aquelas que detêm competências para a criação de normas jurídicas. Heleno Taveira Torres explica que: "Todo e qualquer ato estatal deve ter um motivo previamente delimitado pelo ordenamento, em lei ou na própria Constituição, a depender do tipo de ato jurídico de direito público: legislativo, judicial ou administrativo. É o princípio da submissão do Estado à ordem jurídica".[548]

Necessidade justificada de intervenção é, assim, pressuposto de validade da norma interventiva. A norma de competência das

---
[547] Cf. BARRETO. *Contribuições...*, p. 151.
[548] TORRES. *Pressupostos constitucionais...*, p. 118.

contribuições interventivas exige que o legislador adote a motivação como ponto de partida para a criação desse tributo de natureza intervencionista. Assim, por exigência dessa própria norma de competência, a lei que a contribuição de intervenção sobre o domínio econômico deve ser motivada, qualidade que deve vir atrelada à finalidade consagrada para a justificação da sua própria existência.[549]

Essa motivação deverá vir estampada nessa norma instituidora para que seja possível a avaliação de sua constitucionalidade. Qualquer discrepância entre a norma de competência tributária, a qual determinou a necessidade justificada de intervenção, e a norma instituidora das contribuições interventivas, implicará um ruído de inconstitucionalidade no sistema, o qual deverá ser corrigido pelas autoridades competentes.

A ausência da justificação da norma interventiva ou a discrepância entre a justificação e a finalidade da intervenção (identificada por meio das normas de destinação dos recursos da arrecadação) configura um desequilíbrio na relação meio-fim. "O exercício da competência legítima, mas para fins estranhos à provisão geral, caracteriza desvio de finalidade e, em consequência, o abuso de poder",[550] assim afirmou Tercio Sampaio Ferraz Jr. que, adiante, arremata:

> O abuso por desvio de finalidade atinge o mérito, porque atinge os fins que, subtraídos ao juízo de conveniência e oportunidade de agente, são distintos dos fins efetivamente atingidos por seu ato. (...) o abuso de poder ocorre por um desequilíbrio na relação meio-fim, ou porque se excede no uso do instrumento (meio) para atingir o fim prescrito, ou porque o agente usa os meios corretos para atingir fins não-prescritos.[551]

Ainda estudando o presente tema, falta resposta à seguinte pergunta: como identificar o motivo na norma instituidora da contribuição de intervenção sobre o domínio econômico?

Para tentar responder a esse questionamento, de grande importância relembrar os estudos de Direito Administrativo, especialmente

---

[549] Rodrigo C. Petry sugere, inclusive, que "o processo legislativo de criação de uma contribuição especial que não for precedido de um estudo orçamentário, que defina as quantias necessárias para o devido financiamento da atividade interventiva da União Federal, poderá resultar na invalidade da cobrança do tributo, por afronta ao devido processo legal (art. 5º, LIV) ao critério finalístico-orçamentário do art. 149, assim como aos princípios da moralidade e eficiência (art. 37, *caput*)" (PETRY, Rodrigo C. O critério finalístico no controle das contribuições especiais. *Revista Dialética de Direito Tributário*, São Paulo, v. 112, p. 121-122, 2005).

[550] FERRAZ JR. *Direito constitucional*: liberdade..., p. 385.

[551] *Ibidem*, p. 386.

os estudos sobre o princípio da motivação dos atos administrativos.

Partindo desses ensinamentos, é possível identificar semelhanças entre o regime jurídico dos atos administrativos e o regime jurídico do ato normativo instituidor da contribuição de intervenção sobre o domínio econômico.

8.3.1.1 Princípio da motivação e a necessidade justificada da intervenção

Se para o ato administrativo, o princípio da motivação, como será visto, exige que o agente competente apresente as motivações que o levaram a editar o referido ato, para a edição do ato normativo instituidor da contribuição interventiva exige-se do legislador, da mesma forma, uma justificativa para a necessidade de intervenção.

No primeiro caso (ato administrativo), o princípio da motivação decorre de sua própria natureza jurídica e, consequentemente, do regime jurídico ao qual está subordinado. A necessidade justificada de intervenção, para o ato normativo instituidor da contribuição interventiva, também decorre de sua própria natureza, a qual impõe obediência à respectiva norma de competência.

Apesar de serem atos de natureza diferente, a motivação do administrativo e a justificação do normativo (instituidor da contribuição interventiva) são requisitos semelhantes, embora aplicados para o regramento de institutos diferentes.

Partindo, pois, da construção interpretativa do princípio da motivação dos atos administrativos, é possível encontrar argumentos que amparem o estudo da necessidade justificada de intervenção atinente ao exercício da competência tributária para a criação das contribuições de intervenção sobre o domínio econômico.

Iniciando, pois, este estudo, é possível trazer à tona os ensinamentos de Caio Tácito, que advertiu: "regra de competência não é um cheque em branco conferido ao administrador".[552]

Embora os seus escritos tratem da motivação dos atos administrativos praticados pelos agentes públicos, é possível fundar-se em seus ensinamentos e entender que o legislador, quando do exercício da competência para criação das contribuições de intervenção sobre o domínio econômico, também deve se ater ao princípio da motivação, relacionado ao "motivo constitucional", levando em conta que a própria

---
[552] TÁCITO, Caio. *Direito administrativo*. São Paulo: Saraiva, 1975. p. 5.

norma de competência tributária determina a necessidade justificada de intervenção.

Caio Tácito ainda comenta que:

> A destinação da competência do agente preexiste à sua investidura. A lei não concede a autorização de agir sem um objetivo próprio. A obrigação jurídica não é uma obrigação inconsequente: ela visa a um fim especial, presume um endereço, antecipa um alcance, predetermina o próprio alvo.[553]

Apresentando suas conclusões, Celso Antônio Bandeira de Mello assim exprime o seu pensamento:

> Com efeito, cada ato administrativo é idôneo para um certo fim; é veículo hábil para atender determinado desiderato, pois exprime uma competência instituída em vista de um dado resultado. Daí que as competências não são intercambiáveis, como não o são os atos através dos quais se exercitam. No Estado de Direito, é garantia do administrado tanto fato de ficar o Poder Público adstrito aos fins que de antemão a lei categorizou como prezáveis, *mas também aos meios que adrede estabelecidos* como sendo os adequados para suprir as finalidades erigidas em bens jurídicos valiosos.[554]

Vê-se, aqui, que o legislador deverá observar todos os contornos da norma que autoriza a prática de suas atividades legislativas. Entre esses contornos está situado o motivo, o qual reflete os requisitos para a validade dos seus atos de produção normativa.

Ainda segundo Celso Antônio Bandeira de Mello, o ato administrativo:

> Provenha de onde provier — Legislativo, Executivo ou Judiciário — tem requisitos para sua validade expedição. Dentre eles, de par com o estrito respeito à finalidade que a lei assinala para o ato, avulta a exigência de que a consulta administrativa esteja estribada nos pressupostos fáticos que a norma jurídica tomou em conta ao autorizar ou exigir dada providência.[555]

---

[553] *Ibidem*, p. 80-81.
[554] BANDEIRA DE MELLO, Celso Antônio. Legalidade, motivo e motivação do ato administrativo. *Revista de Direito Público*, São Paulo, v. 90, 1989. p. 59.
[555] BANDEIRA DE MELLO. Legalidade, motivo..., p. 60-61.

Importante observação deve ser feita. O professor Celso Antônio Bandeira de Mello, ao afirmar que os atos administrativos podem ser providos pelo Legislativo, está se referindo aos atos *realmente* administrativos emanados pelo Poder Legislativo. Não está tratando dos atos normativos propriamente ditos (*e.g.* normas jurídicas gerais e abstratas instituidoras de tributos). Essa ressalva é necessária, pois o presente estudo não pretende equiparar o ato administrativo aos atos normativos. A proposta, aqui, é fazer uma analogia de uma noção de motivação (dos atos administrativos) para aplicação ao estudo do exercício da competência tributária para criação de contribuições interventivas, analogia essa que se julga plenamente "transportável".

Feita essa importante ressalva, sendo possível concluir que o ato normativo emanado do Poder Legislativo também deve observar o "motivo constitucional". A contribuição de intervenção sobre o domínio econômico somente poderá ser instituída se o respectivo motivo constitucional for observado, qual seja, a necessidade justificada da intervenção sobre o domínio econômico.

O motivo é, assim, "a situação de fato ou de direito que autoriza ou exige a prática do ato".[556] Ausentes essas situações e, consequentemente, desvirtuada a finalidade do ato legislativo instituidor da contribuição interventiva, maculado estará este ato, por não preencher a relação de adequação, tratada no tópico correspondente ao princípio da proporcionalidade, quando este estudo se preocupou em tecer comentários acerca da aplicação desse princípio às contribuições interventivas.[557]

A averiguação do atendimento ao "motivo constitucional" pela norma instituidora das contribuições interventivas será instrumentalizada pela enunciação dos motivos que ensejaram a sua criação. Isso ocorre da mesma forma para o ato administrativo, o qual, em função do princípio da motivação, deve conter a enunciação dos motivos. O dito princípio, segundo Celso Antônio Bandeira de Mello:

> Implica para a Administração o dever de justificar seus atos, apontando-lhes os fundamentos de direito e de fato, assim como a correlação lógica entre os eventos e situações que deu por existentes e a providência

---

[556] BANDEIRA DE MELLO. Legalidade, motivo..., p. 61.
[557] Sobre o assunto, Maria Sylvia Zanella Di Pietro destaca que o "o pressuposto de direito é o dispositivo legal em que se baseia o ato. Pressuposto de fato, como o próprio nome indica, corresponde ao conjunto de circunstâncias, de acontecimentos, de situações que levam a Administração a praticar o ato" (DI PIETRO. *Direito administrativo*, p. 195).

tomada, nos casos em que este último aclaramento seja necessário para aferir-se a consonância da conduta administrativa com a lei que lhe serviu de arrimo[558][559]

O princípio em comento exige que o agente insira no ato que criou os motivos que justificaram a respectiva criação desse ato.[560] Assim, da mesma maneira, se não houver justificativa enunciada e positivada pelas normas instituidoras das contribuições interventivas, não será possível identificar, mediante uma análise daquilo que está no mundo do direito positivo, se o "motivo constitucional" foi ou não atendido.

Essa constatação não pretende ser fundamento para a conclusão de que a norma instituidora das contribuições interventivas deve trazer em seu bojo as justificativas que influenciaram o legislador federal para a instituição desse tributo. Não é isso. O que se pretende demonstrar é que a estrutura da contribuição interventiva criada contenha indicativos da sua finalidade, especialmente no que tange à disposição expressa da destinação que será dada aos recursos arrecadados pela incidência tributária.

O fundamento do princípio da motivação do ato administrativo é análogo ao fundamento da necessidade justificada de intervenção e deve, assim, ser aplicado pelo legislador federal, quando do exercício de sua competência para criação das contribuições interventivas.

---

[558] BANDEIRA DE MELLO. *Curso de direito...*, p. 102.
[559] "Es justamente a través de los motivos que mueven a La Administración a dictar sus actos donde se viene a concretar todo el esquema conceptual que hemos expuesto: e ellos han de aparecer, por una parte, la realidad del presupuesto normativo de hecho a que el acto se aplica, y, por otra parte, el servicio al interés público específico que constituye el fin propio de la potestad administrativa que se ejercita, servicio cuya efectividad viene a constituir la causa propia del acto, como ya sabemos. La existencia de motivación de un acto administrativo y aún más, la investigación de la misma por el juez, viene a concentrar así, en un solo instrumento final, todas las exigencias de los requisitos objetivos que hemos estudiado en este apartado." [É justamente através dos motivos que movem a Administração a ditar seus atos de onde se vem a concretizar todo o esquema conceitual que expusemos: e eles se manifestam, por uma parte, na realidade do pressuposto normativo de feito a que o ato se aplica, e, por outra parte, no serviço de interesse público específico que constitui o fim do próprio poder administrativo que se exercita, serviço cuja efetividade vem a constituir a causa própria do ato, como já sabemos. A existência de motivação de um ato administrativo e, ainda mais, a investigação desta pelo juiz, vem a concentrar assim, em um só instrumento final, todas as exigências dos requisitos objetivos que estudamos neste parágrafo] (GARCÍA DE ENTERRÍA, Eduardo; FERNÁNDEZ, Tomás-Ramón. *Curso de derecho administrativo*. 6. ed. Madrid: Civitas, 1994. v. 1, p. 530).
[560] Aqui, cabe o comentário, apresentado por Maria Sylvia Zanella Di Pietro: "não se confundem motivo e motivação do ato. Motivação é a exposição dos motivos, ou seja, é a demonstração, por escrito, de que os pressupostos de fato realmente existiram" (DI PIETRO. *Direito administrativo*, p. 195).

Frise-se, portanto, que essa aplicação se dá de maneira diferente daquela exigida para os atos administrativos puros da Administração Pública.

Por isso, Roberto Ferraz assinalou que:

> Pode-se, legitimamente, exigir da legislação tributária muito mais do que classicamente se te exigido, isto é, muito mais que a simples adequação da legislação ordinária à regra-matriz de constitucionalmente estabelecida. Essa exigência haverá de atingir tanto a destinação do produto da arrecadação como a própria concepção da lei que instituiu o tributo, tanto nos seus motivos como na observância de princípios que fogem a matéria estritamente fiscal, mas que igualmente são limitações constitucionais ao poder de tributar.[561]

Algumas são, pois, as exigências para o atendimento do princípio da motivação: (*i*) a norma que veicular a contribuição interventiva deve veicular, também, uma norma de destinação específica do produto arrecadado com a incidência dessa mesma contribuição; e (*ii*) como tributo que é, a contribuição interventiva somente poderá ser cobrada se, no ato de sua instituição, a norma veiculadora tiver inserido todos os critérios da regra-matriz de incidência tributária, entre eles, os que importam para a identificação da motivação: *a*) o critério material; e *b*) o sujeito passivo.

Por meio da análise desses elementos, é possível identificar se o "motivo constitucional" para criação das contribuições de intervenção sobre o domínio econômico foi atendido. Essa análise deve ser feita pelo cotejo entre a adequação do instrumento interventivo tributário e os referidos elementos. Assim, se houver uma discrepância entre o instrumento intervencionista utilizado, a materialidade e o sujeito passivo escolhidos e a destinação que será dada para o produto da arrecadação, inadequada será a contribuição interventiva, em razão do não atendimento do "motivo constitucional" proposto pela própria norma de competência.

Sobre esse ponto, percebe-se que o artigo 174 da Constituição Federal prescreveu que a atuação do Estado para intervenção sobre o domínio econômico, mediante lei e sob a modalidade indutora, deverá estabelecer as diretrizes e bases do planejamento do desenvolvimento nacional equilibrado, o qual incorporará e compatibilizará os planos nacionais e regionais de desenvolvimento.

---

[561] FERRAZ, Roberto. Intervenção do estado na econômica por meio da tributação: a necessária motivação dos textos legais. *Revista Direito Tributário Atual*, São Paulo, v. 20, p. 251-252, 2006.

Tem-se, aqui, forte indício de que a norma interventiva, inclusive a norma tributária instituidora das contribuições interventivas, deve, de alguma maneira, estabelecer as diretrizes da atuação estatal. Essas diretrizes também serão importantes para a identificação do cumprimento do "motivo constitucional".

Um exemplo disso pode ser encontrado na norma que veiculou a chamada CIDE-Royalties, instituída pela Lei nº 10.168/2000. Logo em seu artigo 1º, a referida norma introdutora prescreve a instituição do Programa de Estímulo à Interação Universidade-Empresa para o Apoio à Inovação, cujo objetivo principal é estimular o desenvolvimento tecnológico brasileiro, mediante programas de pesquisa científica e tecnológica cooperativa entre universidades, centros de pesquisa e o setor produtivo.

Da análise do primeiro enunciado dessa lei instituidora de contribuição interventiva já é possível perceber algumas diretrizes da atuação da União.

Trazendo à baila ainda os ensinamentos do Direito Administrativo, cabe a observação feita por Benedicto Porto Neto, ao explicar que:

> Há vício do ato administrativo tanto quando o motivo alegado pelo agente não tenha acontecido quando o fato por ele indicado, ainda que existente, não corresponda à situação fática descrita na lei. No primeiro caso, não existe o motivo do ato. No segundo, embora existente, o motivo não corresponde ao fato que legitima a sua produção (impropriedade do motivo); há descompasso entre a situação do mundo real (motivo do ato) e fato descrito na lei (motivo legal).[562]

Transportando os ensinamentos do também professor da Pontifícia Universidade Católica de São Paulo para o estudo do requisito da necessidade justificada de intervenção, diretamente ligada à instituição das contribuições interventivas, é possível dizer que haverá vício na norma que elaborou a referida contribuição quando, ao analisar a respectiva motivação, se verificar que: (i) o motivo que justificou sua instituição, verificado por meio das diretrizes da atuação estatal contidas na norma, como, por exemplo, pela definição do sujeito passivo ou pela norma de destinação do produto da arrecadação, não guardar sintonia com os objetivos propostos pelos princípios gerais da atividade econômica, destacados pelo artigo 170 e seguintes da Constituição

---

[562] PORTO NETO, Benedicto. Pressupostos do ato administrativo. *In*: SUNDFELD, Carlos Ari; MUÑOZ, Guillermo Andrés (Coord.). *As Leis de processo administrativo*: Lei Federal 9.784/99 e Lei Paulista 10.177/98. São Paulo: Malheiros, 2000. p. 116.

Federal; ou (ii) o motivo escolhido pelo legislador para justificar sua instituição, não guardar sintonia com a materialidade e/ou com o sujeito passivo escolhido pelo legislador, ou com a norma de destinação do produto da arrecadação.[563] De uma forma ou de outra, ter-se-á uma contribuição interventiva em desacordo com a norma de competência tributária, frise-se, por ausência de referibilidade, como já tratado em linhas anteriores.

8.3.2 Provisoriedade da intervenção

A intervenção, enquanto meio eventual de fomento para a correção de situações de desequilíbrio no domínio econômico que ameaçam a observância dos princípios norteadores da ordem econômica, deve ser eventual e justificada (como já foi dito) e, ainda, provisória. Deverá ter um prazo de duração que coincida com o prazo necessário para a normalização da situação de desequilíbrio.

A intervenção estatal, como mostrado linhas atrás, deve, necessariamente, ser eventual e justificada. Deve ser meio hábil para corrigir determinadas distorções verificadas no âmbito das relações econômicas, oferecendo maior segurança na aplicação dos princípios fundamentais da ordem econômica nacional.

Como afirmou José Eduardo Soares de Melo:

> Em primeiro lugar, a intervenção é numa área de um particular. Em segundo lugar, essa intervenção devia ser transitória, porque da essência do nosso texto constitucional — ou seja, diretriz constitucional — privilegiar o princípio da autonomia privada.[564]

Por isso, necessário que a intervenção seja sempre temporária. Atos supostamente intervencionistas que perduram no tempo — ausência de eventualidade — perdem o caráter interventivo, em razão dessa atuação permanente sobre as atividades econômicas. As ferramentas intervencionistas devem, portanto, ser aplicadas pontualmente, com o objetivo de corrigir determinado desequilíbrio. Assim, devem perdurar

---

[563] "A intervenção no domínio econômico deverá atuar no sentido de implementar os valores prescritos pela 'Ordem Econômica Constitucional'. Destacam-se, entre esses, os enunciados prescritos pelo artigo 170 que estabelecem os chamados 'princípios gerais da atividade econômica'. É onde se encontram positivados os valores que orientam todas as atuações do Estado no domínio econômico" (GAMA. *Contribuição de intervenção...*, p. 267).

[564] MELO, José Eduardo Soares de. Contribuições sociais no sistema tributário. *Revista de Direito Tributário*, São Paulo, v. 94, p. 39, 2005.

por determinado lapso temporal, avaliado como necessário para cumprir sua finalidade.[565] Partindo do pressuposto de que as contribuições interventivas são instrumentos postos à disposição do legislador federal para intervenção sobre o domínio econômico, a sua instituição deve ser justificada com base na necessidade de preservação dos princípios constitucionais que cercam a ordem econômica. E, continuando o raciocínio, se a intervenção se justifica para tornar equânimes as relações existentes em determinado setor da economia (promovendo o atendimento dos princípios da ordem econômica), uma vez verificada essa equalização, encerra-se a necessidade de manutenção da intervenção sobre o domínio econômico e, consequentemente, encerra-se a necessidade de cobrança da contribuição interventiva.

Ora, se a justificativa para a instituição de uma contribuição interventiva é a existência de um desajuste em algum setor do domínio econômico, ao se verificar a restauração da situação de equilíbrio nesse mesmo setor, descabe a continuidade da intervenção. Não encontra guarida no sistema do direito positivo aquela contribuição interventiva que subsistir concomitantemente à situação de equilíbrio das relações do setor econômico, o qual está a sofrer a intervenção por esse tributo.

Paulo Ayres Barreto enfatiza a necessidade de observância da provisoriedade. Tratando do assunto, o professor afirma que a intervenção estatal só se dará por meio de contribuição de intervenção sobre o domínio econômico "se, e somente se, sua atuação for de incentivo ou fomento, devendo perdurar até que desapareçam as razões que deram ensejo à sua instituição".[566]

Desse modo também ensinam Hugo de Brito Machado e Hugo de Brito Machado Segundo:

---

[565] Douglas Yamashita, ao analisar a jurisprudência consolidada do Tribunal Constitucional Alemão, percebeu a existência de alguns requisitos necessários para instituição de contribuições interventivas. Segundo comentários do autor, um desses requisitos consiste na legitimação temporal da contribuição interventiva. Em suas palavras, tem-se que "no financiamento, a longo prazo, de uma tarefa de responsabilidade específica de um grupo, por meio da cobrança de contribuição especial, o legislador está, por força da Constituição, obrigado a examinar sempre se sua decisão original para o emprego do instrumento legal da contribuição social deve ser mantida ou se, por causa de circunstâncias alteradas, especialmente por causa do desaparecimento da finalidade de financiamento ou alcance dos objetivos, deve ser mudada ou revogada" (YAMASHITA, Douglas. Contribuições de intervenção no domínio econômico. In: MARTINS, Ives Gandra da Silva (Coord.). *Contribuições de intervenção no domínio econômico*. São Paulo: Centro de Extensão Universitária; Revista dos Tribunais, 2002. p. 337).
[566] BARRETO. *Contribuições...*, p. 117.

É preciso, ainda, que a cobrança da contribuição seja provisória, e nunca permanente. Primeiro, porque o ato de intervir é por natureza excepcional e transitório. Segundo, porque a Cide deve ter natureza regulatória, e não arrecadatória, não podendo ser uma fonte ordinária de recursos para a União Federal, papel atribuído aos impostos e geral.[567]

Vê-se que a preocupação acerca da provisoriedade das contribuições interventivas decorre da sua natureza transitória e sua finalidade de corrigir pontuais situações desequilibradas. Afinal, *intervir*, como já dito, equivale à ideia de uma intromissão e, por isso, temporária.

É necessária, pois, a veiculação de uma norma que atribua vigência temporária para a contribuição interventiva, em concomitância com a norma que promover a sua respectiva instituição. Mas como o Estado poderá prever o prazo certo para a correção de determinado desequilíbrio?

Marco Aurélio Grego estudou o assunto e tentou fixar alguns parâmetros. De acordo com o autor, no caso em que o fim da intervenção se mostra objetivo e de possível aferição, isso seria factível. Como exemplo, a instituição de uma contribuição interventiva que tenha por objetivo elevar o nível de desenvolvimento econômico de um determinado setor para iguala-lo ao nível de crescimento econômico nacional. Nesse caso, há um critério objetivo a ser alcançado. Assim, uma vez alcançado esse objetivo, não haverá mais necessidade de intervenção, motivo por que a norma interventiva deverá ser revogada. Nas palavras do autor:

> Se o objetivo for materialmente aferível, quando ele vier a ser atingido, a contribuição, automaticamente, sem necessidade de nova lei que a revogue, estará esgotada. Atingida a finalidade, ter-se-á operado o que se poderia denominar de 'perda do seu objeto'. Objetivo que se concretiza deixa de ser objetivo (futuro) e passa a ser fato. Como tal, integra o passado existente e não o futuro a ser buscado.[568]

Por outro lado, quando o objetivo da intervenção guarda um grau de subjetivismo, como, por exemplo, a obtenção de mais eficiência na produção ou a verificação da redução de gases poluentes, a verificação do sucesso da ação interventiva não pode ser medida objetivamente, não havendo, portanto, parâmetro para determinação do prazo da intervenção. E assim se manifestou o autor:

---

[567] MACHADO, Hugo de Brito; MACHADO SEGUNDO, Hugo de Brito. Tarifas aeroportuárias: natureza tributária: adicional de tarifas aeroportuárias: CIDE. Inconstitucionalidade. *Revista Dialética de Direito Tributário*, São Paulo, v. 119, 2005. p. 108.
[568] GRECO. *Contribuições de intervenção...*, p. 22.

Este é um objetivo que, a princípio, nunca será alcançado. Salvo hipóteses raras em que o próprio objeto pode comportar uma limitação concreta (por exemplo, o aumento da produção de um determinado bem pode encontrar um limite em razões de ordem ambiental), nas demais, a contribuição vigorará até que seja expressamente revogada.[569]

Dito isso, algumas considerações devem ser feitas. Parece correta, e disso não se pode discordar, que a contribuição interventiva deve durar enquanto o objetivo da intervenção não for alcançado, ou, como será dito adiante, quando ficar demonstrado que o instrumento interventivo não está cumprindo o seu papel.

A primeira das considerações diz respeito à revogação da norma interventiva. Foi dito no início do trabalho que muito embora exista uma comunicação entre o sistema econômico e o sistema do direito, as estruturas de um não interferem nas estruturas do outro. Quando muito, um sistema pode influenciar a alteração de comportamentos, e até das estruturas próprias do outro, mas essa alteração só será realizada quando cada um utilizar suas próprias estruturas. Em resumo, os fatos ocorridos no mundo econômico podem até influenciar a atividade do legislador, mas jamais poderão criar normas jurídicas. Portanto, quando se diz que a intervenção é objetiva, ou seja, quando o objetivo da intervenção for materialmente aferível, ainda que seja possível verificar o sucesso da intervenção e, assim, a sua atual desnecessidade, não há de se falar em revogação automática da norma interventiva.

Aqui, cabe ao legislador identificar o alcance do objetivo interventivo, baseado e influenciado por dados do domínio econômico, e editar uma norma que revogue a norma interventiva. Caso não o faça, o contribuinte poderá se insurgir contra a respectiva contribuição, ficando a cargo do Poder Judiciário a edição de norma que tenha o condão de afastar a aplicação da norma tributária interventiva, considerando que o objetivo intervencionista já foi alcançado.

O segundo ponto que merece reflexão se refere ao fato de deixar nas mãos do legislador, quando o objetivo da intervenção for caracterizado por um grau de subjetivismo, a incumbência pela identificação dos fatos do domínio econômico e a consequente verificação do sucesso da intervenção. Se não houver parâmetro para identificação do sucesso da intervenção, a contribuição interventiva se perpetuará no tempo e, assim, perderá a sua característica intervencionista, dado que a intervenção deixa de ser eventual e passa a ser permanente.

---

[569] *Ibidem*, p. 22.

Nesse pensar, parece fazer sentido a imposição de uma limitação temporal para a vigência da norma interventiva, seja ela editada para consecução de objetivos concretos ou abstratos.

No primeiro caso, a própria enunciação do objetivo, quando do cumprimento do requisito relativo à necessidade justificada da intervenção, já implica a existência de um parâmetro aferível para a identificação do sucesso da intervenção que, por sua vez, pode ser entendido como o limite temporal da vigência da respectiva contribuição.

Por outro lado, quando o Estado, por exemplo, tenta intervir para fomentar o desenvolvimento tecnológico nacional, como o fez pela edição da Lei nº 10.168/2000, é difícil perceber quando a intervenção alcançará o sucesso necessário, até porque não há como dizer quando o desenvolvimento tecnológico será satisfatório. Se não há como aferir esse sucesso, poderia se falar em proibição de instituição de contribuições interventivas? Em caso negativo, como fazer para atender à provisoriedade?

Não há que se proibir a intervenção, mas o legislador deverá prescrever na mesma norma veiculadora da contribuição interventiva ou em qualquer veículo introdutor inserido no sistema do direito concomitantemente com a norma interventiva, um limite temporal para o fomento da atividade atingida pela intervenção. Da mesma forma que o legislador deve buscar no domínio econômico os dados para verificar a necessidade de intervenção, deverá buscar, também, os dados a respeito do prazo necessário para corrigir os desequilíbrios, permitindo que o setor afetado volte a caminhar por seus próprios meios.

Por isso, quando a intervenção pretender a consecução de objetivos abstratos, ou o legislador torna essa pretensão concreta, com base em estimativa de dados aferíveis, ou impõe um limite temporal para duração da intervenção.

Importante que se perceba que a perpetuação da intervenção é contrária à própria natureza da intervenção. Ora, se a pretendida intervenção se perpetua no tempo, das duas uma: (*i*) ou a intervenção não surtiu qualquer efeito e, nesse quesito, ela é inoperante e ineficiente; ou (*ii*) o sucesso já foi alcançado, de maneira que os agentes econômicos já podem desenvolver suas atividades sem o auxílio de medidas estatais intervencionistas. Nos dois casos, o instrumento interventivo se tornou inoperante em razão do tempo e, consequentemente, a respectiva contribuição não poderá mais ser exigida.

Estevão Horvath também corrobora esse entendimento, afirmando que "cessadas as causas que motivaram a intervenção, aquela determinada atividade de intervenção, deve cessar também a cobrança da contribuição, diferentemente do que acontece com os outros tributos".[570]

Assim, uma vez cessado o desajuste que justificou a criação da referida contribuição interventiva, esta deve ser extinta, através dos procedimentos legislativos competentes. Não havendo a revogação da norma instituidora, a cobrança deste tributo passa a ser indevida.

8.3.3 Vinculação prévia do produto da arrecadação

Optando pela forma intervencionista que implica a criação de um tributo — a contribuição de intervenção sobre o domínio econômico —, o legislador tem o dever de prescrever, juntamente com a criação da norma instituidora deste tributo, as diretrizes que regularão a destinação do produto da arrecadação.

Como foi dito no tópico que estuda a competência interventiva atribuída pelo artigo 174 do texto constitucional, especialmente quando se tratou da intervenção para incentivo, a criação de entidades (fundo, instituto, autarquia ou mesmo despesa) para o fomento de determinadas atividades econômicas é critério essencial para a configuração da intervenção indireta por indução na modalidade incentivadora. Ficou anotado, também, que essa forma de intervenção pode ser custeada pela arrecadação advinda da incidência das contribuições interventivas.

Por isso, a norma que veicular a instituição da contribuição interventiva também deverá veicular uma norma relativa à destinação que será dada ao produto da arrecadação. A inobservância deste requisito constitucional inviabiliza qualquer tentativa de cobrança dessa exação, tendo em vista que ela já nasce com vícios de inconstitucionalidade. Como disse Paulo Roberto Lyrio Pimenta, "sem a vinculação do produto da arrecadação à atividade interventiva, a norma impositiva será inválida".[571]

A materialização das normas que definem a destinação do produto da arrecadação é de suma importância, sobretudo para a análise e percepção de outros possíveis vícios que uma contribuição interventiva poderá conter. Nota-se que a definição da destinação do produto da

---

[570] HORVATH, Estevão. Conferência: das contribuições de intervenção no domínio econômico. *Revista de Direito Tributário*, São Paulo, v. 91, p. 149, 2004. VII Congresso Brasileiro de Direito Tributário.
[571] PIMENTA. *Contribuições de intervenção*..., p. 65.

arrecadação é um vestígio imprescindível para identificar o setor da economia sobre o qual recairá a intervenção estatal. A vinculação prévia do produto da arrecadação também ajuda a identificar a necessidade justificada da intervenção e, como consequência, é imprescindível para identificar o grupo econômico do qual participam os potenciais sujeitos passivos dessa contribuição.

O produto da arrecadação deverá ser direcionado para o custeio[572] da pretendida intervenção, em prol do setor da economia que sofrerá esta intervenção. Tácio Lacerda Gama, ao referir-se às contribuições de intervenção sobre o domínio econômico, preconiza que "é justamente a destinação específica que autoriza a sua criação".[573]

Como exemplo, imaginemos que sob a justificativa de intervir no setor de calçados, em razão de um desajuste mercadológico gerado pelo aumento desenfreado do preço do couro, o Estado cria uma contribuição de intervenção sobre o domínio econômico, cujo produto da arrecadação deverá ser destinado a um fundo criado para o amparo de crianças com câncer.

Por mais nobre, necessária e justa que seja a causa de fomentar políticas para o auxílio às crianças que sofrem dessa doença, percebemos, pela análise dos mandamentos que disciplinam a destinação dos valores arrecadados, que há uma incongruência entre o setor que sofre a intervenção e o setor que recebe o produto da arrecadação desta intervenção.

Assim, por mais necessária que seja a destinação de valores para o amparo às crianças com câncer e, da mesma forma, por mais necessária que seja a intervenção em determinado setor econômico, não se pode conceber a existência constitucional de uma contribuição interventiva que esteja marcada com este vício.

---

[572] Sobre o assunto, Hugo de Brito Machado ressalta que: "aqueles que preconizam para a Cide a mera função de custeio não podem esquecer, outrossim, que o custo representado por um tributo aos contribuintes nunca é sem efeitos econômicos. Orienta comportamentos, estimulando ou desestimulando condutas, mesmo quando isso não tenha sido sequer imaginado pelo legislador. Assim, uma Cide que apenas custeie a atividade interventiva, incidindo sobre fato não relacionado com a distorção que se pretende combater com a intervenção, inibirá ou incentivará comportamento não relacionado com a finalidade buscada. Haverá um desvio de sua finalidade, e, conseqüentemente, a desnaturação. Por sua vez, uma contribuição que intervenha apenas ao incidir, do modo de um imposto extrafiscal, terá na aplicação de seus recursos em outras finalidades evidente desvio; ter-se-á transformado em imposto" (MACHADO, Hugo de Brito. Contribuições de intervenção no domínio econômico e a federação. *In*: MARTINS, Ives Gandra da Silva (Coord.). *Contribuições de intervenção no domínio econômico*. São Paulo: Revista dos Tribunais; Centro de Extensão Universitária, 2002. p. 309-310).
[573] GAMA. *Contribuição de intervenção*..., p. 266.

De se notar que o exercício da competência para a criação das contribuições interventivas já deve observar essa exigência constitucional. O legislador federal, ao instituir a contribuição interventiva, deverá cuidar a fim de que a previsão legal de diretrizes para destinação e aplicação do produto da sua arrecadação não passe em branco. É o que também afirma o professor Tácio Lacerda Gama:

> O legislador constitucional vinculou a criação de alguns tributos ao alcance e determinadas finalidades. Assim, o sujeito ativo da norma de competência tributária deverá, além de instituir os critérios da regra matriz segundo os limites autorizados, prescrever destinação específica para aquilo que se arrecada com esses tributos. Sem tal destinação a uma finalidade específica, seja para atender fundo, órgão ou despesa, o exercício da competência não será legítimo.[574]

Como aduz Paulo Ayres Barreto, "a afetação a órgão, fundo ou despesa é requisito essencial à instituição de contribuição",[575] sem o qual o exercício da competência tributária terá sido desajustado. E não poderia ser diferente. Se a justificativa para a criação da contribuição é a necessidade de intervenção sobre determinado setor do domínio econômico e da consequente arrecadação para o custeio de políticas que fomentem o desenvolvimento desse mesmo setor, é imprescindível que o legislador tributário edite, também, normas que indiquem o caminho que deverá percorrer o produto da arrecadação. É o que manda a própria norma de competência para a criação das contribuições interventivas.

Nessa linha também se acham os ensinamentos de Misabel Abreu Machado Derzi. Segundo a professora:

> A destinação passou a fundar o exercício da competência da União. Sem afetar o tributo às despesas expressamente previstas na Constituição, falece competência à União para criar contribuições. (...) Assim, a destinação assume relevância não só tributária como também constitucional e legitimadora do exercício da competência federal.[576]

O que se percebe é que a vinculação prévia do produto da arrecadação decorre da própria norma de competência tributária.[577] Luciano

---

[574] GAMA. *Contribuição de intervenção...* p. 85.
[575] BARRETO. *Contribuições...*, p. 177.
[576] DERZI. Notas de atualização. *In*: BALEEIRO. *Direito tributário...*, p. 69.
[577] Tácio Lacerda Gama, em recentíssimo estudo da competência tributária, afirma que a vinculação do produto da arrecadação a uma finalidade específica é técnica de competência

Amaro, ao tratar do conceito e da classificação dos tributos, aduziu que a destinação do tributo compõe a própria "norma jurídica constitucional definidora da competência tributária".[578] A existência de norma que preveja a destinação do produto da arrecadação para alguma entidade (fundo, instituto, autarquia ou mesmo despesa) é condição essencial para instituição das contribuições interventivas. Como aduz Fernando F. Castellani, "a destinação e elemento fundamental na caracterização das espécies tributárias e, assim sendo, deve constar na norma atribuidora da competência".[579]

Misabel de Abreu Machado Derzi explica que "o contribuinte pode opor-se à cobrança de contribuição que não esteja afetada aos fins, constitucionalmente admitidos".[580] Mais uma vez, a ausência desse requisito é grave e macula a exação. A contribuição interventiva que tiver sido instituída sem a observância da vinculação prévia do produto da arrecadação para o fim que se propôs não poderá continuar no sistema do direito positivo, devendo ser expulsa pelos meios que esse mesmo sistema oferece.

8.3.3.1 "CIDE-Combustíveis": descompasso entre a finalidade pretendida e a destinação do produto da arrecadação

Utilizando essa contribuição interventiva como exemplo para ilustração do que está sendo tratado, é de se perceber que a chamada CIDE-Combustíveis, cuja previsão constitucional foi atribuída pela Emenda Constitucional nº 33/2001, estabelece que uma das finalidades que justificam a intervenção é a necessidade de fomento programas de infraestrutura de transportes.[581]

---

tributária aplicada às contribuições. Segundo o professor, "outra técnica atributiva de competência é empregada quando se vincula o sujeito competente a uma finalidade. É dessa espécie o artigo 149 da Constituição da República (...)" (GAMA. *Competência tributária...*, p. 228).

[578] AMARO, Luciano. Conceito e classificação dos tributos. *Revista de Direito Tributário*, São Paulo, v. 15, n. 55, p. 285, jan./mar. 1991.
[579] CASTELLANI. *Contribuições...*, p. 74.
[580] DERZI. Notas de atualização. *In*: BALEEIRO. *Limitações constitucionais...*, p. 598.
[581] Art. 177. (...) "§4º A lei que instituir contribuição de intervenção no domínio econômico relativa às atividades de importação ou comercialização de petróleo e seus derivados, gás natural e seus derivados e álcool combustível deverá atender aos seguintes requisitos: II – os recursos arrecadados serão destinados: c) ao financiamento de programas de infraestrutura de transportes".

É de se notar que o setor afetado pela exigência dessa contribuição interventiva é o setor da atividade econômica que desenvolve negócios com petróleo e seus derivados, gás natural e seus derivados e álcool combustível.

O Estado entendeu que seria necessária uma intervenção neste setor para corrigir eventuais desajustes, todavia não atentou para o fato de que: (*i*) não se encontra referibilidade do cotejo entre os partícipes desse setor da economia e a intervenção para fomentar o desenvolvimento de políticas públicas em prol da infraestrutura dos transportes; e (*ii*) a infraestrutura dos transportes não pode ser custeada por uma contribuição de intervenção sobre o domínio econômico.

Qual a ligação existente entre esse setor e o financiamento dos programas de infraestrutura de transportes, como, por exemplo, construção de rodovias? Não há. Sobre o assunto, a professora Fabiana Del Padre Tomé, no XVIII Congresso Brasileiro de Direito Tributário (IGA-IDEPE), afirmou que "a terceira destinação que está ali prevista diz respeito a programas de infraestrutura de transportes. Essa finalidade, portanto, não é intervenção em específico e delimitado setor da economia".[582]

O investimento em infraestrutura dos transportes, por mais que seja essencial, não pode ser custeado por uma contribuição interventiva, pois está fora do alcance das normas contidas na ordem econômica nacional, referidas no artigo 170 e seguintes da Constituição Federal.

Explica Estevão Horvath que:

> Essa terceira destinação me parece claramente contrária à finalidade para qual a contribuição poderia ter sido criada. Por mais nobre que seja este mister de refazer as estradas brasileiras — que todos sabemos estão em petição de miséria há muito tempo —, esses recursos, por enquanto, parece que só poderiam provir do caixa único da União, das receitas gerais do Estado, em princípio dos impostos e não da arrecadação de uma contribuição de intervenção no domínio econômico.[583]

Não se pode criar uma contribuição para custear cada um dos objetivos específicos do Estado, e as contribuições de intervenção sobre o domínio econômico só se prestam à intervenção temporária em determinado setor do domínio econômico para fazer valer um ou mais dos princípios elencados pelo art. 170 da Carta Magna.

---

[582] TOMÉ, Fabiana Del Padre. Contribuições: Mesa de Debates. *In*: XVIII CONGRESSO BRASILEIRO... *op. cit.*, p. 65.
[583] HORVATH, Estevão. *Conferência*: das contribuições de intervenção..., p. 144.

Inexiste, portanto, relação entre o fato jurídico tributário e a destinação do produto da arrecadação.

Não houve, por parte do legislador, a escolha de um setor da atividade econômica compatível com o setor que deverá receber os incentivos em face da destinação da arrecadação. Além disso, acusa-se, ainda, o descumprimento do requisito constitucional da referibilidade, o qual disciplina a necessidade de existência de uma estreita relação entre os sujeitos passivos da CIDE-Combustíveis, o setor da economia que sofre a intervenção e a destinação do produto da arrecadação.

E, se isso é verdade, não se pode conceber que esta exação tenha natureza de contribuição de intervenção sobre o domínio econômico, porque não se enquadra no conceito constitucional desta subespécie tributária.[584] Ora, "se o destino daquilo que se arrecada com esses tributos não for a intervenção específica que ensejou a sua criação, o tributo terá outra natureza, diversa das contribuições".[585]

Pelo exemplo proposto, resta claro e evidente que o motivo que justificou a instituição dessa contribuição interventiva não guarda sintonia com os objetivos propostos pelos princípios gerais da atividade econômica (artigo 170 da Constituição Federal) e, da mesma forma, não guarda sintonia com a materialidade e/ou com o sujeito passivo escolhido pelo legislador.

8.3.4 Relação entre o sujeito passivo e a área econômica afetada

Os setores afetados pela intervenção sobre o domínio econômico, materializada por uma contribuição interventiva, devem ser os mesmos ou guardar uma estreita relação com os setores que serão beneficiados em face da destinação do produto da arrecadação, como verificado no tópico anterior.

Recapitulando, já ficou assentado que a instituição de uma contribuição interventiva deve ser justificada por uma necessidade de

---

[584] "Evidentemente, não havendo nexo de referibilidade entre quem paga e quem vai auferir a vantagem decorrente da aplicação do produto arrecadado, não se cuida na espécie de uma contribuição, mas de um imposto da União, porém inconstitucional. A uma, por desatender em sua gênese o art. 154, I (competência residual), vez que surdiu mansamente, na calada da noite, por lei ordinária. A duas, por vincular o produto da arrecadação do novel imposto a um programa, contra o art. 167, IV da Constituição" (COÊLHO, Sacha Calmon Navarro. *Contribuições no direito brasileiro*. São Paulo: Quartier Latin, 2007. p. 134).
[585] GAMA. *Contribuição de intervenção*..., p. 266.

atuação do Estado em determinado setor do domínio econômico. Logo em seguida, verificou-se que seria necessário que norma veiculadora dessa contribuição também contivesse uma norma relativa à destinação do produto da arrecadação que, por sua vez, essencialmente há de ser condizente com o "motivo constitucional" que justificou a intervenção.

Pois bem, ao determinar o setor que sofrerá a intervenção, com o respectivo regramento sobre a destinação dos recursos arrecadados, a norma interventiva já cria uma limitação para a escolha dos contribuintes. Os contribuintes, nesse ponto, não podem ser outros senão aqueles que fazem parte do setor escolhido pelo Estado para intervenção.

Como afirmou Hugo de Brito Machado Segundo:

> A União somente pode instituir CIDE's sobre setores específicos da economia, regidos pelo direito privado, nos quais as atividades sejam desenvolvidas em regime de livre iniciativa (CF/88, art. 170, parágrafo único), e que estejam sofrendo descompasso grave, a prejudicar seriamente a subsistência do setor u a preservação, em relação aos mesmo, de princípios constitucionais com o da livre iniciativa, da proteção ao meio ambiente, ao pleno emprego etc.[586]

O assunto em questão já foi abordado no capítulo que tratou da regra-matriz das contribuições interventivas, mas reaparece aqui pela sua importância ao estudo dessas contribuições.

Relembre-se que o sujeito passivo possível que deve ser indicado pela regra-matriz de incidência tributária deve estar diretamente relacionado com o critério material escolhido pelo legislador. No caso das contribuições de intervenção sobre o domínio econômico isso não basta.

O sujeito passivo das contribuições interventivas, além de guardar relação com o critério material da regra-matriz de incidência tributária, deve ser sujeito de direito que participe das relações econômicas desenvolvidas no setor do domínio econômico sobre o qual o Estado pretende intervir.[587]

---

[586] MACHADO SEGUNDO. *Contribuições e federalismo...*, p. 170.
[587] Importante destacar que há uma relação direta entre o sujeito passivo, a hipótese de incidência e a base de cálculo da contribuição interventiva. Como alude Hugo de Brito Machado Segundo, "a hipótese de incidência da contribuição, embora não esteja expressamente delimitada na Constituição, não pode ser qualquer uma. Há, necessariamente, de ser relacionada com a intervenção. E como contribuintes e base de cálculo são elementos da hipótese de incidência, obviamente contribuintes e base de cálculo devem, também, estar relacionados à intervenção" (MACHADO SEGUNDO. *Contribuições e federalismo...*, p. 173).

Veja que o sujeito passivo deve guardar relação, em primeiro lugar, com o setor do domínio econômico afetado pela intervenção. Em segundo lugar, partindo da premissa de que a norma de destinação do produto da arrecadação obriga a aplicação desses recursos no setor afetado pela intervenção, tem-se que o sujeito passivo das contribuições interventivas deve ser beneficiado indiretamente pelo programa interventivo promovido pelo Estado.[588] Eis a conformação do princípio da referibilidade, também estudado em linhas anteriores, quando se tratou dos princípios constitucionais vinculados à instituição dessa contribuição.

Hamilton Dias de Souza e Tercio Sampaio Ferraz Jr. destacaram que os possíveis contribuintes das contribuições interventivas devem ser:

> Todos aqueles que pertencem ao grupo ou setor sob intervenção e que tenham especial interesse na atividade estatal ou que dela aufiram benefício diferencial, ainda que suposto. Embora a atuação do Estado refira-se ao grupo ou setor como um todo, presume-se que tal benefício alcance cada um de seus membros.[589]

Em outras palavras, o sujeito passivo das contribuições interventivas deve ser um dos agentes econômicos participantes do setor da economia que sofrerá intervenção do Estado. Assim, é extremamente necessária a clara definição deste setor do domínio econômico, para identificar os contribuintes da contribuição de intervenção sobre o domínio econômico.[590]

Importante, nesse ponto, o reforço de argumentação proporcionado por Marco Aurélio Greco, quem aduz que "tratando-se de figura voltada a um grupo, disto decorre que os contribuintes devem fazer parte do conjunto alcançado pela intervenção".[591]

---

[588] Nesse sentido, Tácio Lacerda Gama explica que "não restará devidamente caracterizado o incentivo a um setor da econômica, sem que haja prévia identificação deste setor. Sem um grupo de beneficiários, não se dará instituição válida de contribuições interventivas. (...) se o destino daquilo que se arrecada com esses tributos não for a intervenção específica que ensejou a sua criação [criação da contribuição de intervenção sobre o domínio econômico], aquilo que se arrecada terá outra natureza, diversa daquela prevista no art. 149 da CR" (GAMA. Ordem econômica..., *op. cit.*, p. 122. Redação entre colchetes não consta no original).
[589] SOUZA; FERRAZ JR. *Contribuições de intervenção...*, p. 65.
[590] "se a intervenção estatal é voltada a determinado setor da economia, parece claro que é ali que se buscarão, em primeiro lugar, os recursos para atuação estatal (teorias do benefício e equivalência)" (SCHOUERI. *Normas tributárias indutoras...*, p. 198).
[591] GRECO. Contribuições de intervenção..., p. 23.

Ainda com base nos ensinamentos de Hamilton Dias de Souza e Tercio Sampaio Ferraz Jr., importa destacar que:

> As contribuições de intervenção no domínio econômico são tributos cujos traços conceituais supõem, sempre, uma atividade estatal referida indiretamente a um determinado setor, a um grupo de indivíduos e não a toda população. Portanto, se há intervenção, tem ela de ocorrer em um determinado setor. Intervenção geral não justifica a instituição dessa contribuição.[592]

Estando o sujeito de direito fora do setor da economia que sofre a intervenção e verificada a inexistência de qualquer relação que possa enquadrá-lo, é possível afirmar que este sujeito também estará fora do âmbito de incidência da contribuição interventiva, ainda que pratique as situações previstas no antecedente da norma jurídica que instituiu esta contribuição.

8.3.4.1 Delimitação do setor do domínio econômico afetado pela intervenção

Ao criar a contribuição interventiva, o legislador federal também deverá ter cuidado com a escolha do grupo de sujeitos que sofrerá a intervenção e, da mesma forma, com a extensão do setor correspondente a esse grupo.

De se notar que existe um limite para a escolha do setor a ser afetado. Não é possível que a pretexto de intervir sobre o domínio econômico, o Estado escolha um setor da economia que, pelo tamanho de sua extensão, implique a incidência da respectiva contribuição sobre toda a coletividade. Por isso, Marco Aurélio Greco afirma que o "limite para a ampliação do grupo, pois pode-se chegar a ponto de não ser mais uma 'parte' da coletividade, mas ela toda, o que faz desaparecer a intervenção enquanto tal".[593]

A observação é pertinente, já que a intervenção pressupõe uma atuação pontual em determinada parte do domínio econômico. Como aduz o mesmo autor, "a intervenção supõe a ideia de provimento pontual, circunscrito a uma determinada área, setor, segmento da atividade econômica, que apresente características que a justifiquem".[594]

---

[592] SOUZA; FERRAZ JR. *Contribuições de intervenção...*, p. 64-65.
[593] GRECO. *Contribuições de intervenção...*, p. 23.
[594] *Ibidem*, p. 16.

Ora, as contribuições interventivas devem delimitar o setor afetado e, da mesma forma, devem delimitar o conjunto dos possíveis contribuintes. Sem isso, não se pode falar em intervenção na economia, mas em atuação do Estado em favor de toda a coletividade, o que descaracterizaria a intervenção.

Outro ponto que merece destaque e que recentemente foi tratado pelo ministro do Supremo Tribunal Federal, Marco Aurélio. Na oportunidade, o ministro atuou no julgamento do Recurso Extraordinário nº 573.675/SC, que questionava a constitucionalidade da criação, ainda que por emenda constitucional, de uma nova competência tributária para a instituição da contribuição destinada ao custeio do serviço de iluminação pública, e repudiou a ideia da criação de uma contribuição para suprir os custos gerais do Estado.

Durante a discussão da matéria, o ministro aduziu que:

> Daqui a pouco, talvez estejamos diante de uma contribuição para nos proporcionar o que não temos: a segurança pública. Sempre soube que atividades essenciais da máquina administrativa são suportadas e tem-se, portanto, as despesas próprias a cargo de receita advinda de um tributo específico: o imposto.[595]

De fato, é inaceitável pensar em criação de tributos para amparar os gastos da administração pública com os custos incorridos em setores diversos daqueles que, especificamente, foram estabelecidos pela própria norma que outorgou competência para a criação das contribuições especiais.

A contribuição de intervenção sobre o domínio econômico está no ordenamento a fim de ser usada como ferramenta para garantir a manutenção das relações intersubjetivas, na medida da observância aos princípios ditados pela ordem constitucional econômica, os quais estão dispostos no artigo 170 e seguintes. Portanto, além da conveniência da intervenção, o montante arrecadado pela incidência desse tributo deverá ser destinado ao custeio da referida intervenção, especialmente para fazer valer os referidos princípios.

Como já foi dito, ainda que seja louvável a intenção de criar um fundo financeiro para a educação, a saúde ou a segurança pública, não é possível pensar em custeio mediante contribuição de intervenção sobre o domínio econômico. Primeiro, pelo fato de que essas finalidades fazem

---

[595] Supremo Tribunal Federal. Recurso Extraordinário nº 573.675/SC. Rel. Min. Ricardo Lewandowski. *Dje*, 21 maio 2009.

parte do rol das despesas gerais do Estado. Segundo, pelo fato de que não há, na Constituição, permissão para a instituição de contribuição interventiva que vise custear esses serviços. Terceiro, porque a contribuição interventiva é instrumento para garantir a manutenção do equilíbrio das relações sociais, em busca do alcance do bem-estar social que, no caso, é alcançado quando observados os princípios da ordem econômica.

8.3.4.2 Adicional das contribuições para as entidades de que trata o artigo 1º do Decreto-Lei nº 2.318/86: ausência de referibilidade

O adicional ora referido foi instituído pela Lei nº 8.029/1990, precisamente, pelo artigo 8º, §3º. É a chamada contribuição para o SEBRAE (antes CEBRAE).[596] No julgamento do Recurso Extraordinário nº 396.266/SC, o Supremo Tribunal Federal entendeu que essa exação tem a natureza jurídica de contribuição de intervenção sobre o domínio econômico.[597] Na oportunidade, surgiu a discussão sobre a finalidade da intervenção proporcionada por essa contribuição e o setor da economia escolhido para sofrer o ônus da arrecadação.

O produto da arrecadação dessa exação, até o advento da Lei nº 10.668, de 14.05.2003 era repassado integralmente[598] para o SEBRAE, conforme previsto pelo artigo 7º, §4º, da Lei nº 8.029/1990, órgão que tem a prerrogativa de planejar, coordenar e orientar programas técnicos,

---

[596] "Art. 8º É o Poder Executivo autorizado a desvincular, da Administração Pública Federal, o Centro Brasileiro de Apoio à Pequena e Média Empresa – CEBRAE, mediante sua transformação em serviço social autônomo. 3º Para atender à execução das políticas de apoio às micro e às pequenas empresas, de promoção de exportações e de desenvolvimento industrial, é instituído adicional às alíquotas das contribuições sociais relativas às entidades de que trata o art. 1º do Decreto-Lei nº 2.318, de 30 de dezembro de 1986, de: a) um décimo por cento no exercício de 1991; b) dois décimos por cento em 1992; e c) três décimos por cento a partir de 1993" (Lei nº 8.029/1990).

[597] Nesse sentido, *vide* trecho do voto do Ministro Carlos Velloso, relator do processo: "a contribuição que estamos cuidando é, na verdade, uma contribuição de intervenção no domínio econômico, não obstante a lei a ela se referir como adicional às alíquotas das contribuições sociais relativas às entidades de que trata o art. 1º do D.L. 2.318, de 1986. A autora recorrente, pois, tem razão quando afirma que citada contribuição não esta incluída no rol do art. 240 da C.F., dado que é ela 'totalmente autônoma' – e não um adicional', desvinculando-se da contribuição ao SESI-SENAI, SESC-SENAC" (Supremo Tribunal Federal. Recurso Extraordinário nº 396.266/SC. Rel. Min. Carlos Velloso. *DJ*, 27 fev. 2004).

[598] Redação original: "§4º O adicional da contribuição a que se refere o parágrafo anterior será arrecadado e repassado mensalmente pelo órgão competente da Previdência e Assistência Social ao Cebrae" (Lei nº 8.029/1990).

projetos e atividades de apoio às micro e pequenas empresas.[599] A Lei nº 10.668, de 14.05.2003 criou a Agência de Promoção de Exportações do Brasil (APEX-Brasil), pessoa jurídica de direito privado, sem fins lucrativos, de interesse coletivo e de utilidade pública, cujo objetivo é promover as exportações, em cooperação com o Poder Público, especialmente as que favoreçam as *empresas de pequeno porte e a geração de empregos*.[600] Com o advento dessa lei, o produto da arrecadação dessa contribuição passou a ser destinado, também, para essa nova agência, na proporção de 12,5% (doze inteiros e cinco décimos por cento).[601]

Por fim, em 30.12.2004, a Lei nº 11.080 criou a Agência Brasileira de Desenvolvimento Industrial (ABDI), com a finalidade de promover a execução de políticas de desenvolvimento industrial, especialmente as que contribuam para a geração de empregos, em consonância com as políticas de comércio exterior e de ciência e tecnologia. Essa mesma lei alterou a Lei nº 8.029/1990 e incluiu uma norma de destinação de 2% do produto arrecadado com a cobrança da contribuição em comento para a ABDI.[602]

Feita essa breve análise histórica da legislação, no que diz respeito às normas de destinação do produto da arrecadação da contribuição criada pelo artigo 8º, §3º, da Lei nº 8.029/1990, é possível perceber que 98% (noventa e oito por cento)[603] dos recursos arrecadados são

---

[599] "Art. 9º Compete ao serviço social autônomo a que se refere o artigo anterior planejar, coordenar e orientar programas técnicos, projetos e atividades de apoio às micro e pequenas empresas, em conformidade com as políticas nacionais de desenvolvimento, particularmente as relativas às áreas industrial, comercial e tecnológica" (Lei nº 8.029/1990).

[600] "Art. 11. Caberá ao Conselho Deliberativo do Cebrae a gestão dos recursos que lhe forem destinados conforme o disposto no §4º do art. 8º, exceto os destinados à Apex-Brasil. §1º Os recursos a que se refere este artigo, que terão como objetivo primordial apoiar o desenvolvimento das micro e pequenas empresas por meio de projetos e programas que visem ao seu aperfeiçoamento técnico, racionalização, modernização, capacitação gerencial, bem como facilitar o acesso ao crédito, à capitalização e o fortalecimento do mercado secundário de títulos de capitalização dessas empresas (...)" (Lei nº 8.029/1990).

[601] "§4º O adicional de contribuição a que se refere o §3º será arrecadado e repassado mensalmente pelo órgão ou entidade da Administração Pública Federal ao Cebrae e ao Serviço Social Autônomo Agência de Promoção de Exportações Apex-Brasil, na proporção de oitenta e sete inteiros e cinco décimos por cento ao Cebrae e de doze inteiros e cinco décimos por cento à Apex-Brasil. (Redação dada pela Lei nº 10.668, de 14.5.2003)".

[602] "§4º O adicional de contribuição a que se refere o §3º deste artigo será arrecadado e repassado mensalmente pelo órgão ou entidade da Administração Pública Federal ao Cebrae, ao Serviço Social Autônomo Agência de Promoção de Exportações do Brasil – Apex-Brasil e ao Serviço Social Autônomo Agência Brasileira de Desenvolvimento Industrial – ABDI, na proporção de 85,75% (oitenta e cinco inteiros e setenta e cinco centésimos por cento) ao Cebrae, 12,25% (doze inteiros e vinte e cinco centésimos por cento) à Apex-Brasil e 2% (dois inteiros por cento) à ABDI. (Redação dada pela Lei nº 11.080, de 2004)."

[603] 85,75% (oitenta e cinco inteiros e setenta e cinco centésimos por cento) ao SEBRAE e 12,25 (doze inteiros e vinte e cinco centésimos por cento) para a APEX-Brasil.

destinados a órgãos de apoio ao desenvolvimento das micro e pequenas empresas e das empresas de pequeno porte, enquanto a incidência da referida contribuição se dá sobre a folha de salários, sendo exigida da universalidade das empresas, rol que inclui as de médio e de grande porte.

Em que pese ser possível a instituição de contribuições interventivas para fomentar o desenvolvimento de políticas econômicas relacionadas às pequenas empresas (artigo 170, IX, da Constituição Federal[604]), o que se percebe, aqui, é que há um descompasso entre o setor da economia afetado pela referida contribuição e o setor da economia beneficiado pela intervenção promovida pelo Estado, mediante a aplicação dos recursos arrecadados.

Nesse ponto, a decisão do Supremo Tribunal Federal não guarda coerência com o que se defende neste trabalho, notadamente pelo entendimento de que "não é crível que a contribuição instituída seja arcada somente por pessoas jurídicas que se encaixem nessas categorias"[605] (microempresas e empresas de pequeno porte). Esse entendimento está exposto no voto do Ministro Carlos Velloso que, mais adiante, arrematou: "não exigem vinculação direta do contribuinte ou a possibilidade de auferir benefícios com a aplicação dos recursos arrecadados".[606]

Ao proferir essa decisão, a Corte Suprema acenou positivamente para a constitucionalidade da exigência dessa contribuição das empresas de médio e grande portes, habituais contribuintes das contribuições especiais destinadas ao SESI, SENAI, SESC e SENAC. Essas empresas estariam, segundo a referida decisão, sujeitas ao recolhimento do adicional destinado ao SEBRAE, APEX-Brasil e ABDI, sem, contudo, participar do setor que sofre a intervenção (o setor das micro e pequenas empresas e das empresas de pequeno porte), nem, muito menos, se beneficiar das políticas de fomento realizadas em função da aplicação dos recursos arrecadados.

Essa decisão do Supremo Tribunal Federal, consideradas as premissas adotadas neste trabalho, vai de encontro ao regime jurídico das

---

[604] "Art. 170. A ordem econômica, fundada na valorização do trabalho humano e na livre iniciativa, tem por fim assegurar a todos existência digna, conforme os ditames da justiça social, observados os seguintes princípios: IX – tratamento favorecido para as empresas de pequeno porte constituídas sob as leis brasileiras e que tenham sua sede e administração no País."

[605] Supremo Tribunal Federal. Recurso Extraordinário nº 396.266/SC. Rel. Min. Carlos Velloso. *DJ*, 27 fev. 2004.

[606] Supremo Tribunal Federal. Recurso Extraordinário nº 396.266/SC. Rel. Min. Carlos Velloso. *DJ*, 27 fev. 2004.

contribuições especiais, dentre as quais se destacam as contribuições interventivas. É importante ressaltar que não há que se falar em solidariedade.[607] Como afirma a professora Fabiana Del Padre Tomé:

> A contribuição em exame é diferente de uma contribuição social, em que a finalidade — como o próprio nome diz — é social, e o 'social' interessa a toda a coletividade; daí a solidariedade das contribuições a que se refere o próprio texto constitucional. Na intervenção, a situação é diversa, a finalidade é diversa. Por isso, é imprescindível a limitação do grupo de sujeitos passíveis de serem tributados por essa exação.[608]

Pensar nessa possibilidade é ignorar o princípio da referibilidade, tão prestigiado pela ordem tributária constitucional e ligado umbilicalmente à instituição dessas contribuições.[609]

8.3.4.3 "CIDE-Royalties": impossibilidade de incidência sobre toda a coletividade

A chamada CIDE-Royalties foi instituída, pretensamente,[610] com fundamento no art. 149 da Constituição Federal, pela Lei nº 10.168/2000, posteriormente alterada pela Lei nº 10.332/2001 e pela Lei nº 11.452/2007.

A finalidade escolhida pelo legislador para perfazer a intervenção pode ser verificada na norma que determinou que o produto da arrecadação dessa contribuição deve ser aplicado no Programa de Estímulo à

---

[607] Sobre o assunto, Daniel Monteiro Peixoto escreveu que não há que se falar em solidariedade difusa para as contribuições interventivas, mas de uma solidariedade para o grupo. Em suas palavras, "não se exige, importa reiterar, um retorno imediato ao sujeito que recolhe o tributo, mas ao grupo no qual se insere. Há uma espécie de solidariedade limitada ao grupo, diferente da solidariedade difusa das contribuições para o financiamento da seguridade social. O benefício individualizado em relação ao sujeito passivo da obrigação tributária é apenas potencial; o benefício ao grupo, na forma de destinação dos recursos arrecadados, deve ser efetivo" (PEIXOTO. Desvio de finalidade..., p. 167).

[608] TOMÉ, Fabiana Del Padre. Contribuições: Mesa de Debates. In: XVIII CONGRESSO BRASILEIRO..., p. 64.

[609] Hugo de Brito Machado Segundo, no calor dessa discussão, afirmou que "não são válidas as contribuições que incidem sobre fatos não relacionados com a intervenção (v.g., folha de salários, a serem pagas por toda a universalidade de contribuintes" (MACHADO SEGUNDO. *Contribuições e federalismo*..., p. 174).

[610] Verifica-se que esta contribuição de intervenção no domínio econômico não está de acordo com os ditames constitucionais que disciplinam a sua instituição. Falta, aqui, uma conexão entre o fato gerador, o sujeito passivo e o setor da economia que deveria ser favorecido com a aplicação dos recursos provenientes da sua arrecadação.

Interação Universidade-Empresa para o Apoio à Inovação, que tem por principal objetivo estimular o desenvolvimento tecnológico brasileiro, mediante programas de pesquisa científica e tecnológica cooperativa entre universidades, centros de pesquisa e o setor produtivo.

A redação original da Lei nº 10.168/2000 dispunha que a CIDE-Royalties seria devida pelas pessoas jurídicas que fossem detentoras de licenças de uso ou adquirentes de conhecimentos tecnológicos, bem como aquelas signatárias de contratos que impliquem transferência de tecnologia,[611] celebrados com residentes ou domiciliados no exterior, relativos à exploração de patentes ou de uso de marcas, bem assim os de fornecimento de tecnologia e prestação de assistência técnica.

Com o advento da Lei nº 10.332/2001, desde 1º de janeiro de 2002, a CIDE-Royalties passou a ser devida, inclusive, pelas pessoas jurídicas signatárias de contratos que tenham por objeto serviços técnicos e de assistência administrativa e semelhantes, a serem prestados por residentes ou domiciliados no exterior, bem assim pelas pessoas jurídicas que pagarem, creditarem, entregarem, empregarem ou remeterem *royalties*, a qualquer título, a beneficiários residentes ou domiciliados no exterior.[612] Vê-se que a primeira alteração legal ampliou o campo de incidência. A referida ampliação, praticamente, cobriu todas as situações relativas a remessas de divisas para o exterior, motivo pelo qual já há quem apelide, sugestivamente, esta contribuição de "CIDE-Remessas".[613]

É perceptível que ao estender o campo de incidência da CIDE-Royalties para abranger, também, as remessas ao exterior em razão dos contratos que tenham por objeto a prestação de serviços técnicos e de assistência administrativa e semelhantes,[614] incluiu no rol dos

---

[611] Aqueles averbados perante o Instituto Nacional de Propriedade Intelectual.

[612] A exceção fica por parte da exclusão das remessas referentes ao pagamento da cessão de direitos relativos à licença de uso ou de direitos de comercialização ou distribuição de programa de computador, quando não houver a transferência de tecnologia, do campo de incidência desta contribuição.

[613] Cf. GODOI, Marciano Seabra de. Contribuições sociais e de intervenção no domínio econômico: a paulatina desconstrução de sua identidade constitucional. *Revista de Direito Tributário da APET*, São Paulo, v. 15, p. 93, 2007.

[614] A expressão "serviços de assistência administrativa e semelhantes", contida na Lei nº 10.168/00, deixa uma margem significativamente ampla para a incidência da norma tributária. Propositalmente ou não, o legislador, praticamente, definiu todos os serviços que possam se assemelhar ao de assistência administrativa (também amplo). Assim, pouquíssimas (ou nenhuma) remessas para o exterior deixarão de sofrer a incidência da CIDE. A Secretaria da Receita Federal do Brasil, constantemente, tem se pronunciado a respeito da abrangência desta expressão. Inúmeras são as soluções de consultas que tentam definir a referida expressão, entre elas, temos como exemplos: (i) serviços de consultoria em geral, representação e interação no desenvolvimento dos negócios (Solução de Consulta nº 165 de

contratos que podem desencadear uma obrigação tributária, aqueles que em razão do objeto não necessitam de averbação perante o Instituto Nacional de Propriedade Intelectual. Assim, as remessas de divisas para o exterior, realizadas em razão da contraprestação de serviços prestados por advogados, economistas, administradores ou, inclusive, por um despachante aduaneiro serão tributadas por essa contribuição.

Esse tem sido o posicionamento adotado pela Secretaria da Receita Federal do Brasil, que leva em conta a classificação das mais diversas prestações de serviços no conceito de "assistência administrativa e semelhante". A análise de várias de suas manifestações demonstra a exigência da CIDE-Royalties sobre a grande maioria das remessas de valores para o exterior. A título de exemplo, vale citar a Solução de Consulta nº 159, de 19 de abril de 2007,[615] a Solução de Consulta nº 346, de 05 de setembro de 2006,[616] e a Solução de Consulta nº 97, de 28 de abril de 2005.[617]

---

15 de junho de 2007); (ii) serviços de assessoria gerencial e administrativa, planejamento, orçamento, coordenação de contratação de pessoal, assessoria diretiva, marketing e assessoria técnica e de qualidade (Solução de Consulta nº 159, de 19 de abril de 2007); e (iii) serviços nas áreas financeira e organizacional, de recursos humanos, de gerenciamento de risco, de padrões e política e de estratégia e desenvolvimento (Solução de Consulta nº 462, de 29 de novembro de 2006).

[615] "ASSUNTO: Outros tributos ou contribuições.
EMENTA: CIDE – Incidência. A partir de 1º de janeiro de 2002, as importâncias pagas, creditadas, entregues, empregadas ou remetidas a beneficiários residentes ou domiciliados no exterior a título de remuneração pela prestação contínua de serviços de assessoria gerencial e administrativa, planejamento, orçamento, coordenação de contratação de pessoal, assessoria diretiva, marketing e assessoria técnica e de qualidade, estão sujeitas ao pagamento da Contribuição de Intervenção no Domínio Econômico (Cide) à alíquota de 10% (dez por cento), por configurarem assistência administrativa e semelhante de que trata o §2º do art. 2º da Lei nº 10.168, de 2000 (com a redação dada pelo art. 6º da Lei nº 10.33 2, de 2001)."

[616] "ASSUNTO: Imposto sobre a Renda Retido na Fonte – IRRF
EMENTA: REMESSAS AO EXTERIOR – Prestação de Serviços. INCIDÊNCIA/ALÍQUOTA A prestação contínua de serviços de consultoria e assessoria nas áreas de marketing, administrativa, jurídica, trabalhista, de transporte e financeira, caracteriza assistência administrativa e semelhante de que trata o §2º do art. 2º da Lei nº 10.168, de 2000. Assim sendo, a partir de 1º de janeiro de 2002 (vigência da Lei nº 10.332, de 2001), com a cobrança da Contribuição d e Intervenção no Domínio Econômico (Cide), a remuneração pela prestação de tais serviços passou a ser tributada pelo imposto de renda à alíquota de 15% (quinze por cento). FATO GERADOR Constitui fato gerador do imposto de renda, o pagamento, crédito, entrega, empregado ou remessa a beneficiários residentes ou domiciliados no exterior a título de remuneração de serviços técnicos e de assistência administrativa e semelhantes, o que primeiro ocorrer."

[617] "ASSUNTO: Imposto sobre a Renda Retido na Fonte – IRRF
EMENTA: REMESSAS AO EXTERIOR – Serviços de Assistência Administrativa e Semelhantes. Estão sujeitos à incidência do imposto de renda na fonte, à alíquota de quinze por cento, os valores pagos, creditados, entregues, empregados ou remetidos, por fonte situada no País, de forma contínua, a pessoa jurídica residente no exterior, a título de remuneração

O que se nota é um total desrespeito aos requisitos constitucionais que conformam o exercício da competência tributária para instituição de contribuições interventivas. Sob o pretexto de intervir com a finalidade de desenvolvimento tecnológico nacional, o que já é questionado por alguns, considerando que esse setor de atividade não está inserido no domínio econômico passível de sofrer intervenção,[618] o legislador instituiu a contribuição e colocou toda a coletividade no rol de contribuintes possíveis. Não houve uma delimitação do campo de incidência da CIDE-Royalties equivalente ao setor para o qual os recursos são destinados como forma de intervenção estatal. Trataram do assunto Hamilton Dias de Souza e Tercio Sampaio Ferraz Jr. Na oportunidade, os autores afirmaram que:

> (...) não há definição de grupo. A contribuição não se justifica por incidir sobre determinado setor do mercado ou uma atividade industrial qualquer. A finalidade perseguida pela Lei é estimular a pesquisa tecnológica, genericamente falando, não associada a determinada área

---

de serviços que consistem na captura e transmissão de transações com cartões de crédito, entre seus emissores e a rede de estabelecimentos comerciais, por se caracterizarem serviços de assistência administrativa e semelhantes."

[618] Sacha Calmon Navarro Coêlho preconiza que "são muitas as contribuições interventivas no Direito brasileiro. Incumbências estatais que deveriam ser financiadas por impostos o são por "contribuições de intervenção no domínio econômico", bastando à União argüir um fim, para que logo se crie uma contribuição destinada a acudi-lo. Ora, o Estado tem inúmeros fins. Ex absurdo, se cada um demandar u'a contribuição, os impostos, no limite, restarão dispensados por falta de finalidade (...) tampouco vejo, como causa eficiente – ao invés há oportunismo – qualquer apoio no art. 170 da Carta. A exigência é feita a que razão? O financiamento de programas científicos em nada interfere com a soberania nacional, a livre iniciativa, a propriedade privada, a livre concorrência, a defesa do consumidor ou do meio ambiente, nem tem a ver com a redução das desigualdades regionais e sociais, o pleno emprego e o regime favorecido das pequenas e micro empresas" (COÊLHO. *Contribuições no direito...*, p. 133-135). Nesse mesmo sentido, Hamilton Dias de Souza e Tercio Sampaio Ferraz Jr., no que concerne à área de intervenção pretendida pela CIDE-Royalties, afirmaram que "a contribuição recém-criada não se destina à intervenção no domínio econômico e em atividades econômicas, mas sim à social, especificamente educacional, cultural, científica e tecnológica que, a teor do dispositivo do art. 213, §2º, da CF será promovida e incentivada pelo Estado com aplicação, pela União, de 18% da receita anual de impostos (art. 212 da CF)" (SOUZA; FERRAZ JR. *Contribuições de intervenção...*, p. 103). Em sentido contrário, Luís Eduardo Schoueri afirmou que "tratando-se o Programa de estímulo ao desenvolvimento tecnológico, sua matriz constitucional se encontra no artigo 218, que exige do Estado a promoção e o incentivo do desenvolvimento científico, pesquisa e criação de tecnologia. (...) contra a legitimidade da finalidade escolhida pelo legislador, poder-se-ia argumentar que o artigo 218 do texto constitucional é parte do Capítulo IV (Ciência e Tecnologia) que, por sua vez, se encontra no Título da Ordem Social, afastando, destarte, do Título da Ordem Econômica e Financeira. Neste sentido, o financiamento da ciência e tecnologia seria sarefa, quando muito, de contribuições sociais, nunca de intervenção no domínio econômico. (...) Não parece adequado isolarem-se ordem econômica e financeira, de um lado, e ordem social, de outro, como se fossem fenômenos estanques" (SCHOUERI. *Algumas considerações sobre a contribuição...*, p. 370).

ou atividade. Refere a norma contida no art. 1º da Lei 10.168/2000, de um lado, a universidades e centros de pesquisa e, de outro, a importadores de tecnologia. Ambos, juntos, não formam, no sentido constitucional, uma área e, muito menos, um grupo.[619]

A professora Fabiana Del Padre Tomé, no XVIII Congresso Brasileiro de Direito Tributário promovido pelo IGA-IDEPE, também se pronunciou dessa forma. Segundo ela, é necessária a delimitação do grupo de contribuintes que fazem parte do setor da economia que se deseja intervir, pois "o legislador não pode simplesmente instituir uma contribuição para toda a coletividade. Por quê? Porque, aí, não se estará intervindo no domínio econômico".[620]

A citada professora tem razão em afirmar que a contribuição interventiva não pode ser exigida de toda a coletividade. No mesmo sentido, Geraldo Ataliba também se manifestou. Segundo o autor:

> O que parece de total evidência é que a lei não poderá — sob pena de inconstitucionalidade — estabelecer encargos dessa natureza para uma coletividade, retirando-a de outra, sem que haja correlação entre ambas, ou entre elas e a atividade sustentada pelos recursos assim auferidos. Nem pode impor contribuição a uma espécie ou faixa de pessoas, para ocorrer a despesas com outra categoria, sem a evidente presença de nítida correlação entre contribuintes e beneficiários, destinatários da atividade ou organismo assim custeado.[621]

Nesse quesito, é clara a impossibilidade de inserir toda a coletividade no rol de contribuintes de uma contribuição interventiva. Assim, a CIDE-Royalties não atende ao requisito da referibilidade, essencial para a configuração da constitucionalidade de tributos dessa espécie.

8.3.4.3.1 "CIDE-Royalties": incidência sobre as remessas decorrentes de contratos de rateios de custos ("*cost sharing agreements*")

Atualmente, em razão da globalização e diversificação dos mercados internacionais, é comum a existência de grandes grupos

---
[619] SOUZA; FERRAZ JR. *Contribuições de intervenção...*, p. 103.
[620] TOMÉ, Fabiana Del Padre. Contribuições: Mesa de Debates. *In*: XVIII CONGRESSO BRASILEIRO... p. 64.
[621] ATALIBA. *Hipótese de incidência...*, p. 206.

econômicos formados por empresas sediadas em diferentes países. Nesse contexto, geralmente existe uma empresa líder — aquela que dita as regras de procedimentos que devem ser seguidas pelas demais empresas do grupo.

Para o funcionamento desse grupo econômico, especialmente como forma de padronização de procedimentos, redução de custos e otimização de resultados, a empresa líder se responsabiliza pelo desenvolvimento de bens, serviços ou direitos em favor de todas as demais que formam o referido grupo (*e.g.* atividades relacionadas à tecnologia da informação, contabilidade, *marketing* ou jurídicas).

É aí que aparece o contrato de rateio de custos e despesas, no original em inglês, "*cost sharing agreement*". Como os custos e despesas não são próprios da empresa líder, mas decorrentes de procedimentos que foram adotados em prol de todas as empresas do grupo econômico, tais valores devem ser reembolsados pelas empresas beneficiadas, mediante o rateio em razão do respectivo benefício.

Para melhor visualização do cenário proposto, imagine-se um grupo formado por três empresas. A empresa líder sediada no Chile e as outras, respectivamente, no Brasil e na Argentina. O grupo resolve, então, que a empresa líder — chilena — será responsável pela centralização das atividades de *marketing* mundial das empresas, o que implica contratação de pessoal, compra de materiais e equipamentos. Muito embora as atividades de *marketing* estejam centralizadas na sede da empresa líder, todas as empresas se beneficiarão proporcionalmente dos projetos.

Nessa situação, a empresa líder apura os custos com a centralização das atividades de *marketing*, rateando-os segundo critérios preestabelecidos para as demais. Cada qual arcará com o custo na proporção do benefício auferido. Assim, a empresa brasileira e a empresa argentina devem efetuar o reembolso desses custos periodicamente à empresa líder.

Sobre a remessa desses valores a título de reembolso pelo compartilhamento das atividades de *marketing*, a empresa brasileira está obrigada ao recolhimento da CIDE-Royalties, pois, segundo o entendimento da Secretaria da Receita Federal do Brasil, tais remessas se referem supostamente a pagamentos decorrentes da contraprestação de serviços que se amoldam no conceito de *serviços de assistência administrativa e semelhantes*.[622]

---

[622] "ASSUNTO: Contribuição de Intervenção no Domínio Econômico – CIDE
EMENTA: A incidência da Contribuição de Intervenção no Domínio Econômico – CIDE abrange a remessa ao exterior em razão de prestação de serviços de propaganda,

A esse respeito destaque-se a Solução de Consulta nº 354, de 30 de setembro de 2008, que analisa um contrato de rateio de custos e despesas:

Os valores pagos, creditados, remetidos ou empregados pela empresa brasileira, no contexto em questão, submetem-se à tributação do IRRF e da CIDE, às respectivas alíquotas de 15% e 10%, na medida em que revelam a natureza de receitas advindas da prestação de serviço administrativo ou semelhante, auferidas, no País, por um não residente.

Esta interpretação, no entanto, não parece se coadunar com os pressupostos constitucionais necessários à incidência da CIDE. Primeiramente, reafirme-se, uma contribuição interventiva não pode incidir indistintamente sobre toda a sociedade. O critério material da hipótese de incidência dessas contribuições não pode estabelecer, como o faz, situações passíveis de serem praticadas pelos agentes de todos os setores do domínio econômico. A individualização do setor que sofrerá a intervenção e, igualmente, dos possíveis sujeitos passivos, é essencial para validação constitucional das contribuições interventivas.

Por esse motivo, linhas atrás, deixou-se claro que a exigência da CIDE-Royalties sobre as remessas de valores decorrentes de todo e qualquer serviço não pode prosperar.

Além disso, em segundo lugar, ainda que se admita a possibilidade de incidência dessa contribuição interventiva sobre as remessas de valores relativos aos serviços administrativos e assemelhados, é importante notar que as remessas decorrentes dos contratos de rateio de custos não se referem a uma prestação de serviço propriamente dita, mas a um ressarcimento de valores que foram suportados pela empresa líder para consecução das atividades compartilhadas entre todas as empresas do grupo.

Ao exigir a CIDE-Royalties sobre esses valores, a Secretaria da Receita Federal do Brasil está indo além, inclusive, daquilo que foi previsto — ainda que em desacordo com o arcabouço constitucional — pela própria norma instituidora dessa contribuição, a qual prevê a incidência sobre os valores remetidos ao exterior por pessoas jurídicas signatárias de contratos que tenham por objeto serviços técnicos e de assistência administrativa (artigo 2º, §2º, da Lei nº 10.168/2000).

divulgação e promoção de destinos turísticos brasileiros, ainda que tais remessas se dêem na forma de reembolso ou ressarcimento a empresa do mesmo grupo, em virtude de celebração de pacto de rateio. Legislação: Art. 2º da Lei nº 10.168, de 2000 (com alteração promovida pelo art. 6º da Lei nº 10.332, de 2001). (Solução de Consulta nº 43, de 22 de agosto de 2008)."

A remessa desses valores não configura pagamento em face de uma prestação de serviço. Muito embora haja um esforço humano — desenvolvido na empresa líder —, não há prestação de serviço. Inexiste *animus* comercial. A empresa líder não se dispõe a prestar serviço em favor das demais empresas do grupo. Muitas vezes, essa nem é a sua atividade principal. O que acontece é a união de forças entre as empresas do grupo para redução dos custos.

Veja que todas as empresas precisam desenvolver determinadas atividades para continuidade de seu negócio. Atuando em regime de cooperação, há um acordo entre as empresas para montar um único centro de desenvolvimento dessas atividades que atenda a todas as empresas.

Fazendo uma caricatura, seria o mesmo que criar três departamentos para desenvolvimento dessas atividades, cada qual com o objetivo de produzir em prol de cada empresa. Tomando novamente as atividades de *marketing* como exemplo, às vezes, mesmo que indiretamente, a empresa líder acaba gerando ações que rendem benefícios para as demais empresas do grupo de todo o mundo. É que a divulgação da marca da empresa líder (um hotel de uma rede mundial, por exemplo) na Europa pode — e deverá — atrair turistas para o hotel da mesma rede no Brasil, sendo absolutamente equivocado não permitir que o hotel brasileiro arque com parte destes custos.

Frise-se que o custo pela centralização das atividades é suportado pela empresa líder por conta e ordem das demais empresas do grupo. Eis que os valores recebidos pela empresa líder não representam acréscimo patrimonial, mas mera recomposição de patrimônio.[623]

Importante observação fez Luis Eduardo Schoueri, em debate perante a tradicional mesa do Instituto Brasileiro de Direito Tributário. Na oportunidade, tratando do contrato de compartilhamento de custos em comento, o citado professor tratou, desde cedo, de afastar qualquer configuração relativa à prestação de serviços. Em suas palavras:

> (...) o Cost Contribution Agreement não se confunde com a prestação de serviços, ele pode conter um serviço, mas não é uma prestação de

---

[623] Nesse sentido, vale mencionar artigo escrito por Sérgio André Rocha, para quem "*somente não seriam passíveis de tributação reembolsos referentes a despesas incorridas por conta e ordem de terceiros*, não diretamente vinculadas à prestação de serviço" (ROCHA, Sérgio André. Aspectos fiscais do reembolso de despesas e do compartilhamento de custos. *Revista Dialética de Direito Tributário*, São Paulo, n. 132, p. 97-110, set. 2006).

serviço, é uma outra separação conceitual que deve ser feita: contrato de prestação de serviços é quando eu atuo no mercado, o Cost Contribution Agreement pode ter serviço enquanto atividade laboral, mas não é uma prestação de serviços porque não é voltada ao mercado (...).[624]

Ainda sobre a inexistência de prestação de serviço e fazendo o necessário paralelo com a ausência de receita, por parte da empresa líder que recebe o referido reembolso, lembrou José Henrique Longo que para classificar a entrada de valores como receita de prestação de serviços "é imprescindível uma relação contratual correspondente pela qual uma pessoa se compromete a prestar certa atividade a outrem, mediante contraprestação ou remuneração, nos termos do art. 1216 do Código Civil".[625] Não é o que acontece neste caso.

A hipótese da configuração de prestação de serviços fica mais distante quando a atividade centralizada em face do contrato de compartilhamento de custos não é a atividade fim da empresa líder. Nesse sentido, o Superior Tribunal de Justiça já se manifestou. Nos autos do Recurso Especial nº 244.813 ficou definido que "não são considerados como receita os valores reembolsados referentes a atividades que não guardem vinculação com a atividade do prestador do serviço".[626] Em outra oportunidade, julgamento do Recurso Especial nº 411.580, definiu-se que não é receita "o reembolso de gastos desvinculados da atividade da empresa, bem como os valores de terceiros que transitem pela mesma".[627]

Ao final, é possível perceber que (i) a norma instituidora da CIDE-Royalties foi instituída em desacordo com a moldura constitucional traçada pelas normas de competência tributária; e (ii) a Secretaria da Receita Federal do Brasil tem ampliado — de maneira inconstitucional — o campo de abrangência dessa norma instituidora, quando exige a CIDE-Royalties nas operações das remessas de valores que são feitas em razão dos contratos de compartilhamento de custos e despesas.

---

[624] Mesa de Debates do Instituto Brasileiro de Direito Tributário, sessão de 29.04.2004. Disponível em: <http://www.ibdt.com.br/2004/integra_29042004.htm>. Acesso em: 13 ago. 2010.
[625] LONGO, José Henrique. Natureza jurídica do ressarcimento no rateio de despesas. *Revista Dialética de Direito Tributário*, São Paulo, v. 77, 2002.
[626] Superior Tribunal de Justiça. REsp nº 244.813/SP. Rel. Min. Ruy Rosado de Aguiar. *DJ*, 22 maio 2000.
[627] Superior Tribunal de Justiça. REsp nº 411.580/SP. Rel. Min. Luiz Fux. *DJ*, 16 dez. 2002.

8.3.4.3.1.1 (In)dedutibilidade para fins de IRPJ e CSLL: argumentos contraditórios àqueles que justificam a incidência da CIDE-Royalties

Apesar do Imposto sobre Renda da Pessoa Jurídica (IRPJ) e da Contribuição Social sobre o Lucro Líquido (CSLL) não serem objeto do presente estudo, é interessante apontar, brevemente, a contradição no posicionamento da Secretaria da Receita Federal do Brasil no que toca à dedutibilidade das despesas da empresa brasileira decorrentes da remessa de valores para o exterior em cumprimento ao contrato de compartilhamento de custos.

Não interessa, aqui, discutir a (in)dedutibilidade dessas despesas, muito embora pareça coerente permitir sejam deduzidas quando servir para o custeio de atividade necessária à empresa remetente dos valores para o exterior. O foco é o estudo da CIDE-Royalties e o ponto de partida é a fundamentação utilizada pela Secretaria da Receita Federal para justificar o entendimento de que *tais despesas competem ao estabelecimento permanente situado fora do território nacional*. É o que diz a Solução de Consulta nº 354, de 30 de setembro de 2008:

> EMENTA: PRESTAÇÃO DE SERVIÇOS ENTRE VINCULADAS. PRESTADORA DOMICILIADA NO EXTERIOR. CONTRATOS DE RATEIO DE CUSTOS. INDEDUTIBILIDADE. BASES DE CÁLCULO DO IRPJ E DA CSLL. As despesas pagas ou incorridas por uma pessoa jurídica domiciliada no País, à matriz, domiciliada no exterior, em função da prestação de serviços de suporte administrativos a serem implementados por todas as demais unidades do grupo, são indedutíveis para fins de constituição das bases de cálculo do IRPJ e da CSLL, uma vez que *tais despesas competem ao estabelecimento permanente situado fora do território nacional*, e, em conseqüência, não devem impactar negativamente as bases de cálculo destes tributos no Brasil (...). (grifos aditados)

Para fundamentar seu entendimento pela indedutibilidade dessas remessas para fins do IRPJ e CSLL da empresa brasileira, a Secretaria da Receita Federal do Brasil afirma que tais despesas não competem à empresa brasileira. Segundo se depreende da manifestação acima, esses valores são *despesas da empresa estrangeira*. Ora, se esses valores são despesas da empresa estrangeira, não há que se falar em receita — ou aumento patrimonial — da empresa estrangeira, mas em reembolso de despesas.

Há uma clara contradição, o que pode ser comprovado pela leitura da segunda parte dessa manifestação da Secretaria da Receita Federal do Brasil:

(...) Os valores pagos, creditados, remetidos ou empregados pela empresa brasileira, no contexto em questão, submetem-se à tributação do IRRF e da CIDE, às respectivas alíquotas de 15% e 10%, *na medida em que revelam a natureza de receitas advindas da prestação de serviço administrativo ou semelhante, auferidas, no País, por um não residente.* (grifos aditados)

É de se notar que, após concluir pela indedutibilidade do valor das remessas para fins de IRPJ e CSLL, sob a justificativa de que tal valor é *despesa* da empresa estrangeira, o Fisco Federal manifesta-se pela incidência do Imposto sobre a Renda Retido na Fonte (IRRF) e da CIDE-Royalties, sob o argumento de que o valor das remessas *revelam a natureza de receitas advindas da prestação de serviços.*

Para evitar que o valor das remessas sejam deduzidos do IRPJ e da CSLL, diminuindo, consequentemente, o valor a ser recolhido aos cofres da União, o Fisco Federal entende que o referido valor tem natureza de *despesa* para a empresa estrangeira. No entanto, para fins de incidência do IRRF e da CIDE-Royalties, o Fisco Federal, na mesma oportunidade, afirma que o valor dessas remessas assume a natureza de *receita* para empresa estrangeira.

O certo é que não se pode "alterar" nominalmente a natureza jurídica dos institutos, alterando o tratamento que é dado. Para aplicar o regime jurídico tributário, deve-se tomar o valor das remessas como despesa ou (excludente) como receita. Não se pode caracterizar esse valor hora como receita e hora como despesa, segundo a conveniência do aplicador.

Como já definido anteriormente, parece correto afirmar que o valor de tais remessas não é receita para quem recebe, mas reembolso de despesas. É recomposição patrimonial e não acréscimo patrimonial. Não se deveria cogitar a incidência da CIDE-Royalties. E mesmo não havendo incidência dessa contribuição, nos casos em o reembolso decorre de atividades necessárias ao desenvolvimento do negócio da empresa brasileira, a dedutibilidade dos valores remetidos deveria ser garantida, considerando que, muito embora não se tratem de pagamento pela prestação de serviços, tal reembolso é decorrente do aproveitamento de benefícios essenciais para o próprio desenvolvimento do negócio da empresa brasileira.

A diferença é que ao invés de ter um departamento interno trabalhando para a empresa brasileira, o departamento foi constituído na sede da empresa líder, mas funciona, na proporção estabelecida, em favor da empresa brasileira.

Apesar de o valor das remessas não configurar receita da prestação de serviços para empresa estrangeira, é fato que tal valor é despesa da empresa brasileira, mas uma despesa equivalente àquela despesa que a empresa incorreria se, ao invés de criar um único centro de atividades para o grupo, fosse criado um departamento interno para o desenvolvimento dessas atividades.

8.3.4.4 "CIDE-Royalties": incidência sobre as remessas decorrentes de aquisições de licenças de uso de programas de computador (*softwares*)

Quando a CIDE-Royalties foi criada, em 29 de dezembro de 2000 (Lei nº 10.168/2000), a transferência de tecnologia parecia ser requisito essencial, qualificador das remessas de valores ao exterior decorrentes da licença de uso, aquisição de conhecimentos tecnológicos e celebração de contratos de fornecimento de tecnologia e prestação de serviços de assistência técnica, para desencadear a sua incidência.

Sem adentrar novamente nas questões que dizem respeito à (in)constitucionalidade desta exação, cumpre destacar que à época da criação da CIDE-Royalties, para justificar a sua constitucionalidade, afirmou-se que a referida contribuição somente poderia incidir nos casos em que houvesse transferência de tecnologia, considerando a sua finalidade de custear o Programa de Estímulo à Interação Universidade-Empresa para o Apoio à Inovação.[628]

O Fisco Federal, no entanto, entendia que a transferência de tecnologia era requisito somente para desencadear a incidência da CIDE-Royalties sobre as remessas de valores ao exterior que decorrerem de contratos de fornecimento de tecnologia e de prestação de assistência técnica. Os contratos de licença de uso, por sua vez, não estariam sujeitos à regra da transferência de tecnologia para fins de incidência da CIDE-Royalties.

A desnecessidade de transferência de tecnologia para fins de incidência da CIDE-Royalties ficou mais clara a partir da edição da Lei nº 10.332, de 19 de dezembro de 2001. Referida norma veiculou a mudança, entre outras, da redação do artigo 2º da Lei nº 10.168/2000, tendo

---

[628] Cf. SCHOUERI, Luís Eduardo. Algumas considerações sobre a contribuição de intervenção no domínio econômico no sistema constitucional brasileiro: A contribuição ao programa universidade-empresa. *In*: GRECO, Marco Aurélio (Coord.). *Contribuições de intervenção no domínio econômico e figuras afins*. São Paulo: Dialética, 2001. p. 359-373.

acrescentado, ainda, o §2º a esse mesmo dispositivo. Essa alteração legislativa permitiu a exigência da CIDE-Royalties, por exemplo, sobre a já comentada remessa de valores ao exterior a título de pagamento pela prestação de serviços técnicos e assemelhados.

Para ilustrar a desnecessidade de transferência de tecnologia para fins de incidência da CIDE-Royalties sobre as licenças de uso, vale transcrever os termos de manifestação exarada pela Secretaria da Receita Federal do Brasil, em 06 de janeiro de 2006 (anterior à edição da Lei nº 11.452/2007):

EMENTA: CIDE. LICENÇA DE USO DE PROGRAMAS DE COMPUTADOR (SOFTWARE) INCIDÊNCIA A Contribuição de Intervenção no Domínio Econômico (Cide) instituída pelo art. 2º da Lei nº 10.168, de 2000, para atendimento ao Programa de Estímulo à Interação Universidade-Empresa para o Apoio à Inovação, incide sobre as importâncias pagas, creditadas, entregues, empregadas ou remetidas a residentes ou domiciliados no exterior a título de remuneração decorrente de licença de uso de programas de computador (software), independentemente de os contratos relativos a tal licença estarem atrelados à transferência de tecnologia.[629] (grifos aditados)

A necessidade da confirmação de transferência de tecnologia sempre foi ponto de embate entre os contribuintes e a União. A argumentação dos contribuintes vinha ganhando força perante o Poder Judiciário[630] até que, em 27 de fevereiro de 2007, foi editada a Lei nº 11.452/2007. O artigo 20 de tal veículo normativo acrescentou o §1º-A ao artigo 2º da Lei nº 10.168/2000.

Tal alteração legal significou — para quem entendia que era possível a incidência da CIDE-Royalties independentemente da transferência de tecnologia — o fim dessa incidência sobre *a remuneração pela licença de uso ou de direitos de comercialização ou distribuição de programa de computador*, quando não houver transferência de tecnologia. De acordo com os novos termos da lei, tem-se que: "a contribuição de que trata este artigo não incide sobre a remuneração pela licença de uso ou de direitos de comercialização ou distribuição de programa de computador, salvo quando envolverem a transferência da correspondente tecnologia" (artigo. 2º, §1º-A).

---

[629] Solução de Consulta nº 1 de 06 de janeiro de 2006
[630] Cf. BOMFIM, Diego. Cide-tecnologia: análise das alterações promovidas pela Lei nº 11.452/07. *Revista Dialética de Direito Tributário*, São Paulo, v. 155, p. 26-34, ago. 2008.

Além disso, o artigo 21 da Lei nº 11.452/2007 atribuiu ao dispositivo supracitado efeitos retroativos a partir de 1º de janeiro de 2006.[631] Para a Secretaria da Receita Federal do Brasil — que sempre entendeu ser devida a CIDE-Royalties sobre a remuneração paga pela licença de uso de programas de computadores independentemente da confirmação da transferência de tecnologia, tal alteração legal deve ser enxergada como hipótese de isenção.

Esse entendimento pode ser extraído, também, da leitura de uma das manifestações da Secretaria da Receita Federal do Brasil sobre o assunto:

> EMENTA: PROGRAMAS DE COMPUTADOR. LICENÇA DE USO. IMPORTAÇÃO DE SOFTWARE. Até 31 de dezembro de 2005, a empresa signatária de contratos de cessão de licença de uso de programa de computador (software), independentemente de estarem atrelados à transferência de tecnologia, era contribuinte da Cide, relativamente às remessas efetuadas ao exterior. A partir de 1º de janeiro de 2006, à vista do disposto nos arts. 20 e 21 da Lei nº 11.452, de 2007, as remessas para o exterior relativas a contratos de licença de uso ou de direitos de comercialização ou distribuição de programa de computador (software) passaram a estar sujeitas à incidência da Cide apenas quando ocorrer a transferência da correspondente tecnologia. Fundamentação Legal: Art. 2º da Lei nº 10.168, de 2000, com a redação dada pela Lei nº 10.332, de 2001; Art. 11 da Lei nº 9.609, de 1998; e Decreto nº 4.195, de 2002.[632]

Por outro lado, partindo da premissa defendida pelos contribuintes, de que a CIDE-Royalties só poderia ser exigida quando configurada a transferência de tecnologia, as alterações trazidas pela Lei nº 11.452/2007 tiveram o condão de atribuir qualificação legal a uma hipótese de não incidência.

É o que escreve o baiano Diego Bomfim:

> A prescrição encartada pelo artigo 20 da Lei nº 11.452/07 pode, com esteio no raciocínio aqui empreendido, ser interpretada de duas formas bem distintas: (i) como hipótese de isenção legal, privilegiando o entendimento fazendário quanto à procedência da tributação em período anterior à sua edição; e (ii) como hipótese de não-incidência

---

[631] "Art. 21. Esta Lei entra em vigor na data de sua publicação, produzindo efeitos em relação ao disposto no art. 20 a partir de 1o de janeiro de 2006. (Lei nº 11.452/2007)
[632] Solução de Consulta nº 76 de 29 de Agosto de 2008."

legalmente qualificada, embasando a exegese de que a tributacao da cessão de licença de uso nunca esteve ao alcance da Cide-Tecnologia, inexistindo a possibilidade de discussão a respeito da natureza interpretativa da mencionada lei.[633]

Atualmente, no que tange aos valores remetidos ao exterior a título de remuneração pela licença de uso de programas de computador, só há de se falar em incidência da CIDE-Royalties quando restar configurada a transferência de tecnologia. Caso contrário, é indevida a incidência dessa contribuição.

A transferência de tecnologia nesses casos é configurada quando houver a transferência do fornecedor para o receptor do chamado código-fonte do programa de computador fornecido pela empresa do exterior. É o que prescreve o artigo 11 da Lei nº 9.609/1998, que trata da propriedade industrial dos programas de computador e respectivo registro perante o Instituto Nacional de Propriedade Industrial (INPI)[634] e o que tem sido o entendimento da Secretaria da Receita Federal do Brasil:

> (...) A partir de 1º de janeiro de 2006, à vista do disposto nos arts. 20 e 21 da Lei nº 11.452, de 2007, apenas a remuneração pela licença de uso ou de direitos de comercialização ou distribuição de programa de computador (software) que envolver a transferência da correspondente tecnologia estão sujeitas à incidência da Cide, ou seja, quando para efeito de registro do contrato no Instituto Nacional da Propriedade Industrial – INPI é obrigatória a entrega, pelo fornecedor ou receptor da tecnologia, da documentação completa, em especial do código-fonte comentado, memorial descritivo, especificações funcionais internas, diagramas, fluxogramas e outros dados técnicos necessários à absorção da tecnologia.[635]

Por fim, é importante lembrar que o pagamento remetido ao exterior em razão da importação de programas de computador — sem

---

[633] BOMFIM, Diego. Cide-tecnologia: análise das alterações promovidas pela Lei nº11.452/07. *Revista Dialética de Direito Tributário*, São Paulo, v. 155, p. 29, ago. 2008.
[634] "Art. 11. Nos casos de transferência de tecnologia de programa de computador, o Instituto Nacional da Propriedade Industrial fará o registro dos respectivos contratos, para que produzam efeitos em relação a terceiros.
Parágrafo único. Para o registro de que trata este artigo, é obrigatória a entrega, por parte do fornecedor ao receptor de tecnologia, da documentação completa, em especial do código-fonte comentado, memorial descritivo, especificações funcionais internas, diagramas, fluxogramas e outros dados técnicos necessários à absorção da tecnologia."
[635] Solução de Consulta nº 558, de 06 de dezembro de 2007.

transferência do código fonte — para comercialização no mercado nacional também está fora do campo de incidência da CIDE-Royalties, considerando que tais programas assumem a natureza de mercadorias, o que é reconhecido, acertadamente, pela Secretaria da Receita Federal do Brasil (*vide* Solução de Consulta nº 35, de 17 de março de 2006.[636]

Da mesma forma, não há que se falar em incidência da CIDE-Royalties quando se importa um programa de computador para uso próprio, igualmente sem transferência do código fonte. Segundo leciona Alberto Xavier, na aquisição do programa de computador para uso próprio, "não ocorre qualquer desmembramento na titularidade do direito autoral, nem o adquirente remunera o direito de usar, fruir ou explorar o direito autoral".[637] Há, apenas, a aquisição "do objeto que corporiza a obra sobre que recai o direito".[638]

8.3.5 Destinação necessária do produto da arrecadação

De agora em diante, passa-se à análise de um tema que vem ganhando espaço nos últimos tempos, notadamente, no que tange àquele momento posterior ao da arrecadação das contribuições especiais, entre elas, as contribuições interventivas: a efetiva destinação do produto da arrecadação para a *atuação da União nas respectivas áreas*.

Antes de iniciar a discussão sobre o tema, importante deixar claro a diferença existente entre dois critérios propostos para a avaliação da constitucionalidade das contribuições interventivas: (i) vinculação prévia do produto da arrecadação; e (ii) destinação necessária do produto da arrecadação.

O primeiro diz respeito à necessidade de veiculação da norma — concomitante à criação da contribuição interventiva — que obrigue o administrador a utilizar os recursos arrecadados com a contribuição interventiva para custear a atuação estatal segundo a finalidade e motivação que justificou a sua instituição. Quando isso não acontece, diz-se que há uma desvinculação no plano legal. A lei que instituiu a

---

[636] "EMENTA: REMESSAS PARA O EXTERIOR – Programas de Computador (Software). Não estão sujeitas à incidência do imposto de renda na fonte as importâncias pagas, creditadas, entregues, empregadas ou remetidas ao exterior pela aquisição de programas de computador (software) destinados à comercialização no Brasil, se produzidos em larga escala e de maneira uniforme e colocados no mercado para aquisição por qualquer interessado, sem envolver rendimentos de direitos autorais, por tratar-se de mercadorias (...)."
[637] XAVIER, Alberto. *Direito tributário internacional do Brasil*. Rio de Janeiro: Forense, 1998. p. 636.
[638] *Op. cit.* p. 636.

contribuição interventiva não prescreveu a destinação necessária do produto da arrecadação.

Se nesse primeiro caso, a análise da vinculação do produto da arrecadação se dá no momento do exercício da competência tributária, no segundo caso, a análise se dá em momento posterior ao da instituição da contribuição interventiva. Ressalte-se que essa análise só deve ser iniciada se, primeiramente, o legislador tiver prescrito a destinação que será dada para o produto da arrecadação (vinculação prévia do produto da arrecadação). Ora, se o legislador não tiver prescrito a respectiva destinação, não há que se iniciar a análise do critério de avaliação de constitucionalidade relativo à efetiva destinação do produto da arrecadação, pois a contribuição interventiva já nasceu viciada.[639]

Superado o ponto da prescrição legal para a destinação do produto da arrecadação (vinculação necessária do produto da arrecadação), é chegada a hora de analisar as consequências do eventual desvio do produto da arrecadação para o atendimento de despesas que não aquelas que assegurariam o financiamento da atuação da União sobre os setores do domínio econômico afetados pela intervenção.

A norma de competência constitucional impõe a necessidade de destinação daquilo que for arrecadado pela cobrança das contribuições para o custeio de um fim específico. No caso das contribuições de intervenção sobre o domínio econômico, a arrecadação, segundo a norma de competência, deverá ser destinada ao custeio das políticas de fomento ligadas à intervenção pretendida, beneficiando, assim, o setor da economia do qual participam os contribuintes dessa contribuição, independentemente da espécie de contribuição interventiva — se ferramenta direta para intervenção ou meio para custear a intervenção.

De se notar que o atual texto constitucional atribuiu à destinação um papel fundamental ao exercício da competência da União para criação de contribuições. Sobre o assunto, leciona Aliomar Baleeiro que "sem afetar o tributo às despesas expressamente previstas na Constituição, falece competência à União para criar contribuições".[640] No mesmo sentido, falando sobre a necessidade de aplicação do produto da arrecadação na finalidade que deu causa à instituição das contribuições, Paulo Ayres Barreto alerta que a previsão legal não basta, mas "é fundamental que, uma vez pago o tributo ao ente tributante, surja para tal

---

[639] Adicionalmente, o que foi dito no tópico sobre a vinculação necessária do produto da arrecadação, cf. CASTELLANI. *Contribuições...*, p. 198-201; e BARRETO. *Contribuições...*, p. 176-179.

[640] DERZI. Notas de atualização. *In*: BALEEIRO. *Direito tributário...*, p. 69.

ente o dever jurídico de destinar esse montante ao correspectivo órgão, fundo ou despesa que deu causa à instituição do tributo".[641]

A destinação do produto da arrecadação é essencial para que a contribuição possa atingir a finalidade pretendida. Por isso, é possível afirmar que não basta a previsão de destinação legal, é preciso que possa ser verificada a efetiva destinação dos valores arrecadados para tal finalidade. Não havendo a destinação efetiva desses valores, a contribuição poderá ser contaminada pelo vício da ilegalidade e, em última análise, da inconstitucionalidade. É o que também entende a professora Misabel Abreu Machado Derzi:

> O contribuinte pode opor-se à cobrança de contribuição que não esteja afetada aos fins, constitucionalmente admitidos; igualmente, poderá reclamar a repetição do tributo pago, se, apesar da lei, houver desvio quanto à aplicação dos recursos arrecadados. É que, diferentemente da solidariedade difusa ao pagamento dos impostos, a Constituição prevê a solidariedade do contribuinte no pagamento de contribuições e empréstimos compulsórios e a consequente faculdade outorgada à União de instituí-los, de forma direcionada e vinculada a certos gastos. Inexistente o gasto ou desviado o produto arrecadado para outras finalidades não autorizadas na Constituição, cai a competência do ente tributante para legislar e arrecadar.[642]

Ricardo Lobo Torres, no mesmo sentido, advoga a tese de que as contribuições se desvirtuam sempre que o produto da arrecadação deixa de ser utilizado para os fins específicos da intervenção e passa a atender às necessidades gerais do Estado. Na oportunidade, o professor deixa claro que o custeio das necessidades gerais do Estado deve derivar da arrecadação dos impostos, e não das contribuições.[643]

Para avaliar eventuais desvios de finalidade ao constatar a ausência de destinação do produto da arrecadação das contribuições interventivas para os fins que justificaram a sua respectiva instituição, o estudo deve se debruçar sobre a previsão de aplicação desses recursos pelas normas que definem as diretrizes orçamentárias da União. Esse é o estudo que averiguará se o produto da arrecadação das contribuições interventivas foi ou não destinado à finalidade constitucionalmente exigida (norma de competência) e legalmente determinada (norma instituidora da contribuição interventiva).

---

[641] BARRETO. *Contribuições...*, p. 125.
[642] DERZI. Notas de atualização. *In*: BALEEIRO. *Direito tributário...*, p. 69).
[643] TORRES, Ricardo Lobo. Contribuições sociais. *Revista de Direito Tributário*, São Paulo, n. 72, p. 21, abr./jun. 1996.

O controle da legalidade das contribuições interventivas — no que tange à aplicação dos recursos arrecadados para trazer o equilíbrio no domínio econômico, pretendido com a instituição desse tributo — baseia-se na análise dos instrumentos orçamentários, tendo em vista que são eles que veiculam as normas sobre a previsão de aplicação dos recursos arrecadados. Evidentemente, as normas orçamentárias devem prever a utilização dos recursos arrecadados pela incidência das contribuições interventivas para financiar aquela destinação que expressamente foi garantida pela norma de competência tributária (plano constitucional) e, igualmente, pela norma instituidora da contribuição (plano legal).[644]

A importância de se estudar a destinação do produto da arrecadação pelas normas orçamentárias reside no fato de que o montante "cobrado a título de contribuição só pode ser aplicado na finalidade que deu causa a tal instituição. A causa, na contribuição, afirma a sua finalidade e estipula o destino da arrecadação".[645]

A efetiva destinação dos recursos arrecadados pelas contribuições interventivas é essencial para a promoção da própria intervenção. Se não há efetiva destinação, não haverá intervenção e, se não houver intervenção, a contribuição está sendo cobrada de maneira irregular, pois não está cumprindo o seu papel intervencionista.

Aqui, cabe a exposição dos ensinamentos do professor potiguar, Marcus Aurélio de Freitas Barros, quem defende a necessidade essencial de controle jurisdicional do orçamento, como meio para tornar efetiva a materialização dos direitos fundamentais sociais, econômicos e culturais previstos pela Constituição Federal. Segundo o professor: "A constituição se efetiva por meio da concretização dos direitos fundamentais. Estes por intermédio de políticas públicas. Estas, por sua vez, já dependem das peças orçamentárias".[646] A lição que se pode extrair é a seguinte: as políticas intervencionistas previstas pela Constituição só se materializam se o montante arrecadado para tal fim for efetivamente destinado ao respectivo financiamento dessas políticas.

---

[644] Como bem explicado, "para composição do orçamento anual, o Poder Executivo e o Poder Legislativo somente podem dispor da receita tributária decorrente dos impostos, não da receita tributária decorrente das demais espécies tributárias, especialmente das contribuições, que estão vinculadas à causa de sua criação e, portanto, à sua afetação" (SCAFF, Fernando Facury. As contribuições sociais e o princípio da afetação. *Revista Dialética de Direito Tributário*, São Paulo, v. 98, p. 51, 2003).
[645] BARRETO. *Contribuições*..., p. 194.
[646] BARROS, Marcus Aurélio de Freitas. *Controle jurisdicional de políticas públicas*: parâmetros objetivos e tutela coletiva. Porto Alegre: Sergio Antonio Fabris, 2008. p. 161.

8.3.5.1 Efetiva destinação nas contribuições interventivas usadas como meio para arrecadar e custear a intervenção

As contribuições interventivas usadas como meio para arrecadação e custeio da intervenção são aquelas pelas quais a intervenção se dá por meio do fomento de políticas intervencionistas, necessariamente custeadas por essa arrecadação. É a análise dessa espécie de contribuição interventiva que permite a verificação, com mais clareza, da necessidade da efetiva destinação do produto da arrecadação.

A efetiva destinação dos recursos arrecadados são essenciais, primeiramente para a promoção da própria intervenção e, em segundo lugar, para assegurar que o período de intervenção será o mais curto possível.

Nesse espaço, demonstrar-se-á, numa tentativa para criar mecanismos de verificação objetiva para análise da efetividade das contribuições interventivas, as situações que refletem a falibilidade das referidas contribuições.

Aqui, para avaliação da efetividade das contribuições interventivas, foram identificadas duas variáveis essenciais, quais sejam: (i) a conduta do administrador relativa à aplicação do produto da arrecadação; e (ii) o desequilíbrio econômico — que espera-se retorne à posição de equilíbrio.

O quadro a seguir apresenta quatro situações, dentre as quais três representam intervenções falidas e uma representa uma intervenção bem-sucedida.

Situação	Aplicação da arrecadação	Desequilíbrio econômico	Efetividade
01	Aplicação	Mantido	Intervenção falida
02	Não aplicação	Mantido	Intervenção falida
03	Aplicação	Equilibrado	Finalidade alcançada
04	Não aplicação	Equilibrado	Intervenção falida

A contribuição interventiva usada como meio para arrecadar e, assim, custear a intervenção mediante o fomento de políticas públicas somente terá efetividade quando houver a (i) efetiva aplicação dos valores arrecadados nas finalidades que justificaram sua instituição; e, cumulativamente, quando (ii) for retomado do equilíbrio do domínio econômico. É o que acontece com a situação número "03" *supra*.

Nas situações "01", "02" e "04", a intervenção não alcança a sua finalidade, motivo pelo qual a contribuição interventiva deve ser retirada do ordenamento.

Analisando cada uma delas, tem-se:
- *Situação "01"*: Na primeira situação, muito embora o produto da arrecadação tenha sido aplicado nas finalidades pretendidas pela intervenção, verifica-se a manutenção do desequilíbrio no domínio econômico que deu causa à intervenção. Nesse caso, os contribuintes estão sendo onerados para custear uma intervenção que não está surtindo efeito. E se a intervenção não está surtindo o efeito desejado, a tributação do contribuinte não se justifica;
- *Situação "02"*: Nessa situação, verifica-se que não houve aplicação dos recursos arrecadados e que o desequilíbrio do domínio econômico se manteve. Nesse caso, os contribuintes estão sendo onerados, mas o Estado não financiou qualquer medida para promover a intervenção. Significa que os contribuintes estão sofrendo expropriação de seu patrimônio sem causa constitucional;
- *Situação "04"*: A quarta situação mostra que, muito embora não tenha havido aplicação do produto da arrecadação, o domínio econômico encontrou o seu equilíbrio. Significa que não houve necessidade de arrecadação — oneração do grupo afetado — para que o restabelecimento do equilíbrio do domínio econômico se verificasse. Aqui, o equilíbrio decorreria de causas naturais do mercado ou de medidas intervencionistas não tributárias.

A intervenção ora estudada tem como objetivo o restabelecimento do equilíbrio do domínio econômico, mediante a aplicação dos recursos arrecadados. Assim, nas situações em que não há aplicação do produto arrecadado pelas contribuições e/ou quando não há a retomada do equilíbrio do domínio econômico, a contribuição interventiva não pode prosperar no ordenamento, devendo ser retirada de imediato.

8.3.5.2 Efetiva destinação nas contribuições interventivas usadas como ferramentas diretas para intervenção

Nesse caso, já se espera que intervenção ocorra pela incidência da própria contribuição interventiva. Essa qualidade pode levar a equivocada conclusão de que a efetiva destinação seria irrelevante, por considerar que a própria norma, desde a sua instituição, já cumpre o papel intervencionista.

De fato, a contribuição é o próprio instrumento de intervenção. No entanto, a efetiva destinação nessas situações é tão necessária quanto nos casos em que a contribuição interventiva é meio para arrecadação de recursos para financiar a intervenção.

Como já demonstrado, uma das características da intervenção do estado sobre domínio econômico é a provisoriedade. A intervenção deve durar sempre o menor tempo possível, especialmente quando se trata de intervenção que pela sua própria natureza — tributária — implica expropriação do patrimônio dos indivíduos.

Na situação de intervenção, o Estado deve assegurar que os indivíduos sofrerão o menor impacto possível na correção do desequilíbrio que justificou a instituição da contribuição interventiva. E, por esse motivo, o produto da arrecadação da contribuição de intervenção sobre o domínio econômico deve ser efetivamente destinado para o financiamento de políticas que acelerem a correção do desequilíbrio que justificou a instituição desse tributo.

Adiante, igualmente com a mesma intenção de criar mecanismos de verificação objetiva para análise da efetividade das contribuições interventivas — desta feita, das contribuições usadas como próprio instrumento de intervenção — apresenta-se o quadro a seguir composto por quatro hipóteses de intervenção.

Para avaliação da efetividade desse tipo contribuição interventiva, foram identificadas duas variáveis essenciais, a conduta do grupo onerado — de quem se espera mudança de comportamento e desequilíbrio econômico — que espera-se retorne à posição de equilíbrio.

Situação	Conduta do grupo	Desequilíbrio econômico	Efetividade
01	Inalterada	Mantido	Intervenção falida
02	Alterada	Mantido	Intervenção falida
03	Inalterada	Equilibrado	Intervenção falida
04	Alterada	Equilibrado	Finalidade alcançada

Pelo que se depreende, a intervenção realizada mediante a instituição de uma contribuição interventiva só terá efetividade e, assim, só terá amparo constitucional para permanecer no sistema quando, após a sua instituição, for possível identificar: (i) alteração das condutas sociais; e a (ii) retomada do equilíbrio do domínio econômico. É o que acontece com a situação número "04" *supra*.

Nas situações "01", "02" e "03", a intervenção não alcança a sua finalidade, motivo pelo qual a contribuição interventiva deve ser retirada do ordenamento.

Analisando cada uma delas, tem-se:
- *Situação "01"*: Na primeira situação, muito embora tenha havido a criação da contribuição interventiva, as condutas sociais — que se pretendia fossem alteradas — permaneceram inalteradas, tendo sido mantido o desequilíbrio econômico que deu causa à intervenção;
- *Situação "02"*: Nessa situação, muito embora as condutas sociais tenham sido alteradas — conforme pretendeu o legislador —, o desequilíbrio econômico que deu causa à intervenção se manteve. Significa dizer que a mudança de hábitos do grupo onerado pela contribuição interventiva não foi suficiente para retomar o equilíbrio econômico.
- *Situação "03"*: Na terceira situação, muito embora o equilíbrio do domínio econômico tenha se restabelecido, não se verificou uma alteração da conduta do grupo onerado pela contribuição interventiva. Significa dizer que não houve necessidade de mudança dos hábitos por parte da sociedade para que o referido equilíbrio econômico fosse restabelecido. E, sendo a mudança de hábito pressuposto para que a intervenção tenha sucesso, nesse caso, é natural concluir que a medida intervencionista não foi a responsável pelo restabelecimento do equilíbrio desejado.

A intervenção ora estudada tem como objetivo o restabelecimento do equilíbrio do domínio econômico, mediante a alteração das condutas sociais, conforme é induzido pela onerosidade proporcionada pela respectiva contribuição. Assim, nas situações em que não há alteração das condutas sociais e/ou quando não há a retomada do equilíbrio do domínio econômico, a contribuição interventiva não pode prosperar no ordenamento, devendo ser retirada de imediato.

8.3.5.3 Normas de planejamento orçamentário: Plano Plurianual, Lei de Diretrizes Orçamentárias e Lei Orçamentária Anual

Os gastos incorridos pelo Estado para desenvolvimento das suas atividades habituais são supridos, também, pela arrecadação dos tributos.

O produto da arrecadação dos recursos estatais somente poderá ser utilizado, mediante autorização do Poder Legislativo, que o fará pela lei orçamentária. As normas de planejamento orçamentário visam traçar as diretrizes para a arrecadação das receitas e a respectiva aplicação às despesas.

O orçamento público tem sua disciplina guardada na Constituição Federal que estampa "os princípios e as regras que tratam da receita e da despesa, desde a autorização para a cobrança de impostos até a previsão para os gastos".[647]

Constatando isso, Paulo Ayres Barreto expõe que a Carta Magna "contém uma ampla gama de prescrições que se voltam genericamente para as entradas públicas e para os desembolsos de mesma natureza. Dentre as receitas públicas, as de origem tributária são as mais expressivas".[648]

Regis Fernandes de Oliveira e Estevão Horvath assim definiram orçamento: "a lei que contém previsão de receitas e despesas, programando a vida econômica e financeira do Estado, por um certo lapso".[649]

Nesse caminhar, são três os veículos introdutores de normas orçamentárias que devem ser coordenados e relacionados entre si: (i) Plano Plurianual; (ii) a Lei de Diretrizes Orçamentárias; e (iii) a Lei Orçamentária Anual, conforme prescrito pelo artigo 165 da Constituição Federal.[650]

Sobre o Plano Plurianual, o texto constitucional prescreve que a lei que o instituir estabelecerá, de forma regionalizada, as diretrizes, objetivos e metas da administração pública federal para as despesas de capital e outras delas decorrentes e para as relativas aos programas de duração continuada.[651] Como se vê, a função dessa norma é "estabelecer programas e metas governamentais a longo prazo",[652] servindo de "planejamento conjuntural para a promoção do desenvolvimento econômico, do equilíbrio entre as diversas regiões do País e da estabilidade econômica".[653]

O Plano Plurianual é lei formal, mas tem sua eficácia limitada, considerando que depende do orçamento anual, veiculado pela Lei

---

[647] TORRES, Ricardo Lobo. *Curso de direito financeiro e tributário*. 15. ed. Rio de Janeiro: Renovar, 2008. p. 171.
[648] BARRETO. *Contribuições...*, p. 185.
[649] OLIVEIRA, Regis Fernandes de; HORVATH, Estevão. *Manual de direito financeiro*. 3. ed. São Paulo: Revista dos Tribunais, 2000. p. 70.
[650] "Art. 165. Leis de iniciativa do Poder Executivo estabelecerão: I – o plano plurianual; II – as diretrizes orçamentárias; III – os orçamentos anuais."
[651] Artigo 165, §1º, da Constituição Federal.
[652] TORRES. *Curso de direito...*, p. 172.
[653] *Ibidem*, p. 172.

Orçamentária Anual, para alcançar a eficácia integral, no que tange à realização das despesas. Ricardo Lobo Torres, sobre o assunto, acrescenta que o Plano Plurianual "constitui mera programação ou orientação, que deve ser respeitada pelo Executivo na execução dos orçamentos anuais, mas que não vincula o Legislativo na feitura das leis orçamentárias".[654]

Continuando, a Lei de Diretrizes Orçamentárias compreende, ainda segundo o autor, as "metas e prioridades da administração pública federal, a orientação para a elaboração da lei orçamentária anual, as disposições sobre as alterações na legislação tributária e a política de aplicação das agências financeiras oficiais de fomento".[655]

Ricardo Lobo Torres assevera que, assim como o próprio orçamento anual, a Lei de Diretrizes Orçamentárias tem natureza formal. Ela apenas orienta a elaboração do orçamento anual e deve ser elaborada no primeiro semestre (art. 35, II, do Ato das Disposições Transitórias). Frisa, o professor, que ela "não cria direitos subjetivos para terceiros nem tem eficácia fora da relação entre os Poderes do Estado".[656]

A Lei Orçamentária Anual, por sua vez, deve ser elaborada após a edição da Lei de Diretrizes Orçamentárias e do Plano Plurianual, devendo estar em sintonia com estas últimas. "O orçamento é uno, embora possa aparecer em três documentos diferentes, que se harmonizam e se integram finalisticamente."[657] Fernano F. Castellani explica que a Lei Orçamentária Anual "deve retratar as diretrizes e planos definidos nas outras leis orçamentárias, que lhe definirão, de certo modo, seu possível campo de competência".[658]

Feita essa breve explanação sobre as normas orçamentárias, já é possível perceber que a previsão legal para as receitas e despesas do Estado, com base nas normas de competência constitucionais, tem início com a edição do Plano Plurianual. Depois disso, tem-se a edição de outra lei ordinária, a Lei de Diretrizes Orçamentárias, também com base na Constituição Federal e, bem assim, nas disposições já traçadas pelo Plano Plurianual. Essa segunda norma orçamentária irá detalhar as diretrizes anuais relativas às receitas e despesas do Estado, entrando em nível mais detalhado do que o Plano Plurianual. Por fim, também buscando fundamento de validade na Constituição Federal, a Lei Orçamentária Anual definirá com um maior grau de detalhes as

---

[654] Ibidem, p. 173.
[655] CASTELLANI. Contribuições..., p. 158.
[656] TORRES. Curso de direito..., p. 174.
[657] Ibidem, p. 175.
[658] CASTELLANI. Contribuições..., p. 159.

formas definitivas de utilização dos recursos arrecadados pelo Estado, sempre observando o que foi prescrito pelo Plano Plurianual e pela Lei de Diretrizes Orçamentárias.

Por fim, possível concluir, utilizando-se das ideias expostas por Fernando F. Castellani:

> Todas estas leis, partindo do Plano Plurianual, norma mais genérica, até a Lei Orçamentária Anual, norma mais específica e detalhada, deverão respeitar uma relação de coerência e harmonia em suas disposições, observadas, sempre, as diretrizes constitucionais sobre o tema. Como se observa, haverá uma relação de validação vertical extremamente importante para a validade de suas disposições, balizadas, em grande parte, por uma série de princípios constitucionais orçamentários.[659]

Considerando a unidade do orçamento público, extrai-se desse arrazoado que deve haver uma relação próxima entre todas as normas orçamentárias.

8.3.5.4 Há autonomia entre o Direito Tributário e o Direito Financeiro?

Esta questão já foi objeto do estudo, quando se identificou, neste trabalho, a natureza das contribuições, enquanto espécies tributárias autônomas. Na oportunidade, foi dito que o Direito é uno e indivisível,[660] não havendo motivos para refutar o mandamento constitucional que exige seja dada específica destinação ao produto da arrecadação das contribuições, quando da estipulação dos critérios classificatórios dos tributos.

O estudo das normas jurídicas que tratam de matéria tributária desenvolveu-se bastante nos últimos anos. É inegável que houve um avanço em termos teóricos e, atualmente apresenta uma "alta precisão conceptual e sofisticado controle argumentativo do seu discurso dogmático".[661] Esse avanço propiciou o incremento de ferramentas e, da

---

[659] CASTELLANI. Contribuições..., p. 161-162.
[660] Importa, aqui, mencionar o pensamento de José Juan Ferreiro Lapatza: "considero indispensável, como antecedente, destacar três ideias fundamentais de grande importância, em minha opinião, para que possamos nos mover pelo campo do Direito em geral e do Direito tributário em particular. A ideia de unidade do Ordenamento deve ser posta, aqui, em primeiro lugar. Esta ideia obriga a 'colocação' do Direito tributário como parte integrante do Ordenamento" (LAPATZA. Direito tributário, p. 105).
[661] SANTI, Eurico Marcos Diniz de; CANADO, Vanessa Rahal. Direito tributário direito financeiro: reconstruindo o conceito de tributo e resgatado o controle da destinação. In: SANTI,

mesma maneira, a criação de novas ferramentas de controle da atividade estatal no que tange à criação dos tributos. Como exemplo disso, cita-se a construção da "Regra-Matriz de Incidência Tributária" e da teoria que distingue o evento social do fato jurídico tributário, resultado dos estudos do professor Paulo de Barros Carvalho e devidamente aplicadas na presente obra para delimitar os elementos necessários à criação das contribuições interventivas.

Esses estudos, no entanto, focaram as normas que dizem respeito à instituição, arrecadação e extinção da relação jurídica tributária, deixando de lado aquelas relações que nascem depois do pagamento do tributo, "como aquela que decorre da destinação do produto da arrecadação".[662] Isso foi feito de forma proposital, e a razão de ser fundou-se na autonomia, ainda que didática,[663] do Direito Tributário, como fica claro nos ensinamentos de Geraldo Ataliba. Segundo o professor, "a relação jurídica tributária é regida pelo direito tributário; a destinação dos dinheiros é questão não tributária, mas constitucional-financeira, de direito orçamentário".[664]

Muito embora os ensinamentos do citado professor tenham sido claros e dotados de rigor científico, é importante ressaltar que eles partiram da premissa de que as contribuições não são espécies autônomas de tributos. No entanto, partindo da premissa que foi firmada neste trabalho, a norma de competência tributária manda que o produto da arrecadação das contribuições seja destinado ao custeio da finalidade para a qual a exação foi instituída — impõe caracterizar a contribuição interventiva como espécie autônoma de tributo, pelo que não parece correto ignorar o fato de que a destinação dos recursos arrecadados deve ser efetiva. Fernando F. Castellani afirmou: "Não nos parece razoável supor que um enunciado constitucional expresso determinasse a importância da destinação, para ser completamente ignorado em sua materialização na lei orçamentária".[665]

[] Eurico Marcos Diniz. *Curso de direito tributário e finanças públicas*. São Paulo: Saraiva, 2008. p. 609.
[662] *Ibidem*, p. 609.
[663] Essa autonomia didática também foi pregada por Geraldo Ataliba: "didaticamente autônomo, embora não o seja cientificamente. Vale dizer: é conveniente, para efeitos didáticos, destacar este 'ramo', do direito financeiro, como fora conveniente o mesmo fazer com este, relativamente ao direito administrativo" (ATALIBA, Geraldo. *Apontamentos de ciências das finanças, direito financeiro e tributário*. São Paulo: Revista dos Tribunais, 1969. p. 101).
[664] ATALIBA. *Hipótese de incidência...*, p. 158.
[665] *Ibidem*, p. 171.

Paulo de Barros Carvalho, sobre a impossibilidade de divisão do Direito em ramos, afirmou que "mesmo em obséquio a finalidades didáticas, não deixaria de ser a cisão do incindível, a seção do inseccionável".[666] Contribuindo para a difusão dessa lição, Diego Bomfim disse que "essa segmentação autonômica, mesmo a que tem anseios didáticos, é a cisão do incindível, a seção do inseccionável, sem que haja a possibilidade de flexibilidade metódica quanto a isso".[667]

Sobre o assunto, deve-se trazer a doutrina de Alfredo Augusto Becker, que assim se manifestou:

> A lei considerada em si mesma, como um ser isolado, não existe como regra jurídica. Isolada em si mesma, a lei existe apenas como fórmula literal legislativa sem conteúdo jurídico ou como simples fenômeno histórico. (...) A regra jurídica contida na lei (fórmula literal legislativa) é a resultante lógica de um complexo de ações e reações que se processam no sistema jurídico onde foi promulgada. A lei age sobre as demais leis do sistema, estas, por sua vez, reagem; a resultante lógica é a verdadeira regra jurídica da lei que provocou o impacto inicial.[668]

Não parece, pois, correto afirmar a autonomia científica do Direito Tributário, mas tão somente a autonomia meramente didática.[669]

Nesse sentido, Eurico Marcos Diniz de Santi e Vanessa Rahal Canado, quando responderam objetivamente à questão ("Existe autonomia entre o Direito Tributário e o Direito Financeiro?") afirmaram que:

> Não. A chamada 'autonomia didática' é autolimitação que não encontra justificativa no nível do objeto (direito positivo). O direito é uno e contínuo no processo de causalidade jurídica. Cindi-lo implica mutilar sua inerente complexidade, causando prejuízo na análise de novos fenômenos e novas perspectivas do Direito Tributário.[670]

O que se percebe, ao final, é que não há que se falar em divisão do direito em partes para fins de estudo dos seus institutos. O direito é uno e indivisível e, como tal, deve ser estudado.[671] Some-se a esse

---

[666] CARVALHO. *Curso de direito tributário, op. cit.*, p. 13.
[667] BOMFIM. *Tributação e livre concorrência..., op. cit.*, p. 60.
[668] BECKER. *Teoria geral..., op. cit.*, p. 115.
[669] Sobre o perigo da afirmação de que o Direito Tributário é autônomo para fins didáticos, cf. BOMFIM. *Tributação e livre concorrência..., op. cit.*, p. 60 et seq.
[670] SANTI; CANADO. Direito tributário e direito financeiro..., *op. cit.*, p. 624-625.
[671] No mesmo sentido, Cf. HORVATH, Estevão. As contribuições na Constituição brasileira: ainda sobre a relevância da destinação do produto da arrecadação. *Revista de Direito Tributário*, São Paulo, v. 100, p. 125, 2008.

argumento o fato de que não se pode refutar que a necessidade de efetiva destinação do produto da arrecadação das contribuições decorre da norma constitucional que outorga a competência tributária para a criação dessa exação. De se notar, então, que a mesma norma que outorga competência para arrecadar, disciplina a forma de utilização dos recursos arrecadados.

Sendo assim, devem ser estudadas as consequências da ausência da destinação, sob o manto da dita autonomia didática dos ramos do direito.

8.3.5.5 Competência para arrecadar e obrigatoriedade para destinar

O Estado, conforme já se tratou, tem a prerrogativa de intervir sobre o domínio econômico mediante a criação de normas tributárias. Entre essas normas tributárias destacamos para o presente estudo as contribuições interventivas. Daí dizer que o Estado tem a faculdade para criação de uma contribuição visando promover a intervenção sobre o domínio econômico.

No entanto, uma vez que opte pela atuação mediante esse instrumento interventivo, o Estado deve respeitar os requisitos necessários para o correto exercício da sua competência, entre eles, a prescrição de mandamento legal que destina o produto da arrecadação para a finalidade escolhida.

As normas orçamentárias, por sua vez, são aquelas que definem as diretrizes do orçamento público, detalhando as fontes de receita e a aplicação dos recursos. Da mesma forma que as normas tributárias acham o respectivo fundamento de validade na Constituição Federal, as normas orçamentárias também o fazem.

A norma que outorga competência para a instituição das contribuições interventivas exige que o legislador prescreva sobre a vinculação do produto da arrecadação à finalidade específica da referida contribuição. Mas isso não quer dizer que somente o legislador tributário deva observância a referida norma de competência.

Trata-se de um mandamento constitucional que prescreve a competência para criação de uma norma arrecadadora de tributos e, ao mesmo tempo, prescreve como os recursos arrecadados devem ser utilizados pelo Estado. Da mesma forma, o legislador do orçamento público deve observância à seguinte regra: "toda receita originada pelas contribuições especiais deverão ser direcionadas às despesas relacionadas ao campo específico da contribuição considerada".[672] As normas orçamentárias também buscam fundamento de validade nas normas constitucionais que prescrevem a competência para a criação das contribuições interventivas. Além disso, o legislador do orçamento deve observar a finalidade proposta pela norma instituidora das contribuições interventivas, para, assim, alocar os recursos arrecadados e promover o custeio dessa finalidade. "O destino da arrecadação é decorrência da própria norma de competência para instituição de contribuição".[673]

Regis Fernandes de Oliveira também se manifestou nesse sentido. Apesar de se utilizar das expressões "Direito Tributário" e "Direito Financeiro", o que poderia induzir a uma interpretação sobre a autonomia desses ramos, o professor muito bem percebeu que a competência para tributar é a mesma competência para destinar. Em suas palavras:

> A finalidade das contribuições estabelecidas pelo art. 149 da CF vincula não só a lei instituidora da contribuição, mas também a lei orçamentária, a qual deve direcionar os recursos advindos das contribuições para o mesmo destino. Enquanto no âmbito do Direito Tributário a finalidade é elemento que identifica as contribuições como espécie tributária autônoma e legitima à sua instituição pela União, no âmbito do Direito Financeiro a finalidade determina a destinação dada ao produto arrecadado mediante as contribuições. A relação entre a finalidade e a destinação da contribuição é de causa e efeito. Não seria razoável instituir uma contribuição com finalidade específica sem que houvesse o controle do destino dado ao produto de sua arrecadação.[674]

A efetiva destinação é característica que delineia o campo de competência para criação das contribuições interventivas e respectiva norma de destinação e, como tal, deve ser observada tanto pelo legislador tributário, quanto pelo legislador orçamentário. Este último, por determinação constitucional, deve obediência à prescrição imposta por essa norma de destinação, quando da edição das respectivas normas orçamentárias.

---

[672] CASTELLANI. *Contribuições...*, p. 171-172.
[673] BARRETO. *Contribuições...*, p. 171.
[674] OLIVEIRA, Regis Fernandes de. Contribuições sociais e desvio de finalidade. In: SCHOUERI, Luís Eduardo. *Direito tributário*: homenagem a Paulo de Barros Carvalho. São Paulo: Quartier Latin, 2008. p. 549.

A norma constitucional que outorga competência para a instituição das contribuições interventivas manda que o legislador do orçamento obedeça à norma de destinação do produto da arrecadação que deve ser criada juntamente com instituição da própria contribuição interventiva. Sobre o assunto, são válidas as ponderações do professor Paulo Ayres Barreto:

> O vínculo entre causa e destino da arrecadação não é passível de ser alterado ou afastado por intermédio de lei orçamentária, sob pena de seu comprometimento estrutural como espécie tributária. A autorização para a instituição de contribuição decorre da necessidade do ente tributante obter recursos que se destinem ao atendimento de uma finalidade específica. Em contrapartida, o ente tributante tem o dever jurídico de usar integralmente o produto da arrecadação nesse fim específico. *A norma orçamentária que rompe esse vínculo desnatura a exigência* (...).[675] (grifos aditados)

Repita-se, ainda, que a destinação é característica intrínseca à natureza da própria contribuição interventiva. Essa natureza "depende de sua finalidade específica"[676] que, por sua vez, só será alcançada se os recursos arrecadados forem para ela destinados. De nada adiantaria a intervenção se os recursos arrecadados pela contribuição não forem repassados para o financiamento do fomento das políticas intervencionistas — em cumprimento à finalidade da norma intervencionista. Assim como acontece no caso da vinculação necessária, a efetiva destinação também decorre de mandamento constitucional.

Imperioso notar a necessidade de efetiva destinação do produto arrecadado pela incidência das contribuições interventivas. Mas quais as hipóteses em que fica evidenciada a ausência de destinação efetiva? Quais as consequências advindas do descumprimento desse mandamento constitucional? Este é o assunto que o trabalho passará a se debruçar.

8.3.5.6 Desvinculação do produto da arrecadação das contribuições interventivas

Na ligação da norma de competência para instituição da contribuição interventiva e o destino que é dado ao produto da arrecadação

---

[675] BARRETO. *Contribuições...*, p. 194-195.
[676] CASTELLANI. *Contribuições...*, p. 171.

desse tributo podem acontecer desajustes.[677] Esses desajustes decorrem da ausência da efetiva destinação do produto da arrecadação. Estudar-se-ão, adiante, algumas situações para demonstrar as consequências da desobediência ao mandamento constitucional da destinação ora estudada.

Poder-se-á verificar essa anomalia — ausência de destinação efetiva do produto arrecadado — no (i) plano normativo (constitucional e legal) e no (ii) plano fático.

Cabe, agora, analisar cada um desses planos.

8.3.5.6.1 Desvinculação no plano normativo constitucional: "desvinculação das receitas da União (DRU)"

No plano constitucional, a desvinculação decorrerá de norma veiculada por emenda constitucional, já que o texto originário da Constituição Federal, coerentemente, não permitiu qualquer tipo de desvinculação. Haverá desvinculação no plano constitucional quando o legislador constituinte derivado alterar o texto constitucional para permitir que a União possa utilizar o montante arrecadado pela incidência das contribuições em outras finalidades que não aquelas que justificaram a respectiva instituição.

A desvinculação no plano constitucional implica alteração na própria norma de competência tributária das contribuições interventivas, já que relativiza o mandamento constitucional que dispõe sobre a necessidade da destinação do produto da arrecadação para custear as políticas de fomento em prol do setor da economia afetado pela intervenção estatal instrumentalizada por uma contribuição interventiva.

Essa relativização deve ser reprovada. Eurico Marcos Diniz de Santi e Vanessa Rahal Canado, quando do estudo sobre a "desvinculação das receitas da união" concluíram tratar-se de "ofensa a direitos e garantias individuais dos contribuintes e, portanto, inconstitucionalidade desse tipo de previsão normativo-constitucional".[678]

Eis o ponto de discussão relativo à desvinculação no plano normativo constitucional: existência de norma na Constituição Federal que permite a chamada "desvinculação das receitas da união (DRU)".

---

[677] Cf. BARRETO. *Contribuições...*, p. 172.
[678] SANTI; CANADO. *Direito tributário e direito financeiro...*, p. 623.

A primeira norma, no plano constitucional, que tratava da desvinculação de receitas derivadas da arrecadação das contribuições foi veiculada pela Emenda de Revisão nº 1 de 1994. Tal norma prescreveu a desvinculação de 20% (vinte por cento) do produto da arrecadação *de todos os impostos e contribuições da União* para que fosse destinado ao Fundo Social de Emergência, com o objetivo de saneamento financeiro da Fazenda Pública Federal e de estabilização econômica.[679][680]

Depois disso, a Emenda Constitucional nº 27/2000 anotou que a desvinculação de órgão, fundo ou despesa, no período de 2000 a 2003, seria de 20% (vinte por cento) da arrecadação de impostos e contribuições sociais da União, já instituídos ou que vierem a ser criados no referido período, seus adicionais e respectivos acréscimos legais (artigo 76 do Ato das Disposições Transitórias da Constituição Federal).

Quando editada, essa norma apresentou um critério temporal que disciplina o seu prazo de vigência. Mas, com o passar dos anos, o legislador constituinte derivado vem prorrogando esse prazo mediante a instituição de novas emendas à Constituição. A primeira prorrogação veio com a Emenda Constitucional nº 42/2003 (prescrevendo o prazo final para 2007) e a segunda e última, com a Emenda Constitucional nº 56/2007 (prescrevendo o prazo final para 2011).

Comentando sobre as sucessivas emendas à Constituição para desvinculação do produto da arrecadação, José Marcos Domingues de Oliveira expõe que:

> Parece clara a violação aos direitos fundamentais e respectivas garantias constitucionais, seja a dignidade humana e a cidadania vulneradas pela inviabilização da Seguridade, seja a segurança pela reversão da expectativa em relação ao sistema preconizado, seja ainda o Princípio de Proteção da Confiança pela ruptura com a legalidade e a moralidade que presidem e matreira desnaturação do permanente em provisório. Se a Constituição se valeu da especialidade do interesse público a atender pela vinculação (Seguridade), não se pode por derrogações sucessivas

---

[679] ADCT: "Art. 71. Fica instituído, nos exercícios financeiros de 1994 e 1995, o Fundo Social de Emergência, com o objetivo de saneamento financeiro da Fazenda Pública Federal e de estabilização econômica, cujos recursos serão aplicados no custeio das ações dos sistemas de saúde e educação, benefícios previdenciários e auxílios assistenciais de prestação continuada, inclusive liquidação de passivo previdenciário, e outros programas de relevante interesse econômico e social.
Art. 72. Integram o Fundo Social de Emergência: IV – vinte por cento do produto da arrecadação de todos os impostos e contribuições da União".

[680] *Vide* também a Emenda Constitucional nº 10/1996, a qual alterou o nome do Fundo Social de Emergência para Fundo de Estabilização Fiscal, mas manteve a desvinculação de 20% (vinte por cento) do produto da arrecadação.

invocar a generalidade do interesse público pela desvinculação (liquidez financeira). *A tanto não se autoriza o poder de emenda do constituinte derivado, pois tal equivaleria a abolir direitos e garantias individuais, cláusulas pétreas (art. 60 §4º, IV)*.[681] (grifos aditados)

que:
Fabiana Del Padre Tomé também condena essa prática e afirma

Ao transformar parte das contribuições sociais em impostos, mediante a desvinculação de 10% do produto da arrecadação, entretanto, a Emenda Constitucional 27/2000 permitiu a exigência de impostos com hipótese de incidência e base de cálculo já discriminados na Constituição. E, no que se refere às contribuições sociais cuja materialidade são se confunde com a de qualquer imposto discriminado constitucionalmente, a referida Emenda, por via oblíqua, acaba por permitir a exigência de impostos não previstos para o exercício da competência residual (art. 154, I).[682]

E, nesse ponto, sobre mencionado efeito da desvinculação — permissão para exigência de impostos não previstos para o exercício da competência residual —, importante se diga que os fundamentos constitucionais para instituição de imposto e contribuição são distintos. Ainda que os critérios formais para instituição dos impostos tenham sido, por coincidência, cumpridos quando da criação da contribuição desvinculada, "não há como, em rápida penada, promover, a meio caminho, a 'transformação parcial e temporária' de espécie tributária existente".[683]

A desvinculação no plano constitucional devolve para análise o tema da possibilidade de existência de norma constitucional — inserida por emenda constitucional — que viola garantias individuais do contribuinte. A DRU decorre de norma da Constituição que se mostra inconstitucional.[684] [685] Como verificado por Paulo Ayres Barreto, a "DRU" restringiu duas garantias individuais do contribuinte, a saber:

---

[681] OLIVEIRA, José Marcos Domingos de. Contribuições sociais, desvio de finalidade e a dita reforma da previdência social brasileira. *Revista Dialética de Direito Tributário*, São Paulo, v. 108, p. 133, 2004.

[682] TOMÉ, Fabiana Del Padre. *Contribuições para a seguridade social*. Curitiba: Juruá, 2004. p. 154. OLIVEIRA, José Marcos Domingos de. Contribuições sociais, desvio de finalidade e a dita reforma da previdência social brasileira. *Revista Dialética de Direito Tributário*, São Paulo, v. 108, p. 133, 2004.

[683] BARRETO. *Contribuições...*, p. 176.

[684] Sobre a possibilidade de declaração de inconstitucionalidade de emenda constitucional, o Supremo Tribunal Federal, repita-se, já se manifestou positivamente. Cf. ADIn nº 939/DF. Rel. Min. Sydney Sanches. *DJ*, 18 mar.1994.

[685] Cf. BACHF, Otto. *Normas constitucionais inconstitucionais?*. Coimbra: Almedina, 1994. p. 52.

(i) a garantia de que o montante dele (contribuinte) cobrado a título de contribuição seja exclusivamente aplicado nos fins que deram causa à instituição da contribuição; e (ii) a garantia de que novos impostos sejam não cumulativos e que não tenham fato gerador ou base de cálculo próprios dos demais tributos discriminados na Constituição.[686]

Seguindo a mesma linha, Estevão Horvath afirmou que "também são de constitucionalidade duvidosa — para não dizer inconstitucionais — as emendas constitucionais que 'desvincularam' receitas de contribuições das suas destinações originárias".[687]

8.3.5.6.2 Desvinculação no plano normativo legal

Se a desvinculação no plano constitucional é aquela decorrente de norma inserida na Constituição Federal, a desvinculação legal é a que se refere à desvinculação no plano infraconstitucional. Ela pode ocorrer em momentos diferentes. São eles: (i) no momento da instituição das contribuições interventivas; (ii) em momento posterior, por uma norma que altere a norma instituidora; (iii) quando da edição das normas orçamentárias; ou (iv) quando da alteração das normas orçamentárias.

No primeiro caso, a desvinculação poderá se dar de duas formas. Ou a norma que veiculou a instituição das contribuições interventivas não prescreveu a destinação específica, ou a destinação atribuída aos recursos arrecadados é incompatível com a finalidade almejada. Nesse caso, haverá o descumprimento de um dos critérios de avaliação da constitucionalidade relativo à vinculação necessária do produto da arrecadação, como exposto em linhas anteriores.

Nessa hipótese, houve uma falha no exercício da competência tributária. Não é necessário se debruçar nas normas orçamentárias para identificar que o legislador não prescreveu a correspondente e devida destinação do produto da arrecadação. Aqui, a exigência baseada em lei que não estabelece, de forma precisa, a afetação de sua arrecadação a órgão, fundo ou despesa não se sustenta perante o ordenamento pátrio.[688]

Importante a afirmação de Roque Antonio Carrazza, que a despeito de entender que as contribuições não são espécies autônomas de tributo, reconhece a necessidade de vinculação do produto da arrecadação. Segundo o professor:

---

[686] BARRETO. *Contribuições...*, p. 175.
[687] HORVATH. *As contribuições na constituição...*, p. 127.
[688] BARRETO. *Contribuições...*, p. 179.

Embora neguemos que, em regra, a destinação do produto da arrecadação é irrelevante para caracterizar o tributo, não podemos ignorar que as 'contribuições', ainda que venham a assumir a roupagem de imposto, pressupõem, por comando expresso da Carta Magna, a vinculação da receita obtida a órgão, fundo ou despesa. Em consequência, tal vinculação, longe de ser vedada, é imprescindível, até porque é ela que vai confirmar a natureza da contribuição, possibilitando o controle de sua constitucionalidade.[689]

Somando-se isso àquilo que foi dito no tópico correspondente à vinculação necessária do produto da arrecadação, passa-se à análise da segunda situação, hipótese em que a desvinculação ocorre em momento posterior por uma norma que altere a norma instituidora. Ora, se haverá uma norma que pretende alterar a norma instituidora de tributo, essa norma estará consequentemente fundada na mesma norma de competência que orientou a instituição do tributo. E se é assim, os mesmos ensinamentos aduzidos para a necessidade de vinculação do produto da arrecadação devem ser aplicados a essa situação.

Nesse caso, a contribuição que poderia até ter sido criada em conformidade com as regras do sistema do direito passa, por força de lei posterior, a ser desnaturada.[690]

Tanto a norma que instituiu originalmente a contribuição como a norma que venha para alterar algum dos seus elementos estarão adstritas à norma de competência tributária.

Passa-se à análise da desvinculação da arrecadação, notadamente no que tange à edição e alteração das normas orçamentárias que definem a aplicação da totalidade das receitas do Estado. Quando se falou que a norma de competência para instituição das contribuições interventivas é a mesma que define a exigência para destinação do produto de sua arrecadação, pretendeu-se demonstrar que o legislador orçamentário, em face de mandamento constitucional, está obrigado a alocar os recursos derivados da cobrança das contribuições para as finalidades às quais elas se propuseram.[691]

---

[689] CARRAZZA. *Curso de direito constitucional...*, p. 524.
[690] Expõe Paulo Ayres Barreto: "a contribuição originalmente criada torna-se, ipso facto, inconstitucional. Entendemos que a afetação a órgão, fundo ou despesa é requisito essencial (...)" (BARRETO. *Contribuições...*, p. 177).
[691] "A norma orçamentária, ao dispor sobre as receitas tributárias auferidas com contribuições, deverá respeitar a destinação definida na norma de competência tributária, ou seja, deverá destinar tais recursos apenas e tão somente para as atividades estatais definidas pelo texto constitucional. Ao mesmo tempo, contudo, a norma instituidora do tributo, produzida pelo exercício da faculdade atribuída pela norma de competência, somente poderá gerar seus

Não havendo a prescrição da efetiva aplicação dos recursos pela norma orçamentária, não se perceberá o cumprimento do requisito constitucional que exige a destinação do produto da arrecadação para os fins específicos. Se a Constituição Federal somente assim permite a cobrança das contribuições, não sendo ela efetiva, não há que se falar em constitucionalidade da exigência.

Por esse motivo, Roque Antonio Carrazza afirmou que "por imperativo da Lei Maior, os ingressos advindos da arrecadação das 'contribuições' devem, necessariamente, ser destinados à viabilização ou ao custeio de uma das atividades acima apontadas".[692] E mais, diz o citado professor que "o eventual desvio desta destinação acarretará a anjuridicidade da própria cobrança".[693]

A impossibilidade de controle da destinação efetiva do produto da arrecadação das contribuições interventivas, seja pela obscuridade das regras orçamentárias, seja pela falta de transparência dos gastos públicos, "desqualifica a necessidade da destinação legal e compromete a própria existência das chamadas contribuições".[694]

A norma orçamentária que rompe o vínculo entre a finalidade da arrecadação e a efetiva destinação desnatura a exigência da contribuição e "abre ao contribuinte a possibilidade de repetir o indébito tributário. O débito do contribuinte está atrelado à finalidade. Se há uma desvinculação, o débito torna-se, ipso facto, um indébito".[695]

Toda a receita resultante da arrecadação das contribuições interventivas deve ser direcionada ao setor que está a sofrer a intervenção. Se a atividade estatal específica não será por tais valores suportada, não há razão para a exigência da contribuição interventiva. Nesse caso, os contribuintes onerados pela respectiva contribuição não estariam, a rigor, custeando aquela atividade específica, que justificou a criação do tributo. Isso implica na perda da legitimação para instituição das contribuições interventivas.[696]

O Ministro Carlos Velloso, ciente da importância do tema da destinação necessária do produto da arrecadação das contribuições e

---

efeitos (sendo aplicada para constituição do fato jurídico e da relação jurídica tributária) se houver, na Lei Orçamentária Anual, a previsão da destinação para tais recursos, obedecidas, obviamente, a previsão da norma constitucional de competência (que determina o destino da receita tributária de algumas espécies)" (CASTELLANI. *Contribuições...*, p. 189-190).

[692] CARRAZZA. *Curso de direito constitucional...*, p. 524.
[693] *Ibidem*, p. 524.
[694] SANTI; CANADO. Direito tributário e direito financeiro..., p. 625.
[695] BARRETO. *Contribuições...*, p. 195.
[696] CASTELLANI. *Contribuições...*, p. 172.

entendendo que a ausência desse requisito desnatura o tributo, proferiu o seu voto em julgamento perante o Tribunal Pleno do Supremo Tribunal Federal. Na oportunidade, o Ministro aduziu que:

> Uma ressalva é preciso ser feita. É que caso há, no sistema tributário brasileiro, em que a destinação do tributo diz com a legitimidade deste e, por isso, não ocorrendo a destinação constitucional do mesmo, surge para o contribuinte o direito de não pagá-lo. Refiro-me 'as contribuições parafiscais — sociais, de intervenção no domínio econômico e de interesse de categorias profissionais ou econômicas, CF, art. 149 — e aos empréstimos compulsórios (CF, art. 148).[697]

Concluindo, o legislador ordinário não poderá fechar os olhos para o mandamento constitucional que exige a efetiva destinação do produto da arrecadação das contribuições para as respectivas áreas. Deve, portanto, estruturar o orçamento da União de maneira a aplicar o produto da arrecadação das contribuições às respectivas finalidades. Caso contrário, desnaturada estará a contribuição e autorizado estará o contribuinte a pleitear a cessação de sua incidência.

Ora, se o contribuinte puder demonstrar que a contribuição interventiva não teve o produto de sua arrecadação aplicado naquela finalidade para qual foi criada, "ele tem o direito de subtrair-se ao seu pagamento ou, quando for o caso, de repetir o que pagou, observados, aí, apenas, os prazos prescricionais".[698]

Assim, do mesmo jeito que é possível defender a inconstitucionalidade de um tributo que não observa os requisitos formais e materiais, tais como a necessidade de seguir o processo legislativo competente ou a necessidade de observar o princípio do não confisco, capacidade contributiva, federativo etc., é possível defender a inconstitucionalidade das contribuições interventivas, cujo produto de sua arrecadação não tenha sido destinado às finalidades interventivas.[699]

---

[697] Supremo Tribunal Federal. Recurso Extraordinário nº 183.906-6/SP. Rel. Min. Marco Aurélio. Voto do Min. Carlos Velloso. DJ, 30 abr. 1998.
[698] CARRAZZA. Curso de direito constitucional..., p. 525.
[699] Leciona, nesse sentido, a professora Misabel Abreu Machado Derzi. Segundo ela, o contribuinte "poderá reclamar a repetição do tributo pago, se, apesar de lei, houver desvio quanto à aplicação dos recursos arrecadados. (...) Inexistindo o gasto ou desviado o produto arrecadado para outras finalidades não autorizadas na Constituição, cai a competência do ente tributante para legislar e arrecadar" (DERZI. Notas de atualização. In: BALEEIRO. Limitações constitucionais..., p. 598).

8.3.5.6.3 Desvinculação no plano fático

O desvio no plano fático ocorrerá quando, a despeito de estarem definidas as normas para destinação do produto da arrecadação derivado da incidência das contribuições interventivas, seja no âmbito na norma instituidora, seja no âmbito da norma orçamentária, o administrador, mediante a produção de atos administrativos, atribui destinos diversos ao referido produto da arrecadação.

Se assim o fizer, além de estar contrariando a lei, sob a qual está vinculado, esse administrador estará maculando a própria essência da contribuição, qual seja, custear o financiamento das finalidades previstas pela própria Constituição Federal.

Paulo Ayres Barreto, quando trata do desvio do produto da arrecadação no plano fático, assevera que uma vez configurado o não cumprimento do "dever jurídico a que se submete o ente tributante, abre-se oportunidade para a repetição do indébito tributário, de outra parte, a autoridade administrativa responderá pelo crime de responsabilidade cometido".[700]

Sobre o assunto, Marco Aurélio Greco sustenta que a destinação do produto da arrecadação deve se dar também no plano dos fatos e que a ausência de destinação desvirtua a contribuição interventiva. Ora, se a contribuição foi instituída para consecução de uma atividade determinada, "deixar de buscá-la (mediante a não-destinação dos recursos) vai além do descumprimento da lei, faz desaparecer a contribuição enquanto tal e nega a eficiência no campo específico".[701]

Seja no plano fático, seja no plano normativo, o professor Regis Fernandes de Oliveira aduz que "quando a finalidade constitucional não é observada, há desvio ou tredestinação das contribuições, que pode ocorrer tanto no plano normativo como no plano fático".[702]

Não parecem restar dúvidas de que se não houver a destinação efetiva do produto da arrecadação para o financiamento das políticas intervencionistas pretendidas pelo Estado, a intervenção não se dará. Uma vez ausente a efetiva e válida intervenção, "ocorre o desvirtuamento do arquétipo constitucional desta espécie tributária".[703]

---

[700] BARRETO. *Contribuições...*, p. 183.
[701] GRECO, Marco Aurélio. A destinação dos recursos decorrentes da contribuição de intervenção no domínio econômico: cide sobre combustíveis. *Revista Dialética de Direito Tributário*, São Paulo, v. 104, p. 133, 2004.
[702] OLIVEIRA. *Contribuições sociais...*, p. 557.
[703] GONÇALVES. *Contribuições de intervenção*, p. 293.

De se notar que os efeitos jurídicos, nesse caso, serão iguais àqueles relativos às demais desvinculações, sem prejuízo à eventual responsabilização do administrador pela sua atitude contrária à lei e à Constituição.[704]

8.3.5.7 Inconstitucionalidade de lei orçamentária – Precedente do Supremo Tribunal Federal

A Corte Suprema brasileira, até o julgamento da ação direta de inconstitucionalidade, ADIn nº 2.925/DF, mantinha o posicionamento exarado na decisão de outra ADIn (1.640/DF).

O mérito da Ação Direta de Inconstitucionalidade nº 1.640/DF dizia respeito à inconstitucionalidade da Lei Orçamentária nº 9.438/1997, que promoveu uma desvinculação do produto da arrecadação da extinta Contribuição Provisória sobre a Movimentação Financeira (CPMF).

No entanto, o Supremo Tribunal Federal não entrou no mérito sobre a possibilidade ou não da desvinculação por meio de lei orçamentária dos recursos arrecadados pela CPMF. O Tribunal Constitucional entendeu, por unanimidade, que lei orçamentária não é ato normativo passível de ser analisado por via de controle concentrado de constitucionalidade, mas, eventualmente, mediante controle difuso.[705]

Segue a íntegra da ementa da referida decisão:

> EMENTA: – DIREITO CONSTITUCIONAL E TRIBUTÁRIO. CONTRIBUIÇÃO PROVISÓRIA SOBRE MOVIMENTAÇÃO FINANCEIRA – C.P.M.F. AÇÃO DIRETA DE INCONSTITUCIONALIDADE "DA UTILIZAÇÃO DE RECURSOS DA C.P.M.F." COMO PREVISTA NA LEI Nº 9.438/97. LEI ORÇAMENTÁRIA: ATO POLÍTICO-ADMINISTRATIVO – E NÃO NORMATIVO. IMPOSSIBILIDADE JURÍDICA DO PEDIDO: ART. 102, I, "A", DA C.F. 1. *Não há, na presente Ação Direta*

---

[704] Importa demonstrar, aqui, que a Lei de Responsabilidade Fiscal exige do administrador a obediência à norma de destinação constitucional dos recursos arrecadados com as contribuições finalísticas. Veja o que prevê o artigo 8º, parágrafo único, da Lei Complementar nº 104/2000: "os recursos legalmente vinculados a finalidade específica serão utilizados exclusivamente para atender ao objeto de sua vinculação, ainda que em exercício diverso daquele em que ocorrer o ingresso".

[705] Sem adentrar no mérito das discussões sobre os atos normativos que podem ser objeto de controle concreto de constitucionalidade, o professor potiguar Robson Maia Lins, em excelente estudo específico sobre o assunto, afirmou que "se o ato normativo deriva diretamente da Constituição, por exigência da própria Carta Maior, tem-se configurada sua autonomia, sendo qualquer desconformidade com a Norma Maior ofensa direta e, portanto, passível de controle via ADIn e ADC" (LINS, Robson Maia. *Controle de constitucionalidade da norma tributária*. São Paulo: Quartier Lartin, 2005. p. 71).

de Inconstitucionalidade, a impugnação de um ato normativo. Não se pretende a suspensão cautelar nem a declaração final de inconstitucionalidade de uma norma, e sim de uma destinação de recursos, prevista em lei formal, mas de natureza e efeitos político-administrativos concretos, hipótese em que, na conformidade dos precedentes da Corte, descabe o controle concentrado de constitucionalidade como previsto no art. 102, I, "a", da Constituição Federal, pois ali se exige que se trate de ato normativo. Precedentes. 2. *Isso não impede que eventuais prejudicados se valham das vias adequadas ao controle difuso de constitucionalidade*, sustentando a inconstitucionalidade da destinação de recursos, como prevista na Lei em questão. 3. Ação Direta de Inconstitucionalidade não conhecida, prejudicado, pois, o requerimento de medida cautelar. Plenário. Decisão unânime.

Em face dessa decisão, quando todos os caminhos levavam à confirmação pela Suprema Corte de que o destino da arrecadação das contribuições não poderia ser desvinculado das finalidades propostas, o que se viu foi um retrocesso.

Entretanto, esse posicionamento do Supremo Tribunal Federal tomou um novo rumo após o julgamento da Ação Direta de Inconstitucionalidade nº 2.925/DF, que tratava justamente do desvio de destinação do produto da arrecadação da contribuição interventiva chamada de CIDE-Combustíveis.

A ministra relatora do processo, Ellen Gracie, corroborando o entendimento esposado no julgamento da ADIn nº 1.640/DF, não conheceu da ação. Embora tenha sido vencida, importante mencionar que segundo o entendimento da ministra relatora, a norma orçamentária é dotada de concretude, motivo por que não caberia a sua análise pelo controle concentrado de constitucionalidade. Em suas palavras:

> No confronto do caso em exame com a jurisprudência da Corte que tem reconhecido a ausência de abstração, generalidade e impessoalidade nas regras de natureza orçamentária, entendo, na mesma linha do Procurador-Geral, estar-se diante de ato formalmente legal, de efeito concreto, portador de normas individuais de autorização.[706]

De outro modo, o Ministro Marco Aurélio bem identificou que não se pode aplicar a toda norma orçamentária contestada pelo controle concentrado aquele entendimento esposado no julgamento da ADIn nº 1.640/DF. Em suas palavras:

---
[706] Voto da Ministra Ellen Gracie, p. 119.

Se entendermos caber a generalização, afastando por completo a possibilidade do controle concentrado, desde que o ato impugnado seja lei orçamentária, teríamos por colocar a lei orçamentária acima da Carta da República.[707]

Ora, não é porque a norma foi veiculada por meio de lei orçamentária que será necessariamente concreta. Aqui, é possível distinguir bem o veículo introdutor da norma introduzida. Isso foi claramente compreendido também pelo Ministro Gilmar Mendes, que afirmou:

> Em se tratando de lei orçamentária, com maior razão, porque, se atentarmos para aquilo que está no texto, veremos que ele não guarda qualquer relação — como já destacado pelo Ministro Marco Aurélio — com as normas típicas de caráter orçamentário. Ao contrário, está dotado de generalidade e abstração.[708]

De se notar que o Ministro Cezar Peluso entendeu se tratar de típica norma de competência, por ser "norma que dá a certo sujeito o poder de caráter geral para praticar uma série de atos, os quais é que serão concretos".

O Ministro Sepúlveda Pertence também reconheceu a generalidade e abstração da norma contestada e considerou o voto da Ministra Ellen Gracie "ortodoxamente fiel à jurisprudência que se vinha construindo, mas, que, conforme já disse, me causa desconforto em certas hipóteses".

Assim, o Supremo Tribunal Federal decidiu pelo conhecimento da Ação Direta de Inconstitucionalidade nº 2.925/DF, conforme quadro resumo de votação abaixo:

Ministro	Preliminar
Ellen Gracie	Não conheceu
Gilmar Mendes	Conheceu
Marco Aurélio	Conheceu
Carlos Velloso	Conheceu
Sepúlveda Pertence	Conheceu
Maurício Correia	Conheceu
Cezar Peluso	Conheceu

---

[707] Voto do Ministro Marco Aurélio, p. 123.
[708] Voto do Ministro Gilmar Mendes, p. 125.

Ao final, muito embora a Corte Suprema tenha conhecido a ADIn, mesmo tendo como objeto uma norma orçamentária, não houve alteração naquele entendimento (1.640/DF) de que não cabe o controle de constitucionalidade concentrado de atos normativos concretos. Veja que a manifestação dos ministros foi no sentido de conhecer a ADIn nº 2.925/DF, porquanto a norma impugnada foi considerada geral e abstrata.

Importante perceber, de outro modo, que a Corte Suprema nada disse sobre a impossibilidade de impugnação de normas orçamentárias concretas pelas vias do controle difuso. Pelo contrário, na linha do que foi decidido no julgamento da ADIn nº 1.640/DF, é, sim, possível. Relembre-se do teor da ementa anteriormente transcrita. Da sua análise é possível perceber que houve o pronunciamento de que caberia a análise das normas orçamentárias concretas por meio de controle difuso de constitucionalidade.[709]

Superada a etapa processual relativa ao cabimento da referida ADIn pelo exame da preliminar acerca da impossibilidade jurídica do pedido, passa-se à análise do mérito da questão. O que foi decidido pelo Supremo Tribunal Federal em matéria de desvinculação do produto da arrecadação por meio de normas orçamentárias? Poderia a lei orçamentária permitir a desvinculação das receitas arrecadadas por uma contribuição interventiva, contrariando a norma de destinação constitucional?

A resposta foi negativa, muito embora a discussão tenha sido acirrada e ampla, como será demonstrado a seguir.

8.3.5.7.1 Análise do mérito da ADIn nº 2.925/DF

Dando início à discussão de mérito, a Ministra Ellen Gracie não percebeu qualquer evidência de desvio de destinação do produto da arrecadação da contribuição interventiva. Segundo a Ministra, "o

---

[709] Sobre a necessidade de controle jurisdicional dos ornamentos públicos, Marcus Aurélio de Freitas Barros ressalta que: "O exame das políticas públicas, portanto, passa necessariamente pelo exame do orçamento ou, melhor dizendo, das diferentes peças orçamentárias. (...) A importância deste controle é manifesta, pois o orçamento é de ser concebido, diante do alto custo dos direitos, como instrumento de grande relevância para a efetividade dos direitos sociais, econômicos e culturais, bem como para a escolha das políticas públicas prioritárias. (...) Assim, sob pena de desprestígio à Constituição, não se pode prescindir do controle judicial dos orçamentos" (BARROS, Marcus Aurélio de Freitas. *Controle jurisdicional de políticas públicas*: parâmetros objetivos e tutela coletiva. Porto Alegre: Sergio Antonio Fabris, 2008. p. 159-161).

contingenciamento realizado não traduz, efetivamente, a ocorrência do desvio de finalidade na aplicação dos recursos da contribuição em debate".[710] Ainda de acordo com a ministra, "a inconstitucionalidade somente virá a ocorrer se os recursos da CIDE/Combustíveis forem, de fato, utilizados nas movimentações intraorçamentárias em outras finalidades que não as previstas no art. 177, §4º, II, da Constituição".[711]

Na discussão sobre o assunto, a ministra ainda afirmou que conseguia enxergar motivos para acatar o pedido da ADIn, porque "na realidade o que se procura é uma ordem que o Judiciário dê ao Executivo para que gaste o valor 'x' em tal finalidade".[712]

Esse ponto em especial merece um comentário. O Judiciário deve, sim, dizer ao Executivo que aplique o valor arrecadado com as contribuições interventivas para a finalidade proposta pela norma instituidora do tributo. Isso, como foi visto, decorre da aplicação da norma de competência constitucional que permite a criação da dita contribuição e obriga o Estado, composto pelos seus três poderes, a trabalhar para que o produto da arrecadação seja destinado ao custeio das finalidades propostas.

Não se trata pois, como parece ter imaginado a Ministra Ellen Gracie, de interferência do Poder Judiciário no orçamento elaborado pelo Poder Executivo, mas de interferência para que o Poder Executivo cumpra as normas tributárias tais quais estão dispostas na Constituição Federal. A mudança do orçamento, nesse caso, será consequência da regularização da situação que, antes, estava em desconformidade com o ordenamento pátrio.

Entrando nessa discussão, o Ministro Cezar Peluso reconhece a liberdade do Poder Executivo, desde que o exercício dessa liberdade não afete as normas constitucionais. Em suas palavras:

> O meu voto é no sentido de dar liberdade ao Governo para não invocar outra interpretação qualquer como pretexto para deixar de cumprir a Constituição, isto é, afasto todas as interpretações que dêem ao Governo um pretexto para não cumprir a Constituição. Segundo meu raciocínio, a Constituição exige que os recursos sejam aplicados nas três finalidades (...).[713]

---

[710] Voto da Ministra Ellen Gracie, p. 145.
[711] Voto da Ministra Ellen Gracie, p. 145.
[712] Trecho da discussão ocorrida por ocasião do pronunciamento do voto do Ministro Carlos Britto, p. 154.
[713] Voto do Ministro Cezar Peluso, p. 155.

O Ministro Nelson Jobim, por sua vez, acompanhou a Ministra Ellen Gracie e anotou que "ele [o Executivo] só pode lançar mão das reservas de contingência constantes da lei orçamentária para os fins específicos. Se aquela reserva é de contingência da CIDE, só pode ser usada para a suplementação orçamentária da destinação da CIDE".[714]

O Ministro Marco Aurélio entendeu tratar-se de "uma cláusula fechada" o mandamento constitucional da destinação do produto da arrecadação da chamada CIDE-Combustíveis. Ao final, julgando procedente o pedido da referida ação de inconstitucionalidade. Complementando, "é que o amanhã, se a decisão não for no sentido da procedência do pedido formulado na inicial, revelará o emprego dessa contribuição, do arrecadado a título dessa contribuição do artigo 177 §4º, em áreas diversas (...)".[715]

Carlos Velloso, caminhando na linha de raciocínio do que está sendo defendido neste trabalho, aduziu que:

> Expressamente a Constituição estabelece a destinação do produto da arrecadação da CIDE. Estamos todos de acordo em que a destinação nessa contribuição não pode ser desviada, porque não há como escapar do comando constitucional, art. 177, §4º, inciso II. (...) o Governo não pode gastar o produto da arrecadação da CIDE fora do que estabelece a Constituição Federal, art. 177, §4º, II. Noutras palavras, o Governo somente poderá gastar o produto da arrecadação da mencionada contribuição no que está estabelecido na Constituição, art. 177, §4º, II (...).[716]

Após a discussão que se instaurou no decorrer do pronunciamento do seu voto, o Ministro Carlos Velloso concluiu que "não estou dizendo que o Governo deve gastar, isso é um ato político, não pode é desvincular o produto da arrecadação daquilo que está expressamente estabelecido na Constituição".[717]

Ao final, o Supremo Tribunal Federal decidiu pela procedência do pedido dessa Ação Direta de Inconstitucionalidade nº 2.925/DF. Abaixo segue a íntegra da ementa:

> PROCESSO OBJETIVO – AÇÃO DIRETA DE INCONSTITU-CIONALIDADE – LEI ORÇAMENTÁRIA. Mostra-se adequado o controle concentrado de constitucionalidade quando a lei orçamentária

---
[714] Voto do Min. Nelson Jobim, p. 159 (Redação entre colchetes não consta no original).
[715] Voto do Min. Marco Aurélio, p. 170.
[716] Voto do Min. Carlos Velloso, p. 174-175.
[717] Voto do Min. Carlos Velloso, p. 180.

revela contornos abstratos e autônomos, em abandono ao campo da eficácia concreta. LEI ORÇAMENTÁRIA – CONTRIBUIÇÃO DE INTERVENÇÃO NO DOMÍNIO ECONÔMICO – IMPORTAÇÃO E COMERCIALIZAÇÃO DE PETRÓLEO E DERIVADOS, GÁS NATURAL E DERIVADOS E ÁLCOOL COMBUSTÍVEL – CIDE – DESTINAÇÃO – ARTIGO 177, §4º, DA CONSTITUIÇÃO FEDERAL. É inconstitucional interpretação da Lei Orçamentária nº 10.640, de 14 de janeiro de 2003, que implique abertura de crédito suplementar em rubrica estranha à destinação do que arrecadado a partir do disposto no §4º do artigo 177 da Constituição Federal, ante a natureza exaustiva das alíneas "a", "b" e "c" do inciso II do citado parágrafo.

Segue quadro resumo da votação sobre o mérito da questão tratada na Ação Direta de Inconstitucionalidade nº 2.925/DF:

Ministro	Mérito
Ellen Gracie	Improcedência do pedido
Joaquim Barbosa	Improcedência do pedido
Carlos Britto	Procedente
Cezar Peluso	Procedente
Gilmar Mendes	Procedente
Nelson Jobim	Improcedência do pedido
Marco Aurélio	Procedente
Carlos Velloso	Procedente
Sepúlveda Pertence	Improcedência do pedido
Maurício Correia	Procedente
Celso de Mello	Ausente

Paulo Ayres Barreto, após comentar esse julgamento, concluiu que na hipótese de não haver a efetiva destinação constitucional da contribuição, implica para o contribuinte "o direito de não pagá-la; se o pagamento já tiver ocorrido, nasce o direito subjetivo à repetição do indébito".[718]

A referida decisão demonstra que a Corte Constitucional brasileira está preocupada com a necessidade de observância do destino do produto da arrecadação, quando especificamente for determinado pela Constituição Federal.[719]

---

[718] BARRETO. Contribuições..., p. 202.
[719] Cf. CASTELLANI. Contribuições..., p. 209.

CAPÍTULO 9

CONCLUSÕES

9.1 O sistema do direito (Capítulo 1)

A Ciência do Direito (composta por proposições descritivas sobre o sistema do direito positivo) e o direito positivo (composto por normas jurídicas e apresentado em linguagem prescritiva) se enquadram no conceito de sistema, estando inseridos em um macrossistema social, que, por sua vez, também é composto por outros sistemas sociais (sistema econômico, moral, político etc.).

Esses sistemas se comunicam entre si por meio de uma "conversação intersistêmica" (acoplamento estrutural): relações comunicacionais existentes entre os sistemas. As relações comunicacionais intersistêmicas influenciam a alteração das estruturas internas de cada sistema. Assim, o sistema econômico influencia o agente criador de normas jurídicas e, da mesma forma, o sistema do direito (pelas normas que são criadas) influencia as condutas dos agentes do sistema econômico. Ambos estão lado a lado insertos no macrossistema social.

É natural, pois, que o sistema do direito positivo, por exemplo, selecione as informações que a ele são relevantes para o trato de suas operações internas. No entanto, frise-se, essas informações externas não propiciam a intervenção direta em sua estrutura.

É essencial que o sistema do direito utilize de suas próprias ferramentas — ainda que influenciado pelo sistema econômico — para modificação de sua estrutura (criação, modificação ou extinção de normas jurídicas).

9.2 Influências da comunicação intersistêmica e as fontes do direito (Capítulo 2)

O subsistema do direito brasileiro exige que o agente criador de normas interventivas verifique uma gama de acontecimentos (ocorridos no sistema econômico) que devem ser levados em consideração na criação das normas jurídicas. O sistema do direito autoriza e exige que acontecimentos e estruturas operativas de outros sistemas sociais sejam relevantemente tomados como influência para autorizar o agente competente à criação, extinção e modificação das regras estruturais do sistema do direito.

A chamada intervenção sobre o domínio econômico deve, pois, ter uma razão de ser. O Estado deve atuar quando sentir que a sua intervenção, na medida certa, é essencial para influenciar as condutas humanas, ou delas participar, de maneira a contribuir para o bem-estar social.

A criação das contribuições de intervenção sobre o domínio econômico decorre, ou deve decorrer, das várias influências resultantes da *conversa* entre o subsistema do direito positivo e o subsistema da economia. O subsistema da economia exerce influência sobre o agente estatal responsável pela criação de normas jurídicas (diga-se, elementos do direito positivo) que, impelido para manter o bem-estar social (da forma como está prescrito pela Constituição Federal), movimenta as estruturas do sistema do direito positivo para a criação de uma norma jurídica a fim de regular as condutas dos agentes econômicos.

Esse tema está relacionado ao tema das fontes do direito. A situação que corresponde ao nascimento da norma jurídica instituidora da contribuição de intervenção sobre o domínio econômico é determinada pelo próprio sistema do direito e realizada pelos agentes que compõem esse sistema na qualidade de entes competentes para a criação de normas jurídicas, ainda que influenciados pelas relações intersistêmicas.

A produção do direito não é algo que acontece em esfera alheia ao próprio sistema jurídico. É fruto de uma operação interna. Há, sempre, uma reprodução de elementos, em razão do funcionamento das estruturas existentes no próprio sistema do direito. Por isso se diz que o direito é um sistema autopoiético (aquele que se autorreproduz).

A intervenção no/sobre domínio econômico deve ser útil para a correção de desequilíbrios pontuais nos diversos setores do domínio econômico — aqueles que ponham em risco o atendimento aos princípios da ordem econômica.

A análise da eficácia social da contribuição intervencionista é essencial para verificar se a intervenção pretendida está sendo alcançada. Se a sociedade não anda conforme quer o Estado na medida em que promove a intervenção, esta não se realiza. Se a intervenção não alcança o fim pretendido, inviabilizada estará.

Depois de inserida no sistema (válida), o intérprete deve avaliar a sua constitucionalidade e fará isso quando verificar se o seu processo de criação levou em conta todas as regras que fazem parte do seu respectivo regime jurídico (formal e material)

É então que ganha importância a norma de competência, considerando que ela é a norma que estipula a forma pela qual as normas devem ser produzidas, tanto no aspecto formal quanto no aspecto material.

9.3 Domínio econômico, ordem econômica e intervenção estatal (Capítulo 3)

As ferramentas intervencionistas que atuam no ou sobre o domínio econômico funcionam como reguladoras da atividade econômica, ou seja, das relações sociais diretamente relacionadas à produção e distribuição de bens e prestação de serviços que acontecem no ambiente do sistema econômico. Essas relações, por estarem inseridas no sistema econômico, são aquelas que derivam dos atos e fatos praticados pelos agentes econômicos ou agentes da economia.

Quando a Constituição se refere à intervenção do Estado "no domínio econômico", está se referindo a uma atuação excepcional do Estado em campo em que não atua corriqueiramente. Daí a excepcionalidade da intervenção

O direito, diga-se, não intervém no domínio econômico, mas sobre ele. O direito não interferirá neste sistema econômico descritivo, nem nas relações econômicas. O direito e a economia são dois sistemas diferentes. Cada qual com seus próprios elementos e estruturas. Os elementos de um sistema não atuam — não modificam — as estruturas de outros sistemas. Quando muito, influenciam os agentes que movimentam essas estruturas, modificando-as. Não passa de uma influência. Da mesma forma que o sistema econômico não cria norma jurídica, o sistema do direito não altera as estruturas econômicas (o direito não toca a realidade, da mesma forma que a realidade do sistema econômico também não interfere na estrutura do direito).

Somente se a intervenção for direta se poderá falar em intervenção no domínio econômico, já que nessa hipótese o Estado está autorizado a explorar diretamente a atividade econômica, enquanto partícipe excepcional das atividades econômicas que poderá acontecer até mesmo por meio da prestação de serviços públicos.

Na intervenção indireta, o Estado atua como agente normativo sobre as atividades econômicas por direção ou por indução. Nessa última modalidade encontram-se as contribuições interventivas.

A ordem econômica da Constituição de 1988 é composta pelos princípios que estabelecem o fim social para o qual as atividades econômicas devem se dirigir, segundo a observância de alguns princípios, entre eles: (i) livre iniciativa; (ii) soberania nacional; (iii) propriedade privada e função social da propriedade; (v) livre concorrência; (vi) defesa do consumidor; (vii) defesa do meio ambiente; (viii) redução das desigualdades regionais e sociais; (ix) busca do pleno emprego; (x) tratamento favorecido para as empresas de pequeno porte; e (xi) garantia do livre exercício de qualquer atividade econômica.

9.4 Subsunção da contribuição de intervenção sobre o domínio econômico ao conceito de tributo (Capítulo 4)

O legislador do Código Tributário Nacional, apesar de ter incorrido em inconsistências linguísticas, definiu acertadamente as notas para a inserção de institutos jurídicos na classe dos tributos. São elas: (*i*) ser prestação pecuniária e compulsória; (*ii*) não constituir sanção por ato ilícito; (*iii*) ser instituído por lei; e (*iv*) ser cobrado mediante atividade administrativa.

A contribuição de intervenção sobre o domínio econômico se subsome, assim, ao conceito de tributo. Definido esse ponto, já é possível identificar o conjunto de normas que fazem parte do regime jurídico geral ao qual a contribuição deve ser submetida.

Definido o regime jurídico geral, conclui-se por afirmar que o regime jurídico específico é aquele aplicado às contribuições enquanto espécie autônoma de tributos, caracterizados pela necessidade de vinculação do produto da arrecadação.

O instituto da vinculação do produto da arrecadação é dado jurídico e, como tal, deve ser estudado pela Ciência do Direito, ainda que se esteja tratando somente das normas que rodeiam o conceito de tributo, mormente porque tal instituto é levado a cabo pelas normas constitucionais que outorgam competência tributária.

9.5 Competência para tributar e competência para intervir sobre o domínio econômico (Capítulo 5)

O Brasil segue a forma federativa de Estado. O princípio federativo assegura a autonomia — operacionalmente garantida pela outorga descentralizada de competências aos respectivos entes políticos federados — e a preservação dos limites de competência de cada ente federado. Competências de ordem financeira, administrativa e política foram repartidas e distribuídas aos entes federados, considerando o caráter exclusivo privativo ou concorrente, sob a preocupação de evitar eventuais conflitos em razão do consecutivo exercício.

A autonomia financeira é assegurada à medida que a Constituição Federal outorga aos entes federados a competência para a criação de tributos — prerrogativa (aptidão) para inovar o ordenamento jurídico, através da produção de normas jurídicas que versem sobre a criação, *in abstrato*, de tributos, considerando a necessidade de manutenção econômica dos entes federados.

No rol das competências, inclui-se também a competência para intervir no e sobre o domínio econômico. O texto constitucional admite o exercício da competência tributária em razão da necessidade de intervenção sobre o domínio econômico ou, em sentido contrário, admite que a necessidade de intervenção sobre o domínio econômico exija do Estado a movimentação de sua máquina legislativa para a criação de tributos que, além de arrecadar, são tidos como importantes instrumentos intervencionistas.

Se pelo lado tributário a competência para a instituição das contribuições interventivas está enunciada no artigo 149 da Constituição Federal, pelo lado intervencionista, a criação dessas contribuições como mecanismos de intervenção indireta está prevista pelo artigo 174 do mesmo texto constitucional, o qual enuncia que: enquanto agente normativo e regulador da atividade econômica (e é o caso aqui, tipicamente, de intervenção indireta), o Estado exercerá as funções de: (*i*) fiscalização; (*ii*) incentivo; e (*iii*) planejamento.

As normas instituídas com base nas competências tributárias e intervencionistas, precisamente aquelas que tratam da intervenção por indução (também materializada pela contribuição interventiva), podem promover tanto estímulos quanto desestímulos. A intervenção pode ser promovida por normas tributárias de indução positiva ou por normas tributárias de indução negativa.

Todo tributo, tenha o legislador intentado ou não, sempre intervirá no mundo social. Sempre terá caráter extrafiscal. Da mesma forma, todo tributo terá caráter arrecadatório. O tributo, em menor ou maior escala, sempre modificará as atividades dos agentes econômicos e sempre instrumentalizará a arrecadação de recursos. Daí por que o tributo (extrafiscal ou arrecadatório) se sujeita ao mesmo regime jurídico. Assim, ainda que tenha um caráter eminentemente extrafiscal, a contribuição interventiva deverá atender às regras dispostas no regime jurídico, relativas aos tributos.

A contribuição interventiva é um instrumento de tributação à disposição do Estado para promover a intervenção por indução no domínio econômico. A indução pretendida pelas contribuições interventivas ocorrerá de duas formas: (*i*) por meio de norma que objetive o desestímulo de determinada conduta; ou (*ii*) por meio de norma que tenha o objetivo de buscar recursos, sem, contudo, onerar excessivamente o contribuinte, para custear as políticas intervencionistas em prol desses mesmos contribuintes.

A contribuição interventiva que objetive o desestímulo de uma determinada conduta praticada pelos agentes das relações econômicas é o próprio instrumento promotor da intervenção. Enquanto instrumento desestimulador de condutas, a contribuição intervencionista tem como objetivo imediato o desestímulo de determinadas condutas, e como objetivo mediato, a arrecadação de tributos. Aqui, a intervenção propriamente dita estaria situada no âmbito do objetivo imediato da norma intervencionista, ou seja, basta a criação da norma para que se dê a consecução da intervenção.

A contribuição interventiva, cuja finalidade é a de arrecadar para custear a promoção da intervenção, terá como objetivo imediato a arrecadação, e como objetivo mediato, a intervenção, desta feita, por meio do fomento de políticas administrativas intervencionistas, necessariamente custeadas por essa arrecadação. Nesse caso, a característica interventiva estaria estampada no âmbito do objetivo mediato da norma.

As normas de imunidade tributária ajudam a conformar o campo de competência do legislador tributário. São normas que delimitam negativamente esse campo de atuação, independentemente da espécie tributária que se pretende criar.

As imunidades tributárias relacionadas à instituição das contribuições interventivas são as seguintes: (*i*) imunidade tributária das receitas de exportação; (*ii*) imunidade sobre as operações financeiras vinculadas ao ouro; e (*iii*) imunidade conferida pelo art. 155, §3º, da Constituição Federal: energia elétrica, serviços de telecomunicações, derivados do petróleo, combustíveis e minerais.

9.6 Princípios constitucionais conformadores da competência para instituição das contribuições interventivas (Capítulo 6)

Os princípios são mandamentos nucleares do sistema do direito positivo que têm a função de conformar o exercício das atividades executivas, legislativas e judiciárias, traçando os limites de atuação, quando da manipulação das estruturas normativas para regular as relações intersubjetivas.

Enquanto tributo, a contribuição de intervenção sobre o domínio econômico tem em sua volta princípios jurídicos tributários. Esses princípios são aqueles que estão diretamente ligados às atividades de instituição, arrecadação e fiscalização dos tributos, vinculando não só o legislador, mas todos os agentes competentes para a criação de normas em matéria de tributos.

Enquanto espécie autônoma de tributo, a contribuição interventiva está adstrita a um regime jurídico específico dos princípios que fazem parte desse regime jurídico especial.

Entre os princípios que fazem parte do regime jurídico específico das contribuições interventivas, os principais são: legalidade, anterioridade, referibilidade e proporcionalidade. Todos possuem reflexos diretos na instituição, arrecadação e destinação dos produtos oriundos dessa espécie de tributo.

O princípio da legalidade, além de prever a necessidade de lei (aqui se fala somente em lei ordinária) para a criação das contribuições interventivas, exige a positivação dos motivos que justificam a intervenção. A lei que instituí-la deverá positivar os motivos que justificaram a criação da contribuição.

As contribuições interventivas estão sujeitas aos limites objetivos propostos pelas regras de anterioridade geral e mitigada, relativas à consagração do princípio da anterioridade, não se sujeitando, pois, à anterioridade nonagesimal do artigo 195, §6º, da Constituição Federal.

O princípio da referibilidade não está expresso no texto da Constituição Federal; é uma proposição prescritiva construída pela união de alguns enunciados constitucionais, intrínsecos à própria norma de competência das contribuições interventivas.

Esse mandamento constitucional corresponde à necessidade da existência de um vínculo triangular entre os três elementos que fazem parte da contribuição de intervenção sobre o domínio econômico: (*i*) a conduta tomada pelo legislador para compor o critério material de sua regra-matriz de incidência; (*ii*) o grupo de agentes eleitos para compor a relação jurídica tributária na qualidade de sujeitos passivos; e (*iii*) a finalidade que fundamentou a sua instituição, o que pode ser aferido pela destinação que é atribuída ao produto da arrecadação.

O princípio da proporcionalidade é identificado pela análise de três critérios: necessidade, adequação e proibição do excesso. Aplicando esses critérios, será possível perceber a proporcionalidade da contribuição interventiva, depois de respondidas as seguintes questões: (*i*) a intervenção é oportuna? (*ii*) É meio adequado para atingir a finalidade pretendida? (*iii*) Fere alguma garantia fundamental do contribuinte? (*iv*) Há excesso na medida?

Não será proporcional a contribuição interventiva criada para desestimular a única atividade pela qual o sujeito passivo poderá atingir determinado objetivo (essa intervenção deve ser feita, se não ferir outros princípios constitucionais gerais, por direção, e não por indução). Também não cumpre a proporcionalidade aquela contribuição interventiva estimuladora que não arrecade fundos suficientes para custear a intervenção pretendida.

9.7 Regra-matriz de incidência tributária constitucional das contribuições interventivas (Capítulo 7)

A norma instituidora da contribuição de intervenção sobre o domínio econômico será necessariamente uma norma jurídica tributária e como tal deverá trazer em seu bojo os critérios necessários para identificar a hipótese de incidência tributária e os consequentes critérios que caracterizam os elementos da relação jurídica tributária. Esta norma é chamada de regra-matriz de incidência tributária.

O seu conjunto de critérios deve ser preenchido com os indicativos materiais propostos pelo próprio ordenamento jurídico, os quais são de observância imprescindível para a instituição de qualquer tributo.

A Constituição Federal não definiu expressamente as materialidades das contribuições interventivas. Por isso, a União está livre para escolher a situação de fato que ensejará a incidência desse tributo. No entanto, em atenção à referibilidade e à necessidade de buscar a eficácia da intervenção, a materialidade escolhida deve ser habitualmente praticada pelos agentes de um determinado grupo econômico, que sofrerá a intervenção.

O critério espacial coincide com os limites territoriais da União, devendo-se ressaltar que a exigência das contribuições interventivas deve ser uniforme, como estabelece o artigo 151, inciso I, da Constituição Federal.

No que se refere ao critério temporal, é importante assentar que o legislador infraconstitucional não está livre. Além do princípio da anterioridade tributária, é necessário obedecer também ao princípio da irretroatividade tributária (artigo 150, inciso III, alínea "a", da Constituição Federal) e ao da anterioridade (artigo 150, inciso III, alíneas "b" e "c", da Constituição Federal).

A União é o ente competente para a criação das contribuições interventivas, devendo figurar como sujeito ativo das relações jurídicas tributárias decorrentes da incidência desse tributo. Poderá, no entanto, delegar a capacidade contributiva. Neste caso, poderá fazê-lo, inclusive, para as agências reguladoras. A única exigência é que o valor arrecadado seja destinado e aplicado para os fins pretendidos pela intervenção.

A escolha do sujeito passivo é crucial. Ele deve participar do setor do domínio econômico que sofrerá a intervenção, em atenção ao princípio da referibilidade.

Ao se enquadrar em uma das situações previstas como determinantes para o critério material das contribuições interventivas, o contribuinte escolhido deverá recolher um montante a tributo com base no signo presuntivo de riqueza, reflexo econômico do fato jurídico tributário praticado.

Não há no texto constitucional indicação objetiva do índice que deve corresponder à alíquota das contribuições interventivas. No entanto, é importante mencionar que ela não deve extrapolar os limites constitucionais estabelecidos, mantendo especial observância ao princípio da proporcionalidade, vertente do princípio da igualdade, aplicável às contribuições interventivas.

9.8 Critérios de avaliação da contribuição de intervenção sobre o domínio econômico (Capítulo 8)

O regime jurídico dessas contribuições interventivas é composto por normas específicas, cuja inobservância pode, inclusive, descaracterizar esta subespécie tributária. São requisitos formais e materiais que atuam sobre a atividade legislativa, decorrentes da própria norma de competência tributária, e ajudam na conformação da respectiva regra-matriz de incidência.

Os requisitos formais são: (*i*) sujeito competente (União); (*ii*) veículo introdutor (lei ordinária); e (*iii*) procedimento de produção normativa (processo legislativo para criação de leis ordinárias).

Os critérios materiais são: (*i*) necessidade justificada de intervenção sobre domínio econômico; (*ii*) provisoriedade da intervenção;

(*iii*) vinculação prévia do produto da arrecadação; (*iv*) relação entre o sujeito passivo e a área econômica afetada; (*v*) destinação necessária do produto da arrecadação.

Sobre a necessidade fundamentada de intervenção, tem-se que o Estado, antes de instituir a contribuição de intervenção sobre o domínio econômico, deverá avaliar a sua real necessidade e, ao exercer sua competência tributária, deverá direcioná-la para a correção e/ou para o fomento de alguma disfunção econômica. Além disso, deverá demonstrar no corpo da norma instituída a sua intenção intervencionista, ou seja, o "motivo constitucional" da intervenção.

A intervenção, enquanto meio eventual de fomento para a correção de situações de desequilíbrio no domínio econômico que ameaçam a observância dos princípios norteadores da ordem econômica, deve ser eventual e justificada e, ainda, provisória. Terá um prazo de duração que deve coincidir com o prazo necessário para a normalização da situação de desequilíbrio.

Outro critério, o da vinculação prévia do produto da arrecadação, exige que o legislador prescreva, juntamente com a criação da norma instituidora da contribuição interventiva, as diretrizes que regularão a destinação do produto da arrecadação.

A relação entre o sujeito passivo e a área econômica afetada pela intervenção é critério que decorre do princípio da referibilidade. Os setores afetados pela intervenção sobre o domínio econômico, materializada por uma contribuição interventiva, devem ser os mesmos ou guardar uma estreita relação com os setores que serão beneficiados em face da destinação do produto da arrecadação.

Não pode haver uma contribuição interventiva que incida sobre a coletividade, pois que perderia o caráter eventual e pontual relativo à intervenção.

Por fim, deve-se notar que não basta haver a vinculação legal do produto da arrecadação. É necessário que haja a sua efetiva destinação para a atuação da União nas respectivas áreas.

Partindo da premissa de que o direito é uno e indivisível, é possível dizer que as desvinculações (constitucional, legal e de fato) podem desnaturar a própria contribuição. O critério da destinação está disposto na norma constitucional de competência. Portanto, a própria Constituição Federal exige que os valores arrecadados sejam efetivamente destinados às finalidades pretendidas.

A inobservância desse requisito macula a própria natureza jurídica da contribuição interventiva, fazendo nascer o direito do contribuinte de se insurgir contra a sua cobrança.

REFERÊNCIAS

ALEXY, Robert. *Teoria dos direitos fundamentais*. Tradução de Virgílio Afonso da Silva. São Paulo: Malheiros, 2006.

AMARO, Luciano da Silva. Conceito e classificação dos tributos. *Revista de Direito Tributário*, São Paulo, v. 15, n. 55, p. 239-296, jan./mar. 1991.

AMARO, Luciano da Silva. *Direito tributário brasileiro*. 9. ed. São Paulo: Saraiva, 2003.

ARAUJO, Clarice von Oertzen. *Semiótica do direito*. São Paulo: Quartier Latin, 2005.

ATALIBA, Geraldo. *Apontamentos de ciências das finanças, direito financeiro e tributário*. São Paulo: Revista dos Tribunais, 1969.

ATALIBA, Geraldo. *Hipótese de incidência tributária*. 6. ed. São Paulo: Malheiros, 2005.

ÁVILA, Humberto. *Sistema constitucional tributário*. 3. ed. São Paulo: Saraiva, 2008.

ÁVILA, Humberto. *Teoria dos princípios*: da definição à aplicação dos princípios jurídicos. 8. ed. São Paulo: Malheiros, 2008.

BACHOF, Otto. *Normas constitucionais inconstitucionais?*. Coimbra: Almedina, 1994.

BANDEIRA DE MELLO, Celso Antônio. *Curso de direito administrativo*. 16. ed. São Paulo: Malheiros, 2003.

BANDEIRA DE MELLO, Celso Antônio. Legalidade, motivo e motivação do ato administrativo. *Revista de Direito Público*, São Paulo, v. 90, 1989.

BARRETO, Paulo Ayres. *Contribuições*: regime jurídico, destinação e controle. São Paulo: Noeses, 2006.

BARROS, Marcus Aurélio de Freitas. *Controle jurisdicional de políticas públicas*: parâmetros objetivos e tutela coletiva. Porto Alegre: Sergio Antonio Fabris, 2008.

BASTOS, Celso Ribeiro. A Constituição de 1988. *In*: D'ÁVILA, Luiz Felipe (Org.). *Constituições brasileiras*. São Paulo: Brasiliense, 1993.

BASTOS, Celso Ribeiro. *Curso de direito administrativo*. São Paulo: Celso Bastos, 2002.

BECKER, Alfredo Augusto. *Teoria geral do direito tributário*. 3. ed. São Paulo: Lejus, 2002.

BERTI, Flávio de Azambuja. *Impostos*: extrafiscalidade e não confisco. Curitiba: Juruá, 2006.

BOBBIO, Norberto. *Da estrutura à função*: novos estudos de teoria do direito. Tradução de Daniela Beccaccia Versiani. Barueri: Manole, 2007.

BOBBIO, Norberto. *Teoria do ordenamento jurídico*. 10. ed. Brasília: UnB, 1999. Reimpr. 2006.

BOMFIM, Diego. Cide-tecnologia: análise das alterações promovidas pela Lei nº 11.452/07. *Revista Dialética de Direito Tributário*, São Paulo, n. 155, p. 26-34, ago. 2008.

BOMFIM, Diego. *Tributação e livre concorrência*. São Paulo: Saraiva, 2011.

BONAVIDES, Paulo. *Do estado liberal ao estado social*. 8. ed. São Paulo: Malheiros, 2007.

BORGES, José Souto Maior. *Obrigação tributária*: uma introdução metodológica. 2. ed. Malheiros, 1999.

BRITO, Edvaldo. A Constituição de 1946. *In*: D'ÁVILA, Luiz Felipe. *Constituições brasileiras*. São Paulo: Brasiliense, 1993.

CAMPILONGO, Celso Fernandes. *Política, sistema jurídico e decisão judicial*. São Paulo: Max Limonad, 2002.

CARRAZZA, Roque Antonio. *Curso de direito constitucional tributário*. 19. ed. rev. atual. e ampl. 3. tiragem com suplemento de atualização em face das Emendas Constitucionais 40, 41 e 42 de 2003. São Paulo: Malheiros, 2004.

CARRAZZA, Roque Antonio. *O ICMS na Constituição*. 11. ed. São Paulo: Malheiros, 2006.

CARVALHO, Cristiano. *Teoria do sistema jurídico*: direito, economia, tributação. São Paulo: Quartier Latin, 2005.

CARVALHO, Paulo de Barros. *Curso de direito tributário*. 19. ed. São Paulo: Saraiva, 2007.

CARVALHO, Paulo de Barros. *Direito tributário linguagem e método*. São Paulo: Noeses, 2008.

CARVALHO, Paulo de Barros. *Direito tributário linguagem e método*. São Paulo: Noeses, 2009

CARVALHO, Paulo de Barros. *Direito tributário*: fundamentos jurídicos da incidência. 3. ed. São Paulo: Saraiva, 2004.

CARVALHO, Paulo de Barros. Interpretação e linguagem: concessão e delegação de serviço público. *Revista Trimestral de Direito Público*, São Paulo, n. 10, p. 78-88, 1995.

CASTELLANI, Fernando F. *Contribuições especiais e sua destinação*. São Paulo: Noeses, 2009.

COÊLHO, Sacha Calmon Navarro. *Contribuições no direito brasileiro*. São Paulo: Quartier Latin, 2007.

COMPARATO, Fabio Konder. Ordem econômica na Constituição brasileira de 1988. *Revista de Direito Público*, São Paulo, v. 23, n. 93, p. 263-276, jan./mar. 1990.

COPI, Irving M. *Introdução à lógica*. 2. ed. Tradução de Álvaro Cabral. São Paulo: Mestre Jou, 1978.

DERZI, Misabel Abreu Machado. Notas de atualização. *In*: BALEEIRO, Aliomar. *Direito tributário brasileiro*. 11. ed. Rio de Janeiro: Forense, 2001.

DERZI, Misabel Abreu Machado. Notas de atualização. *In*: BALEEIRO, Aliomar. *Limitações constitucionais ao poder de tributar*. Rio de Janeiro: Forense, 2003.

DI PIETRO, Maria Sylvia Zanella. *Direito administrativo*. 12. ed. São Paulo: Atlas, 2000.

DIAS, Juarez Sanfelice. *Contribuição de intervenção no domínio econômico*. Dissertação (Mestrado em Direito) – Pontifícia Universidade Católica de São Paulo, São Paulo, 2002.

DWORKIN, Ronald. *Levando os direitos a sério*. Tradução de Nelson Boeira. São Paulo: Martins Fontes, 2002.

FALCÃO, Raimundo Bezerra. *Hermenêutica*. 3. tiragem. São Paulo: Malheiros, 2004.

FERRAZ JR., Tercio Sampaio. *Direito constitucional*: liberdade de fumar, privacidade, estado, direitos humanos e outros temas. Barueri: Manole, 2007.

FERRAZ JR., Tercio Sampaio. Fundamento e limites constitucionais da intervenção do estado no domínio econômico. *Revista de Direito Público*, São Paulo, v. 47-48, 1978.

FERRAZ JR., Tercio Sampaio. *Introdução ao estudo do direito*. 4. ed. São Paulo: Atlas, 2003.

FERRAZ, Anna Cândida da Cunha. A Constituição de 1934. *In*: D'ÁVILA, Luiz Felipe. *As Constituições brasileiras*. São Paulo: Brasiliense, 1993.

FERRAZ, Roberto. Intervenção do estado na economia por meio da tributação: a necessária motivação dos textos legais. *Revista Direito Tributário Atual*, São Paulo, v. 20, 2006.

FERREIRA, Cristiane Leme. *As contribuições de intervenção no domínio econômico na Constituição Federal de 1988*. Dissertação (Mestrado) – Pontifícia Universidade Católica de São Paulo, São Paulo, 2004.

FERREIRO LAPATZA, José Juan. *Direito tributário*: teoria geral do tributo. Barueri: Manole, 2007.

FLUSSER, Vilém. *Língua e realidade*. 3. ed. São Paulo: Annablume, 2007.

FONSECA, João Bosco Leopoldino da. *Direito econômico*. 5. ed. Rio de Janeiro: Forense, 2004.

GAMA, Tácio Lacerda. *Competência tributária*: fundamentos para uma teoria da nulidade. São Paulo: Noeses, 2009.

GAMA, Tácio Lacerda. *Contribuição de intervenção no domínio econômico*. São Paulo: Quartier Latin, 2003.

GAMA, Tácio Lacerda. Ordem econômica e tributação. *Revista de Direito Tributário*, São Paulo, v. 103, 2009.

GARCÍA DE ENTERRÍA, Eduardo; FERNÁNDEZ, Tomás-Ramón. *Curso de derecho administrativo*. 6. ed. Madrid: Civitas, 1994. v. 1.

GIORGI, Raffaele de. Luhmann e a teoria jurídica dos anos 70. Tradução de Luiz Fernando Mussolini Júnior. *In*: CAMPILONGO, Celso Fernandes. *O direito na sociedade complexa*. São Paulo: Max Limonad, 2000.

GODOI, Marciano Seabra de. Contribuições sociais e de intervenção no domínio econômico: a paulatina desconstrução de sua identidade constitucional. *Revista de Direito Tributário da APET*, São Paulo, v. 15, p. 95-101, 2007.

GODOI, Marciano Seabra de. O que é e o porquê da tipicidade tributária. *In*: RIBEIRO, Ricardo Lodi; ROCHA, Sérgio André (Coord.). *Legalidade e tipicidade no direito tributário*. São Paulo: Quartier Latin, 2008.

GONÇALVES, José Artur Lima. Contribuições de intervenção. *In*: ROCHA, Valdir de Oliveira (Coord.). *Grandes questões atuais do direito tributário*. São Paulo: Dialética, 2003. v. 7.

GRAU, Eros Roberto. *A ordem econômica na Constituição de 1988*. 12. ed. São Paulo: Malheiros, 2007.

GRAU, Eros Roberto. *Elementos de direito econômico*. São Paulo: Revista dos Tribunais, 1982.

GRECO, Marco Aurélio. A destinação dos recursos decorrentes da contribuição de intervenção no domínio econômico: CIDE sobre combustíveis. *Revista Dialética de Direito Tributário*, São Paulo, n. 104, 2004.

GRECO, Marco Aurélio. Contribuições de intervenção no domínio econômico: parâmetros para sua criação. In: GRECO, Marco Aurélio (Coord.). *Contribuições de intervenção no domínio econômico e figuras afins*. São Paulo: Dialética, 2001.

GRECO, Marco Aurélio. *Contribuições*: uma figura *sui generis*. São Paulo: Dialética, 2000.

GUIBOURG, Ricardo A.; GHIGLIANI, Alejandro M.; GUARINONI, Ricardo V. *Introducción al conocimiento científico*. Buenos Aires: Universitária, 1985.

GUYARD-FABRE, Simone. *Os fundamentos da ordem jurídica*. Tradução de Claudia Berliner. São Paulo: Martins Fontes, 2007.

HART, Herbert L. A. *O conceito de direito*. Tradução de A. Ribeiro Mendes. Lisboa: Fundação Calouste Gulbenkian, 2007.

HORVATH, Estevão. As contribuições na Constituição brasileira: ainda sobre a relevância da destinação do produto da arrecadação. *Revista de Direito Tributário*, São Paulo, v. 100, 2008.

HORVATH, Estevão. Conferência: das contribuições de intervenção no domínio econômico. *Revista de Direito Tributário*, São Paulo, v. 91, 2004. VII Congresso Brasileiro de Direito Tributário, 2004.

HORVATH, Estevão. *O princípio do não-confisco no direito tributário*. São Paulo: Dialética, 2002.

JARACH, Dino. *O fato imponível*: teoria geral do direito tributário substantivo. 2. ed. Tradução de Dejalma de Campos. São Paulo: Revista dos Tribunais, 2004.

KELSEN, Hans. *Teoria geral do Estado e do direito*. Tradução de Luís Carlos Borges. São Paulo: Martins Fontes, 2005.

KELSEN, Hans. *Teoria pura do direito*. Tradução de João Batista Machado. 6. ed. São Paulo: Martins Fontes, 1998.

LINS, Robson Maia. *Controle de constitucionalidade da norma tributária*. São Paulo: Quartier Lartin, 2005.

LONGO, José Henrique. Natureza jurídica do ressarcimento no rateio de despesas. *Revista Dialética de Direito Tributário*, São Paulo, v. 77, 2002.

LUHMANN, Niklas. *El derecho de la sociedad*. Tradução de Javier Torres Nafarrate. Lomas de Santa Fe. México: Universidade Iberoamericana; Biblioteca Francisco Xavier Clavigero, 2002.

LUHMANN, Niklas. *Sociologia do direito I*. Rio de Janeiro: Tempo Brasileiro, 1983.

MACHADO SEGUNDO, Hugo de Brito. *Contribuições e federalismo*. São Paulo: Dialética, 2005.

MACHADO, Hugo de Brito. Contribuições de intervenção no domínio econômico e a federação. In: MARTINS, Ives Gandra da Silva (Coord.). *Contribuições de intervenção no domínio econômico*. São Paulo: Revista dos Tribunais; Centro de Extensão Universitária, 2002.

MACHADO, Hugo de Brito. *Curso de direito tributário*. 24. ed. São Paulo: Malheiros, 2004.

MACHADO, Hugo de Brito; MACHADO SEGUNDO, Hugo de Brito. Tarifas aeroportuárias: natureza tributária: adicional de tarifas aeroportuárias: CIDE-inconstitucionalidade. *Revista Dialética de Direito Tributário*, São Paulo, v. 119, 2005.

MARINHO, Rodrigo César. A capacidade contributiva e os limites à tributação. *In*: GOUVEIA, Carlos Marcelo. *Atual panorama da Constituição Federal*. São Paulo: Saraiva, 2008.

MARQUES, Márcio Severo. *Classificação constitucional dos tributos*. São Paulo: Max Limonad, 2000.

MAXIMILIANO, Carlos. *Hermenêutica e aplicação do direto*. Rio de Janeiro: Freitas Bastos, 1941.

MELO, José Eduardo Soares de. Contribuições sociais no sistema tributário. *Revista de Direito Tributário*, São Paulo, v. 94, 2005.

MELO, José Eduardo Soares. Contribuições de intervenção no domínio econômico e a federação. *In*: MARTINS, Ives Gandra da Silva (Coord.). *Contribuições de intervenção no domínio econômico*. São Paulo: Revista dos Tribunais; Centro de Extensão Universitária, 2002.

MENDONÇA, Cristiane. *Competência tributária*. São Paulo: Quartier Latin, 2004.

MOREIRA, Vital. *Economia e Constituição para o conceito de constituição econômica*. 2. ed. Coimbra: Limitada, 1979.

MOURA, Frederico Araújo Seabra de. *Lei complementar tributária*. São Paulo: Quartier Latin, 2009.

MOUSSALLEM, Tárek Moysés. *Fontes do direito tributário*. 2. ed. São Paulo: Noeses, 2006.

MOUSSALLEM, Tárek Moysés. *Revogação em matéria tributária*. São Paulo: Noeses, 2005.

MUNERA ARANGO, Dario. *El derecho econômico*: ensayo sobre la aparición de un nuevo dominio jurídico. Bogotá: Imprensa Nacional, 1963.

NEVES, Marcelo. *A constitucionalização simbólica*. São Paulo: Martins Fontes, 2007.

NEVES, Marcelo. *Teoria da inconstitucionalidade das leis*. São Paulo: Saraiva, 1998.

NEVES, Rodrigo Santos. *Função normativa e agências reguladoras*: uma contribuição da teoria dos sistemas à regulação jurídica da economia. Rio de Janeiro: Lumen Juris, 2009.

OLIVEIRA, Fernando A. Albino de. Limites e modalidades da intervenção do Estado no domínio econômico. *Revista de Direito Público*, São Paulo, v. 37-38, 1976.

OLIVEIRA, José Marcos Domingos de. Contribuições sociais, desvio de finalidade e a dita reforma da previdência social brasileira. *Revista Dialética de Direito Tributário*, São Paulo, v. 108, 2004.

OLIVEIRA, Regis Fernandes de. Contribuições sociais e desvio de finalidade. *In*: SCHOUERI, Luís Eduardo. *Direito tributário*: homenagem a Paulo de Barros Carvalho. São Paulo: Quartier Latin, 2008.

OLIVEIRA, Regis Fernandes de; HORVATH, Estevão. *Manual de direito financeiro*. 3. ed. São Paulo: Revista dos Tribunais, 2000.

PEIXOTO, Daniel Monteiro. *A competência administrativa na aplicação do direito tributário*. São Paulo: Quartier Latin, 2006.

PEIXOTO, Daniel Monteiro. Desvio de finalidade das contribuições de intervenção no domínio econômico. *Revista de Direito Tributário*, São Paulo, v. 102, 2008.

PETRY, Rodrigo C. O critério finalístico no controle das contribuições especiais. *Revista Dialética de Direito Tributário*, São Paulo, v. 112, 2005.

PIMENTA, Paulo Roberto Lyrio. *Contribuições de intervenção no domínio econômico*. São Paulo: Dialética, 2002.

PIMENTA, Paulo Roberto Lyrio. Perfil constitucional das contribuições de intervenção no domínio econômico. *In*: GRECO, Marco Aurélio (Coord.). *Contribuições de intervenção no domínio econômico*. São Paulo: Dialética, 2001.

PINTO, Flávia Sousa Dantas. Regra matriz das contribuições: uma proposta. *In*: MARTINS, Ives Gandra da Silva; ELALI, André (Coord.). *Elementos atuais de direito tributário*. Curitiba: Juruá, 2008.

PONTES DE MIRANDA. *Comentários à Constituição de 1946*. 2. ed. São Paulo: Max Limonad, 1953. v. 1, arts. 1º ao 14.

PONTES, Helenilson Cunha. *O princípio da proporcionalidade e o direito tributário*. São Paulo: Dialética, 2000.

PORTO NETO, Benedicto. Pressupostos do ato administrativo. *In*: SUNDFELD, Carlos Ari; MUÑOZ, Guillermo Andrés (Coord.). *As leis de processo administrativo*: Lei Federal 9.784/99 e Lei Paulista 10.177/98. São Paulo: Malheiros, 2000.

REICH, Norbert. Intervenção do Estado na economia: reflexões sobre a pós-modernidade na teoria jurídica. Tradução de Fernando Herren Aguillar. *Revista de Direito Público*, São Paulo, v. 23, n. 94, abr./jun. 1990.

ROBLES, Gregorio. *Direito como texto*: quatro estudos da teoria comunicacional do direito. Barueri: Manole, 2005.

ROCHA, Sérgio André. Aspectos fiscais do reembolso de despesas e do compartilhamento de custos. *Revista Dialética de Direito Tributário*, São Paulo, n. 132, p. 97-110, set. 2006.

SANTI, Eurico Marcos Diniz de. As classificações no sistema tributário brasileiro. *In*: SANTI, Eurico Marcos Diniz de. *Justiça tributária*. São Paulo: Max Limonad, 1998. I Congresso Internacional de Direito Tributário.

SANTI, Eurico Marcos Diniz de. *Lançamento tributário*. 2. ed. São Paulo: Max Limonad, 2001.

SANTI, Eurico Marcos Diniz de; CANADO, Vanessa Rahal. Direito tributário direito financeiro: reconstruindo o conceito de tributo e resgatado o controle da destinação. *In*: SANTI, Eurico Marcos Diniz. *Curso de direito tributário e finanças públicas*. São Paulo: Saraiva, 2008.

SCAFF, Fernando Facury. As contribuições sociais e o princípio da afetação. *Revista Dialética de Direito Tributário*, São Paulo, v. 98, p. 51, 2003.

SCHOUERI, Luís Eduardo. Algumas considerações sobre a contribuição de intervenção no domínio econômico no sistema constitucional brasileiro: a contribuição ao programa universidade escola. *In*: GRECO, Marco Aurélio (Coord.). *Contribuições de intervenção no domínio econômico e figuras afins*. São Paulo: Dialética, 2001.

SCHOUERI, Luís Eduardo. *Normas tributárias indutoras e intervenção econômica*. Rio de Janeiro: Forense, 2005.

SCOTT, Paulo Henrique Rocha. *Direito econômico*: estado e normatização da economia. Porto Alegre: Sergio Antonio Fabris, 2000.

SILVA, Américo Luís Martins da. *A ordem constitucional econômica*. 2. ed. Rio de Janeiro: Forense, 2003.

SILVA, José Afonso da. *Curso de direito constitucional positivo*. 23. ed. São Paulo: Saraiva, 2003.

SOUZA, Hamilton Dias; FERRAZ JR., Tercio Sampaio. Contribuições de intervenção no domínio econômico e a federação. *In*: MARTINS, Ives Gandra da Silva (Coord.). *Contribuições de intervenção no domínio econômico*. São Paulo: Revista dos Tribunais; Centro de Extensão Universitária, 2002.

SOUZA, Washington Peluso Albino de. *Direito econômico*. São Paulo: Saraiva, 1980.

SOUZA, Washington Peluso Albino de. *Primeiras linhas de direito econômico*. 5. ed. São Paulo: LTr, 2003.

TÁCITO, Caio. *Direito administrativo*. São Paulo: Saraiva, 1975.

TAVARES, André Ramos. Intervenção estatal no domínio econômico. *In*: MARTINS, Ives Gandra da Silva (Coord.). *Contribuições de intervenção no domínio econômico*. São Paulo: Revista dos Tribunais; Centro de Extensão Universitária, 2002.

TIPKE, Klaus; LANG, Joachim. *Direito tributário*. 18. ed. alemã. Tradução de Luiz Doria Furquim. Porto Alegre: Sergio Antonio Fabris, 2008. Título original: *Steuerrecht*.

TOMÉ, Fabiana del Padre. Contribuições: Mesa de Debates. *In*: XVIII CONGRESSO BRASILEIRO DE DIREITO TRIBUTÁRIO: IGA-EDEPE. *Revista de Direito Tributário*, São Paulo, v. 92, 2005.

TOMÉ, Fabiana Del Padre. *A prova no direito tributário*. São Paulo: Noeses, 2005.

TOMÉ, Fabiana Del Padre. *Contribuições para a seguridade social*. Curitiba: Juruá, 2004.

TORRES, Heleno Taveira. Pressupostos constitucionais das contribuições de intervenção no domínio econômico: a CIDE tecnologia. *In*: ROCHA, Valdir de Oliveira (Coord.). *Grandes questões atuais do direito tributário*. São Paulo: Dialética, 2003. v. 7.

TORRES, Ricardo Lobo. Contribuições sociais. *Revista de Direito Tributário*, São Paulo, n. 72, p. 7-21, abr./jun. 1996.

TORRES, Ricardo Lobo. *Curso de direito financeiro e tributário*. 15. ed. Rio de Janeiro: Renovar, 2008.

TORRES, Ricardo Lobo. O princípio da tipicidade no direito tributário. *In*: RIBEIRO, Ricardo Lodi; ROCHA, Sérgio André (Coord.). *Legalidade e tipicidade no direito tributário*. São Paulo: Quartier Latin, 2008.

VENANCIO FILHO, Alberto. *A intervenção do estado no domínio econômico*: o direito público econômico no Brasil. Ed. fac-sim. 1968. Rio de Janeiro: Renovar, 1998.

VILANOVA, Lourival. *As estruturas lógicas e o sistema do direito positivo*. 3. ed. São Paulo: Noeses, 2005.

VILANOVA, Lourival. *Causalidade e relação no direito*. 4. ed. São Paulo: Revista dos Tribunais, 2000.

VILANOVA, Lourival. *Escritos jurídicos e filosóficos*. São Paulo: Axis Mundi, 2003. v. 1.

WITTGENSTEIN, Ludwig. *Tractatus Lógico-Philosophicus*: Logisch-Philosophische Abhandlung. Df Pears and Bf mcguinness. Trans. by C.K. Ogden. New ed. Introduction by Bertrand Russell. London: Routledge & Kegan Paul, 1961.

YAMASHITA, Douglas. Contribuições de intervenção no domínio econômico. *In*: MARTINS, Ives Gandra da Silva (Coord.). *Contribuições de intervenção no domínio econômico*. São Paulo: Centro de Extensão Universitária; Revista dos Tribunais, 2002.

ZILVETI, Fernando Aurélio. *Princípios de direito tributários e a capacidade contributiva*. São Paulo: Quartier Latin, 2004.

Esta obra foi composta em fonte Palatino Linotype, corpo 10
e impressa em papel Offset 75g (miolo) e Supremo 250g (capa)
pela Gráfica e Editora O Lutador.
Belo Horizonte, novembro de 2011.